高等学校文科教材

总主编 曾宪义 王利明

21世纪法学系列教材

物证技术学

（第四版）

主　编 徐立根
执行主编 李学军 刘晓丹

副主编 （按姓氏笔画排序）
王彦吉 何家弘 陈建华
周惠博 徐 婉 詹楚材

撰稿人 （按姓氏笔画排序）
刘品新 刘 勇 刘晓丹
江一山 杜春鹏 李学军
李敬阳 周惠博 徐立根
谢君泽 戴士剑

中国人民大学出版社
· 北京 ·

编审委员会

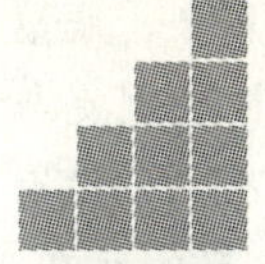

总　序

曾憲義

在人类文明与文化的发展中，中华民族曾作出过伟大的贡献，不仅最早开启了世界东方文明的大门，而且对人类法治、法学及法学教育的生成与发展进行了积极的探索与光辉的实践。

在我们祖先生存繁衍的土地上，自从摆脱动物生活、开始用双手去进行创造性的劳动、用人类特有的灵性去思考以后，我们人类在不断改造客观世界、创造辉煌的物质文明的同时，也在不断地探索人类的主观世界，逐渐形成了哲学思想、伦理道德、宗教信仰、风俗习惯等一系列维系道德人心、维持一定社会秩序的精神规范，更创造了博大精深、义理精微的法律制度。应该说，在人类所创造的诸种精神文化成果中，法律制度是一种极为奇特的社会现象。因为作为一项人类的精神成果，法律制度往往集中而突出地反映了人类在认识自身、调节社会、谋求发展的各个重要进程中的思想和行动。法律是现实社会的调节器，是人民权利的保障书，是通过国家的强制力来确认人的不同社会地位的有力杠杆，它来源于现实生活，而且真实地反映现实的要求。因而透过一个国家、一个民族、一个时代的法律制度，我们可以清楚地观察到当时人们关于人、社会、人与人的关系、社会组织以及哲学、宗教等诸多方面的思想与观点。同时，法律是一种具有国家强制力、约束力的社会规范，它以一种最明确的方式，对当时社会成员的言论或行动作出规范与要求，因而也清楚地反映了人类在各个历史发展阶段中对于不同的人所作出的种种具体要求和限制。因此，从法律制度的发展变迁中，同样可以看到人类自身不断发展、不断完善的历史轨迹。人类社会几千年的国家文明发展历史已经无可争辩地证明，法律制度乃是维系社会、调整各种社会关系、保持社会稳定的重要的工具。同时，法律制度的不断完善，也是人类社会文明进步的显著体现。

由于发展路径的不同、文化背景的差异，东方社会与西方世界对于法律的意义、底蕴的理解、阐释存有很大的差异，但是，在各自的发展过程中，都曾比较注重法律的制定与完善。中国古代虽然被看成是“礼治”的社会、“人治”的世界，被认为是“只有刑，没有法”的时代，但从《法经》到《唐律疏议》、《大清律例》等数十部优秀成文法典的存在，充分说明了成文制定法在中国古代社会中的突出地位，唯这些成文法制所体现出的精神旨趣与现代法律文明有较大不同而已。时至20世纪初叶，随着西风东渐、东西文化交流加快，中国社会开始由古代的、传统的社会体制向近现代文明过渡，建立健全的、符合现代理性精神的法律文明体系方成为现代社会的共识。正因为如此，近代以来的数百年间，在西方、东方各主要国家里，伴随着社会变革的潮起潮落，法律改革运动也一直呈方兴未艾之势。

从历史上看，法律的文明、进步，取决于诸多的社会因素。东西方法律发展的历史均充分证明，推动法律文明进步的动力，是现实的社会生活，是政治、经济和社会文化的变迁；同时，法律内容、法律技术的发展，往往依赖于一大批法律专家以及更多的受过法律教育的社会成员的研究和推动。从这个角度看，法学教育、法学研究的发展，对于法律文明的发展进步，也有着异常重要的意义。正因为如此，法学教育和法学研究在现代国家的国民教育体系和科学研究体系中，开始占有越来越重要的位置。

中国近代意义上的法学教育和法学研究，肇始于19世纪末的晚清时代。清光绪二十一年（公元1895年）开办的天津中西学堂，首次开设法科并招收学生，虽然规模较小，但仍可以视为中国最早的近代法学教育机构（天津中西学堂后改名为北洋大学，又发展为天津大学）。三年后，中国近代著名的思想家、有“维新骄子”之称的梁启超先生即在湖南《湘报》上发表题为《论中国宜讲求法律之学》的文章，用他惯有的富有感染力的激情文字，呼唤国人重视法学，发明法学，讲求法学。梁先生是清代末年一位开风气之先的思想巨子，在他的辉煌的学术生涯中，法学并非其专攻，但他仍以敏锐的眼光，预见到了新世纪中国法学研究和法学教育的发展。数年以后，清廷在内外压力之下，被迫宣布实施“新政”，推动变法修律。以修订法律大臣沈家本为代表的一批有识之士，在近十年的变法修律过程中，在大量翻译西方法学著作，引进西方法律观念，有限度地改造中国传统的法律体制的同时，也开始推动中国早期的法学教育和法学研究。20世纪初，中国最早设立的三所大学——北洋大学、京师大学堂、山西大学堂均设有法科或法律学科目，以期“端正方向，培养通才”。1906年，应修订法律大臣沈家本、伍廷芳等人的奏请，清政府在京师正式设立中国第一所专门的法政教育机构——京师法律学堂。次年，另一所法政学堂——直属清政府学部的京师法政学堂也正式招生。这些大学法科及法律、法政学堂的设立，应该是中国历史上近代意义上的正规专门法学教育的滥觞。

自清末以来，中国的法学教育作为法律事业的一个重要组成部分，随着中国社会的曲折发展，经历了极不平坦的发展历程。在20世纪的大部分时间里，中国社会一直充斥着各种矛盾和斗争。在外敌入侵、民族危亡的沉重压力之下，中国人民为寻找适合中国国情的发展道路而花费了无穷的心力，付出过沉重的代价。从客观上看，长期的社会骚动和频繁的政治变迁曾给中国的法治与法学带来过极大的消极影响。直至70年代末期，以“文化大革命”宣告结束为标志，中国社会从政治阵痛中清醒过来，开始用理性的目光重新审视中国的过去，规划国家和社会的未来，中国由此进入长期稳定、和平发展的大好时期，以这种大的社会环境为背景，中国的法学教育也获得了前所未有的发展机遇。

从宏观上看，实行改革开放以来，经过二十多年的努力，中国的法学教育事业所取得的成就是辉煌的。首先，经过“解放思想，实事求是”思想解放运动的洗礼，在中国法学界迅速清除了极左思潮及苏联法学模式的一些消极影响，根据本国国情建设社会主义法治国家已经成为国家民族的共识，这为中国法学教育和法学研究的发展奠定了稳固的思想基础。其次，随着法学禁区的不断被打破、法学研究的逐步深入，一个较为完善的法学学科体系已经建立起来。理论法学、部门法学各学科基本形成了比较系统和成熟的理论体系和学术框架，一些随着法学研究逐渐深入而出现的法学子学科、法学边缘学科也渐次成型。1997 年，国家教育主管部门和教育部高校法学学科教学指导委员会对原有专业目录进行了又一次大幅度调整，决定自 1999 年起法学类本科只设一个单一的法学专业，按照一个专业招生，从而使法学学科的布局更加科学和合理。同时，在充分论证的基础上，确定了法学专业本科教学的 14 门核心课程，加上其他必修、选修课程的配合，由此形成了一个传统与更新并重、能够适应国家和社会发展需要的教学体系。法学硕士和博士研究生及法律硕士专业学位研究生的专业设置、课程教学和培养体系也日臻完善。再次，法学教育的规模迅速扩大，层次日趋齐全，结构日臻合理。目前中国有六百余所普通高等院校设置了法律院系或法律本科专业，在校本科学生和研究生已达二十余万人。除本科生外，在一些全国知名的法律院校，法学硕士研究生、法律硕士专业学位研究生、法学博士研究生已经逐步成为培养的重点。

众所周知，法律的进步、法治的完善，是一项综合性的社会工程。一方面，现实社会关系的发展，国家政治、经济和社会生活的变化，为法律的进步、变迁提供动力，提供社会的土壤。另一方面，法学教育、法学研究的发展，直接推动法律进步的进程。同时，全民法律意识、法律素质的提高，则是实现法治国理想的关键的、决定性的因素。在社会发展、法学教育、法学研究等几个攸关法律进步的重要环节中，法学教育无疑处于核心的、基础的地位。中国法学教育过去二十多年所走过的历程令人激动，所取得的成就也足资我们自豪。随着国家的发展、社会的进步，在 21 世纪，我们面临着更严峻的挑战和更灿烂的前景。“建设世界一流法学教育”，任重道远。

首先，法律是建立在经济基础之上的上层建筑，以法治为研究对象的法学也就成为一门实践性很强的学科。社会生活的发展变化，势必要对法学教育、法学研究不断提出新的要求。经过二十多年的奋斗，中国改革开放的前期目标已顺利实现。但随着改革开放的逐步深入，国家和社会的一些深层次问题，比如说社会主义市场经济秩序的真正建立、国有企业制度的改革、政治体制的完善、全民道德价值的重建、环境保护和自然资源的合理利用等等，也已经开始浮现出来。这些复杂问题的解决，无疑最终都会归结到法律制度的完善上来。建立一套完善、合理的法律制度，构建理想的和谐社会，乃一项持久而庞大的社会工程，需要全民族的智慧和努力。其中的基础性工作，如理论的论证、框架的设计、具体规范的拟订、法律实施中的纠偏等等，则有赖于法学研究的不断深入，以及高素质人才特别是法律人才的养成，而培养法律人才的任务，则是法学教育的直接责任。

其次，21 世纪是一个多元化的世纪。20 世纪中叶发生的信息技术革命，正在极大地改变着我们的世界。现代科学技术，特别是计算机网络信息技术的发展，使传统的生活方式、思想观念发生了根本的改变，并由此引发许多人类从未面对过的问题。就法学教育而言，在 21 世纪所要面临的，不仅是教学内容、研究对象的多元化问题，而且还有培养对象、培养目标的多元化、教学方式的多元化等一系列问题，这些问题都需要法学界去思考、去探索。

中国人民大学法学院建立于1950年，是新中国诞生后创办的第一所正规高等法学教育机构。在半个多世纪的岁月中，中国人民大学法学院以其雄厚的学术力量、严谨求实的学风、高水平的教学质量以及丰硕的学术研究成果，在全国法学教育领域处于领先地位，并开始跻身于世界著名法学院之林。据初步统计，中国人民大学法学院已经为国家培养法学专业本科生、硕士生、博士生一万余人，培养各类成人法科学生三十余万人。经过多年的努力，中国人民大学法学院形成了较为明显的学术优势，在现职教师中，既有一批资深望重、在国内外享有盛誉的法学前辈，更有一大批在改革开放后成长起来的优秀中青年法学家。这些老中青法学专家多年来在勤奋研究法学理论的同时，也积极投身于国家的立法、司法实践，对国家法制建设贡献良多。

有鉴于此，中国人民大学法学院与中国人民大学出版社经过研究协商，决定结合中国人民大学法学院的学术优势和中国人民大学出版社的出版力量，出版一套“21世纪法学系列教材”。自1998年开始编写出版本科教材，包括按照国家教育部所确定的法学专业核心课程和其所颁布印发的《全国高等学校法学专业核心课程基本要求》而编写的14门核心课程教材，也包括法学各领域、各新兴学科教材及教学参考书和案例分析在内，到2000年12月3日在人民大会堂大礼堂召开举世瞩目的“21世纪世界百所著名大学法学院院长论坛暨中国人民大学法学院成立五十周年庆祝大会”之时，业已出版了50本作为50周年院庆献礼，到现在总共出版了80本。为了进一步适应高等法学教育发展的形势和教学改革的需要，最近中国人民大学法学院与中国人民大学出版社决定将这套教材扩大为四个系列，即：“本科生用书”、“法学研究生用书”、“法律硕士研究生用书”以及“司法考试用书”，总数将达二百多本。我们设想，本套教材的编写，将更加注意“高水准”与“适用性”的合理结合。首先，本套教材将由中国人民大学法学院具有全国影响的各学科的学术带头人领衔，约请全国高校优秀学者参加，形成学术实力强大的编写阵容。同时，在编写教材时，将注意吸收中国法学研究的最新的学术成果，注意国际学术发展的最新动向，力求使教材内容能够站在21世纪的学术前沿，反映各学科成熟的理论，体现中国法学的水平。其次，本套教材在编写时，将针对新时期学生特点，将思想性、学术性、新颖性、可读性有机结合起来，注意运用典型生动的案例、简明流畅的语言去阐释法律理论与法律制度。

我们期望并且相信，经过组织者、编写者、出版者的共同努力，这套法学教材将以其质量效应、规模效应，力求成为奉献给新世纪的精品教材，我们诚挚地祈望得到方家和广大读者的教正。

2006年7月1日

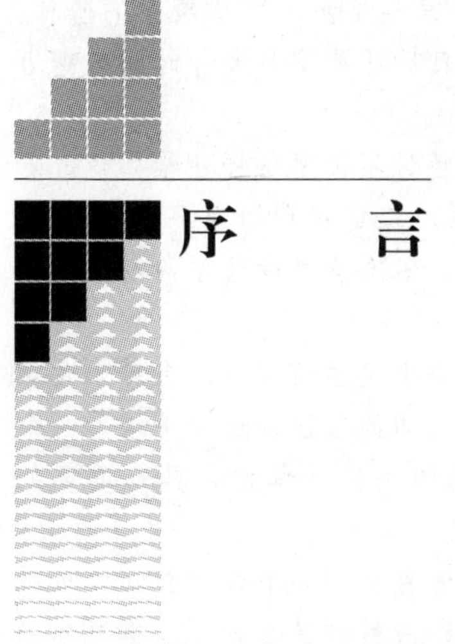

序 言

法学教育是高等教育的重要组成部分，是建设社会主义法治国家、构建社会主义和谐社会的重要基础，并居于先导性的战略地位。在我国社会转型的新世纪、新阶段，法学教育不仅要为建设高素质的法律职业共同体服务，而且要面向全社会培养大批治理国家、管理社会、发展经济的高层次法律人才。近年来，法学教育取得了长足的进步，法科数量增长很快，教育质量稳步提高，培养层次日渐完善，目前已经形成了涵盖本科生、第二学士学位生、法学硕士研究生、法律硕士研究生、法学博士研究生的完整的法学人才培养体系，接受法科教育已经成为莘莘学子的优先选择之一。随着中国法治事业的迅速发展，我们有理由相信，中国法学教育的事业大有可为，中国法学教育的前途充满光明。

教育的基本功能在于育人，在于塑造德才兼备的高素质人才。法学教育的宗旨并非培养只会机械适用法律的"工匠"，而承载着培养追求正义、知法懂法、忠于法律、廉洁自律的法律人的任务。要完成法学教育的使命，首先必须认真抓好教材建设。我始终认为，教材是实现教育功能的重要工具和媒介，法学教材不仅仅是法学知识传承的载体，而且是规范教学内容、提高教学质量的关键，对法学教育的发展有着不可估量的作用。

第一，法学教材是传授法学基本知识的工具。初学法律，既要有好的老师，又要有好的教材。正如冯友兰先生所言："学哲学的目的，是使人作为人能够成为人，而不是成为某种人。其他的学习（不是学哲学）是使人能够成为某种人，即有一定职业的人。"一套好的教材，能够高屋建瓴地展示法律的体系，能够准确简明地阐释法律的逻辑，能够深入浅出地叙述法律的精要，能够生动贴切地表达深奥的法理。所以，法学教材是学生学习法律的向导，是学生步入法律殿堂的阶梯。如果在入门之初教材就有偏颇之处，就可能误人子弟，学生日后还要花费大量时间与精力来修正已经形成的错误观念。

第二，法学教材是传播法律价值理念的载体。好的法学教材不仅要传授法学知识，更要传播法律的精神和法治的理念，例如对公平、正义的追求，尊重权利的观念。本科生、研究生阶段的青年学子，正处在人生观、价值观形成的阶段，一套优秀的法学教材，对于他们价值观的塑造和健全人格的培养具有重要意义。

第三，法学教材是形成职业共同体的主要条件。建设社会主义法治国家，有赖于法律职业共同体的生成。一套好的法学教材，向法律研习者传授共同的知识，这对于培养一个接受共同的价值理念、共同的法律思维、共同的话语体系的法律共同体，具有重要的作用。

第四，法学教材是所有法律研习者的良师益友。没有好的教材，一个好的教师或可弥补教材的欠缺和不足，但对那些没有老师指导的自学者而言，教材就是老师，其重要作用是显而易见的。

长期以来，在我们的评价体系中，教材并没有获得应有的注重，对学术成果的形式优先考虑的往往是专著而非教材。在不少人的观念中，教材与创新、与学术精品甚至与学术无缘。其实，要真正写出一部好的教材，其难度之大、工作之艰辛、影响之深远，绝不低于一部优秀的专著，它甚至可以成为在几百年甚至更长的时间内发挥作用的传世之作。以查士丁尼的《法学阶梯》为例，所谓法学阶梯，即法学入门之义，就是一部教材。但它概括了罗马法的精髓，千百年来，一直是人们研习罗马法最基本的著述。日本著名学者我妻荣说过，大学教授有两大任务：一是写出自己熟悉的专业及学术领域的讲义乃至教科书；二是选择自己最有兴趣、最看重的题目，集中精力进行终生的研究。实际上，这两者是相辅相成的。写出一部好教材，必须要对相关领域形成一个完整的知识体系，还要能以深入浅出的语言将问题讲清楚、讲明白。没有编写教材的基本功，实际上也很难写出优秀的专著。当然，也只有对每一个专题都有一定研究，才能形成对这个学术领域的完整把握。

虽然近几年我国法学教育发展迅速，成绩显著，但是法学教育也面临许多挑战。各个学校的师资队伍和教学质量参差不齐，这就更需要推出更多的结构严谨、内容全面、角度各有侧重、能够适应不同需求的法学教材，为提高法学教学和人才培养质量、保障法学教育健康发展提供前提条件。

长期以来，中国人民大学法学院始终高度重视教材建设。作为新中国成立后建立的第一所正规的法学教育机构，中国人民大学法律系最早开设了社会主义法学教学课堂，编写了第一套社会主义法学讲义，培养了新中国第一批法学本科生和各学科的硕士生、博士生，产生了新中国最早的一批法学家和法律工作者。中国人民大学法律系因此被誉为"新中国法学教育的工作母机"。半个多世纪以来，中国人民大学法学院为社会主义法制建设培养了大批优秀的法律人才，并为法学事业的振兴和繁荣作出了卓越贡献，也因此成为引领中国法学教育的重镇、凝聚国内法律人才的平台和沟通中外法学交流的窗口，并在世界知名法学院行列中崭露头角。为了对中国法学教育事业作出更大的贡献，我们有义务也有责任出版一套体现我们最新研究成果的法学教材。

承蒙中国人民大学出版社的大力支持，我们组织编写了本套教材，其中包括本科生用书、法律硕士研究生用书、法学研究生用书和司法考试用书四大系列，分别面向不同层次法科教育需求。编写人员以中国人民大学法学院教师为主，反映了中国人民大学法学院整体的研究实力和学术视野。相信本套教材的出版，一定能够为新时期法学教育的繁荣发展发挥应有的作用。

是为序。

2006年7月10日

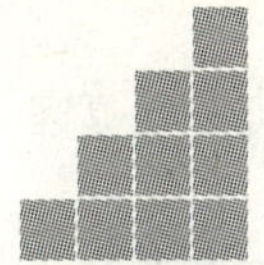

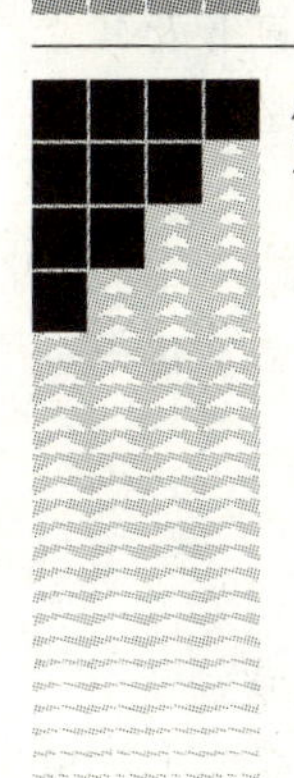

第四版说明

似乎只是一瞬的间隔，《物证技术学》（第三版）的修订工作又放到了案头——21世纪法学系列教材每三年修订一次的周期到了。

尽管努力了，但在投入使用后依然发现，《物证技术学》（第三版）存在着一些文字、图片或表述方面的错误。因此，对《物证技术学》（第三版）的修订首先可修正这些错误。

从事物证技术学的教学、科研工作算起来已有20年，其间一直在思考着这样一个问题，作为物证技术学的基本理论、基本原理，除了同一认定、种属认定理论，以及物质交换原理以外，是否还有其他理论或原理能够指导物证技术的研究、利用？换言之，有关物证技术学的研究是否在其理论及原理方面已经功德圆满，剩下的，只需专注于物证技术的开发、革新和运用就可？2001年凯思·英曼和诺拉·路丁合著的《物证技术学的原理和实务：法庭科学业》的出版，使得我们对前述问题可以作出一个较为满意的回答了：同一认定、种属认定理论和物质交换原理并不是物证技术学的全部理论基础；物质可分性原理的加入，以及对物质交换原理的深入理解和适用范围的扩展，有助于我们更为充分地利用案件中的种种物证，更好地针对各种物证研发相应的发现、提取、鉴定技术。因此，修订《物证技术学》（第三版），其第二个好处就是，使得我们有机会将物质可分性原理及对已有90年历史的物质交换原理的深入探讨率先引入我国的法学教材。这对我们培养具备新世纪综合素养的法学人才无疑有所裨益，对物证技术学的理论研究者、实务工作者而言，也有着积极而深远的意义。

三年的时间不算太长，但与物证之发现、提取、鉴定有关的技术又有了不小的进步，或者更加完善、成熟。因此，修订《物证技术学》（第三版），其第三个好处即是，能及时将理论界、实务界有关物证技术的最新成果反映在普通高等院校法学教材中，使得我们对人才的培养能够做到“与时俱进”。

具体而言，第四版《物证技术学》在以下几个方面区别于上一版：

1. 修正了一些文字、图表及表述错误；

2. 增加了“物证技术学的基本原理”作为本书的第二章，全面介绍了物质可分性原理和物质交换原理；

3. 完善并充实了原第二十一章（本版第二十二章）“音像物证技术（二）：声音及其鉴定”、原第二十二章（本版第二十三章）“音像物证技术（三）：图像物证及其检验”；

4. 修改、调整、更新了原第二十三章（本版第二十四章）“电子物证技术”。

依章节顺序，第四版《物证技术学》由以下人员在第三版的基础上分别完成：

李学军（中国人民大学法学院教授、法学博士）：第一章至第三章、第五章至第十一章、第二十一章；

杜春鹏（中国政法大学刑事司法学院讲师、在职博士生）：第四章；

刘晓丹（中国人民大学法学院讲师、法学博士）：第十二章至第二十章；

李敬阳（公安部物证鉴定中心视听技术检验处副处长，研究员）：第二十二章；

江一山（最高人民检察院检察技术信息研究中心副主任，高级工程师）：第二十三章（与刘勇合写）；

刘勇（最高人民检察院检察技术信息研究中心，副调研员）：第二十三章（与江一山合写）；

戴士剑（最高人民检察院司法鉴定中心，高级工程师）：第二十四章（与刘品新、谢君泽合写）；

刘品新（中国人民大学法学院副教授，法学博士）：第二十四章（与戴士剑、谢君泽合写）；

谢君泽（中国人民大学法学院教师，法学硕士）：第二十四章（与刘品新、戴士剑合写）。

感谢中国人民大学出版社法律出版分社社长、编辑们的辛苦工作！正是因为有你们的支持和帮助，《物证技术学》教材才一直有着勃勃的生机！感谢中国人民大学法学院证据学教研室的何家弘老师、许明老师、毛自荐老师！你们始终默默无闻、更是无私地支持着我们！

李学军

2011年7月

第三版说明

第二版《物证技术学》于1999年5月出版后仍然得到了好评，并荣获了教育部2002年全国普通高等学校优秀教材二等奖。此外，第二版对我国物证技术的理论研究及实际应用起了积极的推动作用，对我国通用型法律人才的培养也尽到了绵薄之力。在第二版《物证技术学》诞生后的近十年里，科学技术的新发展一方面促使物证技术得以不断更新、升级，另一方面则对物证技术提出了更高的要求或挑战。例如，计算机技术及相关设备的普及，使得我们可以便捷、快速、可靠地利用各种软件操控鉴定过程、处理鉴定数据和结果，甚至是直接鉴定相关物证，但同样是计算机技术及相关设备的普及，又使得我们不得不研发出新的手段以揭示、应对、解决实务中电子数据的删改、恢复等问题。因此，修订第二版《物证技术学》，反映近十年来物证技术学理论和实践中出现的新成果、新手段，并更新某些略显陈旧的知识非常必要。这也是全面落实科学发展观的具体表现之一。此外，在第二版《物证技术学》近十年的教学使用过程中，我们发现其中某些内容因非核心之故而少有提及，因此，有必要根据学习的对象、学生培养的目标等，从内容的紧凑和突出两个方面对第二版作一定修订。

从体系上看，第三版不再有“编”的规制，但几乎是每一章，单单是章的标题即清晰地反映了各章的归属。如此安排，既保留了第二版就物证技术学研究领域、物证技术学学科体系所作的基本概括和完善，也满足了全书在篇幅方面的要求。

从内容上看，第三版各章节均对新技术、新手段有所反映，如增加了“近距离摄影”、“物证技术中的数码摄影”、“彩色激光打印机的数字水印技术在打印文书中的反映”等等内容。此外，第三版将“电子物证技术”由原来只是概而述之的三节内容独立为一章，并且首次真正从技术的角度阐述了电子数据的检验、鉴定问题。第三版“声音及其鉴定”这一章的改写，也突出了我国当前声纹鉴定的成果和走向。

《物证技术学》第一版、第二版是高等学校文科教材系列的教材之一，而其第三版，还入选为21世纪法学系列教材。

启动于2007年的第三版修订工作，仍由我国物证技术学的奠基人、中国人民大学法学院物证技术教研室徐立根教授任主编。但2008年1月24日却无意间成为我们永远无法忘却的日子：未向其儿子、向我们这些弟子有所嘱托，哪怕是一个字的交代，更未及向恩爱厮守了六十载的爱妻肖爱兰女士道一声珍重，徐老师因一场意外驾鹤西去！面对徐老师书桌上第三版《物证技术学》的部分手稿及众多其他未完的工作，潸然的，岂止是泪水！

在这个黑色24日的前一周，电话中徐老师还说，"寒假时我们再好好商量一下第三版的修订事宜……"但总觉得不急，到时再面谈，竟然没在电话中立即求得徐老师修订《物证技术学》的思想。因此，接手徐老师未完的工作，只能从徐老师已经完成的第四、五、六章、第七章第一节的手稿中去寻找、体会其修订思路和想法。在徐老师身边学习、工作了整整二十年，无数次面对恩师的手稿，并随时向恩师求教，但自此次起，却永远不再能得到恩师的点评和指导！如果第三版《物证技术学》出版后还能得到读者的肯定，那么，我们将归功于徐老师冥冥中的指引、归功于各位副主编的指点、各位撰稿人的支持和努力；但如果，出版后读者哪怕是有一点儿的意见，则应归咎于我们二位执行主编的不才，我们将诚恳地接受批评。

延续、承袭第二版的精华，第三版某些章节一定程度上是在第二版相应章节的基础上修订、撰写的，为此，第三版仍附上第二版说明，以示对第二版各章作者的感谢和尊重。

依章节顺序，第三版撰稿人及其承担的具体章节如下：

李学军（中国人民大学法学院证据学教研室副教授、法学博士）：第一章、第二章、第三章第二节、第七章第二节至第五节、第八章、第九章、第十章、第二十章；

周惠博（中国人民大学法学院证据学教研室教授）：第三章第一节、第三节至第六节；

杜春鹏（中国政法大学刑事司法学院讲师）：第三章第七节；

徐立根（中国人民大学法学院证据学教研室教授）：第四章、第五章、第六章、第七章第一节；

刘晓丹（中国人民大学法学院证据学教研室讲师、法学博士）：第十一章至第十九章；

李敬阳（公安部物证鉴定中心视听技术检验处副处长，研究员）：第二十一章；

江一山（最高人民检察院检察技术信息研究中心副主任，高级工程师）：第二十二章；

戴士剑（中国人民大学数据工程与知识工程重点实验室副研究员）：第二十三章（与刘品新合写）；

刘品新（中国人民大学法学院证据学教研室副教授、法学博士）：第二十三章（与戴士剑合写）。

除个别文字外，徐老师撰写的第四、五、六章、第七章第一节的内容未作改动。其他章节，则是在撰稿人各自完成初稿后，由执行主编统改定稿。因受时间限制，更因水平所限，尽管我们力求精益求精，但缺点、错误难免还会存在，恳请读者批评指正。

应特别感谢中国人民大学出版社的编辑，没有你们的支持、通融及努力克服困难，便没有第三版《物证技术学》的最终问世。同时，还应感谢中国人民大学法学院证据学教研室的许明老师、毛自荐老师，离开你们无闻、无私且细致的帮助，第三版《物证技术学》的出版不会如此顺利。

执行主编

2008年7月

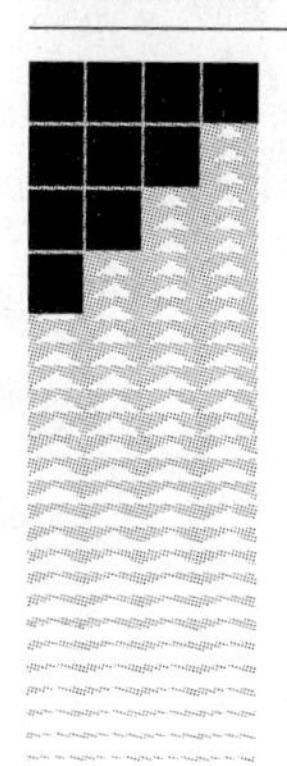

第二版说明

《物证技术学》是国家“七五”社会科学基金项目。项目完成后，于1990年作为国家教委高等学校文科教材出版。出版以后，该教材于1991年12月在北京市第二届哲学社会科学优秀成果评奖活动中荣获一等奖，又于1996年被国家教委评为优秀教材一等奖。为了及时反映第一版出版以来国内外物证技术学理论和实践中取得的新的科研成果和新的技术方法，我们决定在第一版的基础上撰写《物证技术学》第二版。和第一版相比，第二版无论在体系上或内容上都有新的发展。

从体系上看，第二版改变了第一版各章并列编排的框架，把全书内容按各章的性质分为“基本理论”、“基础技术”、“形象痕迹技术”、“文书物证技术”、“化学物证和生物物证技术”、“音像物证技术和电子证据”等六编，比较全面地概括了物证技术学的研究领域，进一步完善了物证技术学的学科体系。

从内容上看，第二版除在原有有关章节中反映各种新技术方法外，还撰写了“文书作成时间的检验”、“被涂抹文字的显现”、“文字压痕的检验”、“人血DNA检验”，以及基础技术、音像物证技术和电子证据等新的章节，从而使90年代物证技术领域中的主要科研成果在教材中得到了较好的反映。不仅如此，第二版还深入论述了同一认定和种属认定的理论，并在论述物证的科学概念中，阐述了对理解物证的概念，对理解物证技术发展的重要性和必然性，对正确审查物证是否属实、是否可以作为定案或认定事实的依据等都有重要意义的“物证双联论”，还全面论述了物证鉴定的有关问题，这一切都使《物证技术学》这部教材具有了更为突出的理论联系实际的特色。

《物证技术学》第二版仍由中国人民大学法学院物证技术教研室徐立根教授任主编。副主编有徐婉、周惠博、詹楚材、王彦吉、何家弘和陈建华。各章书稿写成后，由徐立根教授统改定稿。在对电子证据的特点及其收集和提取一般方法等节进行统改时，参阅了最高人民检察院技术局江一山同志1998年下半年率团参加“国际犯罪与技术会议”后所撰写《总结》中的有关内容。

现将撰稿人（按姓氏笔画为序）及其分工介绍如下：

王彦吉（中国刑事警察学院院长、教授，北京大学分析化学博士）：第二十四章、第二十六章（与王景翰、张振宇合写）；

王景翰（中国刑事警察学院化学物证技术教授）：第二十四章、第二十六章（与王彦吉、张振宇合写）；

刘莉（公安部物证鉴定中心理化室研究员）：第五章、第十九章第二节、第三十三章；

刘广三（烟台大学法律系副教授）：第三十二章第四、五、六节；

江一山（最高人民检察院技术局处长、高级工程师）：第三十四章；

何家弘（中国人民大学法学院物证技术学教研室教授、院长助理，物证技术鉴定中心副主任，美国西北大学法学博士）：第三章，第三十二章第一、二、三节；

李学军（中国人民大学法学院物证技术学教研室副教授）：第十六章第三节，第十八章第二、三节，第二十一章；

张玉洁（公安部物证鉴定中心研究员）：第十章、第十一章、第十二章第一节；

张振宇（中国刑事警察学院副教授）：第二十四章、第二十六章（与王彦吉、王景翰合写）；

张象喜（公安部物证鉴定中心研究员）：第六章、第十九章第三节、第二十章；

陈军伟（黑龙江省人民检察院技术处副处长、工程师）：参加第三十四章“动态图像”编写；

陈建华（北京市公安局北京物证技术研究中心主任、教授）：第十三章；

周惠博（中国人民大学法学院物证技术教研室教授）：第四章、第七章、第九章；

徐　婉（公安部物证鉴定中心研究员）：第二十七章、第二十八章、第二十九章；

徐立根（中国人民大学法学院物证技术学教研室教授）：第一章、第二章、第八章、第十四章、第十五章、第十九章第一节；

高光斗（北京市公安局科技处处长、教授）：第二十二章；

常彩琴（公安部物证鉴定中心研究员）：第三十章、第三十一章；

解　云（公安部物证鉴定中心研究员）：第十二章第二节、第二十三章、第二十五章；

詹楚材（公安部物证鉴定中心研究员）：第十六章第一、二节，第十七章，第十八章第一节。

编　者

1998.9

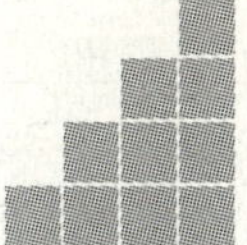

目 录

第一章 物证、物证技术、物证技术学

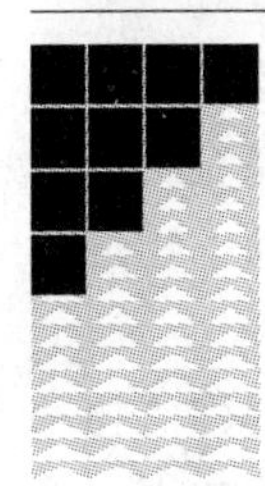

第一节 物　证	一、物证的概念 二、物证的特点 三、物证的种类 四、物证的作用 五、处理物证的一般规则
第二节 物证技术	一、物证技术的概念 二、物证技术和其他相关概念的比较 三、利用物证技术的终极目标
第三节 物证技术学	一、我国物证技术学的产生与发展 二、物证技术学的对象和性质 三、物证技术学的学科体系 四、物证技术学的研究方法
第四节 物证技术学和 邻近学科的关系	一、物证技术学和侦查学的关系 二、物证技术学和法医学的关系 三、物证技术学和部门法学的关系 四、物证技术学和自然科学学科的关系

第一节　物　证

一、物证的概念

物证是我国诉讼法明确规定的法定证据之一。从学理上看，物证、书证和视听资料可归属于同一类证据，即它们可共同构成相对于人证或言词证据的另一大类证据——实物证据，但物证与书证、与视听资料有何异同，物证是否就等同于实物证据，却并不能从相应的法条中得到解答。为此，有必要在本书之首，给物证下一个准确的概念。

任何一个概念，都应有内涵和外延，前者指明概念所反映的那个对象的本质特征，后者指明概念所反映的那个对象的范围。

相当部分证据学著述都把"能证明案件真实情况"作为物证概念的内涵。但"能证明案件真实情况"是各类证据的共同属性，并不足以揭示出物证所固有的最本质特征——双联性，即：一方面，物证必须与案件的人、事、物、时、空存在联系；另一方面，物证又必须与受审查的人、事、物、时、空存在联系。

就物证概念的外延，学界的表述也不尽相同，有的称"物品和痕迹"，有的称"物品和物质痕迹"，有的则只是称为"物质"。本书第一版称物证为"物品、物质、文书、痕迹"，虽较全面，但以列举的方式界定概念，难免挂一漏万，且"痕迹"一词本身，也可作或宽或窄的理解，欠明确，实不如以"物质性客体"这种概括性用语为物证之外延，表述更准确、更恰当。

综上，可以认为，物证是依法收集的，与案件有联系的，能以其外形特征及所载字迹、符号、图像、声纹特征或物质属性等证明其与受审查的人、事、物、时、空存在联系，从而能证明案件真实情况的各种物质性客体。

上述概念，既表明了物证的一般特征，也揭示了物证最为本质的特征——双联性。各种物质性客体之所以能证明案件的情况，正是因为它具有"双联性"。只有当这两方面的联系均得到了确定时，某物质性客体才能作为认定事实或裁判的依据，才能成为物证。

作为物证的物质性客体与案件中人、事、物、时、空的联系，通常依法以笔录的方式加以确定，至于与受审查的人、事、物、时、空的联系，通常需以鉴定的方式才能确定，但也有以其他措施加以确定的。

物证技术学中，有关物证具有双联性的理论，称为"物证双联论"。掌握"物证双联论"，不仅有助于深入了解物证的概念，而且有助于深入理解现代物证技术不断发展的理论依据。物证必须具有双联性，如何利用科学技术方法可靠地确定物证的双联性，是物证技术专家努力的目标。一百多年来，各国物证技术的不断发展，实际上均是这个理论指导和促进的结果——不管意识到与否，专家们均是为了给确定物证的双联性提供可靠的手段而致力于物证技术的研究工作的。此外，借助物证双联论，还能有效审查物证是否属实。一般而言，物证的双联性唯有从法律上和科学上得到无可争议的确认，才能认定物证为可靠的裁判依据。

二、物证的特点

物证的概念不仅揭示了物证的最本质特征，而且在反映证据的一般特点即合法性的同时，还揭示了物证的以下特点：

（一）物证具有不可替换性

物证的不可替换性是由物证的双联性决定的，即物证不可用任何其他同类客体替换，否则其双联性便遭到致命的破坏。根据相关法律的规定，提交物证应当提交原物，提交原物确有困难的，可提交原物的照片或模型。这种规定，并非表明物证可由他物替代，相反，正是对物证之不可替换性这一特点的肯定。

（二）物证对科学技术的依赖性

在现代科学技术没有产生之前，可资利用的物证是很少的。随着科学技术的发展，愈来愈多的物证在诉讼中发挥重要作用。从发现物证到记录物证，从提取物证到检验、鉴定物证，都不能离开现代科学技术。

（三）物证具有客观可靠性

诉讼中的原告、被告、受害人、证人、辩护律师，甚至办案人员，都有可能出于各种动机而给出不实之词。物证则不然。它是客观存在。它等待内行人去发现它、提取它，等待有专门知识的专家去检验它、鉴别它，进而利用它来证明一定的案情。

三、物证的种类

1. 物品。人们生产、创造出的各种物品，均可能成为物证。因此，作为物证的物品，种类繁多，不胜枚举，但无例外的是，这些物品均有特定的外观或外形，它们或是完整之物，或是碎裂之物。

2. 物质。“世界是由物质组成的。”因此，物品从其本质看，也即物质。但是，从物证的视角言，作为物证的物质与作为物证的物品还是有区别的，即当物质成为物证时，我们不需要介意该物质是以怎样的形式或怎样的外观存在，只要它能以特定的本质属性证明相关的案件事实，如血液、海洛因、砒霜等；而当物品成为物证时，我们必然在意其外观或外形，如手枪、匕首、纽扣等。作为物证的物质有两类：一类是化学物质，另一类是生物物质。

3. 文书。文书实为物品的分支，但因它们的表现形式有共性，通常是有一定意义的文字、图案、符号等附着在纸介质上，故成为物证的特殊一类。如介绍信、护照、合同书、遗嘱、公证书等。

4. 形象痕迹。作为物证的形象痕迹，是人体或物体与另一客体接触时，在另一客体上留下的反映其自身接触面外形特点的印痕。

5. 音像材料。作为物证的音像材料，包括各种可疑的人像照片（静态图像）、录像带（动态图像）和录音带（声纹）。

6. 电子数据。虽然诉讼法没有明文规定，但实务已认可了电子数据的证据地位。当作为证据的电子数据有被删改的可能，需加以检验、鉴定时，电子数据便成为物证的一类新分支。

不同类型的物证，往往要利用不同的方法检验，这些方法即物理学方法、化学方法和生物学方法。按照检验时主要利用的方法的归属，可将物证分为物理物证、化学物证和生物物证。

按照物证在案件中所起的作用，物证可分两类：一类是直接证据，另一类是间接证据。凡是能直接证明案件的主要事实的物证，称为直接物证；不能直接证明案件中主要事实，只能与其他证据一起共同证明主要事实的物证，称为间接物证。大多数情况下，物证属于间接证据。

四、物证的作用

在民事案件中，物证的作用通常表现为：

（1）有助于认定是否发生了某一事件；（2）有助于鉴别某一民事法律文书的真伪；

(3) 有助于认定一定的人员是否实施了某项法律行为；(4) 有助于判明民事纠纷中的某种因果关系。

在刑事案件中，物证的作用通常表现为：

(1) 有助于确定案件的性质；(2) 有助于确定侦查方向和范围；(3) 有助于分析作案地点、作案工具、作案动机、作案时间、作案人数等情况；(4) 有助于分析作案人个人的生理特点、文化水平、地区籍贯等等；(5) 有助于审查犯罪嫌疑人或其他有关人员的陈述；(6) 能作为证实或否定犯罪嫌疑人犯罪的证据。

五、处理物证的一般规则

正确处理可能作为物证的各种物质性客体是发挥物证作用的前提条件。因此，处理物证时一般应遵循如下规则：

1. 对案件中发现的可能作为物证的物质性客体，应先仔细识别，判明其是否与案件有联系，一时难以判定的，先按与案件有联系处理。

2. 对可能有物证意义的客体，应先拍照，将其原始状态和所在位置记录下来，然后仔细勘验，观察其自身的特征及与周围的关系，还应检查其上是否附有异物。

3. 提取可能有物证意义的客体时，应当防止损坏，防止留下自己的指纹或形成其他痕迹，防止将附着的微量物质抖落在地。有些客体还要防止污染，防止变质，防止混杂。

4. 提取可能有物证意义的客体时，应当选用合适的包装材料或容器，妥善包装，并加贴标签、编号加封，妥善保存。

5. 必要时，同时提取空白样本及已知样本。

第二节　物证技术

一、物证技术的概念

自古以来，只要有案件就可能有物证。但物证技术（physical evidence techniques）并非自古就有，它是科学技术发展到一定阶段的产物，并随着科学技术的发展而不断发展。古人办案，多依赖人证如口供，对物证的利用仅以肉眼能识别者为限。随着社会的发展、诉讼制度的变革，人证愈来愈不能完全满足诉讼证明的需要，人们自然将对人证的期待，更多地转移到物证上来。为适应这种需要，科技人员开始研究不同类型物证的发现技术、记录技术、提取技术及检验和鉴定技术，这些技术方法的总称，就是物证技术。

物证技术可以从纵向和横向进行分类。

从纵向也即处理物证的一般流程来看，物证技术可以分以下四类：

1. 发现物证的技术

案件中的物证是否容易发现，视物证的性质和特点而定。有些物证量少体微，甚至混杂于许多与案件无关的物质之中；有些物证是潜在痕迹；还有一些痕迹的外观颜色已发生变化，往往被人忽略。因此，有必要用专门的技术去发现案件中的各种物证。

2. 记录物证的技术

对已经发现的物证，应当用可靠的技术方法记录下来，使物证与案件的联系得以确定并获得法律效力。

3. 提取物证的技术

凡是案件中发现的可能有物证意义的物质性客体，都应当提取送交检验并附入案卷。无论是提取原物还是提取其模型或照片，均可能需要专门的技术。

4. 鉴定物证的技术

对物证进行鉴定，是物证发挥证明作用的重要路径。唯有通过鉴定，才能解决与物证有关的同一认定问题、种属认定问题或其他技术问题，才能把物证与受审查的人、事、物、时、空的联系确定下来，而这一切，均离不开鉴定物证的各种技术。

从横向也即物证技术针对的具体对象来看，物证技术可以分为形象痕迹技术、文书物证技术、化学物证技术、生物物证技术、音像物证技术、电子物证技术等。

横向分类所得的物证技术与纵向分类所得的物证技术相互交叉。横向所分的每一种物证技术，在发现、记录、提取、检验和鉴定方面，都有适应其本身特点的技术方法，它们构成了物证技术的整体内容。

二、物证技术和其他相关概念的比较

（一）物证技术和刑事技术或刑侦技术

物证技术有明确的对象，即物证，明确地说，是利用科技手段进行检验才可能起物证作用的各种物质性客体。但刑事技术没有明确的对象。从字面看，刑事技术是刑事侦查中利用的技术，故又称“刑侦技术”，包括的范围很宽，除了“物证摄影技术”、“痕迹技术”、“文书物证技术”、“化学物证技术”等可归属于物证技术的内容外，还包括法医技术、警犬技术、测谎技术等。刑事技术是公安机关的习惯用语，突出了为打击犯罪而服务的专属工作性质。物证技术则是20世纪80年代在我国出现的新术语，它表明这是一类和诉讼中的物证有关的技术，突出了它服务于各类诉讼的普适工作性质。

（二）物证技术和司法鉴定

司法鉴定是办案过程中为了解决案件中的专门性问题，由办案单位委托有专门知识的鉴定人进行的各种鉴定的总称，范围很广，既包括物证鉴定，也包括法医鉴定、精神病鉴定、会计鉴定等等。此外，从字面看，司法鉴定一词只涉及鉴定，而物证技术一词则既包括物证鉴定，也包括物证的发现、记录和提取。

（三）物证技术和法庭科学

法庭科学（forensic sciences）是20世纪40年代末在西方国家出现的用语，指在诉讼中或法庭中运用的科学。法庭科学具有广泛的科学领域，主要包括法医学、物证技术学、司法精神病学、司法会计学等。而物证技术学只是法庭科学这个领域中的一门学科。

三、利用物证技术的终极目标

利用物证技术的最终目标，是要解决案件中和物证有关的专门性问题，为查明案件的真实情况和公正处理案件提供依据。

而为了实现这一终极目标，物证技术人员通常从以下两方面开展工作：

第一，根据办案工作的需要，运用物证技术，协助办案人员对与案件有关的场所或物品进行勘验和检查，发现、提取、记录各种可能对案件有意义的物质性客体，并解决勘验现场时遇到的一些专门性问题。

第二，根据办案单位的委托，对案件中提取的各种物质性客体进行技术鉴定，解决同一认定问题、种属认定问题和其他技术问题。

第三节 物证技术学

一、我国物证技术学的产生与发展

物证技术学作为自然科学与法学相交叉的边缘学科，是物证技术发展到一定阶段才产生的。从19世纪中叶始，为同日益增长的犯罪作斗争，欧洲的化学家、物理学家、生物学家就相继研究利用科学技术方法发现、记录、提取和检验案件中的物证的问题。最早出现的是毒物检验技术，后来又有血型检验技术、指纹检验技术以及其他物证技术出现。经过一个多世纪的努力，针对各种物证进行发现、记录、提取和鉴定而研究的种种科技方法，终于形成一个崭新的科学领域，即物证技术领域。

我国物证技术是在20世纪初随着西方司法制度的传入而逐渐建立的，但在不实行法治的社会制度下，物证技术不可能得到重视和发展。

1949年新中国成立，我国物证技术的发展有了适宜的土壤。为了适应同犯罪作斗争的需要，公安机关展开了以物证技术和法医技术为主要内容的刑事技术工作的组织建设和业务建设。到了20世纪50年代末，公安系统内中央和省市一级均已建立了相应的技术机构，并且培训了一大批专业技术人员；司法部系统也在上海建立了从事物证技术鉴定和法医鉴定的司法鉴定科学研究所。然而，从20世纪50年代后期开始，受政治环境的影响，政法领域出现了片面强调依靠群众办案、忽视技术工作的倾向，技术工作发展的良好势头受到了遏制；而“文化大革命”期间，技术工作像其他专门工作一样，更受到彻底破坏。党的十一届三中全会后，包括物证技术在内的各项刑事技术工作，又走上恢复和发展的道路。经过一二十年的努力，公安系统和检察系统都已建立了为侦查服务的“三级技术点”，技术人员队伍不断壮大，技术水平不断提高，技术工作发挥了日益重要的作用。在物证技术教育方面，20世纪80年代以来也有较大的发展。公安部和多数省市都积极发展了专门培养刑侦和刑技专业人员的高等教育。普通高等学校政法院系也为物证技术教育和物证技术学学科建设作出了很大努力；一些条件较好的法学院系开始招收物证技术研究方向的硕士研究生。有些法学院系经国家司法主管部门批准，还利用本单位实验室设备和专业师资力量创办了非官方的物证鉴定机构，为社会提供鉴定服务。这一切都表明，在改革开放政策的指引下，我国物证技术已经获得空前的发展。正是物证技术的这种发展形势，促进了新学科——物证技术学的产生。1985年国家教委正式将物证技术学列入高等学校文科教材编写计划。1990年5月我国第一部《物证技术学》教材经国家教委审定，由中国人民大学出版社出版。在1993年7月国家教委颁布的《普通高等学校本科专业目录和专业简介》中，物证技术学被规定为法学专业的主要专业课程之一。

我国物证技术学的产生不仅有物证技术的实践基础，而且有比较长期的教学基础。在20世纪50年代、60年代和70年代，我国普通高等学校法学专业就已经开设了“犯罪对策学”的课程（后又改名为“刑事侦查学”、“犯罪侦查学”、“侦查学”），这门课程的“技术、策略、方法”三大块体系中就有刑事照相、痕迹技术、文检技术、枪弹检验以及同一认定理论等技术方面的内容。这种体系是借鉴苏联的犯罪侦查学体系建立的，而其前身，则应溯源于奥地利学者汉斯·格罗斯所著的被公认为世界上第一部侦查学专著的《预审官手册》（1893

年）。格罗斯从当时的技术水平出发，把犯罪问题、侦查的策略和方法，以及侦查中所采用的某些技术综合在一起，融合于他首创的“Kriminalistiks”这个新概念之中。初始，他只是用这个新词作为专著的副标题，再版时他则用该新词作为书名（Handbuch für Kriminalistiks）。从英国1949年出版的该书英译本译名“Criminal Investigation”来看，格罗斯那本著作的再版书名就是“犯罪调查手册”。后来欧洲各国学者都沿用格罗斯的这个新词编写教材。英文“Criminalistics”、法文“Criminalistique”、俄文“Криминалистика”，均源于此。它们的教材“犯罪侦查学”也借鉴了格罗斯的体系。美国的发展趋向则有所不同，取名“Criminalistics”的著作，基本上只涉及物证技术，相当于我国的物证技术学，而取名“Criminal Investigation”的著作，则只涉及侦查方法，不涉及物证技术，相当于我国的侦查学。

格罗斯的著作是一百多年前撰写的。当今时代，无论是侦查的策略、方法还是检验物证的技术，其复杂程度均非一百多年前可比。把内容如此复杂、性质又差别很大的侦查和技术综合在一门课程之内，不利于深入研究和组织教学。为了改革普通高等学校法学专业的“犯罪侦查学”课程，国家教委决定从国内外物证技术发展现状出发，把“犯罪侦查学”分为两门独立的学科——物证技术学和侦查学，并将这两门课程的教材编写任务，列入国家教委制定的“高等学校文科教材编写计划”，组织力量编写教材。物证技术学的建立，是我国法学教育的一个特色，它对于进一步改善法学专业本科生的知识结构，培养高素质的法律专门人才，加强我国法制建设、实施依法治国方略，具有重要的意义。

二、物证技术学的对象和性质

物证技术学是一门研究物证技术基本理论和基本方法的学科，目的是研究如何在物证技术基本理论的指导下，将现有的科学技术应用于解决诉讼中与物证有关的各种专门性问题，为公正处理案件提供可靠依据。

物证技术学的研究对象是物证技术，物证技术针对的物证是诉讼中的一种证据，采纳的手段则是技术方法。这就决定了物证技术学这门学科具有技术和法律双重性：物证技术学是直接为实现法律任务服务的学科，具有法律的性质；物证技术学要研究发现、记录、提取、鉴定物证的技术方法，具有技术的性质。

物证技术学是化学、物理学、生物学等自然科学多门学科与法学相交叉的边缘学科。任何案件都可能有物证，因而都可能需要运用物证技术。而最了解物证技术学学科建设的重要性，进而最关心这门学科建设的，莫过于公安、政法院校。可见，把物证技术学置于法学体系之下比置于任何其他学科体系之下更为合适。

三、物证技术学的学科体系

物证技术学的学科体系是根据这门学科的研究对象确定的，它包括以下几个主要部分：

（一）基本理论

（1）关于物证和物证技术基本概念的论述；（2）关于物质可分性原理和物质交换原理的论述；（3）关于同一认定和种属认定理论的论述；（4）关于物证技术鉴定制度的论述。

（二）基础技术

基础技术是指处理各种物证都可能需要利用的一些技术方法，包括：记录物证和检验物证常用的摄影技术，检验各种物证常用的显微镜技术，分析各种微量物证常用的仪器分析技术。

(三) 形象痕迹技术

包括：指纹、足迹、工具痕迹、枪弹痕迹、车辆痕迹、牙齿痕迹、整体分离痕迹等的发现、记录、提取、检验鉴定技术。

(四) 文书物证技术

文书物证技术是和可疑文书有关的技术，包括：笔迹检验、伪造和变造文书检验、打字机打印文书和复印文书检验、文书物质材料检验、文书制作时间检验等。

(五) 化学物证技术和生物物证技术

包括作为物证的各种有机物质和无机物质，以及来自人体的血痕、精斑、毛发等生物物质的物证技术。

(六) 音像、电子物证技术

包括对各种可疑照片和可疑录音带、录像带的检验，以及对计算机设备、通信设备、数控设备等各种存储介质及所承载的电子物证的检验、利用。

四、物证技术学的研究方法

应当采用以下方法研究物证技术学的基本理论和相关技术：(1) 通晓有关法律，了解法律对物证技术的要求。(2) 深入实践，了解各类物证在侦查犯罪和审判案件中的作用，以及审判人员评断物证鉴定结论的经验。(3) 洞悉自然科学和技术科学的科技信息，为研究新的物证技术方法积累资料。(4) 积极参与各种学术交流活动，及时了解掌握国内外物证技术的新动态和新经验。(5) 开展科学实验，解决物证技术中出现的新课题。

第四节　物证技术学和邻近学科的关系

一、物证技术学和侦查学的关系

物证技术学和侦查学是研究对象各不相同的两门学科，但两者有着密切联系。首先，这种联系体现在物证技术学是从原有的犯罪侦查学中独立出来的。其次，这种联系是由物证在侦查犯罪中的重要作用决定的。学习侦查学应当先学习物证技术学。物证技术学关于在现场采痕取证、关于委托鉴定和对物证鉴定结论的评断等方面的知识，对学习侦查学和从事侦查工作，是十分必要的；而侦查学关于各种侦查措施的运用，特别是现场勘查措施的运用，以及关于侦破方法的基本知识，对于学习物证技术学和从事物证技术实际工作，也是十分必要的。

二、物证技术学和法医学的关系

物证技术学和法医学是研究对象不同的两门学科，但它们的联系却比较密切。物证技术学研究的许多技术手段，于法医学也有重要意义。例如，物证技术学关于十指指纹捺印的技术，于法医学中检验无名尸体就很有意义；物证技术学关于工具痕迹的基本知识，对法医学中根据尸体上的伤痕判断凶器类型也很有帮助；物证技术学关于枪弹痕迹、微量物证的技术知识，对法医学中尸表检查和解剖尸体，意义亦匪浅。法医学研究的所谓“法医物证”和物证技术学研究的生物物证技术在对血液、毛发、精斑、唾液等的研究方面有某些交叉，这种交叉是正常的。血液、毛发、精斑、唾液不仅在有人身伤亡的现场经常遇到，在无人身伤亡的各类案件中也可能遇到。

三、物证技术学和部门法学的关系

作为我国法学体系组成部分之一的物证技术学和部门法学的关系十分密切。

（一）物证技术学和诉讼法学的关系

我国刑事诉讼法、民事诉讼法和行政诉讼法都规定，在办案过程中，为了解决案件中的专门性问题，可以聘请有专门知识的专家提供帮助。物证技术学的专业知识，是解决各种专门性问题所不可缺少的。物证技术学所研究的基础理论，对诉讼证据理论的研究也有重要的意义。另外，诉讼法规定的各项办案原则和程序，也是从事物证技术工作所必须严格遵守的。物证技术学和诉讼法学的联系由此看来很密切。

（二）物证技术学和刑法学、民法学的关系

随着犯罪行为所涉及的社会领域日益广泛，犯罪分子作案手段日益智能化，刑法学与物证技术学的关系也日益密切。刑法条文中许多犯罪构成的确定，依赖于物证技术者甚多。例如，伪造货币罪、投毒罪、爆炸罪等等，都必须对有关物证进行鉴定，才能为认定犯罪构成提供依据。

物证技术学和民法学的关系，往往为人们所忽略。随着社会经济的不断发展，社会上各种民事、经济纠纷日益增多。在这些案件中，要认定是否存在某事实，或者被告人是否实施了某行为，或者确定某种因果关系，往往离不开物证技术。

四、物证技术学和自然科学学科的关系

如前所述，物证技术学是化学、物理学、生物学等自然科学学科与法学相结合而产生的一门边缘学科。这种学科性质决定了物证技术学不仅与法学存在密切联系，而且和这些自然科学学科也存在密切的联系，突出表现在：

第一，物证技术学专家创造性地利用物理学、化学等的原理和方法，研制出适用于不同类型物质性客体的物证技术。例如，利用光学原理研制了定向反射拍照法，作为显现潜在指纹的一种技术；利用化学反应原理研制了毒品快速检测技术等等。

第二，物证技术学专家直接利用物理学、化学、生物学的方法为检验物证的方法。例如，利用显微镜检验物证的形态特征，利用医学中检验血型的技术检验案件中可疑血迹，利用各种仪器分析方法检验各种作为物证的有机物或无机物，等等。

物证技术学与自然科学学科的密切联系表明，物证技术的发展，一方面要依靠一般科学技术的发展，另一方面要依靠物证技术学专家在实践中不断进行科学实验、开展创造性的科研活动，利用现代科技成果，开发新的物证技术方法。

第二章

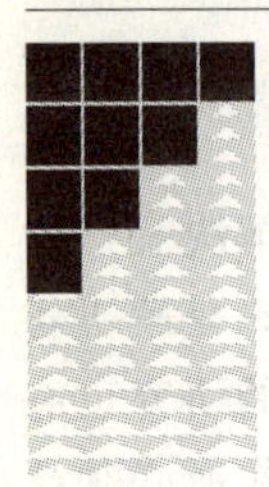

物证技术学的基本原理

第一节 物质可分性原理

在2001年出版的《物证技术学的原理和实务：法庭科学业》一书中，美国物证技术学家凯思·英曼（Keith Inman）和诺拉·路丁（Norah Rudin）首次提出了“物质可分性原理”（the principle of divisible matter）。

英曼和路丁均曾全职从事过物证技术工作，并仍然被多个司法实务部门聘为物证技术方面的专家和顾问。在尝试回答“如何将物质交换（转移）原理应用于断离物证或断离证据”这一问题时，他们提出了物质可分性原理。虽然物质可分性原理比洛卡德的物质交换原理“年轻”八十多岁，但它是物质能够交换或转换的前提：物质唯有分离或断裂后，才可能因为客体间的接触而转移或交换。

一、什么是物质可分性原理

所谓物质可分性原理，即当施以足够的力量时，物体就会分裂为小的碎块。这些小碎块将会获得分裂过程中其自身形成的性质，同时还会保留其原有物体的物理化学特性。

二、物质可分性原理的逻辑推断

无疑，物质可分性原理与洛卡德物质交换原理一样通俗、平白，且浅显易懂，但正是通俗浅显的该原理，蕴涵了对物证的分析、解释有着重要功用的 3 个逻辑推断：

推断 1：小碎块保留的某些性质相对于原有物体或相对于分裂过程来说均是独特的。这些独特的性质在判断所有碎块是否源于原有物体时非常有用。

推断 2：小碎块保留的某些性质既与原有物体相同，也与生产（或生长）过程类似于原有物体的其他物体相同。依靠这些特点可以对物体分类。

推断 3：原有物体的某些性质在分裂和在随后的分散进程中，或在分裂、分散之后将会失去或改变。这使得有关共同来源的推定工作变得艰难。

三、物质可分性原理的意义

从确定物证来源的视角入手，英曼和路丁扩展了物质交换原理的适用范围，认为物质交换原理同样可适用于诸如指印、足迹、工具痕迹等印痕类证据。虽然他们认为，物质可分性原理并不能普遍适用于诉讼中的各种物证，例如印痕类证据——此类证据的形成并不需要物质先行分离或断裂。但是，适用范围的有限性并不妨碍物质可分性原理对物证技术工作和物证技术学的理论研究产生影响，而这种影响至少体现于以下三个方面。

1. 物质可分性原理的诞生，不仅丰富了物证技术学的基本原理，而且从一个层面表明，物证技术学的理论研究并不仅限于对实验、检验方法和实验、检验技术的开发和简单编纂。

2. 物质可分性原理动态地、辩证地研究了物质断离的内在成因（或机理）、物质断离时形成的特点及物质断离后被改变的性质等，使得我们对断离碎块的来源分析和确定有了更为科学的认识——断离碎块之来源的确定有据可依，但断离碎块之来源的确定却并不是百分之百地能做到。

发现、记录、提取物证往往是为了对物证进行鉴定，而物证鉴定的最终目的通常是为了对物证本身或物证的来源作出分析、解释及判断，例如：某自行车是否就是某人丢失的那辆自行车——这显然是对物证本身作出的判断；某指印、鞋印、印文、工具痕迹是否为某手指头、某鞋子、某印章、某工具留下的，某衣服碎片、某玻璃碎片、某油漆碎片是否来源于某件衣服、某块玻璃、某一家具等等，则无疑属于对物证之来源的确定。因此，物证技术中有大量工作涉及对物证之来源的确定——物证技术中的同一认定和种属认定归根结底就是解决物证的来源问题。

当然，完整体的同一认定或种属认定不是物质可分性原理涉及的问题，但断离体的同一认定或种属认定则毫无疑问地与物质可分性原理密切相关。尽管物证技术学的同一认定和种属认定理论也探讨了断离体的同一认定等问题，但这种探讨并不深入也不系统，更没有从物质本身的各种性质、物质断离的机理、物质断离时形成的特点及物质断离后被改变的性质等入手，动态地、辩证地研究物质的断离、断离碎块之来源确定的可能性等问题。而物质可分性原理及相关的三个逻辑推断，却使得我们就前述与断离体有关的种种问题有了这样的思考：

（1）足够的外力便能使物质或客体发生分裂或断离。

构成世界的物质或者客体按照物理和化学原理被各自有序地整合在一起，其间，它们承受着来自内部和外部的各种力的作用。当外界的作用力大于使物质或客体各个部分彼此聚集、连结在一起的内部作用力时，物质或客体便会分裂或断离，随之便会有某一碎块或若干碎块脱离其母体，而母体则可能不复存在而完全分裂或断离为若干碎块。无疑，物质可分性原理从本质上揭示了物质或客体分裂、断离的机理或成因，阐述了物质或客体分裂、断离的普遍可能性，使我们能够从认识上高度重视这一物理现象。当然，物质或客体不同，其内部的聚集作用力也各不相同。从物证技术的视角而言，我们不必探究，也不可能探究这一内部聚集作用力究竟是什么，但我们借助物质的可分性原理能得出的判断是，碎块的出现必然是其母体或其原有物体受到了大于其内部聚集作用力之外部力量作用的结果。而这股外部力量往往正是诉讼中某方当事人的行为施与的。

（2）物质或客体本身的性质以及物质或客体在分裂、断离瞬间赋予碎块的性质，使得我们能够据以判断碎块之母体所属的种类，或者确定碎块是否来源于某一物质或某一客体。

就世界上的物质或客体而言，因其必须按照物理、化学规则允许的特定方式而存在，故其基本性质保持不变。当然，由于物质或客体的生成方式不同——有天然生成和人工制造之分，所以物质或客体的基本性质也各不相同。但无论如何，物质或客体的基本性质应包括界定该物质或客体的那些性质——这其中既有与别的物质共享的性质，也有其本身独有的性质。事实上，物证技术专家正是基于这些性质进行种属认定、同一认定，只是因为物质或客体的不同，所依据的性质不同罢了：进行种属认定，依据的是物质或客体的一般性质、通用性质；而进行同一认定，依据的则是物质或客体的个体性质、独特性质。哪些性质可用于种属认定，哪些性质可据以确定唯一来源，需要物证技术专家作出很好的分析判断。而物质的可分性原理及相关的三个推断，恰恰能够帮助物证技术专家作出科学的分析判断。

作为一个物理过程，受外力作用而脱离母体的所有碎块理应保留其母体或其原有客体的性质，如颜色、元素组成、微晶结构等。因此，可以从碎块保留下来的颜色、元素组成、微晶结构等性质入手，去认识、了解其母体或其原有客体，或者去认识、了解与其母体或其原有客体有着相同生成过程的其他客体——这就是一种种属认定。

此外，物质或客体的分裂、断离本身，使得碎块在受外力作用而分裂、断离的部位形成了于物质或客体本身、于分裂断离过程而言均非常独特的各种性质；这些独特的性质不仅存在于碎块的边缘，而且还与其相邻的碎块或母体之边缘有着很好的物理互补性。在颜色、元素组成、微晶结构等性质与母体（或可能的原有客体）有着一致性的前提下，正是基于这种独特的、有着物理互补性的性质，才能确定某碎块是否来自某一母体，或者某些碎块原来是否属于同一整体。可以说，离开了这种独特的有着物理互补性的性质，我们便无法就碎块的来源作出唯一的肯定回答——如果没有玻璃碎块的边缘特征，就无法判断该玻璃碎块是来源于某特定汽车的前挡风玻璃还是来源于与该辆汽车同一批号生产的其他汽车的前挡风玻璃；离开碎布片的边缘特征，就无法判断该碎布片是源于某件上衣还是源于以同一厂家同一批号生产的布料缝制而成的裤子、窗帘、桌布。因此，在对物证及其比对样本进行发现、收集、提取、送检等处理的过程，切不可人为地破坏物证及其比对样本的各个边缘，否则我们将无法作出对断离体的同一认定。

还需要提及的是，某些特征仅存于物质或客体的外层，而并非如同密度、颜色组成那般匀质地充斥于整个物质或客体，例如，陶器表面的特征性纹理、木器表面的雕刻花纹、墙壁上涂抹的装饰性彩绘等，但它们对碎片来源的确定也有着极为重要的作用：如若陶器、木器破碎形成了若干较大的碎块，如若墙壁脱落下较大的墙皮，那么这些碎块或墙皮上难免会依然载有局部的特征性纹理、雕刻花纹或装饰性彩绘，而这些局部的纹理、花纹或彩绘就如同碎块的互补性边缘特性一样，是我们分析判断某碎块或墙皮是否来源于某件陶器、木器或墙体的有力依据。显然，使陶器、木器碎裂的外力也使其表面的特征性纹理等彼此分离，而这些纹理的相互依存关系也是我们在进行断离体同一认定时不应忽略的。但是，当碎块过小，无法清楚地显示出其依然承载的局部性纹理时，那么这些纹理也就不再是断离体同一认定的依据之一了。

(3) 就碎块之来源进行分析判断的努力并非百分百地会有结果。

如前所述，依据原有物质或客体自身的性质，以及受外力作用发生分裂断离时形成的性质，我们便可以分析并确定碎块的来源。但是，某些情况的出现却可能使得我们就碎块之来源的分析和判断变得复杂，甚至无望——物质可分性原理的逻辑推断 3 便清楚地阐明了这一点：原来物体的某些性质在分裂和在随后的分散进程中，或在这之后将会失去或改变。这使得推断共同来源的努力变得艰难。事实上，这样的例子并不少见。例如，因为被打破，一个陶罐的大小和形状不仅被破坏而且不能在其破碎的陶罐片上得到反映，所以我们不能从其中某一个陶罐碎片就分析出原属陶罐的精确大小和形状，也不能从该陶罐碎片就准确判断出还应有多少碎片才能组成原来那个陶罐。又如，在现场发现了理应是从织物上断离下来的一根纤维，但仅凭这一根纤维，我们无论如何是无法分析判断其原来属于的织物是床单、衣衫还是窗帘。还如，一张纸被撕成两半，其中一半被带至南方潮湿阴暗的地下室保存，另一张纸置于北方阳光灿烂的窗台边，过一段时间后再意欲将这两块纸片联系到一起就颇为困难——处于不同环境下的这两张纸片发生了不同的变化，它们不仅在破裂的边缘处呈现出不同，而且在外观颜色等物理化学属性方面也偏离了原有纸张的性质。

3. 物质可分性原理的出现为更好地运用物质交换原理、更科学地解释物证的来源奠定了坚实的基础。

仔细研究物质的分离、转移（交换）及证据来源的分析确定，便能发现，物质可分性原理与物质转移原理承接紧密，并共同服务于物质之来源的分析确定。

已有 90 年历史的物质交换原理对物证技术学有着深刻的影响。尽管它已越来越多地被援引、使用，尽管在物证技术学界，乃至“在法庭科学界它已如公理；它被认为真实无疑而无须证明”，但从严格意义上说，物质交换原理的核心应是，仅仅解释了证据之发现的机理——也即我们为什么能发现证据。当然，就所发现的证据，我们也是从证据（实际上也就是物质）的性质入手进行分析，并依据物质转移原理、结合前面的分析结果来推断其可能来源于何处。但是，借助物质转移原理，我们却无法就证据某些性质的形成给出合理的解释，例如，发生转移之前的碎玻璃片为什么会形成独特的边缘特点？同样，凭借物质转移原理我们还不能回答：花粉之类的物质为什么会脱离其母体（即花蕾）而转移到某人的裤脚上？此外，让物质交换原理“颇感力不从心”的问题是，已转移至某人裤脚上的花粉在被发现并接受分析检验之前其性质是否会有变化、此变化对判断花粉之来源有何影响？

显然，诸如此类的问题在实务工作中应该是不难遇到的，却少能得到科学、合理的解决。而物质可分性原理却对上述种种问题作出了一定的回答：

(1) 物质的转移以物质的分离为基本前提，没有分离便不可能有转移。

(2) 分离的发生仰仗于外力的作用；只要输入的外力强度大于物质内部的聚集作用力，物质便会发生分离；而分离的物质“伺时机成熟”，也就是物质转移原理所言的“接触”出现时，便会交换或转移。

(3) 受外力作用而分离的碎块不仅会承继其母体或原有客体的某些基本性质，而且还会在分离的瞬间在其边缘处形成颇为独特却与相邻碎块或母体之边缘互补的特点。前者是物质的基本性质受客观物理、化学规则约束的结果，后者则是热力学原理使然。前者有助于我们划定被转移物质或碎块的母体或原有物体之所属范围，后者则可能使得我们将该范围缩小得足够小，以至于其中只有一个母体或一个原有物体。

(4) 同样是热力学原理作用的结果，被分离母体或原有物体的基本性质，以及分离而成的碎块性质均会经由时间的延续而发生持续的变化，这些变化有可能使得我们就碎块之来源的分析判断成为枉然。

无疑，有了物质可分性原理的铺垫，物质的转移或交换才有了可能，对物质之性质的分析、认识和利用也才有了更为坚实的基础，物质转移原理才可能最大限度地发挥效用——与物质可分性原理一道，共同服务于分析判断物质的来源。

第二节　物质交换原理

“物质交换原理”（the principle of material exchange）又称“物质转移原理”（the principle of material transfer)、“洛卡德交换（或转移）原理”或“洛卡德原理”，是法国的爱德蒙·洛卡德（Edmund Locard，1877－1966）提出的。洛卡德是世界上第一个警察实验室的创设者，也是里昂大学物证技术学研究所的奠基人、主任。洛卡德对尘土等的研究受到了他之前的一些人物的启发，如阿瑟·柯南道尔（Arthur Conan Doyle)、汉斯·格罗斯（Hans Gross）以及洛卡德的导师亚历山德·拉卡斯格恩，但洛卡德推广、普及了对这类微量物证的使用，并提出了“转移”或“交换”的概念，使得物证技术学的研究步入了一个全新的时代，他也因此被后人视为物证技术发展史上最为重要的人物之一。

一、什么是物质交换原理

物质交换原理或物质转移原理的现代表述是，“每一次接触均留下痕迹”（“Every contact leaves a trace”，也可译为“接触即留痕”)，其原始表述则为：

“没有人能够在犯罪行为所需要的力度下实施某行为而没有留下大量迹象：或者是作恶者在犯罪现场留下痕迹；或者是，另一方面，作恶者将犯罪现场的东西经由其身体或衣物带走——这便能指明他去过哪或他干过什么事。”

洛卡德本人的原始表述要较现今被称作洛卡德原理的“接触即留痕”“冗长”得多。但这种“冗长”却有助于我们清楚地明了该原理的具体内容并深刻领会其最为基本的功用——我们可以据之推断罪犯曾经去过什么地方、曾经干过怎样的事情。当然，这种表述也有其局限性，即该原理似乎只适合于指导刑事案件中的物证技术工作，可事实上，民事纠纷中某些物证的发现及其证明作用的发挥，也需要以该原理为基础。例如，目前国内外频频见诸媒介的DNA亲子鉴定，表面上看是为了确定子女与可疑生父间的亲权关系进而维护相应的社会关系，但这也是以物质交换或转移原理为基础——意欲证实子女与可疑父亲间有亲权关系，唯有在子女身上寻找到该可疑父亲的遗传物质，而这一遗传物质显然是该可疑父亲与子女生母发生性关系、性接触时转移的。因此，现今在物证技术学界占主导地位、表述既简洁平实又高度概括的“接触即留痕”之物质交换原理，更易为人们所接受、更易服务于各类性质的诉讼。

二、物质交换原理的意义

1. 从详细而又具体的刑事诉讼视角而言，物质交换原理的意义表现为：

(1) 能够使现场勘查人员明确在现场勘查中应当寻找哪些痕迹物证，在什么地点、什么客体上寻找这些痕迹物证，这些痕迹物证能够证明什么问题，如何证明这些问题。

(2) 能够使侦查人员明确在案件调查过程中，对嫌疑对象的调查应当注意发现哪些问题，应当如何对嫌疑人衣物、住所、工作地点进行检查，重点检查哪些微量痕迹物证，这些痕迹物证对证明案件事实能够起到多大的证明作用。

(3) 能够使侦查人员在询问证人和讯问嫌疑对象时，分析、识别证言或供述的真实性，及时发现侦查线索，确定侦查方向。

(4) 能够帮助技术人员、侦查人员对案件中出现的复杂现象作出合理的解释。

(5) 能够使侦查人员意识到现场保护的重要性。

(6) 能够使侦查人员意识到及时找到嫌疑对象的重要性。

2. 撇开其服务的具体诉讼对象的刑事或民事、行政性质，物质交换原理最为核心、最为基本的意义为：

(1) 物质转移原理为发现物质类物证的活动奠定了坚实的理论基础。

现代诉讼的证明活动需要利用物证来完成，这就要求在诉讼前或诉讼中注意寻找、发现物证。事实上，无论是刑事诉讼还是民事诉讼、行政诉讼，诉讼双方均会积极寻找、发现包括物质类物证在内的各种物证，但少有人知晓为什么能寻找、发现物质类物证，如何寻找、发现这类物证。而物质转移原理无疑回答了这个被视做“应该如此，却不知为什么会如此”的问题。换言之，物质转移原理为发现物质类物证的活动奠定了坚实的基础——在故意或非故意力的作用下，两个客体间的接触会导致这两个客体上的物质彼此向对方转移，转移是我们发现物质类物证的机理，而转移的物质便是我们要寻找、发现的物证。也正是基于该原理的指导，我们才能够发现并注意去利用一些仪器设备发现毛发、精斑、血液、口红、胭脂、纤维、油脂、涂料、玻璃碎屑、泥土灰尘、射击残留物等等“量少体微”的微量物质或微量物质类物证。

(2) 物质转移原理的出现或存在，使得我们对物证的利用“由表及里”、使得我们对从事物证技术实务和理论研究工作的人员的素质有了基本的要求。

早在洛卡德于1920年发表有关物质转移原理的论述之前，自然科学技术的一些原理和方法已被尝试着用来解决诉讼中与物证有关的专门性问题，但各国刑事侦查实践对人体骨骼、指纹、相貌等外在形态学特征的重视，要远远超过对物质之内在属性的留心和关注。而洛卡德提出的“转移”或“交换”概念，却里程碑般地扭转了这种局面——看似细小而又不起眼的泥土、油漆、金属屑、纤维、花粉、毛发等物质类物证，往往能以其内在的物理、化学或生物属性解决指纹、足迹等物证无从解决，或者因缺失指纹、足迹等物证而无法解决的问题。洛卡德交换原理的诞生，使得我们在关注物证外部形态特征之证明作用的同时，细致、系统地考究物证的内在性质的证明价值并积极、主动地在实务工作中印证、落实这一价值。换言之，洛卡德交换原理改变了我们的认识观，使得我们能够“由表及里”、“由外至内”，全方位、多维度地研究物质的性质并尽力发挥其相应的证明作用。

与此同时，物质交换原理对从事物证技术工作的实务人员及理论研究者的素质提出了最为基本的要求，那就是，从事物证技术之实务工作及理论研究的我们，必须能够从专业的角度"由表及里"地去认识、分析、解释物质的性质，而这就要求我们必须是接受过专门培养，有着扎实的物理、化学、生物、医学等等自然学科知识的专门人员。当然，物证对科学技术的依赖性这一特点也决定了从事物证技术实务工作和理论研究工作的人员必须有良好的自然学科基础知识，而洛卡德原理则是从物证技术学基本原理的角度提出了相关从业人员的素质条件，虽然异曲同工，但高度不同、视角不一。

三、物质交换的复杂性

物质交换并非像"触物即留痕"的表述那样简单，而是呈现出纷繁的复杂性。唯有充分认识其复杂性，才能更好地将该原理用于指导物证技术实践，否则，很难回答诸如这样的问题：为什么在某些现场发现不了有价值的物证？为什么根据某个人裤脚上的花粉只能推断该人可能去过某个地方，却不能肯定地说该人一定去过某个地方？

（一）物质交换的必备条件

物质可分性原理告诉我们，在足够的外力作用下，物质的某一部分便会与其母体分离而出现被转移或被交换的可能，那么在怎样的情况下这种可能才会成为现实？换言之，具备了哪些条件，转移或交换才能发生？

从洛卡德就物质转移而作的原始表述来看，转移需要三种客体和一定能量，也即转移的必备条件是，具有：

1. 源物体；
2. 源物体上分裂下的碎片（即被我们称做"微量物证"的物质）；
3. 碎片转移所至的目标物；
4. 促使碎片从源物体转至目标物的能量。

外力的作用使得碎片物质从源物体上分裂下来，而源物体与目标物的接触则使得碎片物质自源物体转移或交换至目标物。一般而言，使源物体与目标物相接触的能量即是使碎片物质从源物体转移至目标物的能量，且它同时是使碎片物质自源物体上分离下来的外力。但有时候，使物质分离的外力并不是使源物体与目标物相接触并使碎片物质从源物体转移到目标物的能量。例如：大风使玻璃从窗框上掉下来摔在窗台上成为碎片及碎屑，再有人从窗户爬过时，使裤子与窗台接触并使玻璃碎屑从窗台转移到裤子的则是人的重力。此外，使分裂碎片从源物体转移到目标物的力量有时也可能并不是使源物体与目标物相接触的力量，如：为抢救生命而将受伤者抬起来，受伤者伤口喷溅出的血液落在了抢救者的脸部和衣袖上，此时，使血液喷溅转移的是伤者血管的压力、使抢救者与受伤者接触的却是抢救者手部的握持力。

因此，尽管都可被统称为"能量"，但使物质分离的外力、使源物体与目标物相互接触的外力，以及使碎片物质从源物体转移到目标物的外力却有可能完全相同或者彼此相异。认识到这一点，在对微量物证的来源、形成原因、转移途径进行分析时，就可以给出多种推断，并依据其他证据而从中找出可能性最大的推断。

（二）影响物质交换的因素

当侦查人员、诉讼当事人等在目标物上发现了转移而来的碎片物质，碎片物质就有可能成为证据。而能否成为证据则取决于我们对碎片物质的来源、成因的分析判断。如果经分析，我们能断定该碎片物质一定来源于某特定物，或者推断该碎片物质的源物体与目标物之间有接触，那么我们便说该碎片物质即是证据；但如果经过分析，我们就碎片物质的来源等问题不能给出任何回答，那么该碎片物质就不可能成为证据。

由于某些因素可促使或阻碍物质的转移，并同时影响我们发现该物质的能力以及我们对该物质之分析结果的解释，所以，在就转移物质进行分析之后，就分析结果进行解释，并得出结论时，必须将下列影响因素考虑进去，即：

1. 物质分离、破碎成碎片的容易程度以及物质在分裂前的瞬间所承受的作用力的大小。这些因素将影响到能够发生转移的碎片数量和大小。

2. 两个客体相接触时，碎片物质是否容易转移，以及转移所需的力量。这些因素决定了某一碎片黏附在其母体（即源物体）上或转移至目标物的可能性有多大。

3. 能够转移的碎片数量。这与前两个因素一起，决定了最终会有多少碎片转移到目标物。显然，目标物上承载的被转移过来的碎片数越多，我们发现碎片的可能性就越大、就碎片物质进行分析检验的可能性就越大。

4. 碎片依附在目标物上的能力。如果从源物体转移至目标物的碎片易于依附或黏附在目标物上，那么我们就易于在目标物上发现该碎片物质。

5. 二次转移的存在。所谓二次转移，即某碎片从其源物体 A 转移到目标物 B，然后再从目标物 B 转移到目标物 C 的过程。如果出现了二次转移，那么在目标物 C 上发现了源自源物体 A 的碎片，就有可能得出 A 与 C 之间有过接触的推论，而事实上并没有这样的接触。

6. 无关转移的存在。即可能存在与案件无关的碎片转移。

从以上因素我们便可明了，为什么在某些案件中我们寻找不到物证，为什么根据某些碎片物质我们只能推断并不能肯定某人有过什么行为、某物与其他物体有过接触。特别是前述最后两个因素，更应使我们充分认识到，当今世界物质极大丰富，人们的活动又极为广泛、多样，因而物质的转移或交换时刻都在发生，其中只有少数与诉讼有关联。我们的任务便是，充分考虑各种因素，如二次转移的可能性、无关转移的大量存在等等，才能结合我们对碎片物质的分析结果给出最为合理的推断性结论。可以说，实务中某些冤案、错案的出现，与我们对物质转移或交换现象之认识的片面性、局限性不无关系。例如，杜培武一案中，在杜培武的衬衣袖口处检出了射击残留物，但这并不能证明杜培武就是开枪打死两名王姓受害者的凶手，因为杜培武本人即是一名警察，有证据证明案发前他曾两次参加其所在单位昆明市强制戒毒所组织的实弹射击。尽管这两次射击较“两王”被杀的时间早了近半年，但因射击时形成的射击残留物颗粒细小、数量极多，且已转移到衬衣袖口的那些射击残留物与衬衣袖口这一目标物之间的黏附力可能并不低——这些颗粒极可能已“镶嵌”至衬衣之纤维织物的缝隙中，加上我们现有的现代分析检测手段有着极高的灵敏度，所以，在杜培武参加单位实弹射击的半年后再从其衬衣袖口处检测到射击残留物应该是极为正常的现象。无疑，杜培武在案发前的两次实弹射击是与“两王”被杀案无关的转移。将这种无关的转移视为有关，自然会促成冤案的形成。

此外，物质交换原理告诉我们，相互接触的两个客体应彼此留有源自对方的物质。但这只是应然层面的，实然的往往是，受前述头五个因素的影响，很可能在这两个客体上根本找不到源自彼此的碎片物质，其结果是，这两个客体间的联系被弱化，甚至被否定。而这也是我们不希望的结果：曾经有过的相互接触变成了没接触——有关联变成了无关联。

因此，我们应该深刻认识到物质转移或交换的复杂性，充分考虑客观世界可能出现的各种情况，尽量做到以下这一点，即要让有关相互转移的思想对证据的收集所产生的影响、对已发现证据的解释所产生的影响是积极而非消极的。

最后，应该充分认识物质转移或交换具有复杂性的人员，不应仅仅限于物证技术人员，办案人员，如侦查人员、公诉人员、法官，以及诉讼代理人、辩护律师等，都应对之有深刻的了解。否则，在运用物证技术人员的分析结果、在对已发现证据予以解释或作出推理时，就必然会出现偏差，就难免再出现类似于杜培武这样的冤案。

四、物质交换原理适用范围的扩展

（一）物质交换由微量物质扩展至宏观物质

尽管洛卡德交换原理的原始表述也许同时针对较大的实体物质的转移，但不可否认的是，在时过90年之后，任何人均难以准确判断，洛卡德所言的“犯罪现场的东西”到底是指包括宏观物体在内的各种物质，还是单纯指各种微小的物质。但是，从洛卡德本人研究的重点、推广的重心，特别是从洛卡德对“转移”或“交换”这一概念的强调，以及在强调“转移”或“交换”这一物理活动时对其“不经意性”或“不易被人察觉”之特点的关注来看，洛卡德所言的“犯罪现场的东西”是指各种微小的物质。

然而，物证技术实践本身的需要、物证本身的丰富性和多样性，却使得物质转移原理的适用范围已明显由微量物证扩展至宏观物证：（1）不经意或不易被人察觉的微量物质的转移或交换时有发生，这是毋庸置疑的。但是，一些宏观物质，如破纸片、破玻璃片、衣服碎片、破陶器碎片等，也时常被转移或被交换，只是这些转移或交换有可能不完全是不经意或不被人察觉的。但是，寻找、发现被故意带走的这些宏观物质（纸片、破床单等）的最终目的，与寻找、发现不经意间发生转移的微量物质的最终目的显然是一致的，即均是判断或解释这些已转移物质的来源。（2）判断或解释这些已转移物质的来源，无论是针对宏观物质还是微量物质，所采用的方法均是对物质成分或物质本身性质的综合分析检验。（3）物质的宏观与微量只是一个相对概念，它们之间很难有一个泾渭分明的界限；同样，也难说从某陶器上撞下来的陶器碎屑与同样是从该陶器上撞下来的陶器碎块便有着本质上的差异，至于从床单上抽出的一根纱线就是微量物证、从同一床单上撕下的一角就是宏观物证的断言也很难令人信服。因此，将洛卡德转移原理之适用范围扩展至宏观物质应是顺理成章的事，但这一扩展首先使得我们实践中经常遇见的断离体同一认定工作也能在相关的基本原理的指导下有条不紊地进行——断离体同一认定针对的对象通常是一些宏观物证；其次，更使得物证技术学中的两个基本原理，即物质可分性原理与物质转移原理能够有机地、逻辑地衔接起来——不管物质是宏观还是微量，在相当外力的故意或非故意作用下，均能发生分裂、断离，而分裂、断离后的碎块或碎屑，才可能因其母体与其他客体的接触而发生转移或交换，根据转移或交换的碎块或碎屑，我们便能推断发生了怎样的事件，便能推断碎块或碎屑源自何方。

（二）物质转移或交换由物质本身的转移扩展到物质的痕迹特点的转移

从现代意义的物证技术学角度来看，洛卡德最初就物质交换原理之思想所作的表述理应适用于包括形象痕迹和物质在内的种种物证，即“没有人能够在犯罪行为所需要的作用力下实施某行为而没有留下大量迹象：或者是罪犯在犯罪现场留下痕迹；或者是，另一方面将犯罪现场的东西经由其身体或衣物带走——这便能指明他去过哪或他干过什么事。”但洛卡德本人的研究及推广工作更多以泥土、灰尘等物质类物证为切入点，更因洛卡德的思想使得我们对物质类物证，特别是微量物质类物证的利用给予了极大的重视，故后人将洛卡德原理又称做物质交换或物质转移原理，这一普遍被接受的原理名称无形中便将该原理的适用范围局限于物质本身的转移了；而且事实上，洛卡德之后的学者们在论述物质交换原理时，无一不是将该原理与微量物证一块讨论的。

但是，洛卡德原理显然可以适用于印痕类物证，也即我们常称的“狭义痕迹物证”、“形象痕迹物证”或“痕迹物证”：

首先，除了转移的（实体）物质，也即微量物证之外，物证技术工作中涉及的许多物证均是痕迹，即造型体在承受体上留下的反映客体之空间性状的变化，如指印、鞋印、工具痕迹、轮胎痕迹、咬痕等等。这些痕迹的形成有两个途径：当造型体作用于承受体时，一是通过极度的力量，使承受体发生一定变化而形成痕迹，如各种工具痕迹以及咬痕、雪地或稀泥地上的鞋印、轮胎痕迹等立体痕迹即是这样形成的；二是借助中介物质，如灰尘、血液、油漆、手指头分泌出的汗液、油脂等，而在适度力量的作用下，在承受体表面留下一定变化，如黑板上的粉笔指印、水泥地上的粉尘鞋印、家具表面的血指印、粉尘地面上被人坐过的印痕等平面痕迹便是如此形成的。其次，造型体的空间性状无外乎长度、宽度、深度（或高度）、形状等形态学特征。造型体在力的作用下与承受体相接触形成痕迹时，往往会“丢失”某些形态学方面的特征，但这并不影响我们的检验，也就是说这并不影响我们从承受体上的变化来认识造型体的特点，进而判断该变化是否某承受体造成的，例如工具痕迹的鉴定。再次，从形成机理来看，痕迹的形成也可视作“转移”——造型体在力的作用下使承受体发生变化，而这种变化便是造型体之空间性状从造型体向承受体的转移。最后，因为被转移的物质本身（如尘土、玻璃碎屑等）及被转移的物质之空间特性（如指印、工具痕迹等的特性）均能帮助我们确定物证的来源，所以从“功能等价”的角度考虑，可将物质转移原理的适用范围扩张、延伸到形象痕迹。而从信息论的角度来看待物质及物质性客体之空间特性的转移问题，也能视这种扩张为合理：转移了的空间性状同样富含有关其来源的信息；无论是物质本身的转移，还是物质性客体之空间性状的转移，所转移的均是有关证据之来源的信息。

此外，比较物质转移的必备条件与形象痕迹形成的基本要素，也能说明物质转移原理可适用于形象痕迹。如前所述，物质转移必须具备以下几个条件：“源物体”、“源自源物体的待转移物质”、“目标物体”、“使物质发生转移的作用力”；而形象痕迹形成的基本要素是：“造型体”、“承受体”和“形成痕迹的作用力”。对应地比较这几个条件和几个要素，我们发现似乎物质转移所需满足的条件要多一个，即“源自源物体的待转移物质”。但是，从物质可分性原理我们可知道，“源自源物体的待转移物质”原本即是源物体的组成部分，只是在足够外力的作用下才发生分裂、断离而成为可能转移的物质，因此可将源物体与源自源物体的待转移物质视做一个整体，这样，物质转移需要满足的条件至少在数量上与形象痕迹形成的基本要素相同了。当然，我们也可从形象痕迹的形成要素入手，将其中一个要素加以分解，这样也可使物质转移的必备条件与形象痕迹的形成要素在数量上取得一致，即将“造型体的空间性状”从“造型体”中独立出来。诚然，物质的转移与形象痕迹的形成在必备条件与形成要素之数量上表现出的前述一致性并不能说明这二者遵从相同的基本原理，但数量上的一致性使得我们能够将物质转移之必备条件对应地与形象痕迹的形成要素进行比较，而比较的结果是，尽管它们使用着不同的术语，但所表达的本质内涵却是相同的：“源物体”与“造型体”均是被转移之信息的来源体，“目标物”与“承受体”则均是承载被转移之信息的受体，而作用力——不管是使物质转移的力量还是形成痕迹的力量——却无一例外地可被称做能量，正是该能量才使得有关“源物体”或“造型体”的信息转移至“目标物体”或“承受体”，相应地，也就可以从“目标物体”或“承受体”上“附着”的信息去分析、判断“源物体”或“造型体”的特点，或者去判断“目标物体”或“承受体”上之信息的来源。

（三）物质交换原理适用范围扩展的意义

作为一门学科的基本原理，如果其适用范围随着相关实践的丰富和需要而不断地扩展，那么该原理便有着旺盛的生命力。无疑，洛卡德原理就是一个这样的实例。而换言之，将洛卡德原理的适用范围扩充、延伸至形象痕迹，则巩固了该原理在物证技术学中的基本原理之地位。

可以预见，随着物证技术学基本原理、基本理论的研究的兴起及深入，随着物证技术实践的丰富和发展，洛卡德原理的适用范围有可能还会再一次扩张。但无论如何，仅仅是本次的扩张，就有了非凡的影响：对物证技术实践中大量遇见的各种形象痕迹，我们均可在洛卡德原理的指导下去寻找、发现、分析并利用。此外，这次扩张还使我们能够在对形象痕迹加以分析、利用时“双管齐下”地分析利用形象痕迹的构成物质：构成形象痕迹的一些中介物质，如构成指印的汗液、构成鞋印的煤渣，与造型体的空间性状一并转移至承受体，在分析利用承受体上承载的空间性状（也就是形象痕迹）的同时，我们可对这些中介物质加以利用。例如，我们不仅可从指印的一般特征、细节特征分析判断它是否来自某人的某一个手指头，而且还可利用DNA技术去分析构成该指印的汗液物质，以进一步确认该指印是否某人留下的。无疑，这种双管齐下要求形象痕迹清晰、完整，构成形象痕迹的物质之性质已被我们认识，并能够被我们用某种手段去分析检验，否则也只能是“一条腿走路”。从目前的实践来看，研究者们已在尝试着通过分析构成形象痕迹的物质而获取有关信息的工作。而洛卡德原理适用范围的扩展，则使得这种尝试有了坚实的认识论之基础。

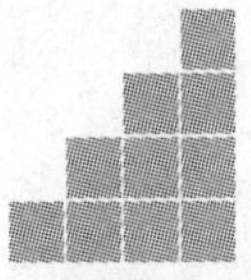

第三章

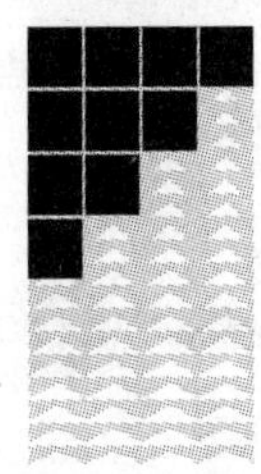

物证技术学的同一认定和种属认定理论

第一节 同一认定概述	一、同一认定的概念 二、同一认定和物证鉴定
第二节 同一认定的主体和客体	一、同一认定的主体 二、同一认定的客体
第三节 同一认定的依据和条件	一、同一认定的理论基础 二、同一认定的依据 三、同一认定的条件
第四节 同一认定的类型	一、人身同一认定 二、物体同一认定 三、分离体同一认定
第五节 特征反映体检验的一般方法	一、特征反映体检验的指导思想 二、作为特征反映体的物质性反映形象的检验方法 三、作为特征反映体的分离体的检验方法
第六节 种属认定的概念及与同一认定的区别和联系	一、种属认定的概念 二、种属认定的类型 三、种属认定与同一认定的区别和联系
第七节 种属认定中物质属性检验的一般方法	一、物质属性检验的必备条件 二、物质属性检验的一般步骤 三、物质属性检验应当遵守的规则

	四、物质属性检验的常用方法
第八节 研究同一认定和 种属认定理论的意义	一、同一认定和种属认定在办案中的作用 二、办案人员掌握同一认定和种属认定理论的重要意义

第一节　同一认定概述

一、同一认定的概念

认识事物可以采取不同的方法。当人们需要认识先后出现的客体是否同一时，同一认定就是解决这个问题的最佳方法。这种情况，在侦查犯罪中尤为常见。例如，当人们需要认定，某个嫌疑人是否就是在现场作案时留下指纹的犯罪分子，或者某一支枪是否就是打死被害人的那支手枪时，就要求助于物证鉴定专家，而专家解决这类问题所用的方法，就是同一认定的方法。他们对犯罪分子（先出现的客体）留在作案地点的指印和从嫌疑人（后出现的客体）处提取的指印样本进行比较检验，就可以作出这两枚指印是否来源于同一手指头的结论。可见，在物证技术领域中同一认定就是通过对先后出现的客体留下的特征反映体进行检验，解决先后出现的客体是否同一问题的一种方法。这个概念可图解如图3—1所示：

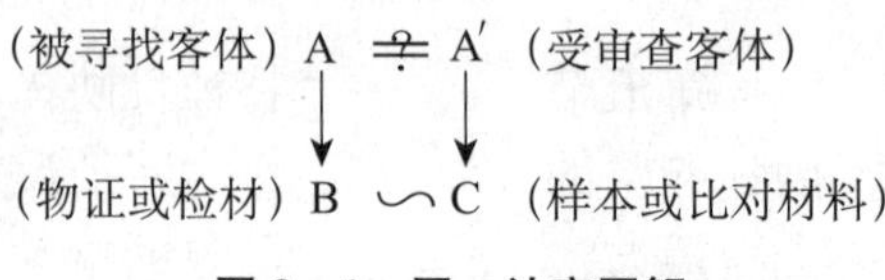

图3—1　同一认定图解

上图中A代表先出现的客体，A′代表后出现的客体，B是A留下的特征反映体，C是取自A′的特征反映体。

同一认定的概念表明，同一认定的目的，是要解决先后出现的客体是否同一（即A是否等于A′）的问题。

在同一认定理论中，“同一”有严格的含义，是指客体自身与自身的等同。“同一”与“相同”、“相似”有原则区别。“相同”、“相似”指的是两个人或两个物之间的关系，“同一”指的是一个人或一个物自身与自身的关系。同一认定就是要解决先后出现的客体是不是同一个客体。如果最终被认定不是一个客体，那就是“否定同一”，这两个客体只是有某些相似而已；如果最终被认定是一个客体，那就是“肯定同一”，但不能说“相同”。

同一认定的概念还表明，解决同一认定问题所依据的通常是被寻找客体（即A）的特征反映体（即B）和受审查客体（即A′）的特征反映体（即C）。B和C是确确实实存在的两个客体，无论A是否等于A′，B和C都不存在“同一”的关系。

同一认定的概念还表明，同一认定的方法是比较法。比较法是人们鉴别事物的常用方法。为了解决先后出现的客体是否同一问题而采用的比较法与解决其他问题而采用的比较法相比，有三个重要区别：一是比较的目的不同。通常鉴别事物采用比较法的目的是要鉴别事物相异或相同；而进行同一认定时采用比较法的目的是确认是否同一。二是比较的方式不同。通常鉴别事物时采用的比较方式是直接比较，即比较事物本身的特征；而进行同一认定时采用的比较方式一般是间接比较（分离体鉴定时除外），即间接地通过比较客体的特征反映体来比较客体的特征。三是比较的手段不同。通常鉴别事物时采用的比较手段是将两个事物进行对照；而同一认定时采用的比较手段，除了对照外，还往往采用形象接合、形象重叠等手段，对于形成机制复杂的客体特征，有时还要借助现代科学仪器进行比较。

同一认定时所利用的特征反映体，是指来源于客体，能如实反映客体特点，并能被人感知和认识的实体。特征反映体可分两大类：一类是客体的物质性反映形象，另一类是客体的分离体。客体的物质性反映形象是相对于客体留在证人脑子中的印象等非物质性反映形象而言的，它可按其形成机制和表现形式分为印痕、字迹、声纹、图像。客体的分离体是指某个整体分离下来的一部分，它又可按物态分为固态分离体（如折断的刀尖）、液态分离体（如地上的人血）、气态分离体（如现场遗留手套上的人体气味）。各种物质性反映形象都能如实反映客体的特点，各种分离体也能反映整体的特点，且分离体和整体能互相反映彼此的特点。

二、同一认定和物证鉴定

同一认定和物证鉴定是两个有着密切联系的不同概念。在物证鉴定中，许多提请鉴定人解决的专门性问题，例如，指纹是不是嫌疑人留的、字迹是不是嫌疑人写的等问题，都需要利用同一认定的方法加以解决。在这种情况下，同一认定就是鉴定。鉴定人进行同一认定得出的结论，在法律上可以作为证据。但是，如果一位办案人员具有指纹技术专业知识，对现场指纹和几个嫌疑人的指纹分别初检，也是同一认定，但办案人员进行的同一认定不是鉴定。可见，物证鉴定要利用同一认定，但同一认定不一定都是鉴定；鉴定是法律概念，同一认定作为认识事物的方法，是一种学术用语。

第二节 同一认定的主体和客体

一、同一认定的主体

一般来说，作为认识和解决问题的一种方法，同一认定是任何在工作或生活中遇到需要解决是否同一问题的人都可以采用的方法。

但是，不同领域中遇到的需要解决的是否同一问题，在性质和复杂程度上往往有很大区别。

一般工作和生活中遇到的是否同一问题，多属对人或物的辨认问题。解决这类问题，只能依靠人的记忆。在这种场合下，同一认定的主体是记忆中保留着一定人或物特征印象的个人。这种主体，一般不要求具备任何专门知识。

在办理刑事或民事案件过程中遇到的是否同一问题往往涉及案件中的证据，由于证据问题比较重要、情况比较复杂，所以，同一认定的主体应当是具有鉴定资格的专家。

当然，掌握物证技术基本知识的办案人员往往要对案件中的物证进行初检。初检时，办案人员可以利用自己的专业知识，初步审查某种痕迹是否为某个嫌疑人所留，或某些字迹是否为某个嫌疑人所写。解决这些问题虽然不能作为案件中的证据，只能供办案人员自己参考，但解决这些问题的方法，无疑也是同一认定的方法，办案人员无疑也是同一认定的主体。但这种同一认定，和物证鉴定中进行的同一认定，无论从法律性或科学性方面来看，都有原则的区别。

可见，同一认定的主体，根据所要解决的是否同一问题的性质和复杂程度的不同，可以是具备专门知识的人，也可以是不具有专门知识的人。具有专门知识的鉴定人所作的同一认定，称“鉴定型同一认定”；具有专门知识的非鉴定人所作的同一认定，称“非鉴定型同一认定”。

二、同一认定的客体

同一认定的客体就是同一认定概念中所说的先后出现的客体，即“被认定同一客体”，包括需要寻找的客体和接受审查的客体。在物证技术鉴定中，同一认定的客体，可分为人和物（含动物）两大类。

作为同一认定客体的人，实际上是指人的身体的能在客观环境中留下物质性特征反映体的肢体、器官或技能，对它们进行同一认定，就是对人进行同一认定。

作为同一认定客体的物，通常是指具有一定外形结构和用途的工具或物品，在个别案件中也可能是动物的蹄或牙、组织等。

人体或物体能作为同一认定的客体是随着科学技术的发展而逐渐实现的。例如，在显微镜技术还没有产生时，枪支不能作为同一认定的客体；在DNA技术产生之前，血液、毛发、精斑、唾液，也不能成为同一认定的客体。

人的技能作为同一认定的客体，是一种比较特殊的情况。各种技能都是在大脑指挥下经过长时间练习和实践而形成的动力定型。每种技能都由其习惯性动作，通过手、足或其他器官表现出来，并在一定的物质性载体上留下相应的痕迹。人的某一种技能能否成为同一认定的客体，取决于表现这种技能的习惯性动作留下的动作痕迹是否存在既有特异性、又有相对稳定性并能被人们识别的特征体系。众所周知，人的书写技能就具备这种条件，所以可以作为同一认定的客体；人的讲话技能同样可以作为同一认定的客体。

物体作为同一认定的客体，有许多复杂的情况。通常情况下，对物体进行同一认定是利用它留下的形象痕迹进行的。有时候，如果一种固体物被分离为两部分，对这两部分分离体也可以进行同一认定，即认定两部分是否原属同一整体。

如果是合量物体，它能否成为同一认定的客体？如果分离体不是固体物，而是液体或者气体，它又能否成为同一认定的客体？

所谓合量物体是指由相当数量的同类物组合而成的物体。例如，一桶粮食，一包食品袋，一沓信纸，都是合量物。如果从其中取出一部分粮食、一个口袋或一张信纸，能不能鉴定这分离出来的粮食、口袋或纸张和剩下的那些粮食、口袋或纸张是否原属一个整体？解决这个问题的关键，就是要在两者之间发现互相符合的特定特征，这些特定特征必须是该合量物在形成或生产过程中，或者在生产以后至被分离之前就产生的。这一点，对液体或气体分离物，同样适用。除了这一点外，还有一点也是必须具备的，这就是：无论是合量物体、液体或气体的分离物所具有的特定特征、特殊成分或特异掺入物，都必须能被先进的科学检测手段检测出来，否则，它们也很难成为同一认定的客体。

应当注意，同一认定的客体和同一认定所利用的客体（有的学者称后者为“供认定同一客体”）是有区别的。

第三节 同一认定的依据和条件

一、同一认定的理论基础

同一认定的理论基础就是要从理论上说明，对先后出现的客体能够解决其是否同一问题的基础是什么。这个基础就在于：世界上每一个客体都有其特定性和稳定性。

每一个客体都具有同类客体所共有的质的规定性，同时又具有每个客体所特有的质的规定性，这两方面质的规定性，构成了这个客体的特定性。正是这种特定性，能将这个客体和任何其他客体区别开来。

客体的稳定性，是指客体的质的规定性在一定时间内能保持相对不变。客体的变化是绝对的，每一个客体无时无刻不处在变化之中，但是，只要变化未达到质变的程度，客体的特定性仍然是可以认识的。所以，每个客体的质的规定性，都具有相对稳定性。正是客体具有特定性和相对稳定性，人们才有可能去认识处于缓慢变化中的客体，并使解决先后出现的客体是否同一问题有了现实的可能。

二、同一认定的依据

同一认定的依据是指同一认定客体留下的特征反映体。解决先后出现的客体是否同一的问题，就是依据这种特征反映体来完成的。

作为同一认定客体之一的先出现客体留下的特征反映体，通常是案件中提取的、可能成为物证的物质性客体，而后出现客体的特征反映体，则是由受审查客体提取的样本。无论是作为物证的特征反映体，或是作为样本的特征反映体，同一认定过程中需要检验的，都是特征反映体上的特征，这些特征反映了同一认定客体的特性。要判定先后出现的客体是否同一，就必须仔细地、全面地对它们留下的特征反映体上的特征进行比较检验。

客体的特征按其性质可分两大类：

1. 共性特征

共性特征是同类客体所共有的特征，例如，指纹的花纹类型、笔迹的熟练程度、足迹的鞋底花纹等等。仅仅依据共性特征相符，不能作出认定同一的结论，但如果共性特征明显不同，可以作出否定同一的结论。

2. 个性特征

个性特征是单个客体上存在的特征，例如，指纹内部的纹线细节特征、笔迹的笔画运笔特征、足迹的鞋底缺损特征，等等。个性特征并非同类客体所共有的，但个性特征也可能在同类客体中不同个体上出现。所以，对个性特征的利用，应当从其总体上来考虑，观察其特征的总和是否具有特定性，进而作出认定同一或否定同一的结论。

三、同一认定的条件

从理论上讲，任何一个客体，先后出现两次并且留下了自己的特征反映体，就可以依据这些特征反映体，对先后出现的客体是否同一作出认定。但实际上并非如此。对先后出现的客体进行同一认定，不仅要有特征反映体，而且还必须具备以下条件：

1. 客体的特定性必须比较明显、突出

任何一个人或物从总体看都是有特定性的。但该特定性是否明显、是否突出，万物却不尽相同。唯有特定性突出、明显的客体，才能得到独特的反映，才能得到格外的注意。

2. 客体的特定性在其先后出现的相隔时间内必须基本上稳定不变

任何一个客体都有相对的稳定性，但稳定的程度各有差别。一个客体，先后出现两次，两次的相隔时间可能很长，也可能不长。但不论长短，只有在这对应的时间间隔里，客体的特定性保持相对的稳定，人们才能认识它，才能进行同一认定。

3. 客体的特定性必须在其特征反映体中得到良好的反映

客体的特定性得到良好反映，应当符合质和量两方面要求。质的方面，特征反映体必须清楚地反映客体特征；量的方面，特征反映体必须反映出足够数量的特征。例如，一个指印，纹线模糊不清，或者虽然清楚，但只反映出几根纹线，这就是质和量都不合要求。依据这样的指印就不能进行同一认定。

4. 客体的特定性必须能被人们所认识

当一种客体的特征还没有被人们认识时，这个客体的特征反映体是不可能被利用来对这个客体进行同一认定的。例如，当人们还不认识指纹的类型和细节特征时，人们是不可能利用指纹的印痕对指纹进行同一认定的。而人的认识能力的提高，显然依赖于科学技术的进步。

第四节　同一认定的类型

利用特征反映体进行的同一认定，主要是按同一认定客体的情况进行分类的。

一、人身同一认定

人身同一认定是以解决先后出现的人身是否同一为目的的同一认定。如前所述，这类同一认定的客体实际上是人的身体的某一肢体或器官，或者是人的某种技能动作。

人身同一认定又可按人身的具体对象分为指纹同一认定、足掌同一认定、牙齿同一认定、面貌同一认定、书写动作同一认定、声音同一认定等。

二、物体同一认定

物体同一认定是以解决先后出现的物体是否同一为目的的同一认定。这类同一认定的客体是具体的物品，包括工具、枪支、鞋袜等等。所以，物体同一认定又可按具体对象分为工具同一认定、枪支同一认定、鞋子（或袜子）同一认定等等。

三、分离体同一认定

当一个整体被分离为两部分时，为了解决先发现的那部分与后发现的那部分是否原属同一整体问题而进行的同一认定，称分离体同一认定。

这类同一认定和前述两类非分离体同一认定相比，主要有以下两点区别：

1. 非分离体同一认定的客体既可能是人体，也可能是物体；分离体同一认定的客体，一般是无生命的实体。

2. 非分离体同一认定所依据的特征反映体是客体留下的物质性反映形象，分离体同一认定所依据的特征反映体是分离体本身。一个整体被分离后，分离体能反映整体的各种特征。

然而，分离体同一认定要解决的问题和非分离体同一认定所要解决的问题一样，都是确认先后出现的客体是否同一，所以其仍然可以用同一认定概念图解中A是否等于A′这个图式来表示，见图3—2。

图3—2　分离体同一认定图解

图中A表示分离体分出后剩下的原体，是先出现的客体。B表示分离体，是作为A的特征反映体出现的。B是从A分离出来的，A是需要寻找的客体；A′是后发现的客体，是需要审查其是否就是分离出B的那个原体（即A）。进行同一认定时需要对B的特征和A′的特征进行分别检验和比较检验，如果两者在断裂、分离处的特征、外表附加特征，以及客体本身的物质属性等方面均相符合，即可认定A等于A′，换言之，即认定后发现的客体（A′）就是分离体所分离的那个母体（A）。

分离体同一认定可按客体的物质形态分为固态分离体同一认定、液态分离体同一认定和气态分离体同一认定。

第五节　特征反映体检验的一般方法

一、特征反映体检验的指导思想

检验特征反映体是解决是否同一问题的基础，是涉及能否正确作出同一认定结论的重要环节。

检验特征反映体，不仅要有正确的检验方法、有效的科学仪器，而且还要有正确的指导思想。指导思想所解决的虽然不是检验的具体方法问题，而是检验过程中的认识论问题，但端正了认识，就可以使检验工作沿着正确的方向展开，可以使检验的具体方法发挥应有的作用。

检验特征反映体时应有的指导思想，从认识论的角度来说，即：

首先，要坚持实践第一的观点，也就是坚持一切从具体的检材和样本出发。

坚持一切从检材和样本的具体情况出发，能防止在检验工作中发生先入为主、主观臆断的偏向。有的检验人员往往偏听偏信办案人员介绍的有关嫌疑人的情况，未经检验，就形成一种先入为主的框框。在这种框框的影响下，检验人员往往只从检材和样本中寻找能肯定或有利于肯定这个框框的特征，而对不利于肯定这个框框的特征，不是视而不见，就是以种种“借口”不予采纳，其结果，必然导致作出错误的同一认定结论。

坚持一切从具体的检材和样本出发，还能克服检验工作中经验主义的偏向。经验对检验工作十分重要，但经验的重要性不在于它能给检验人员提供解决问题的模式，而在于它能给检验人员提供多方面考虑问题的线索。每个案件中的检材和样本都有具体的情况和特点，应当根据这些具体情况和特点进行检验，而不能简单地把一个案件的检验经验运用于另一个案件的检验工作。

坚持一切从具体的检材和样本出发，还能排除外界对检验工作的种种干扰。

其次，要坚持普遍联系的观点。

客观事物都处在这样或那样的联系之中。就一个检材而言，各种特征相互联系。一枚指印，一个足迹，或者一篇字迹，各自都有许多相互联系的特征，构成各自的特征体系。检验人员坚持普遍联系的观点，就能系统地利用检材中的各种特征，并采用不同方法进行检验，为得出正确结论提供可靠依据。

再次，要坚持发展变化的观点。

客观世界的事物，无不处于发展变化之中。静止是相对的，变化是绝对的。案件中的物证自不例外。一个特征反映体在形成以后可能发生变化，留下特征反映体的客体本身也可能发生变化。检验人员坚持发展变化的观点，就能正确地评断检验中发现的符合点和差异点，从而使检验更加可靠。

二、作为特征反映体的物质性反映形象的检验方法

物质性反映形象是同一认定中最为常见的特征反映体，它包括人体或物体某个部位留在另一客体上的印痕，以及人的某种技能动作留下的物质性反映形象。对物质性反映形象进行检验，通常包括分别检验、比较检验、综合评断、作出鉴定结论等步骤，而在着手检验之前，还应做好检验的准备工作。

（一）检验前的准备

为了更好地检验，应当了解一些对检验工作可能有重要意义的情况：

1. 案件的基本情况。即要了解相关刑事案件的指控事实或民事案件的争讼事实及鉴定的具体要求。

2. 检材的基本情况。送检的检材即是物证。了解检材的情况，即要了解该检材的发现、提取、提交、保管、保存等情况，并检查其外观状况，看其是否具备鉴定条件。

3. 比对样本的基本情况。比对样本是取自受审查人或物的物质性反映形象，要从质量和数量两方面审查其是否具备比对条件，还要特别注意检查它们的来源是否可靠。

4. 根据检验工作的需要，准备必要的仪器等。

（二）对检材和样本进行分别检验

对检材和样本进行分别检验的目的，是要发现它们各有哪些特征，为下一步比较检验奠定基础。

分别检验的顺序应当是先检材后样本。了解检材中有哪些突出特征，有利于更快地在样本中发现相应的可比特征。

分别检验的对象是检材和样本中所反映的客体特征，包括一般特征和细节特征。

有的案件中，送检单位送来供同一认定用的比对材料并不是取自受审查客体的形象痕迹，而是受审查客体本身（例如，一把嫌疑工具或手枪）。在这种情况下，为了取得检验用的痕迹样本，必须选择相应的材料和条件，利用受审查的客体进行实验。

（三）在分别检验的基础上对检材和样本进行比较检验

比较检验的目的是要确定，检材和样本上的特征，哪些相互符合、哪些互有差异。

比较检验的具体方法有以下三种：

1. 特征对照法。这是最常用的方法。即将检材和样本（或它们的照片）置于同一视野内，对它们所反映的特征进行对照，以发现符合或差异的特征。特征对照可利用投影仪或专门的比对仪进行，还可以借助线条图形板观察特征与特征之间的相互关系。特征对照法一般适用于静态印痕或文字符号。

2. 特征接合法。把检材和样本分别拍成同倍率的照片，然后在特征最明显的部位将两张照片剪开，左右交相拼接，观察照片上被剪开的特征是否吻合。特征接合也可利用投影仪进行或者利用专门的比较显微镜进行。此法通常适用于检验动态痕迹（线形痕迹）以及印文。

3. 特征重叠法。把检材和样本分别制成幻灯片然后重叠检验。留在较薄白纸上的图章印文，也可直接在透光下重叠观察。此法适用于检验特征形象比较固定的物质性反映形象。

(四) 对比较检验中发现的特征符合点和特征差异点进行综合评断

综合评断的目的，是要确定符合点是本质的符合还是偶然的符合，差异点是非本质的差异还是本质的差异。

1. 对符合点的评断

评断符合点，就是要评断已经发现的符合点，从总体看，是否可能在其他客体上重复出现，如果认为这些符合点总体上不可能在其他客体上重复出现，那么这些符合点即可作为认定同一的依据。

首先，对符合点的评断要研究相符合的特征质量。决定特征质量的因素，主要是特征的出现率。无论是一般特征或细节特征，都有出现率高低的问题。出现率高低与特征质量高低成反比。对特征出现率高低的判断，一要依靠经验，二要研究特征形成的原因。有些客体特征的出现率，还可以通过典型调查来确定。

其次，对符合点的评断还要研究特征的数量。两个物质性反映形象中，符合的数量愈多，其在其他客体上出现的可能性愈小。至于多少个特征相符合，才能作为认定同一的依据，应当根据同一认定客体的类型，结合特征的质量来决定。

2. 对差异点的评断

评断差异点就是要评断，已发现的差异特征是否妨碍作出认定客体同一的结论。

对差异点的评断，应当从研究差异点产生的原因入手。差异点产生的原因通常有以下几种：

其一，检材形成时的条件异于样本形成时的条件，故出现差异特征；

其二，检材形成后，由于某种原因而发生某种变化，因而出现差异；

其三，检材形成后，留下该检材的客体本身产生变化，因而导致其后形成的样本特征不同，出现差异；

其四，检材在形成时由于人为因素，导致客体本身或检材的特征发生变化，因而出现差异。

上述四种原因导致的差异点，均属非本质差异，不影响根据互相符合的高质量特征，作出认定同一的结论。

如果存在明显的差异点，对这些差异点又不能用引起特征变化的客观原因予以解释，虽有互相符合的特征，但比较一般，价值不是很高，在这种情况下，就可以作出否定同一的结论。

三、作为特征反映体的分离体的检验方法

在分离体同一认定中，作为同一认定依据的特征反映体不是客体留下的物质性反映形象，而是分离体本身。检验的步骤和反映形象的检验步骤基本相同，但在检验的具体内容上却有区别。

对有固定外形结构的分离体进行同一认定时，分别检验和比较检验的具体对象不是先后出现的客体留下的反映形象，而是从先出现的客体分离下来的分离体和后出现的客体即受审查客体本身。检验的内容主要是三方面的特征：

1. 分离体和受审查客体断端的特征，包括断离线或断离面的形态，断离面的固有特征，如木材年轮、金属的砂眼、工具痕迹等。

2. 分离体和受审查客体表面原有的和附加的特征，如：裂纹、斑痕、文字等。

3. 分离体和受审查客体本身的物质属性，包括物理属性、化学属性、生物属性。

如果根据断端特征和表面特征足以认定分离体与受审查客体原属同一整体，就无须对两者的物质属性进行检验。

在对合量物体的分离体进行同一认定时，除了要根据客体的类型和性质，发现和利用尽可能多的形态特征外，还要利用现代检测手段对客体的物质属性进行检验。

第六节　种属认定的概念及与同一认定的区别和联系

一、种属认定的概念

种属认定，如同同一认定，也是人们认识客观事物的一种方法。当人们不认识某一物或某物质是何物或何种物质时，总是要设法确定它们的属性。这种情况在化学中最为常见。一定意义上说，化学就是发现和确定未知物质的科学。在办理各类案件时，也经常需要查明未知物的属性。例如，从投毒嫌疑人口袋中搜出的白色粉末究属何物，从原告眼睛玻璃体中取出的微量白色物质与炸裂的塑料壳打火机外壳物质成分是否相同，等等，都需要解决未知物的种类属性问题。解决这些问题的方法，就是请有专门知识的专家对未知物进行种属认定。所以，所谓种属认定就是通过检验未知物质本身或未知客体留下的物质性反映形象，确定物质属性或客体类型的一种方法。

种属认定的主体，必须具有某种相关的专门知识，如果问题涉及案件中的物证，主体还应是有鉴定人资格的专家。

种属认定的客体，主要是案件中可能有证据意义的各种物质或物品。

种属认定的依据，如果是确定物质属性，是物质本身；如果是确定客体类型，则是客体留下的反映形象——印痕。

种属认定的目的，主要是确定某种未知物质的属性。有时候，根据办案人员的要求，可能需要确定案件中提取的未知物质与从相关人处提取的物质两者属性是否相同。在这种场合下，检验人员通常先分别检验两者的物质属性，然后通过比较，确定其属性是否相同。当某一客体留下了自己的物质性反映形象，办案人员需要了解其类型时，检验人员即可根据物质性反映形象确定客体的类型。

二、种属认定的类型

根据种属认定客体的性质，种属认定可分为以下几类：

（一）单一型物质属性认定

单一型物质属性认定是种属认定的常见类型。当案件中提取了一种物质时，需要确定这种物质是何种物质，就是单一型物质属性认定。在刑事案件中，单一型物质属性认定有助于确定侦查方向和范围，有助于判明案件性质，甚至也能为揭露犯罪嫌疑人实施某种行为提供证据。

（二）比较型物质属性认定

当需要确定两种物质的属性是否相同或者来源是否相同而进行种属认定时，就是进行比较型物质属性认定。

比较型物质属性认定中的一种物质通常是和案件有联系的，另一种物质是和受审查的人、事、物、时、空有联系的，所以，确定这两种物质的属性相同或来源相同，就能使案件中提取的物质成为能证明一定事实的、具有双联性的物证。

（三）客体类型的认定

客体类型的认定也是种属认定中经常遇到的一类问题，按客体性质又可分为物的类型认定和人的类型认定两种。

1. 物的类型认定

物的类型认定是指根据物体留下的物质性反映形象，确定该物所属的类型。例如，根据现场和死者体内提取的射击弹壳和弹头，确定罪犯所用枪支的类型；根据车轮痕迹，确定逃逸车辆的类型等等。这类问题的解决，可为发现嫌疑枪支、嫌疑车辆提供方向。

2. 人的类型认定

人的类型认定是侦查中经常需要解决的问题。解决这个问题时，侦查人员可以利用比较广泛的特征，其中包括人的手、足等留下的印痕，其书写留下的字迹以及其讲话的录音等。

利用人留下的各种物质性特征可以确定相关人的身高、文化水平、籍贯，等等，对确定侦查方向有积极意义。

三、种属认定与同一认定的区别和联系

种属认定和同一认定有着很大的区别。

同一认定所要解决的问题，是先后出现的客体是否为同一个客体；种属认定所要解决的问题是一种物质或客体究竟是何种物质或何种类型，或者两种物质的属性或来源是否相同。

在指出种属认定与同一认定有原则区别的同时，还应指出两者的密切联系，其联系主要表现在以下几个方面：

1. 种属认定能为发现同一认定的客体指明方向

当一个客体留下自己的特征反映体时，根据这个特征反映体确定客体的类型，即可为发现受审查客体指明方向。

2. 种属认定常常是同一认定的初始阶段

在依据反映形象对先后出现的客体进行同一认定时，总是先检验特征反映体所反映的种类特征，在确定了先后出现的客体类型相同之后，才进一步检验客体的细节特征。如果种属认定作出否定结论，即可对同一认定作出否定同一的结论。

3. 种属认定能为同一认定结论提供佐证

在鞋、工具等客体留下的印痕中，往往附着某种微量物质。当需要对可疑的鞋或工具进行同一认定时，不仅可以利用印痕所反映的形象特征，而且可以利用印痕中附着的微量物质。就微量物质进行的种属认定，能为同一认定结论提供佐证。

4. 种属认定对分离体同一认定具有特别重要的意义

（1）在对有一定外形结构的固态分离体进行同一认定时，除了利用分离面形象特征和附加特征外，往往要对分离体本身的物质属性进行种属认定。

（2）对液态或气态分离体的同一认定，是否可能进行，在很大程度上取决于种属认定的能力。对有特异组成的液态或气态分离体的检验，如果技术检验能力已达到同一认定的水平，那就可以进行同一认定，否则，就只能作出种属认定的结论。可见，液态或气态分离体的比较型物质属性认定和同一认定之间并没有不可逾越的鸿沟。目前的科学检验水平，只能解决物质属性是否相同的种属认定，将来科技水平提高了，出现了新的检测手段，也许又可以进行同一认定。例如对血液的检验，过去，只能进行血型检验，现在，有了DNA技术，已可进行同一认定。

第七节 种属认定中物质属性检验的一般方法

一、物质属性检验的必备条件

要科学地认定案件中提取物质的种属问题，下面的条件是必不可少的：

（1）提交检验的各种物质（即检材）必须不受任何污染。（2）具备检验物质属性所必需的仪器设备和实验条件。

二、物质属性检验的一般步骤

1. 认真检查检材以及样本。

检材是案件中提取的有物证意义的物质材料。着手检验之前，应当检查检材与送检文件中所列数量是否相符，特别要查验封口和包装是否完整无损，检材有无变量、变质、失散或损坏。

如果是比较型物质属性认定，送检单位应当按鉴定要求送交比对样本。应当根据请求解决问题的性质，检查样本是否符合比对的条件。

2. 熟悉案情。

即了解、知悉相关案件的一些主要情节，以及这些情节与送检要求之间的关系。

3. 对单一型物质属性认定，应当利用检材的有关特征，判断检验工作的大致方向，以便缩小检验范围，提高检验效率。可以利用的特征有：检材的外观特征；发现检材的地点与环境；检材提取后可能发生的变化；受审查人的职业和平时可能接触的物质。

4. 运用科学仪器和技术方法对检材进行检验。

5. 根据检验记录，撰写鉴定书。

三、物质属性检验应当遵守的规则

检验物质属性应当遵守以下规则：

（1）尽量采用无损检材的检验方法。（2）为保证结果的可靠性，应尽可能既作定性分析，又作定量分析。（3）应当采用公认的、标准的检验方法，并应将运用多种检验手段取得的结果相互印证，以保证检验结论准确无误。（4）应当节约检材。使用检材应留有余地，一般应留存总量的1/2或1/3供复检使用。如检材总量只够一次检验，应征得送检人员同意后，再着手检验。

四、物质属性检验的常用方法

物质属性检验时常用的检验方法，按其性质可分为：物理学检验方法、化学检验方法、生物学检验方法、仪器分析方法和显微镜检验方法。

（一）物理学检验方法

物理学检验方法是利用物理器材检验物质的物理属性的方法。在物质属性检验中经常利用的物理属性有形态、表面结构、厚度、硬度、抗拉强度、色泽、荧光现象、转印能力、比重等等。检验这些物理属性往往要利用专门的设备，例如，放大镜、显微镜、厚度仪、螺旋测微仪、比重计、紫外光源、比色计，等等。

物理属性是物质属性的一个重要方面。在比较型物质属性检验认定中，如果两种物质只有某些物理属性相同，并不能证明它们是同类物质，因为不同种类的物质也可能有某些相同的物理属性，所以，要证明两种物质属性相同，应当从多方面检验其物理属性，必要时还应当用其他方法进行检验；但是，如果两种物质的某些物理属性有明显差异，即可作为认定两者非同类物质的依据。物理检验方法在检验大量检材时有筛选和指向作用。

（二）化学检验方法

化学检验方法是利用化学试剂与被检物质发生化学反应，以判断其物质属性的方法，是一类损耗检材的方法。

物质属性检验时常用的化学检验方法有定性方法和定量方法两类。传统的化学定性方法有：（1）沉淀反应法；（2）气体反应法；（3）显微结晶反应法；（4）显色反应法；（5）焰色反映法；（6）燃烧实验法；（7）薄层层析法，即薄层分析法。

可根据检材具体情况和检验要求具体选用上述各种定性方法。如定性以后还需确定检材中各种成分的含量，还可利用化学定量方法进行定量分析，但目前通常使用仪器分析法而非化学定量法定量，因为仪器分析法定量有着快速、准确、灵敏等突出优点。

（三）生物学检验方法

生物学检验方法是利用生物学原理和方法检验生物物质属性的方法，包括生物化学方法、免疫学方法和遗传学方法。

生物化学是运用化学的理论和方法研究生物的一门边缘学科。生化检验的主要任务是了解生物物质的化学组成和化学活动。对酶和酶的催化作用的检验，就是生化检验的重要内容之一。对血痕和体液的检验常常要利用生化检验法中的电泳分离技术。

免疫学检验方法是检验血型不可缺少的手段。免疫学研究的抗原、抗体理论是血型检验的理论基础。

检验遗传基因的遗传学检验方法，是生物学检验方法最近二十几年来的革命性发展。DNA技术的问世，使血液的检验从种属认定转变成同一认定。

（四）仪器分析方法

仪器分析方法是利用现代科学仪器对物质进行定性定量分析的方法。实际上这是化学检验中的物理学方法。和传统的化学检验相比较，仪器分析法有灵敏度高、速度快、能同时完成定性和定量分析等优点。

常用的仪器分析法有：气相色谱法、液相色谱法、原子发射光谱法、原子吸收光谱法、等离子体发射光谱法、紫外—可见光谱法、红外可见光谱法、荧光光度法、质谱法、X射线衍射光谱法、X射线荧光法、中子活化分析法、电子扫描显微镜—能谱仪联用法、气质联用法、液质联用法、质质联用法等。

第八节　研究同一认定和种属认定理论的意义

一、同一认定和种属认定在办案中的作用

同一认定和种属认定在办理各类案件特别是刑事案件时的作用可以归纳为以下几点：

1. 可为发现犯罪嫌疑人或嫌疑工具指明方向。在这方面，单一地确定物质的属性或根据印痕确定留痕客体的类型，特别重要。

2. 可为刑事案件的并案侦查提供依据。如果在几个犯罪现场发现的指印，或留下的工具痕迹，通过同一认定或种属认定，证明为同一人所留或同一工具所留，就能为并案侦查提供依据。

3. 可以为确定物证的双联性提供证据。如第一章指出的，按照物证双联论要求，作为案件中物证的各种物质性客体必须一方面与案件中的人、事、物、时、空确定联系，另一方面也与受审查的人、事、物、时、空确定联系。同一认定和种属认定恰恰在确定这种联系的过程中能够发挥十分重要的作用。通过人身同一认定、物体同一认定、分离体同一认定，以及各种类型的种属认定，可以为证明存在上述联系，从而为证明这样或那样的案情提供依据。

4. 可以为证明被告无罪提供证据。同一认定和种属认定都存在认定同一和认定不同一，或者认定属性相同和认定属性不相同这样两种结论。如果认定先后出现的客体“不同一”，或者两种被比较的物质属性不相同，就能为证明被告人无罪提供证据。例如，通过种属认定，证明被告人衣服上的血迹与死者的血型不同，就可以证明仅仅因为衣服上有血迹而被控犯有杀人罪的被告实际上是无罪的。

二、办案人员掌握同一认定和种属认定理论的重要意义

同一认定和种属认定理论的实践意义决定了，不仅从事物证鉴定的专业人员需要深入研究同一认定和种属认定的理论和方法，侦查人员、审判人员和其他办案人员也应该懂得同一认定和种属认定的基本原理。

对从事物证鉴定的专业人员来说，同一认定和种属认定理论，能够指导他们更好地进行鉴定工作和开展物证鉴定科学研究工作，并使同一认定和种属认定理论在实践中得到不断的丰富和发展。

对侦查人员、审判人员和其他办案人员来说，掌握同一认定和种属认定理论能够提高自己运用物证和物证鉴定结论的自觉性，提高对提取物证和收集比对样本的认识，这一切，对于保证物证鉴定的质量，发挥物证鉴定的作用，无疑十分重要。

第四章

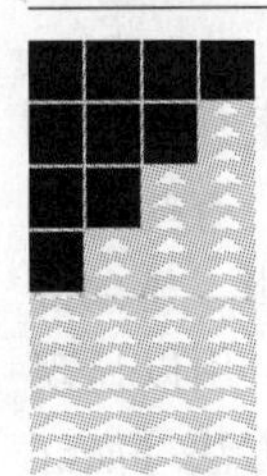

物证摄影技术

第一节　物证摄影的概念、作用和特点

一、物证摄影的概念

物证摄影是运用专门的摄影方法，客观、准确、全面地记录、检验、固定案件中的物证和可能成为物证的各种客体所采用的各种技术手段的总称。在这些手段当中，有些主要是记录案件中的物证材料所采用的专门摄影方法（如原物大摄影、直接扩大摄影、显微摄影、翻拍、脱影和阴影摄影、垂直定向反射摄影等）；有些是物证检验过程中，用以显现肉眼不能发现或难以发现的细微特征，或者用以鉴别受检物质异同的专门摄影方法（如红外线摄影、紫外线摄影、激光摄影等）。物证摄影在记录和检验各种客体的同时也实现了对物证的固定，对刑事案件和民事案件都有重要作用。

二、物证摄影的作用

物证摄影的作用，主要表现在以下几方面：

1. 记录现场上同案件有关的物品和痕迹。摄影是一种良好的记录手段，能够无损、迅速、客观、完整地把现场上的有关物品和痕迹记录下来，形象地反映它们所处的位置、状态、特点及与周围环境的关系。在确定物证和案件的空间联系方面，摄影是最直观、最可靠的技术手段。按照相应的摄影规则拍摄的物证照片，是案件中证据材料的重要组成部分。

2. 提取难以提取的痕迹和物证。在现场勘查过程中，经常遇到一些用其他方法难以提取的犯罪痕迹和物证，如遗留在粉尘上的手印和足迹，在墙壁和地板上涂写或刻画的字迹，以及某些体积巨大且笨重的痕迹物证，使用摄影的方法提取，既能反映这些痕迹的原有面貌和形态特征，又不至于损坏物证。

3. 显现被拍客体上普通目力不易见的细微特征和字迹。通过照相机、滤色镜和感光材料的有机结合，运用专门的摄影方法可以把那些肉眼无法看见、难以分辨的痕迹、字迹和其他细微特征显现出来。例如，可以把可疑文书上被涂去的字迹、被烧焦的字迹以及各种变造的特征显现出来。

4. 鉴别受检物质的异同。在物证检验中，摄影本身也可以用作一种检验手段。运用专门的摄影方法能够鉴别同案件中有关物质的异同。例如，在变造文书检验中，为了确定是否有添写、改写，常常运用特种光摄影技术，鉴别笔画墨水材料的异同。

5. 复制检验材料和检验结果，为作出的鉴定结论提供直观依据。对检材和样本进行比对检验后把两者拍成同等倍数的照片，并标明符合的或差异的特征，附在鉴定书中，有助于办案人员具体了解鉴定结论的依据，增强鉴定文书的表现力和说服力。

三、物证摄影的特点

物证摄影的特点主要表现在以下几方面：

1. 拍照客体的特殊性。物证摄影的拍照客体是那些同案件有关联的，在案件中可以起物证作用的物品和痕迹。诸如，刑事案件中的犯罪工具、赃物、现场遗留物、现场痕迹，以及民事和经济纠纷案件中所有权争议的物品、与侵权行为有关的财物等，都可能成为物

证摄影的拍照客体。

2. 拍照要求的特殊性。物证照片在查明案件事实真相和确定案情方面有着重要的作用。为此，拍得的照片必须符合某些特定的要求，并遵守一定的程序。最基本的要求是要客观地、真实地反映被拍客体的原貌。为了真实地反映犯罪现场和被拍客体及其周围环境的真实情况，应当严格按照痕迹、物证的原来位置、原始状态进行拍照，拍照应及时进行，并避免任何修饰。

3. 拍照方法的特殊性。为了使拍得的物证照片符合客观、真实的要求，不仅要掌握熟练的普通拍照技术，而且要开发并使用某些专门拍照方法。例如，有时要对拍照对象进行脱影，有的则要增加阴影，有时进行原物大拍照，有时则要按比例照相规则进行拍照。

第二节　近距离摄影

普通摄影通常用于拍摄中、远距离的景物，所得的影像较被拍实物往往小数倍（放大倍率一般小于 0.1）。当被拍物体过于微小时，直接使用普通摄影方法显然不利于观察被拍物的细微形态结构特征。近距离摄影，是指采用专门的器材和手段，突破一般照相机镜头的近距限度，在较近的距离（通常物距在 0.45 米之内）拍摄细小的客体，以获得较大倍率影像的照相技术。近距离摄影的放大倍率一般在 0.1～10 倍之间，适用于拍摄指印、工具痕迹、笔迹、索沟等痕迹。近距离摄影是物证摄影中常用的技法，主要包括原物大摄影、直接扩大摄影、翻拍等。

透镜成像的基本公式为：

$$1/u+1/v=1/f$$

$$K=v/u=f/(u-f)=(v-f)/f$$

该公式中，u 为物距；v 为像距；f 为焦距；K 为放大率。

由上述公式可知，要实现近距离摄影，就必须增加像距或缩短物距。能连续调节相机机身与镜头之间距离的专业相机，可直接用于近距离摄影。但实践中往往是利用普通相机进行近距离摄影，而普通相机是为拍摄中、远距离景物设制的，其最近拍摄距离通常为镜头焦距的 10 倍，所得物像之比不在近距离摄影要求范围内，因此，必须使用近摄附件，如近摄接圈、近摄仪、近摄镜，或者直接使用专门的微距镜头。

近距离摄影应注意以下技术问题：

1. 调焦。由于近距离摄影时的景深较小，对相机调焦的精度要求就较高，应选用以下调焦方式：调节被摄物体与相机距离；固定镜头与物体距离，调节机身与镜头距离；或者，固定物体与机身距离，调节镜头与机身距离。

2. 景深与光圈。景深与光圈大小及影像放大倍率有关：光圈越大或放大倍数越大，景深越小。为增加近距离摄影时的景深，通常要缩小光圈。但光圈越小，镜头的分辨率会越低，因此在操作时应在满足景深要求的前提下，尽量选用较大的光圈。

3. 曝光。因增加了像距，故镜头原有的光圈系数发生了变化，像平面上的照度以 $1/(K+1)^2$ 的比例下降。为了使相片正常曝光，要相应增加 $(K+1)^2$ 的曝光量。增大光圈或延长曝光时间均可增加曝光量。但为了保证一定的景深，通常不改变光圈，而只增加曝光时间，即新的曝光时间＝$(K+1)^2$×原曝光时间。

4. 拍照时，应保持相机和拍摄环境稳定，调焦后要拧紧所有的旋钮，避免因震动或物距移动使影像模糊；必要时，可使用快门线或遥控器。

第三节　物证原物大、直接扩大和显微摄影方法

一、物证原物大和直接扩大摄影方法

对于某些微体物证或痕迹，如果采用通常的方法拍照，拍得的影像极小，即使经放大，仍然难于看清其细微特征。如果能使拍得的影像与原物一样大，甚至更大一些，就能弥补这一不足。原物大摄影和直接扩大摄影，就是为了这个目的而采取的专门方法。

原物大或扩大摄影是根据透镜成像时物和像的共轭关系的原理，通过调整物距和像距，而直接摄取与被拍原物同等大小或比原物大若干倍的影像。当物距和像距都等于两倍焦距时，能获得与原物同大的影像；当物距位于两倍焦距以内，像距位于两倍焦距以外，即物距小于像距时，能获得比原物更大的影像。

物距、像距、焦距和影像倍率之间的关系，可用下列公式来表示：

$u=f\ (1+1/K)$ ……… (1)

$v=f\ (1+K)$ ………… (2)

$K=(v\div f)-1$……… (3)

二、物证显微摄影方法

物证显微摄影是以相机和显微镜相结合，拍摄经显微镜放大的物像的一种专门摄影方法。物证显微摄影的放大倍率和分辨率随着显微镜放大倍率和分辨率的增加而增加，因此显微摄影的放大倍率和分辨率是直接扩大摄影所不及的。物证显微摄影广泛用于拍摄各种物证的细微形态，例如，弹头、弹壳上的各种射击痕迹，纸张、毛发、纤维特征，金属表面的金相结构和微粒，字迹交叉笔画的先后顺序等。

物证显微摄影所需要的器材，主要包括显微镜、摄影装置和光源。

物证显微摄影中经常使用的显微镜有生物显微镜、体视显微镜、比较显微镜、金相显微镜、偏光显微镜和荧光显微镜等。显微镜的物镜是保证显微摄影成像质量的核心部件，同时决定着物体的放大倍率和分辨率。目镜能够将被物镜放大的物像再次放大。

显微摄影放大倍数＝显微镜放大倍数×像距/250mm

显微镜放大倍数＝目镜的放大倍数×物镜的放大倍数

物证显微摄影的装置分为专用的和非专用的两类。专用的显微摄影装置按照其结构的不同，又可分为两种：一种是固定式，由金属制成，使用时取下目镜，将相机套入目镜的镜管，与显微镜相衔接，通过所配的检镜与调焦镜进行取景和调焦。高级的显微摄影机还备有自动控制曝光系统和可调节的稳压光源，以及各种滤色镜等配套设备。另一种是折叠皮腔式，备有可伸缩的皮腔。皮腔下端与显微镜目镜管相连接，皮腔上端或镜箱后背装有毛玻璃，供调焦和取景之用。拍摄时，取下毛玻璃，装上感光片暗盒，抽出暗盒盖即可曝光。折叠皮腔式显微摄影装置一般为立式，少数为水平式。

在没有显微摄影专用设备的情况下，可以用普通小型摄影机代替。拍摄时，先将镜头取下，利用金属管制成的衔接器或者折叠式皮腔，使摄影机与显微镜目镜相连接，通过毛玻璃取景调焦后即可拍摄。如果摄影机上无毛玻璃，可将后盖打开，另外用一块薄的毛玻

璃进行取景调焦，然后盖上后盖再按一般程序显微摄影。

显微摄影用的光源大多采用人造光，很少使用自然光。新式的显微镜一般都配有内装式或外装式的专用照明灯。如果没有专用照明灯，也可使用钨丝白炽灯、钠灯和卤素灯照明。

显微摄影的配光方法有透射照明法和反射照明法两种。配光的角度应根据检材的凹凸程度、反光率等因素确定。对于某些有色的检材，还应选用适当的滤色镜拍摄。

显微摄影的曝光时间，应根据光源的强度、色温、配光方法、聚光器位置、放大倍率、检材颜色、感光片的感光度和感色性以及电压变化等诸因素来确定。为了准确地确定曝光时间，可以根据各种曝光因素的指数，用计算方法求出，其计算公式如下：

显微摄影的曝光时间＝基数×聚光灯指数×数值孔径指数×放大倍率指数×滤色镜指数×感光片感光度指数

$$基数=\frac{标本透明或反射程度指数}{照明强度指数}$$

为了确定显微摄影的曝光时间，还可以使用光电测光表测定或利用显微摄影用的全自动曝光设备，也可利用实验曝光法确定。

第四节　阴影摄影和脱影摄影方法

一、物证阴影摄影方法

在物证摄影中，有时需要通过加强被拍客体凹凸部分的明暗差别，来显示肉眼难以分辨的细微特征。阴影摄影方法通过调整光照的角度和方向，使被拍客体的凹凸部分形成明显的阴影，从而记录被拍客体的表面特征。它主要用于拍照有凹凸立体感的痕迹、字迹、伤痕等客体，如：尘土减层足迹、尸体索沟、牙印、工具痕迹、刻画字迹、抑压字迹等。

阴影摄影的关键在于合理配光。通常采用单向侧光，最好是用配有缝隙光的可调聚光灯，它可以产生由平行光组成的狭缝光。如果没有聚光灯，可在一般照明灯或手电筒前面加放一只狭缝式灯罩以获得合理配光。

阴影摄影的光照角度大小与被拍痕迹凹凸深浅程度有关。痕迹深，光照角度应大一些，灯光相对强一些；痕迹浅，光照角度应小，灯光相对弱一些（如图 4—1）。

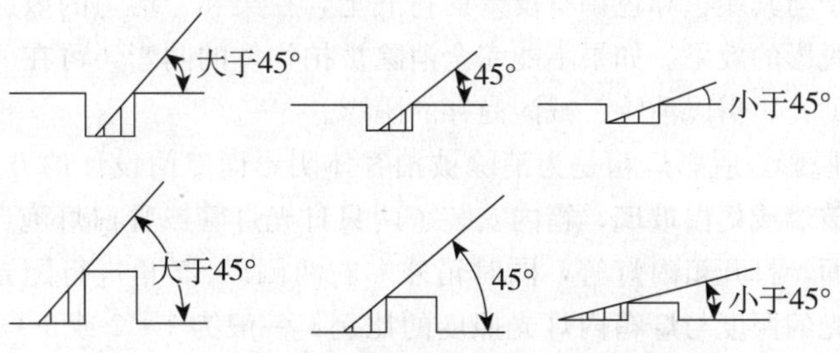

图 4—1　痕迹深度与光照角度关系

对光照方向（灯光位置）的要求是，应使光线与痕迹纹路流向相垂直。例如，在拍摄射击过的弹头上来复线一类线条状痕迹时，光线应从直线的横向照射。

如果单向侧光很难将凹凸纹路显示清楚，可以采用相向侧光或者交叉配光的方法来拍照。相向侧光是使灯光从痕迹的相对两个方向照射，但两侧灯光强度应有明显差别，否则不能形成阴影。这种配光方法适于拍摄某些反差弱、图案花纹复杂的环形或螺旋形痕迹。例如，粉尘上立体指印或很浅的刻画字迹。

二、物证脱影摄影方法

在进行物证照相时，被拍客体自身可使其在边缘部位的背景处产生阴影，从而掩盖被拍客体的外部轮廓特征。脱影摄影是为了消除被拍客体在光照下的阴影所采取的一种专门摄影方法。这种方法常常用于拍照犯罪工具、赃物等体积较小的物证。由于阴影被消除，被拍客体的轮廓边缘特征在照片上得到清晰的反映。

脱影拍照法的关键在于，以合理的配光消除阴影，或者使阴影落在拍摄范围以外。脱影的具体方法很多，常用的有以下几种：

1. 透明玻璃架脱影。将被拍客体置于一块两端用支架架起的透明玻璃板上，在玻璃板下方地面上，铺一张与被拍物颜色有反差的衬纸。调节支架的高度，并使光线以合适的角度从左右两侧均匀地照射被摄物体，将阴影投射到拍照范围以外，从而达到脱影的效果（见图 4—2）。

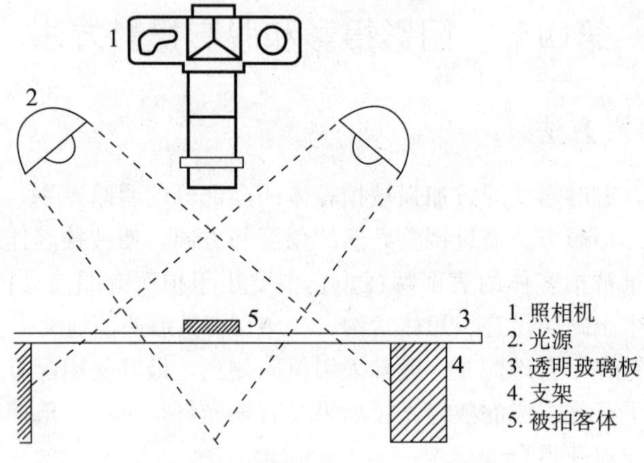

图 4—2 透明玻璃架脱影法

2. 散射光脱影。在没有专用脱影设备的情况下，可以利用散射自然光或散射灯光脱影。将被拍物置于与其颜色和色调有反差的衬底上，在柔和、均匀的散射自然光或灯光下拍照，即可取得脱影的效果。如果不能完全消除被拍物体的阴影，可在一定的距离和角度加放反光屏或辅助光，借以消除、减淡尚存的阴影。

3. 脱影灯箱脱影。脱影灯箱是为消除被拍客体阴影而专门设计的方形脱影照明工具。箱子顶部是磨砂玻璃或奶白玻璃，箱内安装了两只日光灯管或乳白灯泡。拍照时，将被摄物体置于玻璃表面，打开箱内灯管，同时箱外左右两侧以 45°角进行配光，即可消除物体阴影。灯箱外灯光的照度与灯箱内灯光照度的比例，一般为 1∶2 或 1∶3，最大不能超过 1∶4（见图 4—3）。

4. 环形灯脱影。将特制的小型环形灯或环形闪光灯套在相机镜头上，使灯光呈环形，均匀地照射在被拍客体上，即可以获得脱影的效果。如无专用的环形灯，亦可用普通的微型灯泡排列成环形装在金属圈上，套在相机镜头上进行拍摄（见图 4—4）。

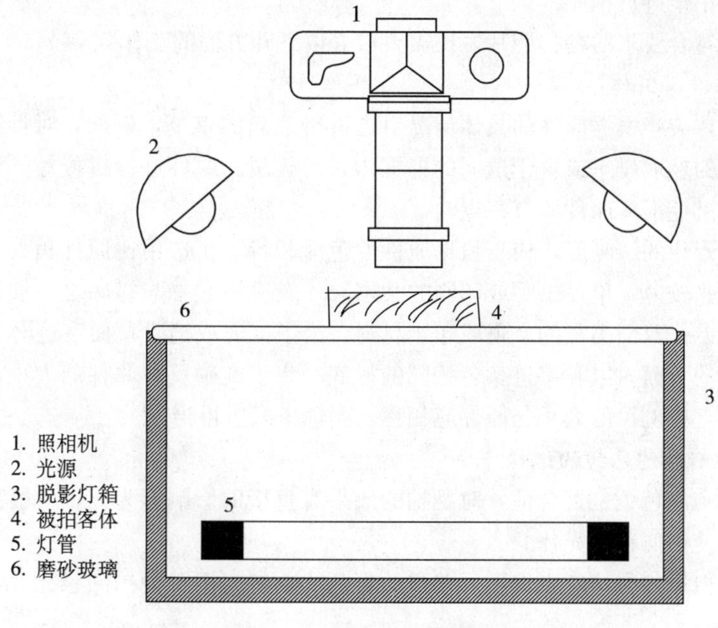

图 4—3　脱影灯箱脱影法

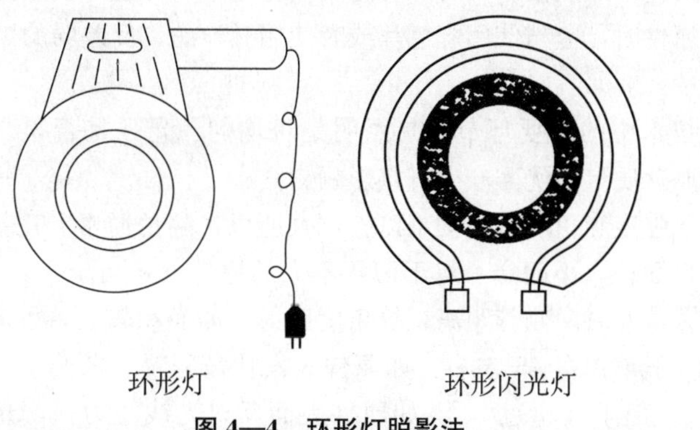

图 4—4　环形灯脱影法

除以上介绍的几种方法以外，常用的还有偏振光脱影法、悬空脱影法、纸筒脱影法等。

第五节　文书翻拍和物证分色摄影方法

一、文书翻拍方法

翻拍是复制文书物证的一种摄影方法。翻拍要求全面、准确地把原件的形态、特点、色调、层次、线条等反映出来。为了达到上述要求，应当根据翻拍客体的特点，正确地选用相机、感光材料、照明条件和曝光条件。

翻拍最好使用专门的翻拍机，它具有能伸长两倍以上焦距的皮腔，可以根据需要更换镜头，选用不同尺寸的感光片。使用这种专用的翻拍机，可以方便地拍得原物大或直接扩大照片。在没有专用翻拍机的情况下，也可以使用普通 135 相机，通过加装近摄附件，并借助特制的翻拍架进行拍照。

为了获得符合要求的翻拍照片，还需要做好以下几方面的工作：

1. 翻拍的准备工作

翻拍之前，应当根据原件的具体情况对之进行适当的整复，例如，对折皱、卷曲的原件可以用洁净的玻璃压平或置于透明的夹框内，对破裂的原件进行拼接等。整复处理的过程中，需注意避免损坏原件原有特点。

为了提高影像的清晰度，应当根据原件的色泽和特点，选用比原件稍大、颜色与之不同的衬底。纸张较薄、单面书写或印刷的文书，一般应在文书与衬底之间加衬白纸，借以加强文字的反差；双面书写的文书或印刷材料，为了减弱或消除背面字迹对正面字迹的影响，可在原件的背面衬以和字迹颜色相同的衬底；为了准确反映原件的大小，还应在原件旁放置比例尺，比例尺的大小与原件应相称，颜色搭配应得当。

2. 感光材料和滤色镜的选择

感光材料和滤色镜是否合适，对翻拍的效果有直接的影响。为此，应根据原件的色调和特点，确定使用何种感光片。

在翻拍黑白原件时，应当选用反差强的盲色片或专门用于翻拍的感光片，并用硬性感光纸制作照片。

在翻拍有中间色调的黑白原件时，可选用反差适中的分色片或全色片。

在翻拍彩色原件时，应当使用彩色片或者使用微粒的、反差弱的黑白全色片。

3. 合理配光

配光是翻拍技术中的重要环节，其照明是否均匀、光强是否得当、色温选择是否合理，都会对翻拍照片质量的优劣产生直接影响。

自然光在光照强度和角度方面均难以控制，所以，翻拍通常利用散射灯配光。灯的数量可根据翻拍原件面积大小而定。对于面积不大的原件（相当于8开～16开纸以下），一般可配备两只灯，从左右两侧等距离、等角度照射。如面积较大，可配备4只灯从四角照射。光照的角度一般掌握在45°左右：如原件表面比较粗糙、凹凸不平或有严重折皱，光照角度可大于45°，但不宜超过70°。如原件表面反射光线能力强，光照角度可小于45°，但不宜小于30°。左右2只灯或4只灯与翻拍原件的距离应相等，一般应为原件对角线长度的2倍～3倍。对于面积不大的原件，灯距可掌握在50厘米～65厘米。灯光强度以60W～150W为宜，各盏灯的照度应一致。为了使光照均匀、柔和，避免产生浓密阴影，应使用乳白灯泡。

4. 翻拍的调焦

为使所拍影像清晰且不变形，应精准调焦，使照相机镜头的对焦点置于原件的中心部位，并使镜头平面、成像平面与原件平面三者保持平行。为便于调焦，可先使用大光圈调焦，待调焦清晰后，再根据需要缩小至适合的光圈。

5. 选择曝光条件

正确的曝光时间，是保证翻拍质量的关键之一。在解决这个问题时，应当综合考虑到可能影响正确曝光的各种因素，如光照强度、光照角度、光圈大小、胶片感光度，以及原件的表面结构及反射光线的强弱、翻拍倍率和所用滤色镜等。有电动曝光表的，可以使用曝光表测光。实际操作中，多以系列实验的方法选出最佳的曝光条件。

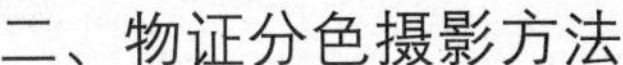

二、物证分色摄影方法

（一）分色摄影的概念和作用

分色摄影亦可称滤光摄影，是指在可见光的范围内，利用滤色镜和感光材料的有机配合来加强或减弱被拍物体上的颜色差别的一种专门摄影方法。分色摄影是物证技术中经常采用的一种检验和记录的方法，常用于拍摄不同种类的痕迹和字迹，特别是在文书检验中，一些被颜料遮盖的字迹，添写、改写文字和笔画，一些背景和笔画颜色差别不明显的字迹以及因年久变黄、褪色的文字或图像，都可以通过分色摄影使之得到显现或加强。

分色摄影除了要选用相应感色性的感光材料并正确掌握曝光时间以外，最关键的问题是正确选用位于镜头前或光源前的滤色镜。

（二）滤色镜的种类和特性

滤色镜是一种具有颜色的透光介质，它对不同波长的光波具有选择性通过和吸收的性能。依不同的角度，可对滤色镜做不同的分类。按颜色的差异，可分红、黄、绿、蓝等颜色的滤色镜。每一种颜色的滤色镜又可按其深浅程度分为深、中、浅三级。按使用性能可分为“区通光滤色镜”和“单通光滤色镜”：前者只让光谱中某一区域的光线通过，而阻止其他一切光谱区域通过，或者相反。后者只让某一种特定波长的光线通过，或者只让极为狭窄的光谱区域的光线通过，而其他光线均被阻止。

不同颜色的滤色镜，对不同的色光具有选择性的通过、限制和吸收作用。与滤色镜颜色相同的色光可以全部透过；与滤色镜颜色补色相邻的色光和相间的色光可以部分透过，部分被吸收；与滤色镜颜色相补的色光完全被吸收。

黄滤色镜：通过黄、橙、红色光；限制绿色光；吸收紫、蓝、青色光。

红滤色镜：通过红、橙色光；限制紫、黄色光；吸收绿、青、蓝色光。

绿滤色镜：通过绿色光；限制蓝、青、橙、黄色光；吸收紫色光和红色光。

橙滤色镜：通过黄、红、橙色光；限制绿色光；吸收紫、蓝、青色光。

蓝滤色镜：通过蓝色光；限制紫色光；吸收红、黄、绿色光。

（三）滤色镜的选择

分色摄影时，对滤色镜颜色及其深浅的选择，直接影响到所拍照片的质量。为了正确使用滤色镜，我们在具体选用时应综合考虑以下几方面因素：

1. 被拍客体的颜色与拍摄的具体要求

根据滤色镜“同色通过，异色吸收”的特性，如果拍摄的要求是消除或减弱被拍客体上的某种颜色，则应选用同该种颜色相同或相近颜色的滤色镜。例如，为了消除蓝墨水字迹上或邮戳上面的红色污斑，可选用红滤色镜拍照。如果拍摄的要求是加深（突出）被拍客体上的某种颜色，则应选用与该种颜色相异的滤色镜，亦即能吸收该种色光的滤色镜。例如，为了加深蓝色衣服上的血迹，可以选用蓝滤色镜，因为蓝滤色镜吸收红色而使之加深。

2. 光源的种类和光照条件

不同的光源以及同一光源在不同的条件下，所含色光成分的比例是不同的。因此选择滤色镜的颜色应尽量与光源中组成比例最大的色光相一致。例如，太阳光在中午含蓝、紫色光较多，早、晚则红、橙色光成分占的比例大些。故中午不宜用红、黄、绿色滤色镜，而应用蓝、紫色滤色镜。在电灯光中，功率大的含蓝、紫色光多，功率小的含红、橙色光多。

3. 感光片的感色性

选用的滤色镜的颜色必须与所用感光片的感色性相适应，即选用的滤色镜颜色，应当是感光片所能感受的。否则，即使滤色镜选用得合适，而由于感光片不能感受该种颜色，也不会收到预期的拍摄效果。

(四) 滤色镜的曝光倍数

滤色镜具有选择性吸收和限制一定色光通过的作用，使用滤色镜之后，进入镜头的光通量相对减少。因此，在拍照时宜相应增加曝光时间以获得应有的曝光量。滤色镜的曝光倍数就是指加用滤色镜后，比不加滤色镜拍照时曝光量应增加的倍数，也称滤色镜的因数或曝光系数。至于究竟需要增加多少倍，主要应当根据所用滤色镜的颜色及其深浅程度来确定。滤色镜的颜色不同，通过色光的成分不同，应增加的曝光倍数也不同。此外，同一种颜色的滤色镜，由于颜色深浅程度不同，其透光率大小就不同，应增加的曝光倍数也有所不同。颜色越深，其透光率越小，曝光倍数就越大。加滤色镜后的具体曝光时间，可用下面的算式计算：

加滤色镜的曝光时间＝不加滤色镜的曝光时间×滤色镜的曝光倍数

(五) 分色摄影的应用

1. 分色摄影在拍摄文书字迹中的应用

拍摄文书字迹一般无须利用分色摄影，但下列两种情况例外：第一，字迹与所在物面反差微弱，可见度很低时，可以通过深色滤色镜来加深字迹。例如，在拍摄变黄的陈旧文书、单据上不易看清的字迹或不易辨认的变黄褪色照片时，可加用黄滤色镜，以消除或减淡发黄的背底，将字迹清晰地显现出来。第二，字迹或图像印文被某种颜料、墨水污染不易看清时，可加用一定颜色的滤色镜来消除污染斑渍，使字迹显出。例如，为了显示被红颜料污染的蓝色、黑色字迹或邮票上的邮戳字迹时，可选用红滤色镜拍摄；被蓝色染料污染的墨汁字迹，则使用蓝色滤色镜，以此类推。

2. 分色摄影在拍摄其他痕迹中的应用

在拍摄手印时，为了增强手印与所在物面的反差，应当针对物面的色泽和显现手印的方法，选用滤色镜。例如，对绿色客体上的汗液手印可不加滤色镜；对绿色客体上的铝粉显出的手印，可加红滤色镜；对绿色客体上的血手印，可加绿滤色镜或红滤色镜；对白色客体可不加滤色镜；等等。

在拍摄泥地或尘土上的脚印以及带血的脚印时，滤色镜的选择与手印基本相同。较为特殊的是，拍摄雪地上的脚印时，为消除反光，使脚印清晰地显示出来，可加用黄滤色镜。

在拍摄伤痕或血迹时也可用分色摄影法。比如尸体上的尸斑、皮下出血，可加用绿色滤光镜来增强颜色反差。

第六节　红外线、紫外线、激光在物证摄影中的应用

一、红外线在物证摄影中的应用

红外线是可见光谱红光外端的一种不可见光线，又称热射线。其波长范围为 760 纳米～

42 000 纳米。按波长的不同，可以分为短波红外线（760 纳米～1 500 纳米）、中波红外线（1 500纳米～10 000 纳米）和长波红外线（10 000 纳米～42 000 纳米）。用于红外线摄影的主要是波长 760 纳米～1 350 纳米的红外线。

（一）红外线的特性及其在物证检验中的作用

1. 不同的物质对红外线的反射能力与对可见光的反射能力有所不同。有些物质对红外线的反射能力强，而对可见光的反射能力弱，如某些金属、纸张、木材和织品；有一些在可见光条件下看上去颜色相同的物质，由于其实际组成的成分不同，对红外线的反射能力也不尽相同，如绿草、绿叶和绿色颜料，虽同为绿色，但前两种物质能大量反射红外线，而绿颜料对红外线的反射能力则很弱。

利用红外线的这一特性，可以显示肉眼无法看清的痕迹和字迹。如烧焦文书上的字迹、暗色衣服上弹孔周围的射击附带痕迹等。还可以鉴别某些颜色相同而成分不同的物质，如用色泽相同、成分不同的墨水书写的字迹等等。

2. 不同的物质对红外线的吸收能力不同。由于物质性质和组成成分的不同，表现出对红外线的吸收能力有比较明显的差别，如水比墨汁吸收红外线的能力强。相同颜色而成分不同的物质对红外线的吸收能力也不同。如石墨、墨汁、煤烟、黑纸等同为黑色，对红外线都有吸收作用，但吸收能力的强弱不同，其中墨汁的吸收能力强于其他物质，但含铁的墨水对红外线的吸收能力却比其他物质为弱。

利用红外线的这一特性，可以揭示被掩盖的文字、印迹、图像、痕迹，鉴别使用不同墨水添、改的文字和数字。

3. 红外线对某些物质的透过能力与可见光的透过能力不同。例如，纯蓝墨水、红墨水、紫印油、薄纸张、薄木片、薄皮革等物质，红外线都可以透过，而可见光却不能透过。

利用红外线的这一特性，可以显现被某些染料涂污或浸染的文字、印迹。例如，可以把被苯胺染料和红色污斑污染的墨汁字迹、石墨铅笔字迹或用炭黑复写纸复写的字迹以及邮戳印迹等显示出来。

此外，红外线的散射性比可见光小，故可在阴雾天用于现场摄影。

利用红外线的上述特性对物证进行检验，并用专门的方法把检验结果拍摄下来，就是通常所说的红外线摄影。

（二）红外线摄影的器材

红外线摄影需要配备红外线光源、红外线感光片、红外线滤色镜等。

红外线摄影光源分为自然光源和人造光源。太阳辐射是一种有效的红外线摄影光源。直射的阳光经过大气层后，可见光约占 52%，红外线约占 43%，紫外线约占 5%，如遇阴雨天，红外线含量会急剧下降。因此，虽然太阳光含有大量红外线，但容易受气候、季节、早午晚时间变化等因素的影响，不够稳定，故很少作为红外线摄影的光源。人造光源是红外线摄影通常使用的光源，有专用的红外线灯、白炽灯、炭弧灯、电子闪光灯等。专用的红外线灯泡红外线含量达 50%，炭弧灯含 56%。白炽灯（即钨丝灯）的红外线含量与灯泡功率有关，功率愈大，红外线含量愈多。红外线摄影所用灯功率一般不应小于 500W。

红外线感光片专供红外线摄影使用。其之所以能感受红外线，是因为在感光乳剂中加入了红外增感染料——菁染料。红外线感光片也有黑白红外片和彩色红外片之分。从感受红外线的最大波长上可以把红外线感光片分成不同的型号，常用的有 760 纳米、800 纳米、

850纳米、900纳米、950纳米、1 100纳米等数种。有的以一定符号来代表感光极限值。如“K”表示750纳米、“R”表示830纳米、“P”表示860纳米、“Q”表示960纳米。上述数字和代号在红外线感光片的包装盒上都有标示。红外线感光片的性能不如普通感光片稳定，故一般不标明感光速度，拍摄时需要通过曝光实验加以确定。红外线感光片的有效期很短，最长的不超过半年，最短的只有几个星期。特别是感光波长较长的，其保存期会相应下降，如950纳米、1 100纳米的红外线感光片，其有效期只有两个星期到一个月，密封低温冷藏（2℃～3℃）可适当延长其寿命。

红外线感光片除了可以感受红外线以外，还可以感受紫外线和可见光。而红外线摄影要求只有红外线或者只有红外线中的某一特定波长进入镜头，因此要加用仅能通过红外线，却可阻止其他可见光进入的红外线滤色镜。红外线摄影的滤色镜有专用和非专用之分。专用的为黑色，可阻止全部可见光，仅允许一定波长的红外线通过。如果没有专用的红外线滤色镜，一般红外线摄影也可选用橙色、红色或深黄等普通滤色镜代替。

红外线摄影可使用普通照相机完成，但镜头快门和暗箱必须由红外线不能透过的金属制成。条件许可的话，可使用专门的红外线相机。

（三）红外线摄影的方法

红外线摄影，从拍摄客体和方法上分为红外线荧光摄影和红外线反射摄影。

1. 红外线荧光摄影，又称红外光致发光摄影，是用以记录单色光源激发出的红外荧光现象的专门摄影方法。红外线荧光摄影可以记录到不同于普通摄影、红外反射摄影、紫外摄影等其他方法所记录的图像，能够显示其他照相方法所不能显示的细节特征，进而揭示、鉴别伪造的文书、证券，恢复被洗涤、消褪的文字和印迹，显现被墨汁掩盖的字迹。

红外线荧光摄影，从拍摄方法和作用上又可分为普通红外线荧光摄影法和低温红外线荧光摄影法。图4—5是低温红外线荧光摄影法示意图，如果去除图中的制冷设备，即金属或搪瓷盆及液氮，则为普通红外线荧光摄影。低温红外线荧光摄影法能使荧光变强，拍摄效果更佳。

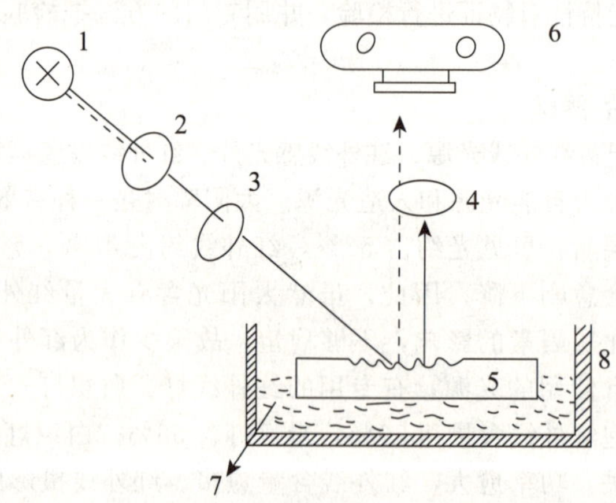

1. 单色（蓝色）光源 2. 隔热玻璃 3. 蓝色或绿色滤色镜 4. 红色或红外滤色镜 5. 被拍客体 6. 金属相机或专用红外线相机 7. 液氮 8. 瓷盆等容器

图4—5 低温红外线荧光摄影法示意图

2. 红外线反射摄影。红外线反射摄影是一种直接利用红外线作为光源所进行的摄影。这种拍摄方法与普通摄影基本相同，见图 4—6，但在调焦、曝光和冲洗负片方面具有某些特殊要求。

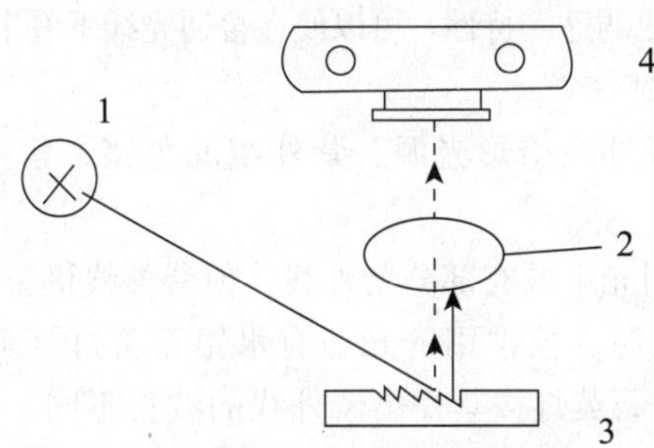

1. 红外光源；2. 红色或红外滤色镜；3. 被拍客体；4. 金属相机或专用红外线相机

图 4—6 红外线反射摄影法示意图

红外线的波长比可见光长，结焦长于可见光，平均约长于镜头焦距的 1/250。为了不使影像模糊，需在可见光下对焦后，再按上述比例伸长像距，才能成为红外线真正的结像焦点。某些相机在调焦环上标有专用的红外调焦符号“R”，在可见光下调焦后，再将调焦距离值对在“R”处，即可获得清晰的影像。如果使用的是专用的红外镜头，则在可见光下一次调焦即可。

红外感光片的不稳定性决定了红外线摄影需以系列曝光实验法来获得准确的曝光。

冲洗红外线负片，须利用专门的红外线安全灯（530 纳米～670 纳米）；否则必须在全黑的暗室中冲洗。

红外线反射摄影可以用以显示被涂改、消褪、掩盖的文字、印迹以及密写的文字符号；鉴别伪钞及其他证券；发现深色衣服上弹孔周围的射击附带痕迹和尸体上的溢血范围；显现油脂、涂料、化学溶剂和人的汗液等所形成的不易见的痕迹。

二、紫外线在物证摄影中的应用

紫外线是可见光谱紫光外端的一种不可见光线，其所占的光谱区域为 1 纳米～400 纳米。按波长范围的不同，可分为长波紫外线区域（300 纳米～400 纳米，又称近紫外线区域）、短波紫外线区域（200 纳米～300 纳米，又称中紫外线区域）、真空紫外线区域（1 纳米～200 纳米）。紫外线摄影是以紫外线作为光源，或者记录紫外线辐射下物质现象的一种专门摄影方法。

（一）紫外线的特性及其在物证检验中的作用

1. 紫外线对某些物质具有光激发光的作用。

这种在紫外线照射下所引起的物质发光现象，又称为冷光。按照发光现象的持续时间长短可分为荧光（受光的激发后持续 10^{-6} 秒～10^{-3} 秒）和磷光（持续时间超过 10^{-3} 秒）。在物证紫外线摄影中，主要是使用荧光摄影。不同的物质，在紫外线照射下的发光现象不同。利用紫外线的这一特性，可以将在可见光下看不见或看不清的细微痕迹、图案花纹、文字和细小物质显示出来。例如，被化学药品消褪的文字、印迹、密写文字、涂改字迹，以及衣物上被洗涤过的血迹、精斑、油脂、涂料、毒物等，在紫外线照射下，可能被显示出来。利用紫外线的这一特性，还可以鉴别普通光线下难以区别的物质的异同，例如鉴别各种证券、纸张、墨水、糨糊、胶水、颜料等的异同。

2. 紫外线的反射、吸收、透射的能力与可见光不同。

某些物质对紫外线有强烈的吸收作用，如普通玻璃。某些物质则不吸收紫外线，而是能很好透过，如石英。利用紫外线的这一特性，可以使在普通光线下看来相同的物质得以区别。

（二）紫外线摄影的器材

紫外线摄影需要具备紫外线摄影光源、紫外线滤色镜、紫外线摄影镜头和紫外感光片等。

1. 紫外线摄影光源。阳光中虽有部分紫外线，但紫外线摄影一般并不使用太阳光，而是使用专门的紫外线灯做光源。较常用的光源有水银石英灯（汞灯）、氙灯、汞氙灯、卤钨灯和电子闪光灯等。水银石英灯按其发出紫外线的波长不同，可分为长波、短波和长短波联用三种类型，其平均使用寿命为1 000小时左右。使用时每次开灯时间不宜过长，5分钟左右要关闭一次，待冷却后再开启使用。

2. 紫外线滤色镜，又称紫外线滤光器，是紫外线摄影的必备器材之一，有固体、液体、气体三种类型。目前在紫外线摄影中广泛采用的是由氧化镍和石英玻璃制成的固体滤色镜。从光学特性上可以把紫外线滤色镜分为两种类型：一种是透过型紫外滤色镜，只透过一定波长的紫外线，而吸收可见光；通常用于紫外线反射摄影。另一种是吸收型紫外滤色镜，吸收紫外线，而透过可见光；通常用于紫外线荧光摄影。普通的淡黄、淡绿、橙、红色滤色镜也可用作吸收型滤色镜。

3. 紫外线摄影镜头有专用与非专用两种。紫外线荧光摄影所记录的荧光属于可见荧光，故使用普通摄影镜头即可。紫外线反射摄影中有的是长波紫外线摄影，有的是短波紫外线摄影。前者使用普通镜头即可，后者要使用紫外线摄影专用镜头或者石英镜头。

4. 紫外线荧光摄影用的感光片，与普通摄影用的感光片基本相同。紫外线反射摄影需要使用专门的紫外线感光片，这种专用片对长波和短波紫外线反射摄影均可使用。

（三）紫外线摄影的方法

紫外线摄影分为紫外线荧光摄影与紫外线反射摄影：

1. 紫外线荧光摄影，又称紫外线光激发光摄影。它是把紫外线光源激发出的荧光，用摄影的方法记录下来。由于所拍摄的荧光是人眼可见的，故此种紫外线摄影实际上等同于可见光摄影，所不同的是要有紫外线光源和紫外线滤色镜（见图4—7）。

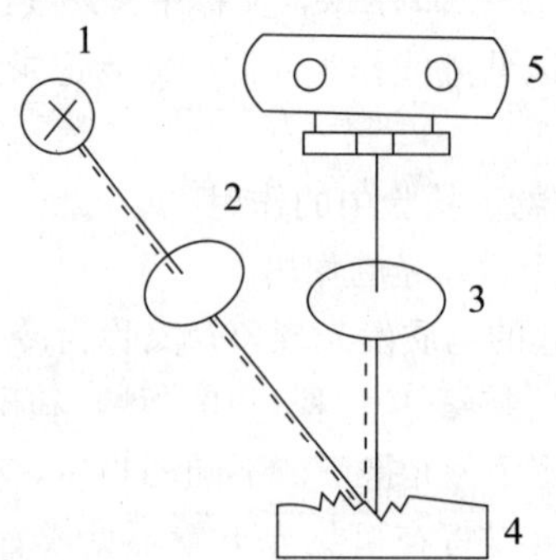

1. 长或短波紫外光源；2. 透过型紫外滤色镜；3. 吸收型紫外滤色镜；
4. 被拍客体；5. 相机和普通感光片

图4—7 紫外线荧光摄影

紫外线荧光摄影光源以长波紫外线灯为主，有时也需使用短波紫外线灯，因为有些物质只有在短波紫外线激发下才能发出荧光。为使光源发出的紫外线是纯净的，需要在光源前放置透过型紫外线滤色镜。为使进入镜头的只有可见荧光，则需要在镜头前罩上阻止紫外线通过的吸收型滤色镜。

紫外线荧光摄影使用的是普通感光片。其感色性可根据荧光的颜色具体选定，一般以使用分色片为宜。

紫外线激发出的荧光比可见光微弱，为使荧光不受可见光的干扰，应在暗室或其他黑暗的环境中拍摄。为便于观察，可先在普通光线下取景、调焦后，再改用紫外线作为光源。待 5 分钟左右发光最强和稳定时再曝光。

紫外线荧光摄影的曝光时间，应根据灯光与被摄客体的距离、客体的颜色、荧光的强度、感光片的感光度以及滤色镜的因数等条件加以确定。具体的曝光时间，可以通过系列曝光实验加以确定。

2. 紫外线反射摄影，又称直接紫外线摄影，是一种将某些物质对紫外线的反射、吸收能力不同所产生的人眼看不见的现象，记录在感光材料上的专门摄影方法。这种摄影可以显示普通光线下看不见的痕迹物证，并能鉴别物质的异同。例如，区别不同的纸张结构，不同的钢笔、铅笔、圆珠笔书写的字迹以及其他肉眼难以分辨的细微痕迹特征（见图 4—8）。

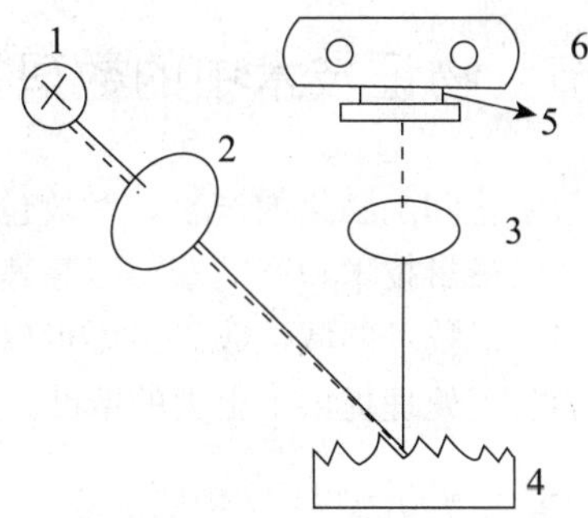

1. 长或短波紫外光源；2、3. 透过型紫外滤色镜；4. 被拍客体；
5. 石英或专用紫外镜头；6. 相机和专用紫外线片或盲色片

图 4—8　紫外线反射摄影

摄影透镜对不同波长的光线具有不同的折射率。紫外线波长短于可见光，其折射率大于可见光，故通过镜头所结成的焦点距离比可见光短（约短 1/50 个焦距）。如果调焦时没有注意到这一情况，就不能拍得清晰的影像。为此，可先在可见光下调焦，然后再缩短像距 1/50 个焦距，或者在可见光下调焦清楚后，再适当缩小光圈，以加长焦深。

紫外线反射摄影的曝光时间较之紫外线荧光摄影的曝光时间要短得多，一般为荧光摄影的 1/100 左右。准确的曝光时间，可在全面考虑各种曝光因素的基础上，通过系列性实验求得。经验表明，紫外线反射摄影时，特别要防止曝光过度。

紫外线摄影的负片、正片处理，与普通摄影基本相同。如果有专用配方，则须按配方上要求洗印加工。

三、激光在物证摄影中的应用

激光是激光器发射的、由受激辐射产生的相干光。

激光是一种新型的光源，具以下几方面重要特性：第一，它有极高的亮度。激光的亮度可比太阳光的亮度高几十亿倍。第二，有很好的单色性。激光的波长范围很窄，颜色极纯。第三，它有很好的方向性，光束接近于平行。激光的这些特性使它在工业、农业、医学、军事等各个领域得到了广泛应用。在物证技术领域，激光已被用于物证摄影，与紫外线摄影、红外线摄影一起，构成了物证摄影的特殊方法。

物证技术中的激光摄影，是利用激光作为光源，使被拍物证或痕迹中所含的微量元素发出荧光，并将荧光拍摄下来的专门技术。这种摄影方法多运用于发现潜在的汗液指纹，也可用于某些其他痕迹或字迹的显现。

激光摄影的器材除相机外，主要是激光器、扩束器和滤色镜。激光器通常是氩离子激光器。拍照时，先调节激光器，使输出功率达到最佳状态，然后，关掉室内照明光源，用扩束器将激光束的光斑尺寸放大，照射到被拍照的物体上。此时拍照人员应戴上激光防护眼镜方可观察被激光照射的物体。激光照射物体后，应当根据被激发物所发出的荧光颜色，选择合适的滤色镜，并不断调整激光波长，直至能够看清荧光为止。在看清荧光后即可将照相机固定在三脚架上对准目标拍照。照相机前必须加橙、红色滤色镜，只允许荧光进入镜头到达底片，而避免激光光束的干扰。激光摄影的曝光时间应当通过反复实验确定，通常曝光时间比普通摄影要长得多（在10秒钟以上），故应使用快门线拍摄。

第七节 物证技术中的数码摄影

数码摄影是传统摄影技术数字化和电脑化的产物，一般包括数码拍照和拍照后的照片处理两个过程。近十几年来，数码摄影技术和产品获得了高速发展，其应用已经普及到了人们生产、生活的各个方面。在物证技术领域，数码摄影得以广泛使用并表现出传统摄影所不具备的优势，为各类案件的公正处理提供了更大的帮助。

一、数码摄影的原理和特点

（一）数码摄影的基本原理

数码摄影通过数字技术将光学影像转换为电磁信号并记录在存储器上。从光学成像的部分而言，数码摄影与传统摄影并无多少差别，即都是透镜成像。但从感光部分看，数码摄影与传统摄影却有着根本的不同：传统摄影离不开化学胶片，但数码摄影却不再使用化学胶片，取而代之的是电子感光器件。电子感光器件对光线非常敏感，能将镜头结成的影像如同化学胶片一样“感受”下来并记录在数字存储器上。其具体过程是，电子感光器件采集镜头形成的光影信息，并由感光器上每一个像素点将不同的光信息转换为对应强度的模拟电子信号，再经模数转换得到数字电子信号，而数字电子信号又经数字信号处理器的逻辑处理和数据压缩，最后被存储于数字存储器内。目前最为常用的电子感光器件为CCD（Charge Coupling Device，电荷耦合器），或CMOS（Complementary Metal-Oxide Semiconductor，互补金属氧化物半导体）。

（二）数码摄影的特点

与传统胶片摄影相比，数码摄影具有如下特点：

1. 操作更为简便。针对不同的拍摄场景和对象，传统摄影往往需要选配不同性能指标的胶片，而且在复杂的拍摄条件下还可能需要中途更换这些胶片。数码摄影则要简便许多：直接改变数码摄影设备自身的相关参数，便可免去更换胶片这样复杂的操作。

2. 节约拍照时间。从影像获取的全过程看，数码摄影比胶片摄影要快许多。传统摄影在拍照之后，需要经过复杂的冲洗、印制或放大等程序才能获得一张照片。但数码摄影却可以很方便地将数码照片输入电脑后，通过电脑直接处理并打印输出。此外，在用数码相机拍摄影像的即刻，可通过相机显示屏看见"相片"的效果——"所见即所得"，因而能迅速确定拍照是否达到了所需的效果、是否需要补拍，从总体上节约了拍照时间。

3. 便于后期处理。通过计算机及相关软件，可以方便地处理数码照片，以获得传统摄影不便甚至不能的效果，如：随意调整图片角度和大小，无缝拼接连续图片，有效增强模糊图像的显示效果等。当然，这种便捷的处理方式需要受到合理、有效的监督，以避免类似后期处理的滥用及图片的失真。

4. 能够快速传输照片。数码照片的本质仍是二进制的0、1代码，可以通过网络或卫星迅速传输给远距离的观察者。从照片的拍摄到远距离传输的完成，整个过程可能仅仅需要几分钟。对数码影像的同步共享，有利于迅速获取影像信息，及时高效地发挥数码影像的效能。

5. 降低拍摄成本。数码摄影设备的综合性能较为卓越并不断获得新的提升，已经赶超了成熟的传统摄影设备。与之对应的却是，数码摄影设备的前期购置费用和后期使用费用大大降低：一张廉价的存储卡可以存储几百张甚至上千张高画质格式的数码照片，无须冲洗、印放即可以直接显示，而且其日常使用成本接近于零。如此的低成本使得数码摄影的应用变得更为普及。

6. 易于快速检索、查阅照片。在只能手工检索实物照片的时代，人们对大容量照片图库的信息处理和掌握能力十分有限，更是难以谈及跨地域甚至是跨国界范围的检索。而借助计算机强大的处理功能和互联网的广泛普及，大容量、跨地域、快速检索并查阅数码照片已经成为现实。照片资料以电磁方式存储，能够节约大量的物理空间，并可避免传统照片经常出现的破损和老化问题，显著降低管理和维护成本。对查阅到的数码照片进行复制，具有翻拍等传统复制方法不可比拟的优势：快捷、精确并且不会对原始照片造成任何损害。

二、物证数码摄影对设备和操作的要求

数码相机的广泛应用业已延伸到物证技术鉴定领域之中。根据物证摄影的基本要求，即拍照迅速及时，影像清晰准确，画面真实无变形、无遗漏，物证技术中的数码摄影在设备和操作方面有其自身的要求。

（一）物证数码摄影的设备要求

数码摄影的影像品质高低除了受镜头特性和质量的影响外，还与影像传感器的像素数量、单个像素单元大小、影像传感器面积大小、光电模拟数字信号转换器的色彩深度、图像处理器的性能等密切相关。物证数码摄影对成像品质要求较高，故所使用的数码摄影和图像输出设备应满足下列基本技术要求：

1. 优选以CCD或CMOS为感光成像器件而且画幅尺寸相当于135照相机全画幅规格（36mm×24mm）或120照相机中画幅规格（60mm×45mm）的小型单镜头反光式数字摄影机。成像器件的最小几何尺寸不得小于APS-C画幅格式（23.7mm×15.6mm）。严格排除感光器件画幅尺寸过小的非专业普通数码照相机在物证摄影中使用。

2. 数码相机应配有与其机身相适应的标准镜头、从广角到长焦不同焦距的镜头、紫外专用镜头和微距镜头，还应能装配各种规格的滤光镜和近摄附件（如近摄接圈、近摄仪、偏振镜、增距镜等）。此外，还应有配光和显现时需要使用的各种常规光源、特种光源以及翻拍架等外部设备。

3. 照相机机身应配备单镜头反光式取景器和彩色液晶取景显示屏，以满足对较大取景率的要求。

4. 为了保证真实的色彩还原，所使用的色彩管理系统的色度信息需大于 24 bit，红、绿、蓝三基色的色度信息各自不小于 12bit。

5. 当确有必要使用数码照相机以外的设备，如高分辨率专业摄像头、数码光学显微镜等进行物证数码摄影时，所选取设备的技术参数要求一般不应低于前述对数码相机的要求。

6. 需要将数码照片以屏显、投影、打印或印刷的方式输出时，应对色彩管理系统中的不同设备进行统一的标准调配，使其颜色相互匹配，从而获得更加精准的色彩表现。

(二) 物证数码摄影的操作要求

物证数码摄影需要按照合法、及时、规范的要求来完成整个操作。只有具有司法管辖权的技术部门才能承担物证摄影的任务。为了避免被拍摄物证因发生毁损或其他改变而丧失最佳拍摄条件，应在技术条件许可的情况下及时实施物证摄影，获取物证的原貌照片。物证摄影的操作原则和规范可以参照“中华人民共和国公共安全行业标准”GA/T 2211999《物证检验摄影要求规则》。

三、数码摄影在物证摄影中的具体应用

数码摄影几乎具备了传统摄影的所有功能，并表现出一些特别优势，在物证技术领域获得了广泛和深入的应用。

1. 记录在现场或案件中其他地方发现的物证或可能成为物证的各种物品和痕迹。物证数码摄影最重要的应用就是拍照手印、脚印、工具及其痕迹、枪弹及其痕迹、伤痕、物品等客体。在拍摄这些物证时，可以根据显示屏即时显示的拍照效果，迅速调整摄影参数，如相机设置或者配光条件，进而拍出更为客观、真实和准确的理想照片。也可以在获取数码照片后，将之输入到计算机后再作后期处理。随着计算机软硬件处理能力的不断提升，物证数码摄影的后期处理功能获得了更大的发展，原先许多凭借传统摄影途径并不能获得的效果如今在计算机上都能轻易实现。

2. 显现、检验物证并将相应结果记录下来。数码摄影也可用于物证技术之中的特种摄影，即利用具有红外、紫外成像功能的数码摄影设备，能将常规条件下不能见或不易见的物证或可能成为物证的客体之细微特征显现出来，经常在显现过程当中，就可以很方便地完成检验工作，而显现及检验的结果也可即时拍照固定下来。相比于传统红外和紫外摄影，这种拍照更为直观可见，操作更为简便。此外，在拍摄低反差荧光图像时，传统摄影需要较长的曝光时间，数码摄影则因灵敏度较高可大大缩短曝光时间，从而避免形成不清晰的图像。

3. 便于快速检索、查阅及示证。计算机存储技术的发展使数码照片可以大容量、高密度地存储，计算机运算速度的提升和软件功能的完善使数码照片及其附属信息的检索、查阅甚至是在法庭上的示证变得快速而方便。

四、在物证技术中应用数码摄影时需要注意的问题

1. 数码照片很容易被改动并难以留下痕迹，而物证摄影的最基本要求是真实与客观，因此需要确立相关的法律规范、行业标准及技术规范，以保证数码照片的真实性，进而使其获得普遍认可的法律地位。应用时须谨记于心的是，对数码照片的后期处理，仅仅是为了更加充分地展现已经客观存在的事实，而绝不能凭空捏造本身并不存在的照片或对原有照片作违背客观真实的任意修改。

2. 全画幅数码照相机的高昂售价限制了它的广泛应用，故大多数技术部门只能选取价格相对低廉的 APS-C 画幅格式的数码摄影机。画幅的改变会引起实际焦距和透视关系的改变（实际焦距＝标称焦距×等效倍率，等效倍率＝135 画幅对角线长度/感光器实际对角线长度），拍照时需要注意这一点。

3. 大多数数码相机都具备数码变焦功能，其原理是，对光学成像影像范围内的一部分影像截取并放大至整个屏幕。但这并非实际记录了图像更多的像素，因此会导致画面质量的降低。建议在物证摄影时尽量不要使用数码变焦功能。

4. 数码照相机可以很方便地设定不同的感光度。设定较高的感光度值可以在总曝光量很小的条件下得到可以接受的曝光效果。但是高感光度设定条件下的画面比较粗糙、颗粒明显、噪点增多，故在物证摄影过程中应尽量避免使用，而应设置较低的感光度以获得较高的画面质量。

5. 常见数字图像的存储格式有 JPEG、RAW 和 TIFF 三种。JPEG 格式的图像经过压缩会丢失一些细节；TIFF 格式储存的图像没有经过压缩或者是虽经压缩但无损；RAW 格式则是光电传感器在光电转换时对电信号的原始记录。后两种格式的图像层次丰富，细部再现清晰，整体质量较好。故物证数码摄影应尽量选取后两种存储格式。

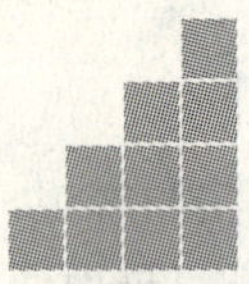

第五章

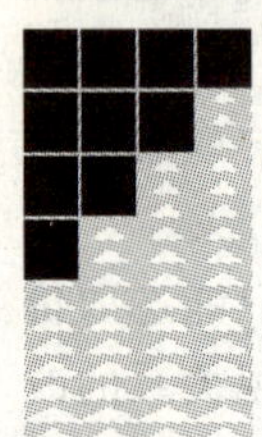

形象痕迹技术（一）：指纹、足迹、牙痕及其鉴定

第一节　形象痕迹概述

一、痕迹与形象痕迹

痕迹与形象痕迹是两个不等同的概念。痕迹是办理各类案件中经常利用的一种证据。它

泛指由于人的活动（或动物的活动）而在客观环境中形成的各种物质性的变化，例如，留下这样那样的印迹，留下这样那样的物体或物质（固体的、液体的或气体的），烧坏、破坏或移动某种物体，等等。在这些痕迹中，有一些无须任何技术就可以加以利用，有一些则必须运用专门的技术方法进行检验才可以加以利用，而在必须运用技术方法进行检验的痕迹中，有一些只能解决种属认定的问题，有一些既能解决种属认定问题，又能解决同一认定问题。形象痕迹就是形形色色痕迹中能据以解决种属认定问题和同一认定问题的一类痕迹。

顾名思义，形象痕迹具有形象特征。它是一个客体在力的作用下与另一客体接触后在该客体表面上形成并能反映留痕客体接触面花纹结构特征的一类印迹。

如果说形象痕迹以外的痕迹只能为分析案情或留痕人的特征提供依据，那么，形象痕迹就不仅能为分析有关情况和特征提供依据，而且还能对留痕人（或物）进行同一认定，从而能为确定人（或物）与事件是否存在联系，提供物证。正因为如此，形象痕迹，以及其他需要进行技术检验的痕迹，是物证技术学的研究对象，而那些不需要技术检验的痕迹，应当是侦查学的研究对象。

二、形象痕迹形成的要素

形象痕迹的形成必须具备三个基本要素，即造型体、承受体和作用力。

（一）造型体

造型体是指留痕客体，如手指、手掌、脚掌、鞋底、工具、车轮等。没有造型体就没有形象痕迹。

造型体应当具有比较稳定的形状、体积和硬度。造型体的硬度一般应大于痕迹的载体，但也可能不如承受体，当造型体的表面附着一层细腻物质时，较软的造型体和另一客体相接触时也能留下自己的印痕。

（二）承受体

承受体又称载体，是留有痕迹的客体。各种物体的表面，以及人体皮肤表面，都可能是形象痕迹的载体。

承受体表面的结构应当比造型体细腻，否则，不能形成清楚的印迹。承受体表面越细腻，痕迹就越清楚。

（三）作用力

作用力是使造型体和承受体接触的机械动力。作用力的大小与形象痕迹的深浅、粗细、明显程度有直接联系；作用力的方向、角度对形成痕迹的形状和特征也有密切关系。

三、形象痕迹的分类

形象痕迹可以从不同角度进行分类。

1. 按造型体的类型可分为人体印迹、物体印迹、动物蹄迹

（1）人体印迹。例如，指印、掌印、赤足印、牙印等。

（2）物体印迹。例如，工具痕迹、鞋印、车辆轮胎痕迹、枪支来复线痕迹等。

（3）动物蹄迹。例如，牛蹄印、羊蹄印、鸡爪印等。在盗窃牲畜或以牲畜作为运输工具的案件中，这类痕迹对分析案情有重要作用，必要时也可进行鉴定。

2. 按形成机制可分为静态痕迹和动态痕迹

（1）静态痕迹。在力的作用下，造型体基本上以垂直方向与承受体相接触，并保持接

触面相对不变的条件下形成的印迹称静态痕迹。

(2) 动态痕迹。在力的作用下，造型体和承受体相互接触后，造型体在承受体表面滑动或者承受体在造型体表面滑动所形成的印迹，称动态痕迹。常见的有：擦划痕迹，剪切痕迹，锯、锉、钻痕迹，车轮刹车痕迹，弹头上来复线痕迹。在这种痕迹中造型体接触面外部结构特点，会发生形态变化：造型体上的点状特征在印迹上呈线条状，造型体上的横线条在痕迹上则可能呈面状。

3. 按承受体接触面发生变化的情况可分为表面痕迹和立体痕迹

(1) 表面痕迹。形成印迹时承受体表面本身未发生凹凸变化的，称表面痕迹（或称平面痕迹）。表面痕迹又可分为两种：一是表面加层痕迹，即造型体接触面附着的一层物质（汗液、粉尘、血液等）被带到承受体表面而形成的痕迹；二是表面减层痕迹，即承受体表面附着的薄薄一层细微物被造型体带走而形成的痕迹。

(2) 立体痕迹。形成痕迹时，由于具有可塑性的承受体表面本身发生明显凹凸立体感变化而形成的痕迹，称立体痕迹。

形成立体痕迹需要具备一定的条件：

第一，造型体的硬度要大于承受体的硬度，否则不可能形成立体痕迹。

第二，承受体必须具有一定的可塑性。人行走在泥土上能形成立体脚印，在沙地上不能形成轮廓清楚的脚印，因为沙子没有可塑性。

第三，作用力大小适当。

4. 按肉眼是否可见可分为能见痕迹和潜在痕迹

(1) 能见痕迹。一般表面加层或减层痕迹及立体痕迹均为能见痕迹。

(2) 潜在痕迹。多为汗液指纹。

5. 按承受体变化的范围可分为接触面痕迹和外围痕迹

一般的形象痕迹都属于接触面痕迹。外围痕迹，是指造型体和承受体接触时，并未引起接触面发生变化，但由于两者长时间接触，并无移动，在接触面外围表面发生了表面变化（如落满灰尘），而形成了反映造型体接触部位轮廓形态的痕迹。这种痕迹只反映造型体一般轮廓形状和大小，故不能据以进行同一认定，但可供分析案情利用。

四、形象痕迹的作用及其处理规则

(一) 形象痕迹的作用

形象痕迹对办理刑事、民事和经济案件都有重要的作用。在刑事案件中，形象痕迹的作用主要表现在以下几方面：

1. 可以为判断案件情况，确定侦查方向提供依据。

根据现场上形象痕迹，可以判断犯罪分子在犯罪现场上的行动路线和犯罪分子的作案情况和罪犯的个人特点。

2. 可以为审查嫌疑对象提供有力证据。

通过对现场痕迹和嫌疑人或嫌疑物的痕迹样本进行比对检验，解决同一认定问题，可以为审查嫌疑对象提供有力证据。

3. 可以为建立犯罪情报资料档案提供个人资料。

4. 可以为发布协查通报、打击流窜犯罪提供资料。

5. 可以为串案研究、开展并案侦查提供依据。

形象痕迹在办理民事、经济案件中也有不容忽视的作用。众所周知，指纹有很突出的特定性和稳定性，在民事、经济活动中，指纹可以作为证明个人身份的资料。一旦发生文书真伪纠纷，指纹鉴定可以为正确处理案件提供证据。

（二）处理形象痕迹的基本规则

为了正确发挥形象痕迹在办案中的作用，发现形象痕迹时应当按以下规则进行处理：

1. 应当判明痕迹是否与案件有关，如果根据现有材料一时难以判明，可以先按与案件有关的痕迹处理。

2. 应当遵守一定的顺序进行勘验：先静后动、先上后下、先外后内、先易遭损后不易遭损的顺序进行勘验。

3. 应当详细记录可能有物证意义的各种痕迹及其所在物体，要按照物证摄影的规则和方法进行拍照，将其与案件的联系固定下来。

4. 应当精心提取，防止污损，力求保持其原始状态，尽可能连同痕迹载体一道提取。

5. 应当妥善包装，安全运送，防止包装物与痕迹直接接触；包装物上应贴上标签并编号。

第二节　指纹及其鉴定

一、指纹的结构和分类

（一）指纹的结构

人体皮肤由真皮和表皮组成（见图 5—1）。真皮上有许多小乳头状突起。这些小乳头状突起反映在表皮上，就是一条一条纹线，称乳突线。乳突线又称“脊线”，两条乳突线之间的凹槽称“小犁沟”。乳突线组成的花纹，即指纹，又称乳突线花纹。

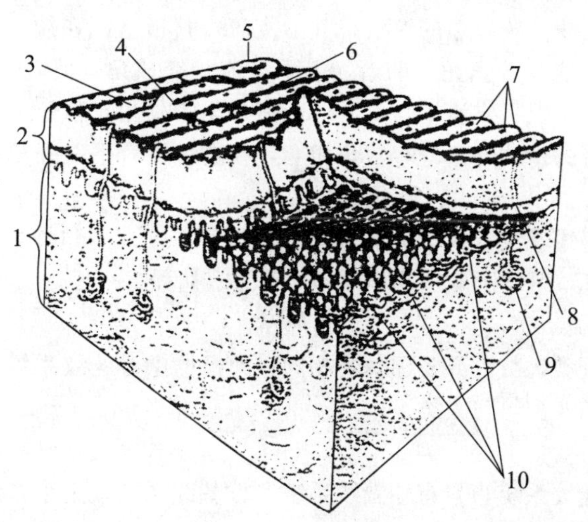

1. 真皮　2. 表皮　3、4、5、6. 依次为乳突线的终点、分叉、小眼、小点
7. 汗孔　8. 汗腺导管　9. 汗腺腺体　10. 小乳头状突起
（原图由美国司法部联邦调查局绘制）

图 5—1　指纹皮肤结构断面图

乳突线有不同的形态：弓形线、箕形线、环形线、螺形线、曲形线、波形线，以及短线和小点。

相同形态的纹线在指纹中整齐地排列在一起，称纹线系统。纹线系统分三种，即：外围线系统（由弓形线组成，从指纹的上方和左、右两侧包围指纹），根基线系统（由波形线组成，位于指纹的基底）和中心花纹系统（由箕形线或螺形线或环形线或曲形线组成，位于外围线和根基线两个系统之间）。大多数指纹有三个纹线系统，少数指纹只有外围和根基两个纹线系统，没有中心花纹系统（见图5—2所示）。

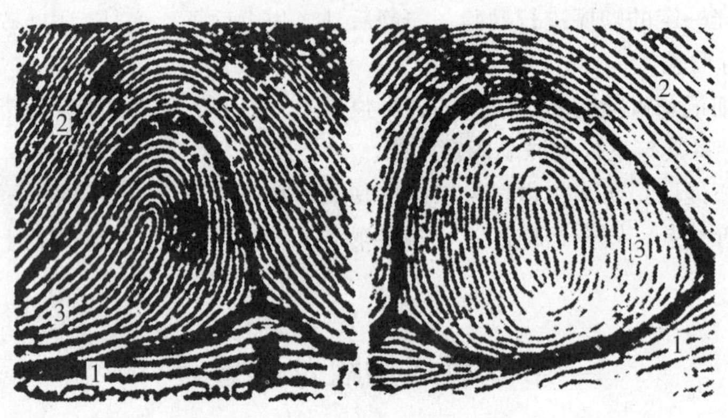

1. 根基线系统　　2. 外围线系统　　3. 中心花纹系统

图5—2　指纹纹线系统

三个纹线系统汇合之处，形成类似三角形区域，称指纹三角。多数指纹有两个三角，个别有三个三角。只有两个纹线系统的指纹，没有三角。

三角的三个角分别命名为上角、下角（又称内角）和外角。上角是外围线系统与中心花纹系统的夹角；下角是中心花纹系统与根基线系统的夹角；外角是外围线系统与根基线系统的夹角，其外围线系统一边的纹线是其上支流，其根基线系统一边，称下支流。外角可能是结合角，也可能是分离角，前者，上下支流相交成角，后者上下支流分离不相交。结合外角的外角点位于上下支流结合点上，分离外角的外角点位于上支流与下支流假想延长线的交叉点上。有的指纹外角处有数角相套，在这种场合下，外角点以距离中心花纹系统最近之角为准。

应当指出，乳突线花纹不仅指头前节有，手掌上，脚趾上和脚掌上也有。本节关于指纹性质和特征的叙述，基本上也适用于手掌、脚掌和脚趾。

（二）指纹的分类

我国对指纹的分类，与世界各国基本相同，即根据中心花纹系统的具体情况把指纹分为弓型纹、箕型纹和斗型纹三大类。

1. 弓型纹

弓型纹无中心花纹系统，只有外围线系统和根基线系统。整个指纹基本上由弓形线和一些波浪形纹线组成。

弓型纹又分弧形纹和帐形纹两种。前者，弓形线比较平坦；后者，弓形线比较陡峭，中心处往往还有一条或两条纹线支撑（见图5—3）。

在我国人口中，弓型纹约占2.5%。弧、帐相比，弧多帐少。从指位上看，拇、食指出现弓型纹最多，中指次之，环、小指极少。十指均为弓型纹者，罕见。

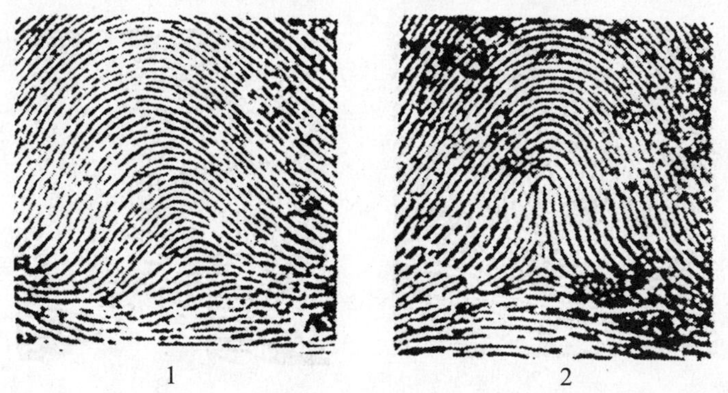

图 5—3 弓型纹：1. 弧形纹 2. 帐形纹

2. 箕型纹

箕型纹有三个纹线系统，其中心花纹系统由若干箕形线组成（见图 5—4A 图）。有的指纹中心花纹系统的箕形线很少。如果只有一条箕形线，要注意它与弓型纹的区别。箕型纹的这一条箕形线必须是不折不断的，而且在其箕头部分或靠近三角的箕枝部分，不能与一根引向外围线系统的纹线相连。不符合这个要求的指纹，就不应定为箕型纹，而应将之定为弓型纹（见图 5—4B 图）。

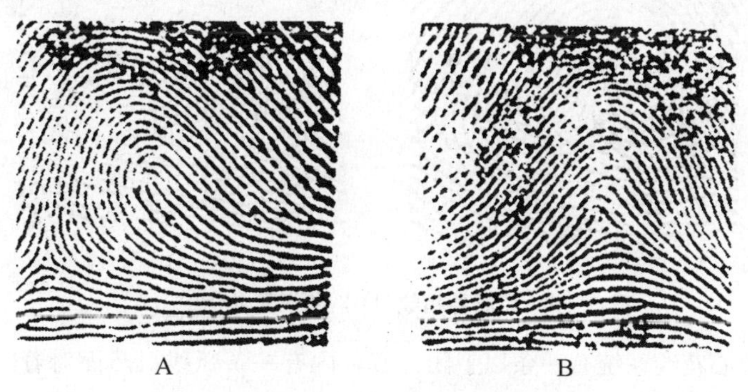

图 5—4 箕型纹（A）和疑似箕的弓型纹（B）

箕型纹又可以从不同角度进行分类。例如：从箕口朝向，可分为正箕和反箕。从手指上看，箕口朝小指者为正箕，箕口朝拇指者为反箕。从箕口是否封闭，可分开口箕和闭口箕。从箕头内是否包含纹线和纹线多少，可分空心箕、少线箕、多线箕等等。

箕型纹的细分类主要对指纹登记特别是单指指纹登记编制指纹分析式有实际意义。

箕型纹在我国人口中约占 47.5%，其中正箕占 45%，反箕占 2.5%。十指相比，小指多箕型纹，中指次之，食指又次之。但反箕多出现在食指，小指上极少有反箕。

3. 斗型纹

斗型纹有三个纹线系统。中心花纹系统多由螺形线或环形线、曲形线或混杂形线组成。

常见的斗型纹是环形斗、螺形斗（见图 5—5）。

结构比较特殊的是绞形斗、双箕斗、囊形斗。

绞形斗的中心花纹有两条或两条以上相对绞绕、起点明显可辨的螺形线（见图 5—6B 图）。

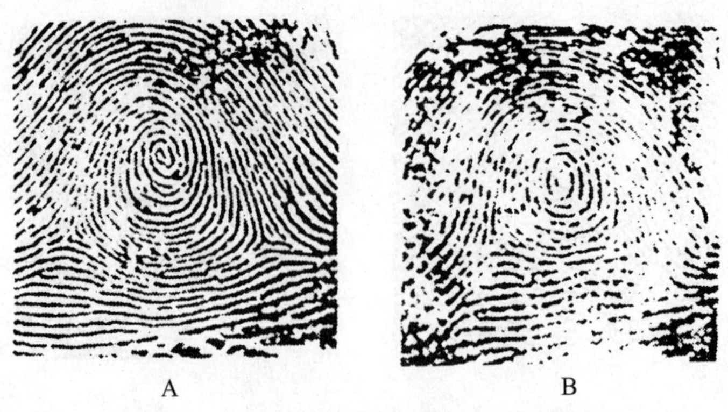

A　　　　B

图5—5　螺形斗指纹（A）和环形斗指纹（B）

双箕斗的中心花纹有两条以上的曲形线排列在一起，向着一个方向包绕（见图5—6A图）。

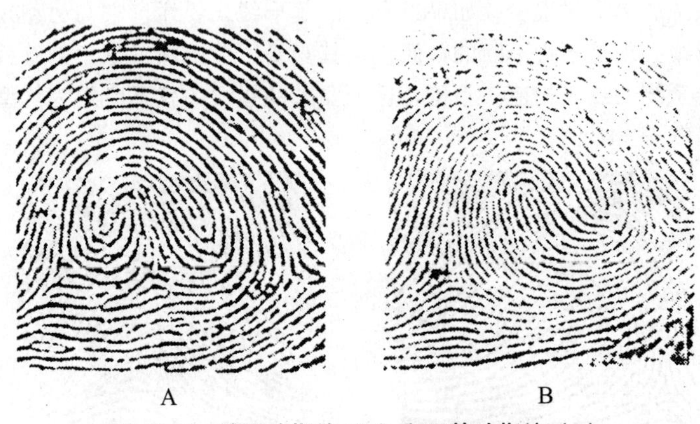

A　　　　B

图5—6　绞形斗指纹（B）和双箕斗指纹（A）

囊形斗的中心花纹系统有一条以上闭口箕，内有一条弧线，凸面对着闭口的夹角，因其形似囊袋，故称囊形纹，又称囊形斗。囊形斗有时容易与箕型纹混淆。关键问题是闭口箕内那条弧线不应与闭口夹角的纹线相接触。如相接触，就应定为箕型纹，而不是囊形纹。闭口箕内如果有完整的环形线或螺形线或曲形线，也就不能定为囊形斗，而应分别定为环形斗、螺形斗或曲形斗。

斗型纹在我国人口中约占一半。从指位看，斗型纹出现在环指较多，拇指次之，食指又次之，中、小指较少。

（三）指纹的特征体系

指纹的特征体系是决定指纹特定性的一系列特征的总称。它由以下几方面特征组成：

1. 类型特征，即指纹的分类特征。

2. 皱纹特征，即随着年龄增长而出现的纵行细沟。

3. 纹线细节特征。常见的纹线细节特征有纹线起点、纹线终点、纹线结合、纹线分叉、小勾、小眼、小桥、短线、小点共九种（见图5—7）。

观察纹线的起点、终点、结合、分叉，均以顺时针方向为准。

4. 汗孔特征。乳突线上有很多与真皮内汗腺相连的汗孔（每平方厘米约有43个）。未经过技术方法显现处理的潜在指纹，有汗孔特征。

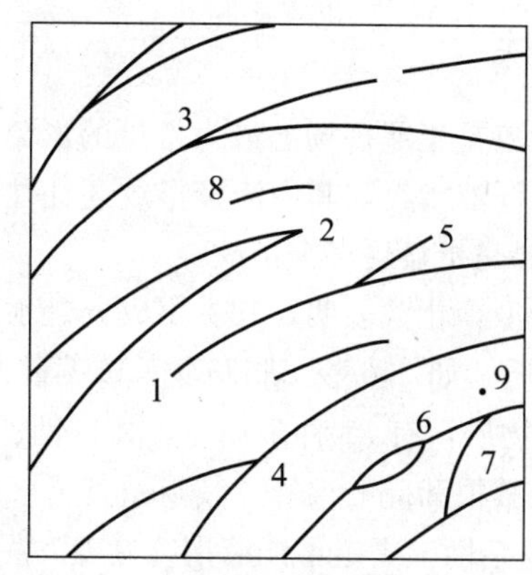

1. 纹线起点 2. 纹线终点 3. 纹线分叉 4. 纹线结合
5. 小勾 6. 小眼 7. 小桥 8. 短线 9. 小点

图 5—7 指纹纹线细节特征

5. 伤疤特征。指头受伤伤及真皮，能在指纹上形成伤疤特征。

(四) 指纹的优越性

指纹的生理结构决定了指纹有无比的优越性。其具体表现有以下四个方面：

1. 人各不同，指指相异。

一百多年来各国指纹登记和指纹鉴定的实践既没有发现不同的人有完全相同的指纹，也没有发现一个人十指中有完全相同的指纹，即便是两个孪生子面貌可能十分相像，而指纹却指指相异，这是指纹的特定性。

2. 一旦形成，终生不变。

指纹从胎儿四个月开始生长，六个月完全形成。出生以后，尽管随着年龄增长，指纹会发生一些变化，但其类型特征和纹线细节特征却终生不变。这是指纹的相对稳定性。

3. 布满汗液，触物留痕。

手的皮肤上经常有一层薄薄的汗脂物质，这就决定了手指触摸物体时，必然留下指纹的印迹。这是指纹留痕的必然性。

4. 纹线齐整，可以分类。

指纹纹线齐整而有规律，可以按照一定的规则甚至利用高科技进行编码、储存和检索。这是指纹快速识别的可行性。

指纹的上述优越性，决定了指纹在刑事或民事案件中均有重要的作用。

在刑事案件中，指纹可以查对已被拘捕的犯罪嫌疑人是否有犯罪前科。指纹还可以直接用于破案。一个有前科的犯罪分子若在犯罪现场留下指纹，可以通过查对指纹登记档案而迅速将之查获。此外，指纹还可以用于查缉逃犯、查明无名尸体身份，现场上的指纹还可以用来分析罪犯在现场上活动的情况，分析罪犯的人数，罪犯的年龄特点、职业特点，以及不同案件现场的指纹是否为同一罪犯所遗留。

在民事领域，指纹是证明个人身份的最可靠的依据。实践表明，签名可以被人仿写，私章可以被人伪造。如果在合同、协议或各种字据上除了签名，还捺上当事人的指纹，对于预防假冒伪造，无疑是一良策。

二、潜在指纹[①]的显现方法

手指乳突线花纹留下的印迹是犯罪现场上最为常见的形象痕迹，而且多是表面加层痕迹，包括血指纹、尘土指纹、汗液指纹，其中汗液指纹还往往是不能见或不易见的，故又称“潜在指纹”，显现指纹主要是指显现潜在指纹。

潜在指纹的中介物质是汗液，化验表明，其主要成分是水，约占98.5%。固体物质只占1.5%，其中2/3是有机物质，如：乳酸、脂肪酸、核黄素、维生素B_6、尿素、氨基酸、肌酸、缩胺酸等；1/3是无机物质，有31种阳离子，如：钠、钾、钙、镁、铁等，阴离子有4种：氯离子、磷酸根、碳酸根和硫酸根等。其中钠离子（Na^+）及氯离子（Cl^-）占无机成分的95%。汗液成分的复杂性，决定了汗液指纹显现方法的多样性。

显现潜在指纹的基本原理就是使用一种光线或物质作用于指纹印迹的汗液物质，使不能见的汗液指纹转变为能见的指纹。

根据这个原理，实践中已经研究出许多显现指纹的方法，归纳起来有以下三类：

（一）物理显现法

常用的物理显现方法是粉末法和碘熏法。

1. 粉末法

用粉末显现潜在指纹，已有一百多年的历史。此法操作简便、材料易得、效果良好，所以，迄今各国仍在勘查犯罪现场中采用。

粉末法所用的刷粉工具通常是一种用马毛、骆驼毛或玻璃纤维制成的扁宽形毛刷。还有一种“磁性刷”，也是很好的刷显工具。

这种“磁性刷”是1962年由美国哈伯特·麦克唐纳创造的，是以一根磁棒为主的简易工具。磁棒吸起磁性粉末，状似刷子，故被称为“磁性刷”。其优点是：不会损坏纹线，也不会使粉末飞扬、污染环境，便于刷显垂直表面上的指纹。

粉末法所用粉末，按其性能可分为三大类：

一是适用于一般毛刷的金属粉末和非金属粉末，前者如铝粉（俗称“银粉”）、青铜粉（俗称“金粉”），质轻、附着力强，适用于瓷器、玻璃、搪瓷制品、金属制品、塑料制品等光滑表面，后者如石墨粉、硒粉适用于显现纸张上的潜在指纹。

二是适用于磁性刷的磁性粉末。这类粉末由载粉和配粉按3∶1比例制成，载粉使用铁粉，配粉通常使用不同颜色的颜料。常用的磁性粉末是铁粉和静电复印粉（硒粉）或炭黑配制而成。

三是适用于紫外线的荧光粉末。这类粉末在紫外线下能发荧光。如罗丹明B，QZ—1指纹显现粉、荧光胺、美国的WOP荧光粉等。

采用粉末法显现指纹，应当注意以下几点：

（1）所用粉末颜色应与物面颜色形成反差；有潮或有油表面不能采用。物面如有其他对案件有意义的斑痕物质，应防止将其污染或损坏。

（2）所用毛刷、粉末必须干净、干燥。

（3）怀疑有潜在指纹的物体如处于室外冰冻环境，则应将其移入屋内在暖和环境下

① “指纹”一词原指指头上的乳突线花纹，但在习惯上也常常用来表示指纹留下的印迹。

处理。

2. 碘熏法

碘在常温下能升华。碘升华的气体附着于潜在指纹上，指纹即被染成棕色而显现。但必须立即固定显现出的指纹，否则，碘又会升华消失，但再熏又能再显。碘熏法也是比较古老的方法，迄今仍在使用。实践中已经设计了多种熏显设备：小件物品可以挂在实验室碘熏橱中熏染；现场上客体表面，可以使用专门的碘熏器熏显。

碘熏法显现纸张或白墙上的潜在指纹，效果很好；人体皮肤上的指纹，特别是尸体颈部的扼痕，也可用碘熏法显现。

对于用碘熏显现的指纹，应当立即固定，方法有：

(1) 拍照固定法。

(2) 淀粉固定法。淀粉遇碘呈蓝色反应。在碘熏显现的指纹纹线上撒上薄薄一层淀粉，再用水蒸气熏，指纹即呈蓝色固定下来。

(3) 银板提取法。碘熏显现的指纹转印在银片上，形成碘化银潜影，在500W灯光下曝光，指纹呈黑色显出。

(4) 苯并黄酮固定法。将苯并黄酮（又名α—萘酚黄碱素）溶液（0.5克溶于100毫升乙醚或苯）喷于指纹纹线上，纹线呈蓝色被固定下来。

(二) 化学显现法

在化学显现法中，最古老的是硝酸银法，20世纪又相继出现茚三酮法、502胶法、DFO法。

1. 硝酸银法

最早利用硝酸银溶液显现汗液指纹的是法国医生奥伯特。一百多年来，这个方法一直在各国广泛应用。汗液中有氯化钠成分，与硝酸银相结合，生成氯化银，经过曝光，起光化学反应，银被沉淀在纹线上，指纹就呈棕黑色显现出来。此法适用于显现浅色粗糙纸张、卡片、本色竹木（刨光而未上油漆）上的汗液指纹。

传统的硝酸银法所用的溶液是硝酸银单一溶液，即硝酸银与蒸馏水或酒精按3%～5%比例配制而成的溶液。用涂布或喷雾方法，使溶液与潜在指纹发生作用，经适当曝光，即可显出指纹。

混合的硝酸银溶液能明显提高显现效果。例如，硝酸银溶液和氨基比林溶液混合，硝酸银溶液与茚三酮溶液混合，都能提高显现效果。

2. 茚三酮法

利用茚三酮显现汗液指纹是1954年瑞典科学家斯文特·奥登和基特·霍夫斯坦两人最早提出的。茚三酮是化学实验室中检测氨基酸的常用试剂。氨基酸与茚三酮起反应能产生醛（RCHO）、氨、二氧化碳和鲁赫曼紫（一种紫蓝色物质）。由于汗液中有氨基酸，故利用茚三酮能将潜在汗液指纹呈紫蓝色显现出来。利用茚三酮显现潜血指纹，效果也很好。

茚三酮法是显现各种渗透性客体上，特别是纸张上多年陈旧的潜在汗液指纹的有效方法。

利用茚三酮显现指纹，需要配制合适的茚三酮溶液。较好的配方具有低毒、非易燃和无损的优点，包括储存液和工作液。

储存液：茚三酮25克；乙醇100毫升；冰醋酸50毫升。

工作液：储存液30毫升；“氟利昂113”1 000毫升。

工作液配好后静置30分钟即可用浸泡或喷雾法着手显现，显现速度与温度有关。在室温条件下，显现速度很慢。如需加速显出，可用电熨斗加热或用烘箱、微波炉加热。

3. DFO法

DFO法于1990年问世。DFO是化学试剂“1，8—diazafluoren-9-one”（1，8—二氮芴—9—酮）的英文缩写。其原理是：DFO与汗液中的氨基酸反应，产生淡紫红色化合物。这种化合物在白光下不易看出，要利用蓝绿光照射，才能显示很强的可见荧光，从而有可能用照相方法把潜在指纹拍摄下来。

采用此法需配制DFO储存液和工作液。

储存液：甲醇40毫升和冰乙酸20毫升混合后加入0.4克DFO，搅拌溶解，制成DFO储存液。

工作液：60毫升DFO储存液加入三氯三氟乙烷940毫升，制成DFO工作液。

显现时的操作方法：在风柜中将适量DFO工作液倒入搪瓷盘中，将疑有指纹的检材浸入DFO工作液中约十秒钟，取出风干一二分钟，再浸入DFO工作液十秒钟，取出风干，放入烘箱（80℃）加热20分钟（不需加湿），然后将检材置于氩离子激光514纳米蓝光或510纳米～560纳米范围的蓝绿光照射，利用550纳米长波通过滤光镜进行观察或拍照。

DFO法适用于显现渗透性表面上潜在汗液指纹。该法的优点是一次处理形成荧光，灵敏度较高。但DFO配制工艺要求高，价格昂贵，难以普遍推广。

4. 502胶法

502胶是一种强黏合剂，其主要成分是α—氰基丙烯酸乙酯。它所含的氰基和酯基，吸电子性很强，容易在水或弱碱的引发下发生阴离子聚合。潜在指纹汗液中的水分和氨基酸所含的H^+和OH^-能引发α—氰基丙烯酸乙酯聚合，而物面上没有指纹纹线的部分则不会发生这种聚合，因而可以使汗液指纹显现出来。

利用502胶显现指纹是1978年在日本一个美军基地最早发现的。

此法适用于显现各种非吸湿性表面（如橡皮、人造革、塑料等表面）上的汗液指纹。显出的指纹呈白色或灰白色。为了加强纹线与背景的反差，可在502胶中加入邻硝基苯胺或碘，使显出的指纹呈棕黄色，也可以在显出指纹后利用各种碱性染色剂（如龙胆紫、孔雀绿、盐基品红）对指纹进行染色处理。染色剂适量溶于50毫升水中，再加乙醇、丙酮各100毫升，即可供染色处理使用。

502胶法的显现效果与湿度有关，湿度不够，502胶法的显现能力不能得到充分发挥，显现效果就差。还应将502胶置于良好密闭条件下加温，使其蒸气气流能均匀熏染被检物面。我国公安部有关研究部门研制的“AFC型502自动指纹熏显柜”系列产品具有自动控制的加温、加湿功能，是运用502胶法的有效设备。

（三）光学显现法

1. 调整光照角度法

这是最原始的光学显现法。有些留在光滑物面的潜在汗液指纹，只要调整视角或光照角度，肉眼即可看出。

2. 垂直定向反射摄影法

垂直定向反射摄影法是真正意义上的利用光学效应显现潜在汗液指纹的方法。

其原理是：当潜在指纹所在表面受到垂直定向光线照射时，指纹纹线能吸收一部分光线，散射一部分光线，同时也能把一部分光线反射出来，但其反射强度要比指纹所在表面的反射光小，这样，在拍得的照片上就能看出浅色背景下的深色指纹。指纹所在表面越光滑，照片上背景与指纹图像的反差就越大。此法适用于显现各种光滑表面（如白色搪瓷器皿、白色瓷砖、透明玻璃、镀铬金属、彩色照片、光滑纸张等）上的汗液指纹、油脂指纹、薄层灰尘指纹。

采用垂直定向反射摄影法，必须在照相机镜头前安置一块半透半反射镜，这样从光源射来的光线能变为同轴光，并以垂直方向照射被拍照的客体表面（见图5—8）。

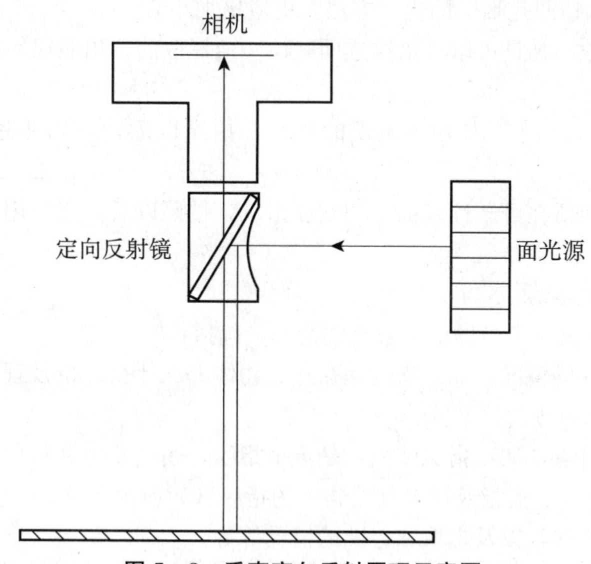

图5—8　垂直定向反射原理示意图

3. *激光法*

激光，是一种高度集中、能量很大的单一波长光。在激光激发下，指纹物质中的某些微量物质，如核黄素、维生素B_2及B_6，能发出565纳米和400纳米的荧光，因而能把潜在汗液指纹显现出来。激光法1976年最早在美国提出。有的指纹专家做过实验，白纸上的汗液指纹，置于烘箱内（75℃）两星期，取出后用清水冲洗5分钟，然后用激光照射，仍能发出荧光，强度基本不变。此法所用的激光器是氩离子激光器和氦镉激光器。

4. *多波段光源法*

是20世纪90年代出现的指纹显现方法。多波段光源一般能输出从紫外线到红外线范围内不同波段的光，是发现现场潜在指纹和其他微量物证的有力工具。

三、现场指纹的寻觅、提取和识别

（一）现场指纹的寻觅

犯罪分子留在现场客体上的手印多系潜在汗液指纹，也可能是尘土指纹、血指纹，或其他有色指纹。

要寻觅这些痕迹，首先要明确重点。重点之一是犯罪分子出入现场可能移动过或触摸过的物体；重点之二是犯罪分子的现场遗留物；重点之三是犯罪分子侵害的客体；重点之四是犯罪分子逃离现场时抛弃的物品。

其次，寻觅现场指纹，还应当善于运用显现潜在汗液指纹的技术方法，如果带有多波段光源，利用这种光源是发现现场指纹和微量物证的最佳选择。

(二) 现场指纹的提取

对于已经发现或显现的指纹，应当根据指纹的具体特点，采用适当方法予以提取。提取的方法有以下几种：

1. 拍照。对已经发现或显现的现场指纹，均需拍照。不仅要把指纹所在的位置拍摄下来，而且要按原物大摄影的规则把指纹本身拍摄下来。拍照以后，才可以用其他方法提取。有的现场指纹，拍照是唯一的提取方法，更应倍加小心。

2. 连同载体提取。凡是可以将指纹连同载体一道提取的，拍照以后均应采取这种方法提取指纹。

3. 胶带粘取。对于用粉末方法显现的指纹，拍照以后，应当用透明胶带把它粘取下来。

4. 制膜提取。遗留在可塑性表面上的立体指纹，拍照以后，应当用制作石膏模型的方法予以提取。

(三) 现场指纹的记录

对于现场提取的指纹应当详细记录有关情况，包括：

1. 指纹所在表面的情况，如：指纹是在什么物体上、什么部位发现的，指纹所在物面的特点，指纹和其他痕迹的关系等。

2. 指纹本身的特点，如：指尖朝向，是单个指纹，还是几个并列的指纹，各个指纹的高低关系；是汗液指纹、血指纹还是其他物质的指纹（如粉尘指纹、灰尘减层指纹）等。

3. 指纹显现的方法，以及提取和包装的情况等等。

(四) 现场指纹的识别

现场指纹的识别包括以下几个问题：

1. *指纹是否罪犯所留*

指纹是否罪犯所留，可以从以下几方面进行研究：

(1) 观察指纹是在什么客体上发现的，并结合物体的有关情况进行研究。

(2) 观察指纹是在物体上的什么部位发现的，并结合罪犯的作案手段进行研究。

(3) 观察物体上指纹的朝向，并结合罪犯进入现场的动作特点进行研究。

(4) 观察形成指纹的物质并结合现场的情况进行研究。

(5) 观察指纹的新旧程度，并结合发案的时间和当时的气候状况进行研究。

(6) 观察指纹所在的部位，结合其他痕迹进行研究。

(7) 观察指纹的类型、特征，结合未破案件的现场指纹进行研究。如果纹型、特征相同，即可判断指纹为罪犯所留。

(8) 将现场指纹和事主的指纹进行比较，如排除为事主所留，即可判断是罪犯所留。

2. *识别指纹是何指所留*

为了识别指纹是何指所留，应当先识别指纹是左手还是右手所留。在这方面，可以利用指尖的朝向及指纹纹线的倾斜方向和流向，例如，弧形纹纹线左手向左倾斜，右手向右倾斜；箕型纹箕口左手多朝左，右手则多朝右；螺形纹纹线旋转方向左手多顺时针方向，右手多反时针方向。

在识别指纹左、右手手位的基础上，即可进一步识别指纹为何指所留。在这方面，可以利用印痕的大小形状、取拿物体时五指接触物体的规律，以及不同类型指纹在五指上的出现率，例如，斗型纹在拇指上出现最多，约占50%，其中双箕斗最常出现在拇指，特别是左手拇指。许多出现率很低的纹型，如弓型纹、箕型纹中的反箕，斗型纹中的囊形斗、反螺形纹多出现在食指。环指多斗型纹，其中有一部分是囊形斗。至于中指和小指，绝大多数为正箕。

(五) 识别小片纹线印迹是手指头还是手掌所留

在这方面，可以利用纹线弧度大小、粗细特征、皱纹粗细特征进行识别，有时候，还可结合研究小片纹线印迹是何种动作留下的，例如，抱的动作、推的动作往往留下掌纹，夹的动作，多留下指纹。

四、指纹登记与指纹分析

(一) 十指指纹登记的步骤

指纹登记是公安有关部门对依法被拘捕的犯罪嫌疑人的指纹进行捺印、登录、分析、存储和检索等一系列专门工作的总称。指纹登记是公认的最理想的罪犯登记的办法。

有了这种登记制度能准确、迅速查明再次作案罪犯的真名实姓，从而为查明其前科记录提供可靠资料；有了这种登记制度，还可能根据现场指纹，检索指纹登记档案，直接查获案犯，还能为通缉越狱逃犯提供指纹资料，为审查流窜作案的犯罪嫌疑分子提供依据，当发现无名尸体时，还能为查明无名尸体的身源提供依据。

十指指纹登记，是各国常用的罪犯登记办法，即把被登记人的左、右手共十个指头的指纹分别登记在一张卡片的十个空格内。我国于1956年开始实行统一的十指指纹登记办法。

十指指纹登记分以下步骤进行：

1. 十指捺印

捺印是指纹登记的基础。捺印必须符合以下要求：

(1) 不能听任被捺印人自己在指纹卡片上捺印。捺印只能由受过基本训练的专门捺印人员把着被捺印人的手背和手指进行。

(2) 左、右两手各五个指头应当严格按手指顺序，在规定的方格内捺印。

(3) 每个指头捺印时，只能让手指沾上薄薄一层油墨，适量的油墨才能保证捺取的指纹纹线清晰可辨。

(4) 每个指纹应符合三面捺印的质量要求，即：既要印出指肚的中心花纹纹线，又要印出两侧的纹线。为此，捺印时必须把着被捺印人的手指从左侧滚向右侧，不得停顿，不得倒退。

2. 登录有关情况

要将被登记人的个人基本情况和违法犯罪事实记录在十指指纹卡片的有关栏目内。

3. 填写姓名登记卡片

这是十指指纹卡片的配套卡片，按姓名顺序存档。姓名登记卡片上除了被捺印人的有关情况外，还注明十指指纹卡片的编号（即指纹分析式），这样，查到姓名卡片，就能查到十指指纹卡片。

4. 十指指纹分析及分析式的登记填写

指纹卡片和姓名卡片捺印和登录完毕后，即送往指纹档案管理部门，由专业人员及时进行指纹分析，并将编制的十指指纹分析式登记填写在指纹卡片的右上角，再按一定规则依该分析式存档。

所谓指纹分析，即按照一定的规则，将指纹的图形、特征及所处的指位转化为数字（也即指纹分析式）的活动，是存储、检索并利用指纹的基础。

我国十指指纹分析由初步分析和二步分析两步组成，有统一的编制方法、规则和步骤。

（二）我国十指指纹分析的方法、规则和步骤

1. 初步分析式的编制方法和规则

将右手五指的代号相加再加1，放在分析式的“分子”位置，又将左手五指的代号相加，再加1，放在分析式的“分母”位置，即可得出初步分析式。初步分析的纹型代号规则为：不论左手或右手，凡是弓型纹或箕型纹，代号一律是0；斗型纹的代号，按拇、食、中、环、小的顺序，分别为16、8、4、2、1。如遇伤、缺指头无法认定指纹类型时，则按左、右手对应手指定型。

假定十个指头均系箕型纹，其初步分析式应为$\frac{1}{1}$，均系斗型纹，其初步分析式应为$\frac{32}{32}$。所有十指指纹卡片的初步分析式共1 024种（32×32=1 024）。

2. 二步分析式的编制方法和规则

将右手五指的代号按拇、食、中、环、小顺序写在分析式的分子位置，再将左手五指代号依次写在分母位置，即可得出二步分析式，例如：$\frac{61592}{74462}$。

二步分析式中不同指纹类型的代号按以下规则确定：

（1）弓型纹，不论何手、何指，代号为0。

（2）箕型纹中的反箕，不论何手、何指，代号为1。正箕则视通过或接触指纹外角点与指纹中心点连接线的纹线数目分别规定代号：纹线数目6条以下，代号为2；7条～10条，代号为3；11条～14条，代号为4；15条以上，代号为5。数线方法见图5—9。

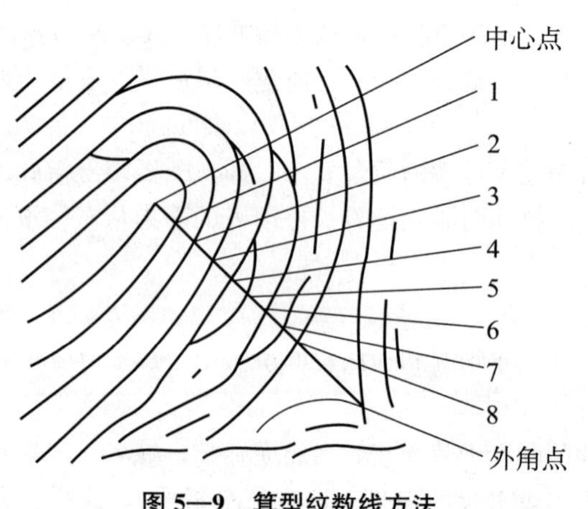

图5—9 箕型纹数线方法

为了正确数线，应当懂得如何确定箕型纹中心点。一般规则是：中心箕形线的箕头内无任何纹线者，中心点以中心箕形线的顶点为准；箕头内有一点者，以此点为准；箕头内有一线者，以此线顶点为准；箕头内有多条纹线或几个小点者，偶数以距三角外角点较远的线或点为准，奇数以居中一条线或小点为准。

（3）对斗型纹，视右三角与追迹线间的纹线数目分别规定代号。

追迹线是指从左三角下支流出发，朝右三角方向前进，用以确定左、右三角上下关系的纹线。在追迹过程中，如果遇到纹线中断的情况，则沿着与断端相对的纹线继续追迹，如无相对纹线，则沿断端下方第一条纹线继续追迹前进，结果可能有三种情况：其一，追迹线在右三角上方通过；其二，追迹线与右三角外角下支流相遇；其三，追迹线在右三角下方通过（见图5—10）。

1. 追迹线在右三角上方　2. 追迹线与右三角外角下支流相遇　3. 追迹线在右三角下方

图5—10　斗型纹的追迹线示意图

根据上述三种情况，分别规定了确定代号的规则，它们有以下几条：

第一，追迹线在右三角上方时，追迹线与右三角外角的二等分线相交点与外角点之间有8条纹线以上的，代号为6，有7条纹线以下的代号为7。

第二，追迹线与右三角外角下支流相遇时，代号为8。

第三，追迹线在右三角外角下方时，在外角点垂直下方与追迹线之间有3条纹线以下通过的，代号也为8，有4条以上纹线的，代号为9。

如遇特殊情况（如指纹模糊不清或有伤疤），不能准确确定代号，可在分析式中有关代号一旁标明副号。

3. 指纹卡片的管理

十指指纹分析式编制完成后，指纹卡片管理部门的专业人员即按指纹分析式存档。存档时，先按初步分析式的“分子”上升数字顺序排列，“分子”相同的卡片，按“分母”上升数字顺序排列。初步分析式“分子”、“分母”均相同的卡片按二步分析式“分子”、“分母”先后顺序排列。

查前科是指纹卡片管理部门的一项经常任务。一张新卡片送到指纹卡片管理部门，专业人员根据其指纹分析式，即可查出被登记人的指纹是否早已登记在案，从而也就可以查明其是否有前科记录。无论有无前科记录，指纹卡片管理部门均应将查对结果正式通知捺印送卡部门。该被登记人以后如被科处刑罚，法院应将判决书副本送交指纹卡片管理部门，以便将判决内容登入指纹卡片备查。

查现场指纹也是指纹卡片管理部门的重要任务之一。侦查部门在犯罪现场提取了指纹以后，往往要请指纹卡片管理部门查对指纹档案，看看作案人过去是否已有指纹登录在案。由于现场指纹多系单个指纹，要从大量指纹卡片中查对现场单个指纹，其艰巨性不言而喻。有的案件往往花费了很多时间，还是查不出档案中实际上已有的与现场指纹相同的卡片。为了解决查档困难的问题，我国有的城市在实行十指指纹登记的同时，还实行单指指纹登记。

（三）单指指纹登记简介

单指指纹登记采取一指一卡的登记方式，或十指十卡，或八指八卡、小指免登。每指独立进行指纹分析。

单指指纹分析也包括初步分析和二步分析，但在我国却没有统一的方法、规则等。有的地区则依下列两步进行：

1. 初步分析。初步分析本身又分二步进行。第一步，分析右手和左手四指的弓、箕、斗，把它们的代号相加，再加1，分别写在分析式的“分母”和“分子”的位置上；第二步，对右手和左手的拇、食、中三指，按指纹“大分类”（即将弓型纹分为帐形纹、弧形纹，箕型纹分反箕、少线箕、空心箕、低头箕等等并分别给以代号）进行分析，并将既定代号分别写在“分析式”分母和分子位置上。

2. 二步分析。二步分析仅仅分析每张卡片上捺印的那个指纹，共三个代号，第一个代号是该指纹的大分类代号，第二个代号是该指纹的小分类代号（即对某些大分类又作进一步分类，并给以代号），第三个代号是根据数线确定的代号。初步分析和二步分析的“分析式”，见图5—11。

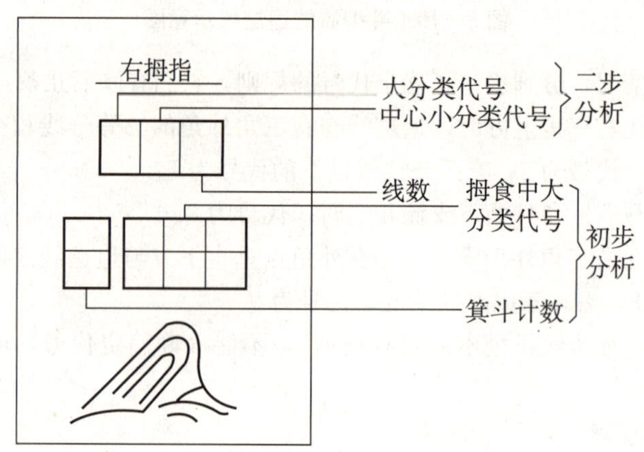

图5—11　单指指纹卡片示意图

单指指纹登记卡片，像十指登记卡片一样，也按指纹分析式存档。

（四）指纹自动识别系统

随着电子计算机技术的蓬勃发展，从20世纪60年代开始，一些发达国家就着手研究如何在指纹登记中利用电子计算机技术建立指纹自动识别系统的问题。

美国是最早研究这个问题的国家。早在1961年纽约市警察局就研究成功了一个半自动化的指纹档案管理系统。

1963年美国联邦调查局和美国国家标准局合作，制定了指纹自动识别系统的研究计划。1972年美国联邦调查局正式使用指纹自动阅读机；1975年又完成自动比对仪的研制工作。指纹自动比对仪和指纹自动阅读机联用，形成了一个完整的“指纹自动识别系统”，实现了指纹登记卡片全自动化管理。

从20世纪80年代开始，我国北京、上海等大城市的公安局就与高等学校合作研究指纹自动识别系统。例如，北京市公安局刑科所与清华大学合作研制了一套“指纹自动识别系统”（英文简称“CAFIS”），这是我国最早投入使用的指纹自动识别系统。

指纹自动识别系统的利用，可以使指纹登记制度在侦查破案中更好地发挥作用。如果拘捕了一个犯罪嫌疑人，就可以通过指纹自动识别系统，审查其是否有犯罪前科；如果在犯罪现场提取了一枚由罪犯留下的指纹，而这个罪犯过去曾被公安机关拘捕过并留有指纹卡片，那么几分钟内就可以查出这个罪犯的姓名、住址。指纹自动识别系统不失为惯犯的克星。

五、指纹鉴定

（一）指纹鉴定的一般方法

指纹鉴定是最常见的一种物证鉴定。鉴定的目的是要解决案件中提取的指纹印迹，是否为某个嫌疑人所留的问题。

指纹鉴定的依据是办案单位请求进行鉴定的正式委托书及其所送的检材和样本。在刑事案件中，检材是从犯罪现场提取的指纹；在民事案件中，检材是有争议文书上一方当事人名下的指纹捺印。无论是刑事案件或是民事案件，指纹鉴定的样本都是从受审查人捺取的十指指纹。捺取指纹样本，必须符合十指指纹登记时捺印的要求。

指纹鉴定所解决的问题是人身同一认定问题，它所采用的方法是同一认定的方法。先对作为检材的指纹和作为样本的指纹进行分别检验，比较检验，然后对检验中发现的符合特征和差异特征进行综合评断，并在综合评断的基础上作出送检的指纹是否受审查人所留的鉴定结论。

应当注意的是，在检验指纹纹线细节特征时要正确区分现场指纹的乳突线是黑线，还是白线。用铝粉显现出指纹的照片，白线是乳突线、黑线是小犁沟，用石墨粉显现的指纹则反之；用摄影方法直接拍摄的汗液指纹（未用粉末处理）、油脂加层指纹、尘土加层指纹的照片，黑线是乳突线。但要注意一些特殊的情况，如果手指头上黏附了过多的粉尘或血液，可能使小犁沟也蒙上一层粉尘或血液，由于乳突线上的粉尘或血液已在不断触摸物体时消失，小犁沟中的粉尘或血液则依然保留，手用力接触物体就可能留下小犁沟的加层印痕。在这种情况下拍摄的指纹照片，黑线就不是乳突线，而是小犁沟。有时候，由于摄影时光照角度的影响，也会出现一些特殊情况，指纹上中介物质在一定光照下可能反光，因而使乳突线在照片上变成白线，而本应是白线的小犁沟却变成黑线。在立体指印的照片上，黑线是乳突线，白线是小犁沟；如果是立体指印的模型的照片，乳突线是白线，小犁沟则是黑线。

比较检验从一般特征开始。如果指纹类型不同，即无须对该指纹作进一步检验，如果指纹类型相同，还必须对纹线细节特征进行比较。比较的方法一般是特征对照法。

先将检材指纹和样本指纹用拍照方法或电脑扫描方法取得同倍放大的指纹，然后在两者相同部位找出几个明显可靠的特征作为基点，逐渐向周围扩展，观察是否有相互符合或差异的特征。对每个特征，必须从形态、大小、方向、角度，以及与其他特征之间的关系等方面，进行仔细比较，对相互符合或互有差异的特征应当按顺时针方向分别一一编号。

检验的结果可能出现三种情况：一是指纹类型相同，细节特征也相同，没有什么实质性差异；二是指纹类型相同，但细节特征明显不相同；三是指纹类型相同，细节特征也有不少相同，但同时又有明显差异。在第一种情况下，可以作出认定同一的鉴定结论；在第二种情况下，可以作出否定同一的鉴定结论。对于第三种情况，则应当对差异点作出正确的评断，根据评断的结果，再作出认定或否定同一的鉴定结论。

（二）对指纹差异点的评断

现场指纹和样本指纹之间的差异点，从性质上看，可能有两种，一种是本质差异，另一种是非本质差异。前者是指两个本来不是一个指头留下的印痕之间的差异，后者是指本来是同一指头留下的印痕之间的差异。存在本质的差异，只能作出否定同一的结论；存在非本质的差异，则不影响作出肯定同一的结论，但必须对差异点作出科学的解释。

出现非本质差异的原因，大致有以下几种：

1. 手指作用力特殊，使现场指纹特征发生变化，因而与指纹样本产生差异。例如，由于手指作用力方向变化，指纹可能变长，环形斗可能变为椭圆形斗，纹线的弯曲度也可能发生变化；由于手指用力过重，纹线可能变粗，间隔可能变窄，分离的纹线可能变为结合，小勾的特征可能变为小桥或小眼，用力过轻，小桥特征可能变为小勾或短线。

2. 指纹所在表面特殊，使现场指纹特征发生变化。例如，油漆表面有皱纹，金属表面有小颗粒，可能使指纹特征得不到反映。

3. 指头上所附物质特殊使现场指纹特征发生变化。例如，手指上不是汗垢物质，而是较多的血液，纹线终点可能变成纹线结合，纹线起点可能变成分叉。

4. 作案后手指皮肤发生变化，使样本指纹上形成了新的特征，因而与现场指纹产生差异。

5. 现场指纹经过显现处理，使指纹形成了假特征，因而与样本产生差异。

为了科学地解释差异点，必要时可以模拟现场指纹形成的条件，进行实验。

非本质差异总是可以用某种客观原因加以解释的，本质差异则不可能用客观原因加以解释，例如，现场指纹和指纹样本之间花纹类型明显不同，或者虽然花纹类型相似，但指纹纹线细节特征存在一系列的差异，这都是不可能用任何上述原因加以解释的，而只能认为，它们是不同指头留下的印痕，因而也就可以作出否定同一，即否定现场指纹是受审查人所留的结论。

如果差异点没有发现，或者虽然发现了，但可以用上述原因作出科学解释，而符合点从总体上看，不可能在任何其他人指纹上出现，那就不影响作出认定同一，即认定现场指纹是受审查人所留的结论（见图5—12）。

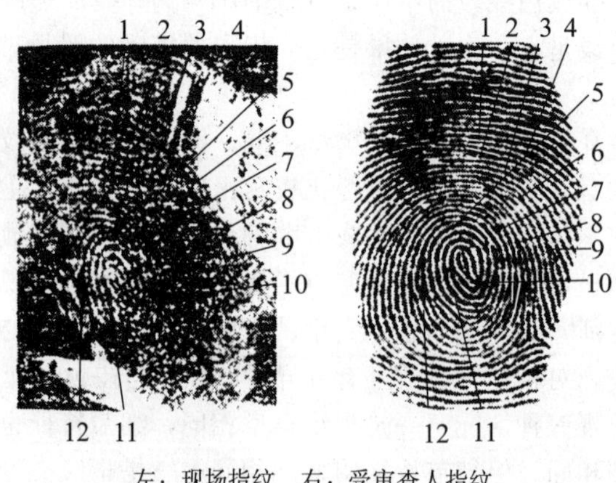

左：现场指纹　右：受审查人指纹

图5—12　指纹鉴定的比对照片

（三）对指纹符合点的评断

对指纹鉴定中发现的符合特征也应进行正确的评断，要评断这些符合点之总体在指纹同一认定中的价值。这是一项很复杂的工作。它不仅和特征数量有关，而且和特征的质量有关。例如，指纹的花纹类型，有的常见，价值不高；有的罕见，价值较高。在鉴定中，两个花纹类型都是常见的指纹和两个花纹类型都是罕见的指纹相比，对细节特征符合点数量的要求，应当不是相同的。就纹线细节特征而言，质量也有高有低，例如，纹线起点、终点、分叉，是常见特征，纹线的小眼是罕见特征。常见的特征对符合点总体中所要求的特征数量，和罕见的特征相比，也应当多一些。总之，对鉴定中发现的特征符合点进行评断时，应当把数量和质量结合起来考虑。从我国指纹鉴定的实践来看，一般来说，八个特征符合点是必要的，但如果特征质量较高，少于八个特征符合点也可以。

第三节 足迹及其鉴定

一、足迹的种类

足迹的形成，像其他形象痕迹一样，需要具备造型体、承受体、作用力等要素。造型体有赤足、鞋、袜；承受体通常是各种性质的地面或物体；作用力是人站立时来自身体的重力或行走时使双腿向前运动的身体动力。

足迹是犯罪现场上常见的形象痕迹，对侦查犯罪有重要作用。它可以为判断案情提供依据，例如，判断罪犯进出现场路线，判断罪犯作案方式和特点，判断罪犯作案时间，判断罪犯个人特点等等。

足迹可以从不同角度进行分类。

1. 按造型体，足迹可分为赤足印、鞋印和袜印

赤足印能够反映脚掌面外部结构的特点，包括脚掌皮肤的乳突花纹，可据以对留痕人进行人身同一认定。

鞋印能反映鞋底外部形态结构的特点，可据以对留痕的鞋进行物体同一认定。

袜印可以反映袜底的大小、形状和特点。根据袜印，一般只能进行种属认定，但如有明显的细节特征，也可以进行同一认定。

2. 按承受体表面所起变化，足迹可分为立体足迹和平面足迹

立体足迹一般留在松软的泥地上，能清晰地反映脚掌、鞋底的凹凸结构特点。

平面足迹通常是平面尘土足迹，有时也可能遗留平面汗垢足迹。平面减层足迹比较少见。

3. 按遗留足迹是否连续，足迹可分为单个足迹和成趟足迹

连续行走留下四个或四个以上足迹，为成趟足迹。成趟足迹能反映足迹遗留人的行走运步规律特点。

二、足迹的特征

足迹所反映的特征有两类，一类是形象特征，另一类是步法特征。

（一）足迹的形象特征

足迹形象特征是指单个赤脚印、穿鞋足迹（鞋印）和穿袜足迹（袜印）的外部形态、

大小等形态学特征。

1. 赤脚印特征

赤脚印特征包括一般特征和细节特征。

（1）一般特征可以从赤脚足迹的大小、形状、脚趾分布状况，以及脚掌皮肤乳突线花纹特征等方面来观察、认识。

赤脚印的大小，包括全长和脚弓、脚跟的宽度，应通过测量加以确定。测量的方法是：先连接第二脚趾球中心点和脚跟最突出点作为测量基准线，然后在最长脚趾的前缘和脚跟后缘的突出点，各作一条和基准线相垂直的直线，两线之间的距离即为赤脚足迹的全长；在脚掌最宽处作一条与基准线相垂直的直线，直线的长度即脚掌宽。在足迹中间部分最窄处作一条与基准线相垂直的线，可测得脚弓宽度，根据宽度可以判断脚弓的高低：高弓型（弓痕中断）、窄弓型（宽19毫米以下）、中等型（弓宽20毫米～39毫米）、扁平型（弓宽40毫米～59毫米）和膨胀型（弓宽在60毫米以上）。在脚跟最宽处作一条与基准线相垂直的线，可测得脚跟宽。以上测量方法见图5—13。

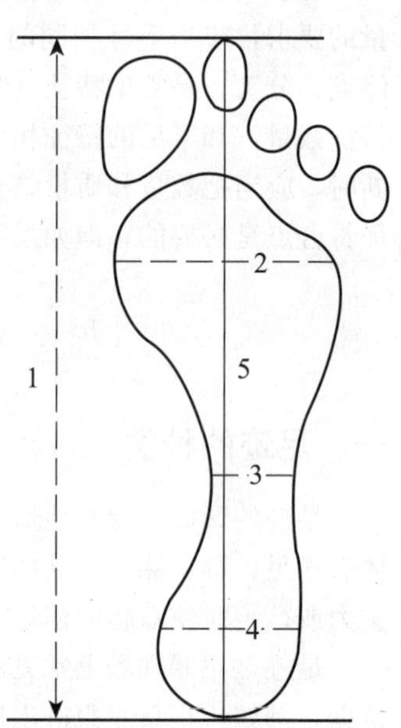

1. 全长　2. 脚掌宽
3. 脚弓宽　4. 脚跟宽
5. 测量基准线

图5—13　赤脚足迹的测量

赤脚印的形状，包括脚趾的形状、脚掌前缘形状、脚掌内缘形状、脚掌外缘形状和脚跟的形状；脚趾分布状况，是指五趾的分布特征，可分为分散、并拢及重叠三种；脚掌乳突花纹基本上同手掌，纹型分弓、箕、斗、杂等。

（2）赤脚印的细节特征可以从脚趾大小及其比例关系、脚趾畸形（多趾、缺指、断指、联指）、脚掌乳突线的细节特征（基本上同指纹），以及褶、皱纹、裂纹、伤疤、鸡眼、老茧皮、脱皮等方面来观察、认识。

2. 鞋印特征

鞋印所反映的主要是鞋底特征。在个别情况下，也可能留下鞋帮的印痕。鞋底特征包括一般特征和细节特征。

（1）鞋印的一般特征有：

1）鞋印的形状。

包括整个鞋底形状（直底、弯底）、鞋头形状（圆头、平头、尖头）和鞋跟形状（按后跟前切线的形状有平直的、弧形的）。

2）鞋印的长度和宽度。

鞋印的长度，包括全长、前掌长、后跟长和脚弓部分长。长度通过测量确定。

测量鞋印全长的方法是：先在鞋印前掌和后跟最宽处各找出中心点，将两点连成一条直线作为中心线（纵轴线）；然后在掌前缘和跟后缘各作一条与中心线垂直的切线；两切线之间的垂直距离即鞋印全长。

鞋印前掌长，分前掌外缘长和前掌内缘长。前掌外缘长是由前掌外侧的后边沿端点至鞋尖切线的垂直距离；前掌内缘长是由前掌内侧的后边沿端点至鞋尖切线的垂直距离。

鞋印后跟长，分后跟内缘长和后跟外缘长。内缘长是由后跟内侧前沿端点至后跟切线之间的垂直距离，外缘长是由后跟外侧前沿端点至后跟切线之间的垂直距离。

鞋印脚弓部分长，分内缘弓长和外缘弓长。测量方法同前。

鞋印的宽度，包括前掌宽、后跟宽、鞋印脚弓部分宽。取前掌与后跟最宽处各作一条与中心线垂直的线，每条线的两端与内外缘相交，两交点之间的距离，即分别为前掌宽和后跟宽。鞋印脚弓部分宽是用上述同样方法测量鞋印中腰部分最窄处。

3）鞋底图案花纹的种类。

各种胶鞋和塑料鞋的鞋底一般都有各种粗细线条和大小点块组成的图案花纹，常见的花纹类型有以下几种：线条形纹、格子形纹等。如：波浪型纹即是由明显峰谷曲线或折线组成的花纹图案。

4）鞋底的标记。

鞋底的标记，主要有商标、牌名、厂名、产地、鞋号等。

5）鞋底的质料。

鞋底质料有：塑料、橡胶、皮革、布料四大类。质料不同的鞋底在痕迹上反映出不同的特点。例如：塑料底的印痕周边明显，花纹整齐、清晰，前掌和后跟多有点块条状花纹，底弓部位有两条纵向“支撑梁”；橡胶底印痕周边不甚完整，鞋底花纹边缘多呈钝角，鞋弓部位无“支撑梁”；皮底印痕周边不完整，无成形花纹；布底印痕周边不整齐，呈不规则的麻点状，无成形明显花纹。

（2）鞋印的细节特征有：

1）鞋底生产过程中形成的特征。

鞋底有“机制底”、“半机制底”和“手工底”之分，其中以手工底的细节特征较多，常见的如：鞋底缝线的针脚、断线、跳线、接头，钉帽的形状、大小、位置及其相互关系特征。在半机制的橡胶底的冲切裁割过程中，由于每次放样板位置不一，每双鞋底内外侧花纹图案位置不相吻合；机制鞋底的标准化程度高，特征重复性较大，但由于操作者的工艺水平以及其他因素的影响，也会形成一定的“公差”或疵点。

2）鞋底穿用过程中形成的特征。

鞋底在穿用过程中，往往在一定部位形成磨损、孔洞、断裂、龟裂等细节特征。要注意花纹、针脚、钉帽、标记被磨损的程度、形状、大小和部位；鞋底各种沟痕、缺损、裂纹、窟窿的具体形状、大小、位置及其相互关系；鞋底附着物的印痕，如扎入鞋底的图钉、沾在鞋底的物质碎屑、填塞在鞋底沟缝中的异物等的形状、大小和位置。

3）鞋底修补过程中形成的特征。

鞋底在修补过程中形成的细节特征，有：补丁、鞋掌、鞋钉、热补等。要注意其形状、大小、部位及其相互关系。这些特征是同一认定的重要依据。

3. 袜印特征

袜印的一般特征主要有：袜底原料（化学纤维或植物纤维）、编织方法、织线密度和粗细、花纹类型和袜底标记等。

袜印的细节特征主要有：编织中的断线、跳线、接头的位置、数量及其相互关系；磨损、破洞的形状、大小、位置；织补、补丁的形状、大小、位置及工艺习惯特点等。

（二）足迹的步法特征

步法特征是人行走时的运步规律习惯的反映，是人经过长期练习和反复实践而逐渐形成和巩固下来的行走动力定型的反映，包括步幅特征和步态特征两个方面。但在通常的现场条件下，往往只能利用步幅特征。步幅特征包括步长、步宽、步角三项特征，只要有连续行走四个以上的成趟足迹就可以检验步幅特征。至于步态特征，是指人行走时在成趟的单个足迹中所反映的步行姿势的特点，例如，起脚时留下的蹬痕、挖痕、落脚时留下的推痕、擦痕，踝脚时（脚掌和脚跟都着地支撑身体）留下的压痕等，都是属于步态特征。检验步态特征要比检验步幅特征更为复杂，因为如果地面条件不好，这类特征往往得不到良好反映。利用步幅特征可以判断行走人的身高，行走人是否有畸形腿足等；利用步态特征则可以判断人行走时的姿态，如：是否抱着东西行走，是否快步走或跑步走，是否挑担行走。这一切，对现场勘查中分析犯罪分子个人的情况，有重要作用。

步态特征通常通过仔细勘验足迹来发现，步长、步宽、步角等步幅特征应通过测量来确定。

1. 步幅特征

步长是指相邻的左右脚前后两个足迹之间的垂直距离。测量步长的方法：先在同侧前后两个脚跟中心点之间各连接成一条步行线，作为测量基线；再从左右脚跟后缘各作一条与步行线垂直的切线；两切线的垂直距离即步长。左脚在前者为左步长，右脚在前者为右步长。按照步长的大小，可分为长步、中步和短步。一个成年人的步长，在81厘米以上者为长步；71厘米～80厘米之间的为中步；70厘米以下者为短步。步长一般与身高成正比，一个步长约等于一个足迹的三倍。

步宽是指相邻的左右脚步行线之间的垂直距离，或者左右脚脚跟中心点之间的垂直距离。步宽有：特宽步（步宽在5厘米以上）、较宽步（步宽在3厘米以上）、宽步（步宽在1.1厘米以上）、并跟步（左右脚跟并拢在同一垂线上）、窄步（左右脚跟内沿重叠超过3厘米）和特窄步（左右脚跟内沿重叠超过5厘米）。不同类型的步宽反映步行时左右脚的搭配关系。

步角是指左、右脚足迹各自的中心线和步行线构成的夹角。它有四种类型：

（1）外踝脚（6°～10°为“小八字”、11°～20°为中八字、21°以上为“大八字”）；

（2）直行脚（0°～5°）；

（3）内八字脚，俗称螺旋腿，是单个足迹中心线与步行线构成的角度，用负数表示；

（4）不对称脚，例如，一脚小八字，一脚大八字等。

步长、角宽、步角的测量方法，表示如图5—14：

2. 步态特征

借助足迹而反映出的人行走时的步行姿势和习惯动作特点，称作步态特征。步态特征包括起脚特征、落脚特征和踝脚特征，反映了人行走时，每只脚在起脚、落脚和踝脚时的特点。

起脚特征是脚跟离开地面，脚掌后蹬并迈步时所留下的痕迹特征，主要是蹬痕、挖痕和抠痕。此外，起脚时还可能留下某些伴生痕迹，如抬痕、挑痕等。

落脚特征是脚跟下落接触、踩踏地面时留下的痕迹特征，主要包括磕痕、踏痕、推痕、擦痕和跄痕。

踝脚特征又称为支撑特征，即脚跟与脚掌均着地时，支撑体重形成的痕迹，主要包括压痕、坐痕、迫痕、拧痕。

步态特征具有特定性和相对稳定性，可以反映出行走者行走时力的大小、方向和力的作用点等动作习惯，是判断足迹遗留人人身特点的重要依据。

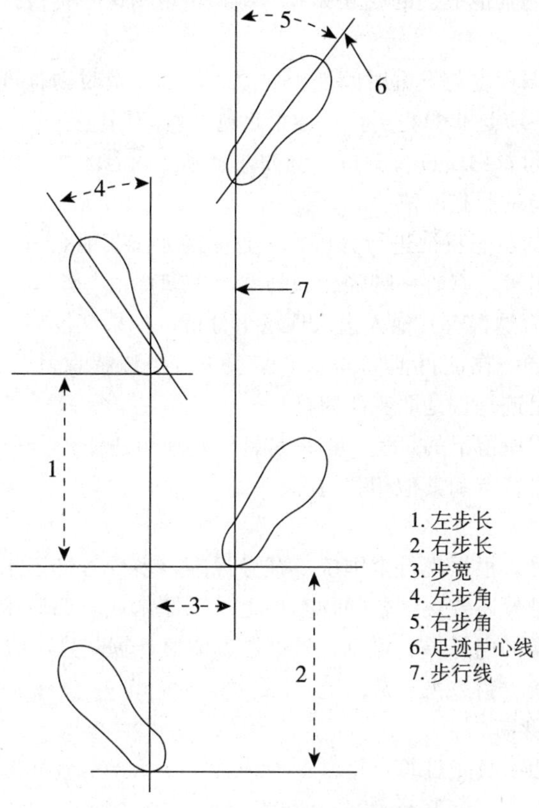

图 5—14　步长、步宽、步角的测量

三、现场足迹的发现、识别和提取

（一）现场足迹的发现

1. 寻找罪犯足迹的重点部位

罪犯遗留足迹的重点部位应当结合现场情况和具体案情加以确定，通常是：

（1）罪犯逗留伺机作案的处所。

（2）罪犯进入和逃离现场的路线。

（3）罪犯踩蹬过的物体。

（4）被撬、被损客体的所在地。

（5）罪犯抛尸、埋尸和藏匿赃证物品的处所。

2. 发现罪犯足迹的方法

现场上立体足迹和平面加层足迹，肉眼观察即可发现；如果是反差微弱的粉尘足迹，或无色汗液足迹，可以在一定光照角度下进行观察，边观察边调整视角，直至看清为止，必要时，还可以用多波段光源进行发现。

（二）现场足迹的识别和分析

现场足迹的识别就是要识别足迹是否为罪犯所留。识别的方法有以下几点：

1. 观察足迹遗留的部位与罪犯作案的动作是否吻合。例如，窗台上以及窗台下室内地面上脚尖朝内的足迹，可以判断为罪犯所留。

2. 观察足迹与现场其他痕迹的相互关系。例如，现场保险柜被撬，柜门前的足迹即可能是罪犯所留。

3. 分析足迹的新旧程度与发案时间是否一致。例如，及时勘查现场时发现的已干涸或积有尘埃的陈旧足迹，应是非罪犯所留；如果足迹新鲜，则应是罪犯所留。

4. 利用足迹上的附着物质进行分析，例如，足迹上附着的物质是现场所没有的，如金属屑末，则该足迹可能是罪犯所留。

5. 利用现场足迹的步态特征进行分析。罪犯在接近作案地点时，内心紧张、蹑手蹑脚能在步态特征上反映出来，有时一脚轻、一脚重，一脚直、一脚横，步幅也短。

6. 通过甄别案发后是否有其他人进入现场来分析。如果案发后，受害人、周围邻居或单位负责人进入过现场，在征得他们同意的情况下，可以提取其足迹与现场足迹进行对照，排除后即可确定足迹是否是罪犯所留。

对于已判明是罪犯所留下的足迹，如果是鞋印，还可进一步分析作案分子所穿鞋子的鞋号、作案分子的人身特点和其他相关情况。

1. 分析鞋号

鞋号是鞋长的代号。根据现行全国统一鞋号标准，多少号鞋表示多少厘米的脚长，但制鞋时，鞋内长度比鞋号还要根据鞋的种类加上一二厘米或三四厘米的放余量，鞋底长比鞋内长又要多一二厘米的内外差。可见，根据鞋底印痕计算鞋号，应根据以下公式：

鞋号＝鞋印长－内外差－放余量

2. 分析作案人的身高

作案人身高可按以下公式计算：

赤脚平面脚印全长（厘米）×7＝身高

如果现场足迹是鞋底印，应减去内外差及放余量。

3. 分析现场足迹是否有伪装

实践表明，伪装足迹可能有很多方法，例如，故意改变自己原有的步长、步宽、步角，故意倒退行走，故意倒穿鞋行走，或者偷换他人鞋子作案等。

此外，在必要时还要分析足迹遗留的大致时间，分析罪犯逃跑方向等。

（三）现场足迹的提取

对于现场发现的罪犯足迹，应按照足迹的种类，选用适当的方法加以提取。

1. 拍照法

拍照是记录和提取足迹最常用的方法。不论是哪一种足迹，都要先拍照，然后方可采用其他方法予以提取。有的足迹，拍照方法是唯一的提取方法。

对单个足迹，可按现场细目摄影的要求和规则进行拍照；对成趟足迹，最少要拍照四个足印（一个周期），为了反映步法特征，可在足迹的一侧平放一个不短于二米的皮尺。如果一个画面不能包括成趟足迹，可采用直线分段连续拍照法拍照。

如有必要，还可进行录像。

2. 连同载体提取法

足迹载体不大者应将足迹连同载体一道提取，有利于以后进一步分析和检验。

3. 制模法

对于立体足迹，应当制作模型。制模材料通常是石膏粉。石膏粉应当符合颗粒细、干燥、无杂质的要求。石膏粉与水的比例通常为5∶3。一个成年人的立体足迹，制模约需石膏粉500克。

制作石膏模型的步骤和方法：先清除发案后落入足迹上的杂物（如小枝条、草叶等），用泥土或其他合适材料将足迹围住，备好做“骨架”用的小木棍或竹条，然后将调成稀糊状的石膏浆从足迹较低处的边沿轻轻注入，注满一半厚度时，放上“骨架”，继续注入余浆。经半小时左右，石膏凝固，可从一侧将模型轻轻起出，轻轻用水除去黏附的泥土，即制得足迹的石膏模型。

对于遗留在粉尘、沙土和雪地上的立体足迹，为了防止灌注石膏浆时将足迹冲坏或溶化，应当采取一定的防护措施：

如果是粉尘、沙土上的足迹，在灌注石膏浆前，先用喷雾器往足迹表面喷洒一薄层浓度为5%的松香酒精溶液或10%浓度的火棉胶溶液，待其凝结成膜，再注入石膏浆制模。如无上述痕迹固定剂可用，可先往足迹表面上轻轻而又均匀地撒上薄薄一层石膏粉，再注入石膏浆。

如果是雪地上的足迹，在调制石膏浆之前，应对石膏粉和水进行降温：先将石膏粉置于垫以报纸的雪地上降温，并在所用之水中加入5%～10%的氨水，同时往水里放雪，使水温降至摄氏零度以下，并放入酒精防冻。浆的浓度应比一般稍浓。

还可用石膏和硫黄混合液（石膏粉与硫黄比例为3∶1或3∶2，撒入－2℃的水中调制）来制作雪地上的立体足迹模型。

有的专家经过实验还提出雪地制模的新方法：先向雪地足迹喷上薄薄一层铝粉，然后再注入降过温的石膏浆。此法操作简便，提取的雪地足迹特征清晰。

4. 静电吸附法

根据正负电相吸的原理，利用专门研制的静电发生器和金属板，可以提取水泥地面、地板、地毯、毛皮等物面上的粉尘足迹。此项技术，已在侦破案件中发挥了重要作用。近年来，有的专家提出利用黑色丝光平绒和多孔泡沫塑料黏合剂制成的按压板，来代替过去的金属板提取粉尘足迹，不但能提高足迹的清晰度，而且还能在某些圆弧状物面上提取足迹。

四、足迹分析和足迹鉴定

（一）足迹分析

分析现场足迹，可以判断留痕者的个人特点，并可以推断出相关的案情。通常而言，足迹分析包括对鞋号、鞋的式样的分析，对留下足迹的人身特点（性别、年龄、身高、体态等）的分析，对足迹遗留时间的分析，对足迹遗留者离开方向的分析，对足迹是否伪装的分析等。

在我国，实务中还往往借助足迹进行步法追踪。有时，也可以由警犬对足迹进行气味追踪。

（二）足迹鉴定

足迹鉴定的目的通常是要解决现场足迹是否是某个受审查人的鞋子（脚掌、袜子）所遗留。解决这个问题采用的方法是同一认定的方法。足迹鉴定所利用的特征主要是静态的平面足迹或立体足迹中所反映的形象特征。足迹的步法特征一般只供分析案情参考。足迹鉴定，按以下步骤进行：

1. 检验的准备工作

(1) 了解有关的案情。主要是有关现场足迹和受审查人的情况。如：现场足迹遗留的条件、数量、清晰度、种类、分布状况，以及提取和运送的方法；嫌疑人足迹样本收取的方法、时间，以及送检鞋、袜的使用情况；嫌疑人的性别、年龄、职业、健康状况等。

(2) 对检材和足迹样本进行审查。足迹鉴定是通过对现场足迹（检材）与受审查人足迹比对样本进行比对的方法进行的。如果是鞋印鉴定，作为比对样本的通常是受审查的鞋子。鉴定人对送检的检材和足迹样本是否符合鉴定要求，应进行认真审查，如样本足迹不符合要求，应要求送检单位补充提供。

(3) 准备检验所需的仪器设备和材料。

2. 对现场足迹和足迹样本的分别检验

对现场足迹和受审查人足迹分别进行检验的目的是要确定各自的特征。检验的顺序是：先检验现场足迹，后检验受审查人的足迹样本。无论是对现场足迹和受审查人足迹样本，都要先确定一般特征，后确定细节特征。

3. 对现场足迹和足迹样本的比较检验

比较检验是在分别检验的基础上进行的，其目的是要找出现场足迹和嫌疑人足迹样本之间有哪些特征符合点和差异点。比对的顺序是先一般特征后细节特征。如果发现检材和样本在一般特征上存在无法解释的明显差异，即不必再比较细节特征，可以作出现场足迹并非受审查人（鞋）所留的结论。如果一般特征相符合，则要进一步比对细节特征。比对的方法一般采用特征对照法，并辅之以测量划线法，足迹清晰的，还可制成透明胶片进行重叠比较。

4. 对检验中发现的符合点和差异点的综合评断

对比较检验中发现的特征符合点和差异点必须进行综合评断。首先要对差异点进行评断。要从足迹形成的条件、提取和运送的方法，以及案发后受审查人脚掌、鞋底可能发生变化等因素进行分析，并从差异点的数量和质量上研究其是否属于本质的差异。如果差异点属于非本质的差异，并不影响作出肯定同一的结论。如果差异点是本质的差异，即不能作出肯定同一的结论。在对差异点进行评断之后，再对符合点进行评断。如果只有一般特征相符合，找不到符合的细节特征，不能作出肯定同一的结论。在评断符合点时，不仅要注意符合点的数量，更要注意符合点的质量。如果符合点是主要的、本质的方面，差异点又能得到合理的解释，说明这种符合是特定的符合，即可作出肯定同一的结论。

第四节　牙痕及其鉴定

一、牙齿的结构和牙痕的作用

(一) 牙齿的结构

人类牙齿属双牙列，即一生中先后有两副牙列：乳齿列和恒齿列。乳齿共20个；成年人的正常恒齿共32个。恒齿生长在上下颌骨齿槽内，并有规律地排列成弓形，称齿弓。根据生长部位、形态和机能的不同依次称为中切牙（门齿，上下左右共4个）、侧切牙（侧门齿，上下左右共4个）、尖牙（犬齿，上下左右共4个）、第一双尖牙（第一前臼齿，上下左右共4个）、第二双尖牙（第二前臼齿，上下左右共4个）、第一磨牙（第一大臼齿，上下左右共 4 个）、第二磨牙（第二大臼齿，上下左右共 4 个）、第三磨牙（第三大臼齿或智齿，上下左右共 4 个）。即人共有切牙、双尖牙各 8 个，磨牙 12 个。各齿排列见图 5—15。

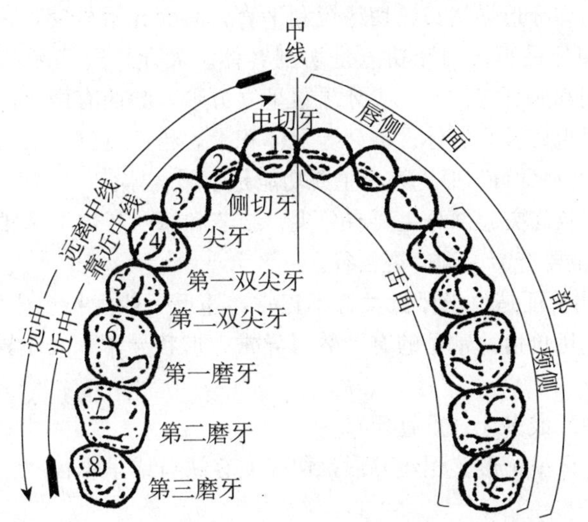

图 5—15　人的齿列示意图

每个牙齿都由牙冠、牙根和牙颈三部分组成。牙冠是形成痕迹的主要部位。按牙冠与邻近接触部位的关系，可分：唇面，即前牙的牙冠接近口唇的一面；舌面，即前后牙的牙冠接近舌的一面；颊面，即后牙的牙冠接近面颊的一面；近中面，即牙冠的两个邻接面中，靠近中线的一面；远中面，即牙冠的两个邻接面中，远离中线的一面；𬌗面，即上、下颌后牙咬合时互相接触的一面；切缘，即上、下颌前牙的切端，在咬合时互相接触的切嵴。

（一）牙痕的作用

牙痕又称咬痕。物证技术学和法医学都研究牙齿问题，但两者研究角度不同。法医学研究的是牙齿本身的特点及其在个人识别中的利用；物证技术学研究的是牙齿留下的形象痕迹在查明案件情况和审查嫌疑人中的作用，这种作用表现在以下两个方面：

1. 牙痕有助于了解作案人的牙齿特点，能为寻找嫌疑人提供依据；

2. 利用牙痕可以审查牙痕是否为嫌疑人牙齿所留，为认定事实提供证据。

人的牙齿有明显的特定性，在齿体、齿列、咬合状况、畸形牙、病牙等方面，均有不同的特点。世界上不存在牙齿特征完全相同的两个人。此外，牙齿质地十分坚硬，不容易受到外伤、高低温、腐败的影响和破坏，使得牙齿特征又具有较强的稳定性。牙齿特征的特定性和稳定性使得牙痕有较高的利用价值，可以作为人身同一认定的依据。

二、牙痕的特征

人的牙齿痕迹特征与牙齿结构有直接关系。咬痕鉴定，应当利用牙齿正常结构的各种特征，以及牙齿的异常结构特征和病变损伤特征。

1. 牙齿正常结构特征可从牙弓特征和牙冠特征两方面考察。

(1) 牙弓特征：上、下颌牙齿生长在牙槽骨内，并连续排列成弓形，称牙弓或牙列。牙弓特征可从大小（宽度或半径）、形态（圆、方、尖）和牙齿排列的疏密程度等方面来观察及认识。

(2) 牙冠特征有牙冠外形特征和牙冠㕵面特征。

牙冠外形特征：切牙形如凿刃，切缘锐利平直，唇面光滑外突，舌面凹陷。上颌中切牙最宽大，下颌中切牙最小。切牙功能是切割客体。尖牙牙冠呈矛状，切缘有突出的齿尖，尖牙功能是穿刺和撕裂客体。双尖牙牙冠呈立方形，㕵面有两个尖，主要功能是协助尖牙撕裂和协助磨牙捣碎被咬客体。磨牙牙冠体积大，㕵面宽阔。上磨牙结节间沟有的呈"+"形；下磨牙有的呈"H"形。磨牙主要功能是咀嚼客体。

牙冠㕵面特征：㕵面突起部分主要有牙尖、结节和嵴（牙体上牙釉质形成的长线状隆起)。㕵面凹陷部分主要有窝、沟、裂、谷。

2. 牙齿异常结构特征是由于牙齿发育不正常，违反一般生长规律而形成的结构特点。这类牙齿特征很有利用价值。常见的有：数目异常、形状异常、大小异常、位置异常、咬合异常和牙弓异常。

数目异常，指缺牙或多牙（重叠牙）。

形状异常，如切牙呈铲形、螺丝刀形，切缘上有缺口或呈锯齿状；磨牙结节过多或过少，等等。

大小异常，常见于切牙和尖牙。

位置异常，指个别牙齿的位置不在正列，如牙冠靠近唇侧或扭转（远中部位向唇侧扭转为外展，向舌侧扭转为内收)、切缘向内或外倾斜、侧切牙与尖牙错位等。

咬合异常，指违反上颌牙稍盖于下颌牙的咬牙状态。异常咬合有：对刃咬合（即上、下颌牙齿的切缘正对咬合)、反咬合（即下颌切牙在上颌切牙唇侧的前兜咬合)、深覆咬合（即上颌前牙切缘到下颌前牙切缘的水平距离超过3毫米)、开放咬合（即只有上、下磨牙互相接触，其余牙齿上下互不合拢)。

牙弓异常，指牙弓不是半圆形，而呈梯形、三角形或长方形等。

3. 牙齿病变或损伤特征是后天特征，最常见的病变是龋齿（蛀牙)，可从龋洞数目、位置、大小、形状等方面来考察，同时还应注意修补情况。损伤则有职业磨损特征，例如，修鞋和安装玻璃的工人常咬钉子，能使切牙的切缘形成凹形磨损特征，从事吹奏乐演员的切牙易有磨损特征；也有非职业性损伤特征，例如，因碰撞、跌倒、敲击使牙齿形成相应特征。

病变、损伤和异常结构的牙齿接受治疗和整形后能产生新的特征，如磨平、钻孔、填洞、镶牙、装配假牙及牙托、牙钩等。

三、牙痕的提取

对案件中的咬痕应记录、提取并妥善保存。

首先，应当对牙痕进行拍照，拍摄其概貌照片和细目照片。概貌照片主要反映咬痕在某客体上所处的部位。细目照片应突出咬痕的细节特征，并应按比例摄影的规则进行。为了加强咬痕中细节特征的反差效果，可以用黑色粉末刷显。

其次，应注意收集唾液痕迹。

多数咬痕留有唾液，咬痕中唾液量较少，通常用小块纱布，浸以蒸馏水，擦拭咬痕和邻近部位，然后将纱布置于干净载玻片上晾干保存，否则唾液里存在的血型分解酶将使唾液内的物质受到破坏。纱布应用镊子夹，严禁用手接触，以防汗渍干扰ABO血型的检验。

收集咬痕唾液的同时，还应收集空白对照样本。

最后，对咬痕应制作模型提取。牙痕是立体痕迹，可用硅橡胶制作咬痕模型，还可在硅橡胶模型上再铸石膏模型。如果咬痕是在尸体上，可将咬痕与其所在的肌肉软组织一道提取，并将软组织放入5%～10%甲醛中保存；如果咬痕留在水果上，可将水果置于冰箱或甲醛液中保存。

四、牙痕鉴定

牙痕鉴定按以下步骤进行：

1. 对作为检材的牙痕进行检验

检验检材的目的之一，是要确定颌位，区分牙痕是上颌牙还是下颌牙所留。人牙多数是上颌前牙超出下颌前牙，所以案件中遇到的咬痕多为上颌牙印。如客体两面均留有牙印，则在前的是上颌牙牙印；如在同一面的两侧，上牙列弧度大。上颌中切牙印宽大，下颌中切牙印窄小。

检验检材的目的之二，是要确定牙位。牙痕以切牙和尖牙形成较多，磨牙形成的少见。切牙冠面窄，痕迹常呈横条状或“一”字形。尖牙冠面小，较锋利，常形成粗点状痕迹。双尖牙可能形成两个点状咬痕，一般是颊面侧尖大、舌面侧尖小。磨牙冠面宽，较钝，咬痕呈菱形或方形。判断牙位亦可根据咬痕轻重、所在位置和整体形状等特征。

检验检材的目的之三，是要确定特征牙痕。首先应测量齿弓痕大小，包括弧度大小和左右两侧对应牙痕的直线距离；还应确定齿弓痕形状是圆弧形还是方形或尖角形，以及每个牙印中所反映的特征。特别要注意是否有假牙，如有假牙，应研究假牙的位置、数目和装配方法。假牙反映在痕迹中的特点是：排列整齐，无明显间隙。

2. 对嫌疑人牙齿特征进行仔细勘验

勘验嫌疑人牙齿时应查明是否有修补、龋齿、拔牙及损伤等情况，然后拍摄前牙的照片并获取嫌疑人牙齿咬模，获取咬模后应立即灌注石膏模，以防咬模材料皱缩。勘验和取模时要特别注意嫌疑人牙模的牙弓特征和牙齿的个别特征，特别是与咬痕形状有联系的那些牙齿的特征，如缺牙、龋齿、牙齿切缘和咬合面、牙齿间隙等特征。

3. 对现场牙痕和嫌疑人牙印样本进行比较检验

比较检验通常可以用特征对照法，也可以用特征接合法（通过比对显微镜或利用同倍放大照片），条件良好者，还可以用特征重叠法。

4. 对比较检验中发现的差异点和符合点进行综合评断

综合评断的重点，是评断差异点产生的原因，对咬痕鉴定来说，主要是要找出影响牙痕发生变化的因素。造成咬痕变化的因素是多方面的，如咬者和被咬客体相互移动，两颌间的运动，等等，都能影响咬痕的形态。承受咬痕的客体或材料的自然收缩或膨胀，也会使现场咬痕或样本咬痕发生一定变化，从而使两者产生差异点。只有正确找出差异点形成原因，才能根据已发现的符合点作出肯定同一的鉴定结论。

第六章

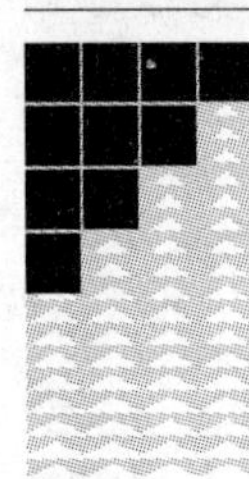

形象痕迹技术（二）：工痕、枪痕、车痕及其鉴定

第一节 工痕及其鉴定

一、工痕的分类和作用

（一）工痕的分类

工具痕迹是犯罪分子作案时利用工具破坏障碍物进入现场，实施犯罪行为时留下的一

种形象痕迹，简称工痕。

它是工具在力的作用下，与被破坏客体相接触，并使接触部位发生塑变或断离而形成的立体痕迹。

承受客体受力后发生塑性变形或永久性变形，就能形成工具痕迹。如果外力过大，承受客体就会断离而一分为二，并在断端形成断离痕迹。

力的作用是以造型客体与承受客体相互接触为前提的，而这两个客体的物质性能（如硬度、塑性和脆性等），无疑对工具痕迹的形成有较大影响。

硬度是指客体材料抵抗其他硬物压入表面的能力。一般来说，当作案工具（即造型客体）的硬度高于承受客体时，就能形成比较清晰的工具痕迹。

塑性是指客体材料在外力作用下，产生塑性变形，外力停止后不能恢复原状的性能；如外力停止后，具有恢复原状的能力，则称弹性。承受客体塑性越好，产生和保持变形的能力越强，形成痕迹的质量也越好。弹性大的客体，不易保留细小的痕迹特征。

脆性是指客体材料在外力作用下，稍有塑性变形后就发生断裂或破碎的性质，如玻璃、瓷器等均属脆性物质。脆性材料不易反映出作案工具接触部位的特征，利用这类痕迹虽不能对工具进行同一认定，但可供分析案情使用。

此外，客体材料的密度对形成工痕特征也有很大影响，密度大、颗粒细、纤维紧密的材料上形成的工具痕迹，能反映出工具的细微形态特征。

对工具痕迹进行分类，应考虑形成痕迹的作用力、造型客体和承受客体三个要素。作为造型体的工具以及承受客体种类繁多，很难作为痕迹分类的依据，而力在形成工具痕迹中有决定性作用，因此，对工痕进行分类应该以力的作用结果和力的作用方式为依据。

任何工具作用于承受客体时，在接触点 O 部位可以将力 P 分解为垂直于承受表面的法向力 A 和平行于承受表面的切向力 B（见图 6—1）。

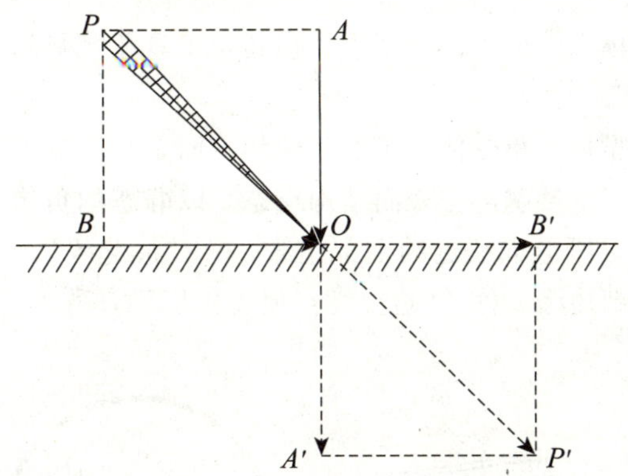

P 代表作用力，A 代表法向力，B 代表切向力

图 6—1　外力作用于承受客体后作用力分解示意图

当工具与承受客体表面夹角 B 为 90°或接近于 90°时，力 P 主要呈现法向作用形成凹陷痕迹；当 B 趋向 0°或 180°时，力 P 主要呈现切向作用，形成线形痕迹。

由此可见，根据力的作用结果，把工具痕迹分为凹陷痕迹和线形痕迹两大类，是符合科学原理的。每一类痕迹又可根据力的作用方式作进一步分类：凹陷痕迹可以分为撬压凹陷痕迹、打击凹陷痕迹；线形痕迹可分擦划线形痕迹和剪切线形痕迹，见下图：

工具痕迹
- 凹陷痕迹
  - 撬压凹陷痕迹
  - 打击凹陷痕迹
- 线形痕迹
  - 擦划线形痕迹
  - 剪切线形痕迹

应当注意，罪犯使用工具的动作及施力方式极为复杂，在检验时，应根据痕迹的不同类型及其形成机制，分别加以研究。

（二）工痕的作用

在办案工作中工痕有以下作用：

1. 解决嫌疑工具的同一认定问题

通过工具痕迹鉴定，可以解决痕迹是否是送检的嫌疑工具所遗留，从而为处理案件提供确凿的证据。

2. 解决留痕工具的种属认定问题

根据案件中工具痕迹的形状、大小、形成过程和方向等特征，可以推断形成痕迹所用工具的种类，并进而分析罪犯具有何种专业技能和使用专业工具的特点。这对划定嫌疑人范围和发现可疑工具都有重要意义。

3. 为分析案情提供依据

（1）有助于分析案件性质，为分析内盗、外盗提供依据。（2）有助于并案侦查。如果不同现场遗留相同工具痕迹，如果不同案件中发现同样的破坏方法，可以将这些案件合并起来分析，加速破案。（3）有助于分析罪犯个人特征，如：分析罪犯身高及体力状况，分析罪犯使用工具的职业特点和动作习惯，等等。

二、凹陷痕迹

凹陷痕迹是承受客体在法向力的作用下，在其与工具相接触的部位发生塌陷而形成的凹陷变形。

形成凹陷痕迹时造型体与承受体并不发生位移，而是处于静态接触状态，故又称静态痕迹。在这种痕迹中，工具接触部位表面结构形态，以静态的负像表现在三维痕迹中。工具开始与承受客体接触时所形成痕迹的上部边缘，称“痕起缘”；工具结束与承受客体接触时，所形成的痕迹底部边缘，称“痕止缘”；痕迹的底面，称痕底；痕迹的周围纵向面，称痕壁（见图6—2）。

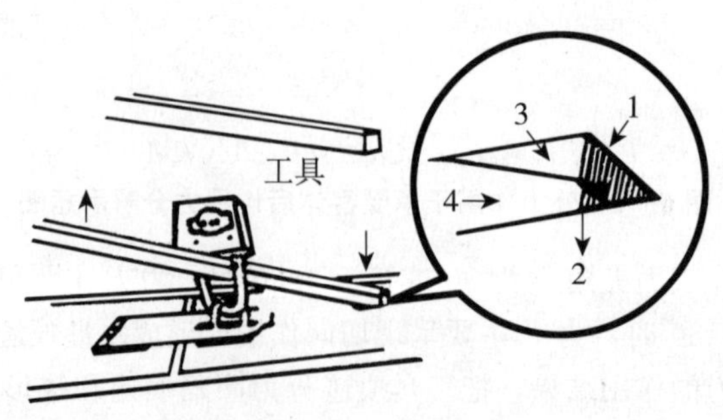

1. 痕起缘　2. 痕止缘　3. 痕壁　4. 痕底

图6—2　凹陷痕迹各部位名称

最常见的凹陷痕迹是利用螺丝刀、金属小棍棒等工具，撬开障碍物形成的撬压痕迹。撬压是利用杠杆原理的一种加力方式。形成撬压凹陷痕迹的规律是：（1）每一次撬压出现两处痕迹。一处在支点，一处在重点。由于承受客体的机械性能不同，两处痕迹的反映程度可能因承受体物质性能不同而有区别。（2）两处痕迹受力方向相反。（3）两处痕迹关系相互对应。撬压是由同一把工具一次同时形成支、重点痕迹，因此，该两处痕迹所在位置具有对应关系。（4）两处痕迹相距不远。（5）两处痕迹反映同一工具的整体结构。

另一种凹陷痕迹是利用工具打击承受客体形成的痕迹。常见的有斧、锤专用打击工具和棍、棒、镐等代用打击工具形成的凹陷痕迹。

工具打击客体形成凹陷痕迹常有以下特点：（1）痕迹多重叠，特别是使用斧、锤打击时，由于工具同一个部位多次重复冲击，故形成重叠痕迹，往往不易识别工具接触面的细节特征。（2）使用棍棒、砖石等打击时，工具打击面经常变换，难以根据痕迹识别工具的结构形态或判断工具某部位细节特征。（3）工具上附着的异物在作案后可能从工具上脱落，故比对检验中可能出现差异点，评断时应当注意。（4）由于打击被侵害对象不准，工具往往打在周围物体上形成凹陷痕迹，勘验时应当注意发现。（5）由于用力过猛，工具自身损坏，因而有可能将工具的碎裂物留在现场上，或在凹痕内留有异物碎末，应注意提取利用。

无论是撬压凹陷痕迹或是打击凹陷痕迹，都有一般特征和细节特征可供检验时利用。

第一，一般特征。包括如下内容：（1）痕迹的一般形状，如圆形、方形、梯形、矩形、六角形等。（2）痕迹的宽度、深度、长度、直径。（3）反映工具表面结构的类型、齿纹或螺纹的种类、方向、间距、数量等。（4）相邻两条边棱的夹角大小、各边长度。

第二，细节特征。包括如下内容：（1）反映在工具刃口、边棱、接触面上，因加工、使用或维修而造成的弯曲、磨损、缺角、卷刃、裂纹、缺口、凸凹不平的点或线以及它们的形状、大小、方向和数量等。（2）工具附带其他物体造成的痕迹。如固定锹或镐头的钉帽，钳柄上的塑料包皮等。（3）各细节特征的分布位置及相互关系。

三、线形痕迹

线形痕迹是工具在被破坏客体的表面或断面上形成的凹线和凸线，痕迹中每一条凹线或凸线，是由工具边棱或刃口上的凹凸点形成的：凸点形成凹线，凹点形成凸线。工具刃口上的凸凹点越多，排列越无规则，形成的线形痕迹质量越高，解决工具同一认定问题会容易，否则就越难。

常见的线形痕迹是擦划线形痕迹，简称擦划痕迹，它是工具与承受客体接触时，在被破坏的表面上形成的痕迹。这种痕迹有一个重要特点，只要工具与承受客体接触角度有所改变，痕迹的线形特征就可能发生变化。

当工具与承受客体接触角度改变时，线形痕迹就会发生变化，这是这类痕迹区别于其他种类痕迹的重要特点。

另一种线形痕迹是剪切线形痕迹，简称剪切痕迹。它是工具钳剪或切削物体时，在被分割的断面上所形成的痕迹。这种线形痕迹又有三种不同的情况：一是单刃工具（刀、斧）造成的切削痕迹，被破坏客体上只有一个切削面，断面比较平齐。二是双刃工具（钳、剪）造成的切削痕迹。钳断或剪断都是利用双刃工具的相对咬合作用来实现的。但钳子和剪子结构不同。钳类工具是上下刃口相对咬合，客体所承受的大小相等、方向相反的作用力，位于同一直线上，称“对口咬合”。而剪类工具是上下刃口相错，客体所承受的大小相等、方向相反的作用力位于紧密接触的平行线上，称“错口咬合”。对口咬合的钳子钳断客体，在两个断端上各留下两个基本对称的切削斜面：错口咬合的剪子剪断客体，在两个断端上各留下不对称的两个切削斜面。三是多刃工具（锯、锉、钻）造成的特殊线形痕迹。锯、锉物体时前位刃形成的痕迹，依次被后位刃破坏；钻物体时两刃同时作用，在同一切削面上反映两种不同的线形痕迹。

线形痕迹特征的一般特征和细节特征为：

一般特征，具体包括：(1) 客体被分离断面的形状、锋角大小、拉断面的位置及宽度等。(2) 断面上凹凸线条的方向、粗细、数量和密度，线形痕迹的总宽度。(3) 断面上有无加工花纹痕迹，其形状及分布特点。(4) 痕起缘、痕止缘、痕壁和痕底的形状。

细节特征，具体包括：(1) 明显、粗大、连贯凹凸线条的位置、形状、宽度、深度、长度以及与其他特征的相互关系。(2) 各线条分布特点、它们之间的距离和相互关系。(3) 罕见特征（如斜线、短线、弧形线等）出现的部位、形态及与其他特征的关系。

线形痕迹可能由不同类型的工具造成，所以，在遇到留有线形痕迹的断面时，往往要区别断面是何种工具切断的：

利用单刃工具（刀、斧）切断客体，在两个断端上只形成平齐的断面；利用双刃工具断离客体后，在两个断面上形成四个剪切面，每个断面的两个剪切面上形成的线形痕迹有明显差异，并出现锋角（两侧剪切斜面构成的角称锋角）拉断面位于中央，即两剪切面的交界处。

钳子与剪子形成断面的区别是：以钢丝钳和家用剪刀切断金属线为例，钢丝钳形成的断面锋角小，两个剪切面大小基本相等，拉断面宽而高并直立，断面上除有较粗和连贯性较差的凹凸线条外，常出现工具加工特征，如弧形线等。剪刀形成的断面锋角大，两个剪切面一大一小，拉断面窄而低，断面上只有较细密和连贯的凹凸线条，不出现工具加工特征。

四、工痕的发现、识别和提取

（一）工痕的发现

寻找和发现工痕的重点部位通常是：

1. 罪犯进入现场的入口处。入口处通常是门、窗部位。有时，也可能是天窗、墙壁、地下管道等非常规入口处。

2. 作案的目的物。作案目的物是犯罪行为直接侵害的对象，例如，盗窃案件中剪断的被盗窃通信铜线，破坏案件中的被破坏设备，杀人案件中被害人的躯体等。

3. 现场遗留物。犯罪分子可能将作案过程使用的物品遗留在现场，而这些物品上则可能留有工痕。例如，在爆炸现场导火索断端上留有剪切的痕迹，在杀人案件现场遮盖尸体的树枝截面可能留有砍痕，捆绑被害人尸体的绳索或铁丝断头也可能留有工具剪切痕迹。

（二）工痕的识别与分析

对现场发现的工痕，应当仔细识别：

1. 识别工具痕迹与非工具痕迹

实际工作中往往遇到一些可疑的工具痕迹。它们外形上类似工具痕迹，实际上并非工具痕迹，例如：

（1）动物咬痕。鼠和兔在电线、电缆、绳索、胶管上的咬痕，类似工具痕迹，应当仔细识别。应当先了解周围环境是否有鼠、兔动物出没，附近有无动物足迹或排泄物、脱落物，然后观察被破坏部位的形态。动物咬痕系多次噬咬，受力不均，断面不整齐，常出现凹坑或突尖，线形痕迹粗大而不平行，方向不一；动物牙齿有间隙，断面边缘呈锯齿状；如果是合股包线被咬断，其每条线的断头长短不齐，方向不一。工具剪切痕迹断面平齐，线痕方向一致，边缘齐整，合股包线断面齐整方向一致。

（2）疲劳断离。固体材料在低于极限强度的交变载荷周期性作用下，表层或内部固有的某些细小裂纹（缺陷）逐渐扩展，能渐渐成为较大的裂缝；同时，材料有效截面缩小，应力加大，最后瞬时发生断离。由于裂缝的扩展具有连续性和间距性，因而断面也出现一些线状花纹，称为疲劳断纹，有的与工具痕迹相似。但认真观察研究，可以发现其与工具痕迹有明显差异。工具切痕，其线条呈平行纵向，分布比较均匀，而疲劳断纹形状各异，有贝壳状弧线、同心圆状线、放射状线等；工具剪切断面较平齐，如系咬合工具，则有锋角，而疲劳断面则不齐平，多呈锯齿状或阶梯状。工痕切断面新旧程度一致，而疲劳断纹新旧不一。

（3）腐蚀痕迹。腐蚀不仅发生于表面，而且会沿裂缝向内部渗透扩展，甚至造成断裂。其宏观特征一般比较模糊，不具有工具痕迹的规则形状和明显细节特征；借助放大镜、显微镜可以发现明显的腐蚀坑、腐蚀沟等。

（4）自然破坏痕迹。雷击、燃烧、风力侵袭等，能使客体龟裂或形成断痕、烧灼痕等。一般比较容易鉴别。

2. 识别工具痕迹是否是犯罪痕迹

在现场发现的工具痕迹，不一定都是罪犯作案时形成的。为了识别工具痕迹与犯罪行为是否存在联系，应当从以下几方面进行研究：

（1）仔细观察痕迹的新旧程度，排除与犯罪行为无关的工具痕迹。

（2）仔细研究工具痕迹所在的位置与犯罪活动是否吻合，以排除无关的工具痕迹。

（3）利用现场遗留痕迹相互对照，确认犯罪工具痕迹。如果在现场勘查中发现多处工具痕迹，可以将几处痕迹进行对照研究，以判断它们是否与犯罪行为有关；如果在犯罪现场上，有时既发现工痕，又发现手印、脚印等，而这些痕迹已判明系罪犯所留，即可推断工痕与犯罪行为有关。

对已确定是作案所留的工痕，还应进一步分析与工痕有关的问题，例如：

（1）分析工痕是何种工具造成？是改锥还是其他工具撬的？是刀砍还是斧砍的？是钳断还是剪断的？等等。为了解决这方面问题，可以利用工痕的整体形状、起止缘的轮廓、被破坏客体的粗细硬度，以及使用某种工具的空间条件等。

（2）分析工具痕迹中何处是痕迹的起点，何处是痕迹的终点，从而为判断工痕形成的方向提供依据。

（3）分析有多处破坏痕迹时，工痕的形成顺序。

（4）分析客体上留下工痕是否有反常情况，例如，锁没有被破坏痕迹，而锁的周围却有工具造成的撬痕。

（5）分析工痕的形成是否有反常情况，例如，从门上挂锁的锁柄被锯断的部位来看，只有在挂锁开着时才可能被锯断。分析工痕是否反常，有助于判断现场是否伪造。

（6）分析作案人的人身特征，包括身高、体力，使用工具是否熟练、是否有职业特点等。

（三）工痕的提取

在提取工痕之前，必须先用拍照或录像的方法将痕迹所在位置、原始状态和痕迹特征固定下来，并作出详细文字记录。提取的方法有：

1. 原物提取法。此法适用于小件物体上的工痕，或能拆卸、分割物体上的工痕。提取原物可保证最完整、客观地保存现场工痕的细节特征，对以后制作理想的实验样本也有重要意义。

2. 醋酸纤维素薄膜法。醋酸纤维素，简称"AC纸"，市场有售。使用前先在工痕表面涂少许甘油，以利脱膜，然后取稍大于工痕的AC纸一片，用镊子夹住浸在丙酮中3秒至5秒，浸软即取出贴在工痕上，表面再放一层干的AC纸，压紧1分钟，使两者相粘，20分钟之后，AC纸干透，工痕即在AC纸上压印成模。此法适用于表浅的工痕，如线形擦划痕迹。不适用于较深的凹陷工痕，亦不适用于表面粗糙和有毛刺的客体。

3. 硅橡胶制模法。106RTV室温硫化硅橡胶为白色黏稠状液体。它塑型细腻，且固化之后弹性和韧性较强，不发生断裂，可适用于深浅不同、大小不等、形状各异的工痕。配方是：硅橡胶100毫克，月桂酸二丁基锡2.5毫升，二氯甲基三乙氧基硅烷4毫升。

根据痕迹的大小，用调墨刀取适量硅橡胶置于玻璃板上，按上述配比和配方顺序边加边调，然后涂入痕迹，5分钟左右干后从边缘轻轻掀起，取下模型。

4. 硬塑料制模法。硬塑料又称打样膏，是牙科制模用品。使用时，先在工痕表面涂以甘油作脱模剂，然后将打样膏浸入60℃左右热水中软化。取出，甩掉表面水珠。用力压入痕迹中，过20分钟～30分钟，待其冷却硬化后取下。此法简便易行，但不适用于粗糙客体和形状复杂的痕迹；而且由于用力挤压，易使质软客体变形而影响痕迹特征。

在提取工具痕迹时，还应注意发现、提取痕迹上的附着物（物质互换痕迹）和工具断裂的碎片。如果是金属碎屑，可试用磁铁吸取，或用针挑、敲拍提取，对已提取的工痕中的附着物应当分别装入洁净的容器或纸袋内。

还要注意切勿用手直接拿取附着物。最后，包装物上应注明发案地点、时间、提取部位、提取方法及附着物或分离物的种类。

五、工痕的鉴定

工痕鉴定的主要任务是要解决现场工痕是否送检嫌疑工具所形成。检验工痕的方法像其他痕迹鉴定一样是同一认定的方法，其过程由准备工作、分别检验、比较检验、综合评断和撰写鉴定书等几个步骤组成。

工痕鉴定的准备工作包括：了解与工痕有关的情况，查验送检材料、选择检验所需要的仪器设备等。

分别检验包括对现场工痕（即检材）的检验和对嫌疑工具及其实验痕迹样本的检验。为此就需要利用侦查中发现和提取的嫌疑工具，在适当的材料上，根据现场具体留痕条件进行实验，取得其实验痕迹样本；如果嫌疑人已将作案工具故意扔掉或故意损坏，应当在嫌疑人家中搜寻可能留有该嫌疑工具痕迹的物品，并把这种物品上的工痕作为嫌疑工具的自然痕迹样本加以利用。

工痕的比较检验是指分别检验后，对现场痕迹和实验痕迹样本的全部特征进行比较研究，确定两者之间有哪些符合点和差异点，以便为作出鉴定结论提供依据的检验活动。在工痕鉴定中，常用的比较检验方法是特征对照法和特征接合法。前者主要用于检验各种凹陷痕迹，检验时将现场工痕模型、照片与实验痕迹样本或嫌疑工具放在同一视野内进行对照研究，对发现的每一特征，都要反复比对两者的位置、形状、大小、间距等是否符合；后者主要用于检验线形痕迹。检验时将现场线形痕迹与实验线形痕迹的凸凹线条，各取左右一半相对接合在一个平面上，观察其符合点或差异点（见图6—3）。

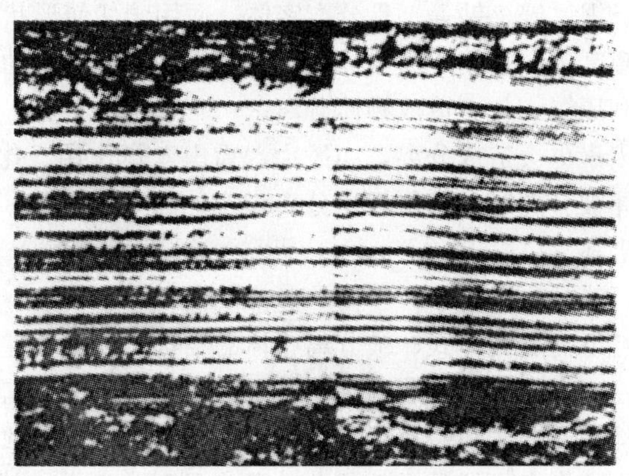

左半为现场痕迹，右半为实验痕迹

图6—3　用线痕接合法检验的擦划痕迹

此外，对工具线形痕迹的比较检验还可利用电脑进行。

对比较检验中发现的符合点和差异点进行综合评断是工痕鉴定的重要一环。

评断差异点实际上就是要分析产生差异点的原因。如果差异点能得到合理解释，这种差异点就不影响作出认定同一的鉴定结论；如果符合点较多，质量又高，差异点能得到合理解释，则可作出认定同一的鉴定结论。

六、整体分离痕迹的利用

（一）整体分离痕迹的概念

整体分离痕迹中的整体是就固体物而言。分离固体物，往往要使用工具，因此，整体分离痕迹的利用，往往离不开工具痕迹的检验。基于这种考虑，本教材把整体分离痕迹作为工痕的一部分进行论述。所谓整体分离痕迹是指一个物质性客体在外力作用下被分离为若干部分而在各分离体上留下的痕迹。如：一块布被撕下一片，在断离边缘形成撕扯的断离痕迹；一根铜丝被剪成两段，形成反映剪切工具刃口及作用方式的断离痕迹；一部机器被卸下一个零部件，在该部件与机器其他部件组合的接触面会形成脱离痕迹；等等。

案件中遇到的分离痕迹，可分为断离痕迹和脱离痕迹两大类。

断离痕迹是指完整体在外力作用下断裂为若干部分形成的痕迹。断离有可能要借助工具，也可能不借助工具。

可能出现断离痕迹的整体，通常是同质条状体（如木棒、绳索等）、条状组合体（如有包皮的电线）、同质片状体（如纸张、玻璃等），也可能是同质块状体（如砖头）。

脱离痕迹是指由若干部件组合而成的完整体被拆卸了某一个或几个部件所形成的痕迹。组合型物体被分离后，其分离端表现为脱离。

案件中常见的易形成脱离痕迹整体物有：整本的纸质印刷品、纺织物制品、木材制品、塑料制品、金属制品等。

物质客体的分离是外力与物质客体内力的综合作用的结果，外力形式不同，物质客体结构性质不同，其分离状态就不同。从分离动力来源和分离方式或手段来看，整体分离痕迹的形成可分为：人力直接分离、利用工具和器械分离、拆卸分离、爆炸分离等。

人力直接分离主要是指用双手直接分离各种不很粗厚的客体。

利用刀、剪、钳、锯、锉、钻等工具分离客体，适用于任何形状的客体。

利用拆卸方法分离客体只适用于组合体，可用手拆卸或用适当的工具拆卸。

爆炸分离，是指利用爆炸作用造成物体分离。

此外，其他一些因素也会造成分离，如风力、雷电、热作用、化学腐蚀和金属材料疲劳等。所以在遇到客体被分离时，必须根据分离痕迹的特点，仔细研究分离的原因，以便正确判断其是否故意破坏。

（二）整体分离痕迹的特征

整体分离痕迹的特征与分离方式、被分离物体的结构和物质属性有密切联系。

1. 断离痕迹特征。客体被断离的断端形态可根据客体的粗细、厚薄，分为线形和面形两种。很薄的片状客体，其断端呈断离线，其断离线可能是直线或曲线；较厚的客体，其断端呈断离面，断离面的形态可能是平整的，也可能是凹凸不平的或有毛刺的。通常将其断离面的边缘（即周边）称为断缘，断缘的形状一般与整体物相应的轮廓形状相一致。用人力直接使整体断离，其相对应的断端，多是不整齐的，呈凹凸相对应状态。而用工具刃部进行切削形成的断端，不管是哪种工具、哪种作用方式，在局部上是均一整齐的，并能反映工具结构和作用方式的特征。爆炸作用形成分离痕迹形态与人力直接作用形成分离痕迹形态相似。不论是哪种分离作用造成的断离，其断离客体的断端，不仅断离线、断离面相互对应，而且断离面内部花纹结构、断离缘与分离线的临界面上的痕迹、附着物及形态也互相对应。

2. 脱离痕迹特征。不论是简单的组合体，还是精密设计制造的仪表，各部件之间都有一定的接触面，并在接触面留下印痕，在相互接触的部件外表也可能留有附加的痕迹或附着物。一旦部件被拆开，就会出现脱离痕迹，能从新旧、色泽上反映出接触面印痕的几何形状。如果是利用工具拆卸分离，在拆卸过程中除留下正常的工具痕迹外，还可能留下反映拆卸动作的附加工具痕迹。

（三）整体分离痕迹的提取

对于现场发现的整体分离痕迹，首先应当在现场勘查笔录中进行具体描述。并应根据痕迹的具体特征，判断分离客体所采用的方式。

对在提取现场发现的整体分离物，必须特别细心，在这方面必须遵守的一个最基本要求，就是要设法保持分离物的原始形态，特别是对分离线、分离面更要精心保护，防止变形、损坏或脱落。为此，要根据分离物的特点采取相应的措施：有的可用胶纸粘住，有的可用细线捆扎，有的可用玻璃片夹住，有的应装入玻璃瓶或纸盒中，等等。

（四）整体分离痕迹的鉴定

1. 鉴定的步骤

整体分离痕迹鉴定的主要任务是解决现场发现的两个或若干个分离物，或现场上遗留的分离物与从嫌疑人处发现的分离物，是否原为一个整体、或是否从同一个整体分离下来的。为了解决这个问题，通常按以下步骤进行鉴定：

(1) 对各个分离部分进行分别检验，根据一般特征，确定它们所属种属是否相同。

(2) 根据分离痕迹特征确定分离方法，如果是利用工具分离的，要确定工具种类。

(3) 对各分离部分的特征和分离线或分离面特征进行比较检验，确定它们是否原为同一整体。

(4) 根据比较检验的结果制作鉴定书。

2. 鉴定的依据

(1) 依据分离线、分离面特征。一个整体被分离为两个，两者之间的分离线、分离面是相互对应的，将其分离线、分离面进行直接比对，即可得出是否原为同一个整体的结论。

(2) 依据分离端的内部固有结构花纹。对于分离线或分离面已受损坏的分离物，或机械分离的断离面反映不出固有的对应关系的分离物，可以利用其分离端所固有的特定内部结构花纹特征进行同一认定。例如，利用树木的年轮、玻璃内部的不均匀性条纹或弧形花束等等，它们都是在各自生长过程中或生产加工过程中形成的和其物质属性决定的特有的内部结构特征。依据断离面上反映的花纹结构，或整体上反映出的条纹结构等特征，可以确定分离物是否原为一个整体。

(3) 依据断离缘临界面上的固有特征和附加痕迹、附着物。对于那些虽然有分离线或分离面，但不具有凹凸相对或相应特定形态的分离体，可根据其断离缘临界面处固有特征和附加痕迹、附着物等特征确定其是否同一。如树木的表面颜色、裂痕、伤疤；纸张上的文字、图案、夹杂物；纺织物的花纹图案、疵点、斑迹、补丁、针线；金属丝表面的拉丝条痕；等等。

(4) 依据分离面几何形状特征及临界面上附加痕迹和物质。有些组合体的组合有很大随意性，各组合部分相互接触所形成的痕迹有自己的特定形态，这种组合体分离后，可根据痕迹的几何形态确定它们是否属于同一个整体。

有些组合体的组合是按照规格设计的，同类组合体相同部分具有相同的几何形状。虽然如此，它们也有公差和缺陷，部件间相邻界面上还可能形成固有的或附加的痕迹和附着物，可以利用这些特征解决分离体是否同一问题。

(5) 依据分离体结构和物质属性。那些完全失去分离线或分离面的分离体，在其分离痕迹及相关的表面形象特征都完全失去的情况下，可以运用其本身结构特征、物质属性，采用综合方法进行全面比对。例如两块布片，可对其外观总体形态、表面结构形态、内部结构层次、制作方法和工艺水平、织物组织结构、纤维的种类、染料种类等进行全面检验比对，经过综合判断，即能得出两块布片是否原属同一块布的结论。

第二节 枪痕及其鉴定

一、枪弹及其痕迹的分类

(一) 枪弹的分类

枪是指利用火药燃烧产生的气体压力发射弹头或弹丸，以达到杀伤目的、口径在20毫米以下的便携武器。如果口径在20毫米以上，则不称枪而称炮。

枪可从不同角度分类：

按用途，可分为军（警）用枪（包括手枪、步枪、冲锋枪、机枪）和民用枪（猎枪、体育用枪）等。近年来，市场上还出现一些“仿真枪”，其中有杀伤力者，亦以真枪论处。

按枪管有无膛线（来复线），可分膛线枪和滑膛枪。只有军用枪才有膛线。

按枪管长度，可分长枪（步枪、冲锋枪）和短枪（各种手枪）。

按枪管口径，可分小口径枪（3毫米～6.5毫米）、中口径枪（7毫米～11毫米）和大口径枪（11.5毫米～14.5毫米）。口径单位有的用毫米，有的用英寸（主要是英、美国家），可换算，1英寸＝25.4毫米。

按自动化程度，可分全自动枪、半自动枪和非自动枪。

在涉枪案件中，常见的是手枪，个别情况也有步枪、冲锋枪。在农村地区的自杀或枪支走火案件中也可能找到猎枪。

步枪射程较远，有效射程约400米。早期步枪是非自动步枪；现代步枪是自动枪或半自动枪，前者可以连发，后者不能连发。

手枪枪管短，有效射程一般在50米左右，装弹后的重量不超过1千克。手枪式样很多，有的自动，有的非自动；在非自动手枪中，左轮手枪（又称转轮手枪）最为著名，其弹仓是一个带有若干弹巢的转轮，可绕轴旋转，每个弹巢依次与枪管吻合。这种枪是美国考尔特在1836年发明的。由于它结构简单、射击时不留弹壳，也不会卡壳，至今仍被许多国家选为警用枪支。

自动手枪上弹、退弹虽然是自动的，但每射击一发子弹，都要扣动一次扳机，其原理与半自动枪相同。我国解放后生产的手枪有“五四”式7.62毫米手枪，“五九”式9毫米手枪、“公安”式7.65毫米手枪、“七七”式7.62毫米手枪，以及最近研制的5.8毫米手枪等。

冲锋枪枪管比手枪长，比步枪短。弹匣容量较大。比步枪更轻巧扎实，火力密度也比步枪、手枪大。

此外，在军用枪支中，还有一种具有微声、微光、微烟特点的手枪、冲锋枪。它们是侦察、反恐行动中不可缺少的特种武器。我国生产的这类武器有“六四”式7.62毫米微声冲锋枪和“六七”式7.62毫米微声手枪。

子弹也可以从不同角度进行分类。子弹是与所用枪的类型相匹配的，所以，从这个角度讲，子弹有手枪子弹、步枪子弹、冲锋枪子弹之分。子弹本身有不同的特点，从这些特点出发，又可以对子弹作不同的分类，例如：从子弹的形状这一角度，可分为圆柱形子弹和瓶形子弹等等，但这些分类，对枪弹痕迹检验关系不大，无须赘述。

（二）枪弹的主要结构

1. 枪的主要结构

枪的构造比较复杂，但从痕迹角度来看，有重要意义的是枪管、枪机和枪机匣三个部件。

（1）枪管位于枪支前部，用无缝钢管制成。它可分弹膛、坡膛和线膛（膛线又称来复线）三个区域。弹膛在枪管的后部，是子弹待发时所在的部位，有瓶形和圆柱形两种形状。坡膛在弹膛前方，由后向前逐渐变小成坡度，其作用是使弹头发射时顺利进入线膛区。线膛区从坡膛开始直至枪口。发射子弹时，膛线与火药爆炸产生的高压气体从两个方面作用于弹头，使弹头在枪管内以极高速度旋转推进，推出枪口后仍能始终围绕着弹道切线作锥形运动向前飞行，既能降低空气对弹头的阻力，又能提高弹头飞行的稳定性和射击精度。

膛线有阴线与阳线，左旋与右旋之分。从枪口观察，膛线呈逆时针方向旋转者为右旋膛线，反之则为左旋膛线。我国生产的枪支多为右旋膛线。膛线条数随口径大小而定，手枪、步枪、冲锋枪有的四条，有的五条或六条。

(2) 枪机又称枪栓，位于弹膛后部，是完成推弹、闭锁、击发底火和退壳等功能的装置，包括机体、击针、抓子钩、排壳挺等。

(3) 枪机匣简称机匣，是连接枪管和枪机并引导枪机前后滑动的部件。

2. 子弹的主要结构

子弹的结构相对枪支来说，比较简单。

各种军用枪支所用的子弹均由弹头、弹壳两部分组成（见图 6—4）。弹头呈尖头或圆头流线型，弹心多用铅锑合金或钢制成，外壳多用铜锌合金、铜镍合金或复铜钢。

弹壳内储存火药，壳口与弹头紧密相连。弹壳壳体通常用铜锌合金或复铜钢制成。

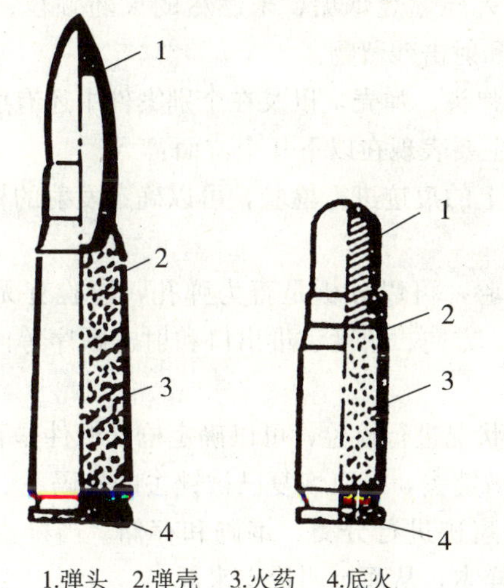

1.弹头 2.弹壳 3.火药 4.底火

图 6—4 子弹结构示意图

装在弹壳内的火药是产生弹头活力的化学能源。现代子弹普遍使用无烟火药，其主要成分是硝化纤维和硝化甘油。这种火药敏感性小，受到轻微撞击、摩擦或加热均不容易引起燃烧，但爆发力强，烟灰残渣少。它燃烧后生成气体的主要成分是：二氧化碳、一氧化碳、二氧化氮、一氧化氮以及氢气等。其中有些是可燃气体，在高温时与空气接触即可燃烧而产生火，这是发射时产生枪口火焰的原因之一。此外，土造枪及猎枪还用有烟火药，即黑色火药，它是硝酸钾、硫黄和碳的混合物，其爆发力弱、残渣多，并产生大量烟雾。

嵌在弹壳底部中心的底火是引燃火药爆炸的引火装置，呈圆帽形，又称火帽，由铜锌合金制成，内敷雷汞起爆药，含雷汞［$Hg(GNO)_2$］和迭氮化铅［$Pb(N_3)_2$］、氯酸钾和三硫化锑等化学物质。起爆药用箔片包裹防潮，雷汞起爆药燃烧后产生的残渣附在膛壁上，对枪膛有腐蚀作用，射击后应及时擦拭。

猎枪霰弹不同于军用枪子弹。霰弹只有弹壳，没有弹头。弹壳内装有弹丸、火药，底部有底火。弹丸和火药之间有毛毡和隔层，弹丸前面则有隔层和封闭物（见图6—5）。

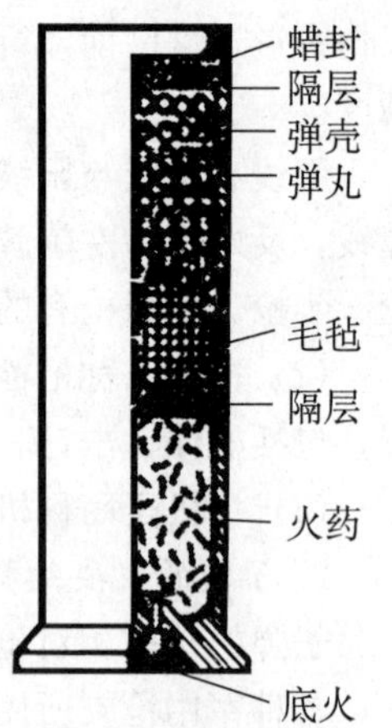

图6—5 猎枪霰弹结构示意图

（三）枪、弹痕迹的种类及其作用

所谓枪、弹痕迹是指利用枪支瞄准目标客体发射子弹后，在客观环境中和在射击弹头、弹壳上造成的各种变化的总称。

这个概念说明，枪、弹痕迹既包括形象痕迹，也包括非形象痕迹，具体来说有以下几类：

1. 射击时，枪支机件留在弹头上的痕迹，主要是枪管来复线痕迹。

2. 射击时枪支机件留在弹壳上的痕迹。

3. 弹头击中目标客体，在客体上造成的弹着点痕迹；穿透的弹孔和未穿透的弹洞。

4. 弹头近距离击中目标时，在射入口周围表面和持枪射击人手背相关部位所附着的、火药燃烧烟垢、未燃尽的火药颗粒、枪油、金属屑末等附带痕迹和射击残留物。

5. 遗留在出事现场的弹头、弹壳，以及在个别案件中还有射击所用的枪支。

上述枪弹痕迹的作用主要表现在以下几个方面：

1. 对射出弹头或弹壳上的痕迹进行检验，可以确定发射的枪支种类和弹头、弹壳是否用嫌疑枪支射击的。

2. 对可疑弹孔进行检验，可以分析是否为弹孔，检验有无射击附带痕迹或射击残留物，可以判断射击的距离、方向、角度、进出口和射击顺序等问题，还可以审查嫌疑人是否曾持枪射击。

3. 对枪支、子弹本身状况进行检验，可以确定枪支机件是否原配，能否正常射击，能否意外走火；如果枪号已被锉去，可以恢复已被锉去的号码。

4. 可以对弹壳、弹头痕迹进行分类、编码和存储。当枪击案件发生后，可用现场弹头、弹壳来查对档案中的样本，从而查明枪支来源。

此外，利用枪弹痕迹有时还能判明人体上的伤口是否为枪弹伤，为分析案件性质及有关案情提供依据。

二、射击弹头上的痕迹特征

射击时撞针撞击弹壳火帽，引起“发火”，点燃火药。火药在弹壳内燃烧速度很快，从点火、着火到燃烧起爆，仅仅千分之几秒的时间内，产生几千度的高温和两三千个大气压的高压，把弹头高速射出枪口。弹头在通过枪管时，其外壳与枪管内壁产生强烈的摩擦作用，便产生能反映枪管内壁来复线结构的变化，这就是射弹头上的主要痕迹。它包括以下特征：

1. 阳膛线的数量

阳膛线是指枪管内壁凸起的来复线，凹入的则称阴膛线。反映在弹头上痕迹凹凸方向正相反，凹入的称阳膛线痕迹，凸起的称阴膛线痕迹。

2. 阳膛线的宽度

各种枪支的阳膛线宽度并不相同。窄的只有1/2毫米多，宽的有2毫米多。测量宽度时，应选择弹头直径最大的部分，并使刻度尺与膛线相互垂直，不能歪斜，还可以利用工具显微镜测量。

3. 阳膛线斜向

枪管内的膛线有右旋和左旋两种。从枪口朝枪膛观察，见到沿逆时针方向旋转，称右旋膛线，反映在弹头上是右上左下的倾斜痕迹。顺时针方向旋转，为左旋膛线，反映在弹头上呈左上右下的倾斜痕迹。也可以弹头轴线为中心线，膛线痕向左倾斜的为左旋，向右倾斜的为右旋。

4. 阳膛线磨损程度

根据弹头上的痕迹反映，可以判断枪管磨损的状况。枪管磨损程度有三种情况：即轻度磨损、中度磨损和重度磨损。

5. 阳膛线的初生、次生痕迹

弹头开始在坡膛内向前运动时并不旋转，与枪管内壁摩擦形成的痕迹称为初生痕迹，当弹头进入膛线旋转区，沿着枪管内膛线向前作旋转运动时，与枪管内壁形成的痕迹称为次生痕迹。因此初生痕迹与弹头轴线相并行；次生痕迹与轴线成一角度，这一角度就是阳膛线的倾斜角。右旋的膛线，初生痕迹分布在左侧；左旋的膛线，初生痕迹在右方。

各种枪支枪管情况不同，膛线初生痕迹、次生痕迹反映也不一样，有明显的，有不明显的，有的还互相交织。坡膛与膛线区的中心轴线不在同一条直线上越严重，则初生、次生痕迹越显著。转轮枪以鼓轮为弹膛，它的弹膛轴线与枪管轴线不在一条直线上的情况更突出，因此，它的初生、次生痕迹更加明显。此外，每支枪管锈蚀的程度不同，弹头的大小、形状也不同。这些均会影响初生、次生痕迹的反映。

6. 阳膛线的起端、末端痕迹

弹头上阳膛线痕迹靠近弹头尖端的一头称起端痕迹，靠近弹底一端的叫末端痕迹。每支枪，其起端、末端痕迹特征有所不同，主要是因为阳膛线起端、末端的结构形状不同。同一批同一机器生产的枪支，其阳膛线起端、末端结构形状会有某些相似之处。此外，还和弹头直径大小也有关系。一般来说，弹头上阳膛线起端痕迹与弹膛的膛线起点状况有关，而末端痕迹与枪口的阳膛线的边沿特点有关。凡是膛线各个端点磨损、锈蚀严重的，弹头上起端、末端就会形成椭圆形、弧形的特征。

7. 膛线痕迹中的小线纹和金属卷屑痕迹

膛线痕迹中的小线纹是每一支枪的重要特征，在所有射击弹头痕迹中都可发现。这种痕迹反映每支枪管内壁的构造、擦刷、使用、锈蚀等情况，价值较大。即使其他个别特征模糊不清，利用局部的小线纹特征，也可作出认定发射枪支同一的结论。金属卷屑是由阳膛线棱边形成，一般在主要棱线痕迹的边沿处反映得粗大奇特，甚至把弹头外壳刮去一条，形成卷屑特征，对检验弹头也有一定价值。

射击弹头上除了阳膛线痕迹外，还应注意是否有其他特征，例如：

（1）是否有由于弹头直径过大或过小，而使射击弹头上的痕迹发生某些变化。若弹头直径过大，弹头通过枪管后，膛线痕迹会变得又深又长，把外壳刮去一层，甚至弹头外壳碎裂脱离。若弹头直径过小，必然在枪管中无规则地向前运动，形成的痕迹分布凌乱，膛线痕迹常常断断续续地反映出来，头部和尾部有时也会留下擦痕。弹头形状也会变化，易形成棱角状。

（2）弹头是否歪斜、变形。

用截短枪管射击的弹头容易变形；弹头射出后遇到坚硬障碍物反跳，也会变形。

此外，在检验射击弹头时还应注意弹头上是否有附着物及附加痕迹。

弹头飞行时遇到障碍物，常会附着微粒、杂质；弹头在生产过程中，在外壳表面常留有分布规则的细小附加痕迹。

应当指出，在涉枪案件中，有时可能遇到用普通钢管制成的土造枪支。这种土造枪使用的枪弹，有的是厂造的，有的是自己改制的。用土造枪射击的弹头上，没有膛线痕迹，只能看到各种线形擦痕，其主要特点有：（1）擦痕多呈鱼鳞状分布，杂乱无章。（2）弹头头部、底部边沿部位，常有撞擦的痕迹特征。（3）弹头易变形。（4）自制弹头上有锯、锉痕，有时还出现钳痕。

三、射击弹壳上的痕迹特征

在装弹、击发和排壳这三个阶段中，射击弹壳上会形成不同的痕迹，其机理见图6—6。

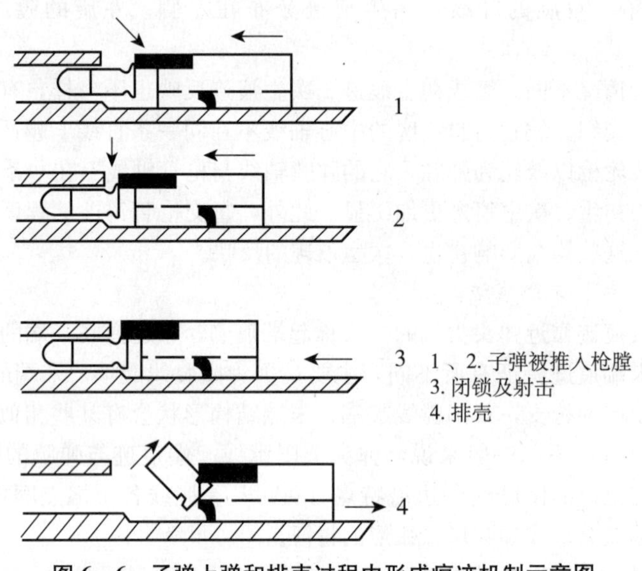

图6—6 子弹上弹和排壳过程中形成痕迹机制示意图

装弹过程中形成的痕迹，主要有弹匣口、闭锁器下表面、后膛（拨弹机）下边缘、弹膛后切口和信号销等机件留下的痕迹；排壳过程中形成的痕迹主要是抓子钩痕迹、排除器痕迹和排壳孔痕迹，这些痕迹都是一些细小的擦痕，与击发过程中形成的痕迹相比，对枪支同一认定的价值较小。击发过程中在弹壳上形成的痕迹是枪支主要机件形成的痕迹，由于击发子弹产生的作用力特大，形成的痕迹形象较大，特征清楚，便于检验，对枪支同一认定价值大，是枪支鉴定的主要依据。

在击发过程中形成的痕迹，主要有以下几种：

1. 击针头痕迹

射击时击针碰撞子弹底火会留下凹陷痕迹。由于不同枪支的击针头的具体构造和细微特征并不相同，故对鉴定价值很大。可以利用的特征有：击针头的一般形状（圆、方、椭圆等)，击针头痕迹直径大小、深浅程度，端点细小特点，以及击针头痕迹与其他机件痕迹的距离、交角、搭配关系等。

击针头的外表结构特点能否清楚地在击针痕中反映出来，取决于火药压力的大小、击针突出的长度、击力的大小和底火材料的软硬等因素。如果子弹被击针撞击后没有发火(称为臭弹)，留在弹壳底座上的击针痕就很浅，但也会反映出枪支击针头的一些特征。

2. 后膛痕迹

子弹击发时产生巨大压力，一方面迫使弹头飞出，另一方面使枪迅速后退排壳，此时与后膛紧贴的弹壳底面就会留下后膛的在生产加工过程和使用过程产生的痕迹。

后膛加工痕迹，可分八类：上下纵线痕、左右横线痕、左倾线痕、右倾线痕、同心圆线痕、交叉线痕、弧形线痕以及点痕等。这些生产加工的痕迹，一般都会在弹底清楚地反映出来，但如果火药压力较小或枪支在使用过程中机构松动，这种加工特征会发生变化，或反映不明显。

后膛本身在使用、保管过程中也会发生锈蚀、崩裂等变化，并在弹底留下相应的痕迹，但这种痕迹一般表现不规则，或特别粗大，容易与加工痕迹区别。

3. 火药烟垢痕迹

有时候，射击弹壳上可能带有从弹膛带来的火药烟垢痕迹。这种痕迹虽然不能作为枪支同一认定的依据，但利用这种物质也可能有助于识别发射枪支的某些特点。

四、枪弹痕迹的发现和提取

(一) 枪弹痕迹的发现

勘查持枪作案现场，必须仔细寻找射击弹头、弹壳、枪支及弹着点痕迹。对于发现的痕迹物证必须全面提取、准确记录、妥善包装。

1. 寻找射击弹头。弹头飞出枪管遇到障碍物，有的穿透，有的射入而不穿透，有的反跳落地。寻找时可先观察弹孔，分析弹道，然后在弹着点重点查找弹头。如人体被射，要观察弹头射中什么部位，弹头是否穿透。若未穿透，是盲管枪创，弹头留在体内，可用X光检视，并用手术把弹头取出；如射在地板、墙壁或泥地内，则应顺弹道方向挖掘。从被击中目标中取出弹头时，应小心仔细，不能损坏弹头上的痕迹。如弹头射透障碍物，但未找到弹头，则应利用弹孔和附带射击痕迹，先确定射入口、射出口和飞行方向、角度，然后再顺迹寻找。要尽量把所有的弹头和弹头的分离物找到，以便弄清射击和犯罪活动的关系。对找到的弹头，应分别用清洁的白纸或纱布包装，并注明发现的时间、地点等有关情况。发现多个弹头，应分别包装。

2. 寻找射击弹壳。各类枪支的排壳方向和排壳的远近不同，一般情况下弹壳遗留在射击点附近五米左右范围内。但由于射击时的环境或地面的具体条件不同，弹壳抛出的距离可能在五米以外，要结合射击距离方向，罪犯的足迹以及现场环境等进行寻找。有的罪犯为了逃避打击，射击后把弹壳带走，有的甚至把非作案枪支的射击弹壳扔在现场，如果罪犯使用转轮手枪或非自动枪支射击，发现枪支时，要注意在弹膛和鼓轮内去寻找。提取的弹壳应与弹头分别包装好，并注明提取的地点和时间等。

3. 寻找发射枪支。在一般情况下，罪犯作案后都把枪支带走，但也有的把作案枪支抛在井洞、池塘、粪坑、垃圾堆或小河沟内，因此，需要结合具体案件采取有效方法寻找。找到枪支后，应拍照和记录。提取枪支时，还要注意枪支上是否有手印等痕迹，并应注意安全，防止枪支走火伤人。

4. 寻找弹着点痕迹。为了寻找弹着点，应当根据弹头飞行方向及可能的反跳方向或折行的途径仔细观察。射击附带痕迹只在近距离射击时才有，而且分布在弹孔的周围。在发现弹孔和附带射击痕迹后，应当拍照和测量，并准确记录其所在位置。

（二）枪弹痕迹的提取

对现场发现的射击弹头、弹壳、未射过的子弹、枪支，均要拍照，照片要反映出这些物品与周围主要物体之间的关系。

提取枪支要注意弹膛内是否有子弹，如有，要进行必要的处置，以防发生危险；还要注意不要破坏枪支上可能有的手印。对枪支的种类、口径、枪号、枪机所处状态，剩余弹数，是否上膛，有无闭锁，以及枪管有无气味及火药灰等情况，均应记入笔录。

对提取的弹头、弹壳，应按顺序编号，并将它们所在位置、是否有附带痕迹记录下来。如发现弹头已射入墙壁、泥土或木头之中，应先用手或竹夹子去夹。需要挖掘时也不能用金属工具，以免破坏弹头上的痕迹。对提取的弹头、弹壳，应用棉花、软纸逐一妥善包装，分别放入小盒，以备检验。对各种附带痕迹，应先拍照，然后刮取其微粒物质，以供理化检验。

五、枪弹痕迹的分析

勘查持枪作案现场应当分析的情况通常有：射击使用枪支种类的判断、射击距离的判断、射击方向和角度的判断以及射击时间和顺序的判断。

（一）射击枪支种类的分析

射击所用枪支的种类可以根据射击弹孔直径大小、形状、分布特点及射击痕迹的反映，进行推断。也可以根据子弹结构特点和弹头、弹壳上的痕迹特征进行判断。还可以根据弹头穿透力大小，分析枪支性能和威力，进而推断枪支的种类。在现场勘查中应尽量推断出发射枪支种类的大致范围。为了分析枪支种类，必要时还可以进行射击模拟实验。

（二）射击距离的分析

分析射击距离，就是要确定射击时枪支与被害人的间隔距离。这对分析案件性质有重要意义。枪弹痕迹检验技术中，射击距离分为三种，即贴近射击、近距离射击和远距离射击。

贴近射击指枪口碰着被射目标或相距一二厘米的射击。在弹着点周围能见到各种射击附带痕迹，包括烧焦痕迹。近距离射击指 30 厘米～50 厘米以内的射击，其主要标志是射入口周围有明显的射击附带痕迹，其面积大小与距离大小有关。远距离射击指超过 50 厘米的射击，一般只见弹孔。

（三）射击方向和射击角度的分析

1. 分析射击方向主要利用射入口和射出口的特征。弹头射在不同的物体上，射入口、射出口会出现不同特征，可作为区分出入口的依据。例如：射在人体上，由于皮肉组织有一定的弹性和韧性，故射入口周缘比较光滑。还常可见到烟垢、火药粒等附带痕迹。人体上弹头射出口一般要比射入口大，缺损现象不常见，但在贴近射击时射入口往往大于射出口。又例如在纺织物上，射入口的边缘较整齐，略向内凹，若为直射，洞孔周缘有黑色擦拭圈。近距离射击时，入口处常能见到明显的附带痕迹，或者撕裂特征。在铁皮等金属板上，射入口周缘光滑，略向内凹；射出口边缘呈锯齿、花瓣状，卷边外翻。在玻璃上，弹孔呈逐渐扩大的层层剥落的喇叭状。射入口小，射出口大。洞孔周缘出现一圈白色不透明的玻璃碎屑。此外还可以根据裂纹上的花纹来判断。

2. 分析射击角度，主要利用弹孔及其周围的特征：

（1）弹孔的形状。

如果入射角等于90°，弹孔或擦拭痕一般呈正圆形，而小于90°斜射时，弹孔则呈椭圆形。

如果玻璃被枪击，入射角90°，则在正圆形弹孔周围，能看到分布比较均匀的裂纹。入射角小于90°，则在椭圆形弹孔周围有分布不均匀的裂纹，弹头飞去的方向面积较大，边沿剥落较多，辐射状裂纹较疏、较长、较稀，而飞来的方向辐射状裂纹较密、较短、较直。

（2）弹孔周围附带痕迹分布特征。

正射时附带痕迹均匀地分布在弹孔周围，斜射时飞来方向分布面积小，飞去方向分布面积大。

（四）发射时间和顺序的分析

1. 发射时间的判断

查明发射时间，对于弄清枪支在发案前后有无射击，明确检验重点和了解案件某些情况均有重要作用。

（1）闻气味。射击后几小时内，常可在枪口、枪管、枪膛部位闻到一股火药味。如果枪支放置在室内的柜子、抽屉、包袱内，这种气味可保留几天。

（2）查机件的变化。射击后由于气体逸出，在枪管、弹膛内壁及后膛等部位，会形成带有雾斑的深灰色的痕迹，称作积炭。经一昼夜左右时间，积炭变成棕色，开始出现锈斑。再过三五天，锈斑便形成一层锈层。为了确定是否为锈层，可用清洁的布擦刷枪管或后膛，然后往布上滴几滴10％的硫酸溶液，再加上几滴5％硫氰酸铵，如呈红色反映，便可肯定是锈层。

（3）化验亚硝酸盐。枪支射击后会在机件上及缝隙内产生亚硝酸盐。即使枪管经过擦拭，仍可化验出来。但亚硝酸盐一般只能保持三四天，应及早化验。

此外，在枪支保管情况较复杂的情况下，为了查明大致的时间，还可运用实验的方法。实验应使用同种枪支进行，在接近的条件下，分时间逐段观察比较，以此推断大致的射击时间。

2. 分析射击的顺序

分析射击的顺序，对于判明案件性质，寻找罪犯痕迹，有着重要的作用。分析射击顺序可以利用不同特征。例如，当弹头击中玻璃或陶瓷等脆性物体，弹孔周围出现裂纹。第一发子弹的裂纹，畅通扩散，第二发枪弹的裂纹传至第一发枪弹形成的裂纹时，就会发生中断现象，第三发、第四发枪弹可依此类推。又例如，子弹如击中致命部位，会引起被击者立即死亡或丧失知觉，但击中手脚、股腹等一般部位，通常不会立即死亡。如果发现死者身上有两处以上的枪弹伤，其中只有一处是致命伤，在自射致死的场合下，致命的伤痕是最后一发打的，如果勘验尸体查明，致命伤是第一枪，则可以断定是他伤。

（五）可疑洞孔是否弹孔的分析

侦查实践中经常遇到可疑洞孔是否弹孔的问题。对这个问题可从以下几方面分析：

1. 分析穿透力的大小，可以判断可疑孔洞只能由枪弹造成，不能由其他工具造成。

2. 观察玻璃洞孔及碎裂痕迹，也可以判断孔洞是否由枪弹射击造成。玻璃被石子打击，会形成一个逐渐扩大的喇叭形小孔。如受击速度较高，洞孔周围会出现少量白色不透明的玻璃碎屑，但石子一般不能穿过玻璃。玻璃受击后还会产生辐射状及同心圆状裂纹。在辐射状裂纹的断面上的花纹呈弓形花束，弓形花束汇集点在受打击的一面，并指向洞孔。在同心圆裂纹的断面上，弓形花束汇集在受打击的背面，并指向首先断裂处。

玻璃被弹头击穿后的破裂情况与石击有别。弹头高速旋转，有较强穿透能力，故在辐射裂缝断面上无弓形花束，而在同心圆裂缝的断面上出现弓形花束。

猎枪（滑筒枪）击碎玻璃的痕迹与来复线枪击碎玻璃的痕迹也有区别。猎枪射出的弹丸并不旋转，与高速飞行的石子相似，但猎枪霰弹弹丸较多，能使玻璃多处受击，形成大片碎裂纹，与膛线枪击中孔洞或石击孔洞，易于区别。

3. 观察在弹着点有无弹头或其分离物。当然要注意是否有伪造现场的情况，以防误断。

有时候，可疑洞孔是否弹击造成，应根据现场的具体环境进行分析。例如，汽车在公路上高速行驶时，挡风玻璃可能被不明物击成孔洞。这个孔洞究竟是枪击造成，还是前方车辆的轮子甩起的小石子击中，就结合现场具体环境进行分析。

（六）他射、自射、误射和走火的判断

具有以下特征，可以判断为他射：

1. 尸体有多处致命伤，但现场上没有发现发射枪支。

2. 现场上虽遗留有枪支，但没有近距离射击的痕迹。

3. 现场上遗留的枪支、弹壳、弹夹和弹着点不符合自射规律。

4. 现场上遗留多颗弹头、弹壳，尸体上又有两处以上立即致命的枪伤。

5. 尸体上虽然有两个以上贯通而射入口和射出口方向不同的创口，但符合被射过程中体位自然转体造成。

6. 尸体上的枪伤本人不能形成。

7. 尸体上有挣扎、搏斗的伤痕。

8. 现场有被翻动、被窃等现象，或者有搏斗或罪犯走动等痕迹。

具有以下特征，可以判断为自射：

1. 尸体上只有一处立即致命伤，弹道符合自射的动作；

2. 死者的身上、衣服上具有明显的近距离射击痕迹；

3. 死者常常衣着整齐，身上无挣扎搏斗伤痕；

4. 现场留有发射枪支，枪支又往往处在待发状态，枪支上有死者指纹；

5. 现场一般门窗紧闭，只有室内向室外的弹孔，找不到罪犯的足迹和作案迹象。

如果既没有罪犯的痕迹，又不具备自射的现场特征，现场除留有枪弹伤痕和弹头外，别无他物，这就要考虑是否有误射可能。如果调查访问中又发现在发案时间内，在一定距离内确有人朝现场方向发射过子弹，根据正常弹道曲线和非正常弹道曲线的规律，弹头可能飞到现场，那就可以判断，枪伤是误射造成。

如果通过枪支检查和现场勘查，查明以下事实情况，可以判断为走火伤亡：

1. 肇事枪支机件陈旧松散，保险机件失灵，枪支处在一定情况下，在拆卸、擦拭、触摸过程中，可引起“走火”发射。

2. 现场枪弹痕迹的分布状况符合无意击发的动作。

3. 肇事人员的交代情况与勘查、实验的结果相一致，调查中未发现死者有自杀因素，受审查人员没有伪报走火的作案因素。

应当指出，罪犯为了转移视线，逃避打击，往往把持枪杀人案件，伪造成自杀事件或谎报“走火”或伪造现场上部分情况，有的人为了达到个人目的，还可能伪报被枪击伤或与罪犯“枪战”等。但伪造现场不可能将作案的真相全部掩盖。工作中要抓住现场遗留的痕迹、特征，通过检验枪支和分析弹道，从而发现矛盾，揭露矛盾，进而辨明现场是否伪造。

六、枪弹痕迹的鉴定

（一）弹头、弹壳痕迹的鉴定

1. 弹头、弹壳痕迹鉴定的依据

枪弹痕迹鉴定的主要任务是枪弹的种属认定和枪支的同一认定，具体地说就是要确定送检的射击所用的嫌疑枪支是何种枪支，现场弹头、弹壳是不是用嫌疑枪支发射的。要解决这两个问题，就要利用遗留在弹头、弹壳上的痕迹。在这些痕迹中有的特征是一般特征，两支用同样机器依次生产出来的枪一般特征是相同的（例如有相同的膛线特征），这些相同的一般特征是对枪支进行种属认定的依据。有经验的鉴定人能够很容易地根据发射的弹头、弹壳上的一般特征确定它们是否从同一类枪发射出来的。但是，如果要解决它们是否同一支枪发射的问题，就不能只利用一般特征，还必须利用痕迹的细节特征。同一支枪发射的弹头或弹壳上的痕迹不仅反映发射枪支有关部件的一般特征，而且反映发射枪支有关部件的细节特征。只要枪支机件没有发生本质性的变化，通过检验弹头或弹壳上的痕迹，就可以对具体枪支进行同一认定。

枪支同一认定所依据的痕迹是一些擦划线形痕迹和印压痕迹，与工具痕迹鉴定颇为相似，但弹头、弹壳在枪支内的运动受到严格的限制，弹头或弹壳上形成的擦划痕迹和印压痕迹比一般工具痕迹更有规律、更加稳定，而且也容易通过实验再次获得，所以，枪弹痕迹鉴定时作出同一认定结论的概率要比工具痕迹高得多。

2. 弹头、弹壳痕迹鉴定的步骤和方法

枪弹痕迹鉴定按以下步骤进行：

（1）了解案情、熟悉检材、明确任务。特别要了解弹头、弹壳形成的条件、提取保存的方法以及可疑枪支提取保存的情况。

（2）对现场弹头、弹壳进行仔细检验。如果弹头、弹壳上有附着痕迹，应先予以提取进行理化检验，污垢较多的，可用汽油、酒精、丙酮等擦净。检验弹头、弹壳应先根据它们的一般特征，确定其种类及适用枪支的范围。有几个弹头和弹壳时，应当一一比对，鉴别它们是否由一支枪发射，通过这种相互比对，找出稳定的特征，也可以为以后比较检验做好准备。

（3）对可疑枪支进行仔细检验。应先对枪支的机件、性能及种类，适用子弹进行检验，确定送检枪支能否发射现场弹头或弹壳。如果不能，即可排除。如果可以，则要作进一步实弹射击实验。

（4）制作实验样本是枪弹鉴定必不可少的一步。实弹射击前应将可疑枪支擦净，然后选择与现场子弹相接近的子弹，将弹头射到捕弹器中，通常每支枪要收集实验弹头、弹壳各三发至五发。在弹头、弹壳上找出较稳定的特征。

（5）比较检验。对弹头上的膛线痕迹可以利用比较显微镜以特征接合法进行比较检验。对于弹壳底座上的后膛、撞针、排除器等印痕，可利用立体显微镜进行比较检验。对于排壳孔及抓子钩前端痕迹也可用特征接合法比对。

如现场弹头、弹壳上的痕迹特征与实验样本上的特征相符，即可作出肯定同一的结论。如既有符合点，又有差异点，就要找出差异的原因。如果枪支因保管不善而发生锈蚀或因进行过检修，而出现了差异，则不影响对是否同一问题作出肯定同一的结论，但能否作出肯定同一的结论，要看符合点的总体是否能使枪支特定化。如果由于枪支清洁度不好或实验用子弹规格不同而产生差异，就应该将枪支擦净或找到与现场枪弹相似规格的子弹，再次进行实验射击，直到取得满意的实验样本为止。如果出现的差异点很明显，不能用客体变化或实验条件的不同来解释，那就可作出否定结论（见图6—7）。

现场弹头　　　　实验弹头

图6—7　弹头上来复线痕迹比对照片

现在，世界上技术先进的国家已将计算机技术用于枪弹痕迹鉴定，建立了枪弹痕迹自动化识别系统。例如，美国、加拿大都已建立这种系统，我国有些省市也已建立了这种系统。这种系统的硬件是由显微镜、操作器、摄像机、激光发生器及计算机（工作站或高档微机）等组成。系统用摄像机与激光自动聚焦系统对作为检材的弹头表面的膛线条纹进行电子扫描，并把图像转化为数字信息储于计算机数据库中，与数据库中已有弹头样本进行比较。如果输入的送检弹头与数据库内的样品匹配，计算机就会自动给出一张匹配表。匹配表按与送检弹头的相似程度排列。检验人员不需要看实际的弹头，可以把储存的弹头膛线痕迹图像抽调出来，并排进行目视比对。需要时还可以把储存条纹图像的任何部分放大进行细目观察。系统还可以用摄像机摄取弹壳后膛印痕、击针印痕以及排除器、抓子钩及弹膛等擦划痕迹。对弹壳痕迹的比较检验，与检验弹头基本相同。检验人员可以把储存的弹壳图像同时调出25个，并按相似程度依次排列。还可以调出2幅图像，并排进行目视比较，或把储存弹壳图像的任何部分放大进行细目观察。

枪弹痕迹自动识别系统优越性就在于：第一，系统储存大量弹头、弹壳的图像，比对速度快，弹头每秒可比对1枚，弹壳每秒可比对10个，大大节省人力，提高工作效率；第二，通过联网，可实现远距离查询、比对，便于及时并案侦查、加速破案。

但是，为确保识别结果可靠，要求枪弹痕迹经自动化识别后，务必人工复核。

（二）射击残留物的检验

当枪支发射弹头时，未燃烧尽的火药、残渣、金属屑等会随着弹头从枪管中喷出，飞向射击目标，同时在后坐力的作用下也会喷向后方，留在射击者的手上。检验射击残留物的目的，就是要确定在射击嫌疑人的手上是否存在达到一定量的射击残留物。为了这个目的，首先要及时对嫌疑人的手背和手掌进行技术处理，以便把可能存在的射击残留物提取下来。通常有以下几种技术处理的方法可供选用：

1. 石蜡手套法。将石蜡烧熔后缓缓倒在可疑人手上，冷却后即形成石蜡手套。如有射击残留物，便会附在石蜡手套内层。仔细取下石蜡手套，放在干净的容器内待检，同时提取另一只手的石蜡手套，作为空白样本。

2. 棉签擦拭法。分别用两根各含有四滴5%硝酸溶液的棉签擦拭嫌疑人一只手的正反两面，然后放入干净塑料袋中。再对另一只手作同样的处理。将上述棉签连同空白棉签分别包装一起送检。

3. 薄膜提取法，用4%醋酸纤维素的丙酮溶液喷在嫌疑人手上，待结成硬膜，如有射击残留物就能附在薄膜上被提取下来。

4. 胶纸沾取法。用双面胶纸粘取嫌疑人手上的射击残留物。

检验射击残留物的方法通常有以下几种：

1. 显微镜法。这种方法用于直接观察目标物弹孔周围或用棉签擦拭弹孔周围，然后用显微镜进行观察，确定是否有颗粒状射击残留物。

2. 化学检验法。在嫌疑人手上取下的石蜡手套或薄膜层内侧用化学显色法来测试是否有亚硝酸盐存在。此法的优点是可以看出射击残留物分布的情况，缺点是有很多其他物质，例如烟灰、尿、肥料等有类似的反应。

3. 原子吸收光谱法。用此法测定样本中是否有锑、钡及铅。这种方法不能测出射击残留物的分布。此外，某些情况下非射击者手上也可能含有锑、钡等，这使得评断测试结果变得困难。

4. 扫描电镜法。带有X光能谱仪的扫描电镜可以对样本同时进行形象观察和成分分析。如果在样本中发现了射击残留物的颗粒，而且其成分又含有一定量的锑、钡、铅，就可以作出肯定有射击残留物的结论。

（三）被锉掉枪支号码的检验

实践中，可能遇到涉案枪支号码已被锉掉的情况。能否恢复被锉掉的枪号，就成为枪弹鉴定需要解决的问题之一。枪支表层钢印号码，是机械冲压制成的。承受钢印部位受锤击后，其分子晶格结构的疏密会发生变化，而这种变化在底层分子中仍保留着。表层号码虽被锉掉，但底层仍保留这种变化，运用化学方法或电蚀液法可以显示出这种变化来，从而恢复枪号。

第三节　车痕及其鉴定

一、车痕的概念和作用

车痕是车辆痕迹的简称，是指利用车辆作案或发生交通事故时，车轮、车体或其附带部件留下的痕迹。

从这个概念可以看出，车辆痕迹的范围很宽，虽然主要指车轮痕迹，但有时也指留下的车体痕迹、车辆附件痕迹，甚至还可能指留下的各种碎片和微量油漆。

在刑事案件和交通事故案件中，车辆痕迹的作用主要表现在以下几方面：

1. 根据痕迹中所反映的轮数、轨距、轮胎规格、胎面花纹结构等特征，可以推断车辆的种类或型号，为侦查提供线索，为缩小工作范围提供依据。

2. 根据车轮或车辆其他部位留在现场上的各种痕迹，可以对留下痕迹的车轮或车体进行同一认定，为审查嫌疑车辆提供证据。

3. 根据车辆在行驶过程中形成的痕迹特征，可以分析车行方向，为寻找、追踪作案或肇事后逃跑车辆提供依据。

4. 根据车辆留下的车灯破碎玻璃、油滴、微量油漆碎片、车体附着的血迹、车胎花纹中的填塞物等，可以判明罪犯或肇事者在现场上驾车活动过程和发生事故原因，为侦破案件、追究责任、查找嫌疑车辆提供依据。

5. 根据车辆留下的刹车痕迹可以计算车辆刹车时的速度，为判断交通事故责任提供依据。

二、车痕的特征

车痕的特征是车体结构特征、轮胎表面结构特征和车辆附属物特征的反映。

（一）车体结构特征

车体结构可从三方面来认识：一是车轮数量，这是车体结构的主要特征。汽车有双轴、三轴之分，摩托车也有两轮、三轮之分。不同类型车辆的车体结构均可依据车轮痕迹数目进行判断。二是车轮轨距。车辆同一轴上左右两侧车轮之间的距离称轨距或轮距。汽车前轮轨距一般比后轮轨距稍小；如是双重后轮，则前轮比后轮轨距稍大。三是车辆轴距。同一车辆前后轴之间的距离为轴距。轴距反映车体大小，也是确定车体类型的依据之一。

（二）轮胎表面结构特征

现代车辆的车轮主要使用由橡胶制成的充气轮胎，轮胎表面结构特征主要是指轮胎外带表面花纹特征（即胎面花纹特征）和轮胎生产过程、使用过程和修理过程中在表面形成的特征。胎面花纹特征，因车辆类型不同而不同。汽车外胎花纹分普通花纹、高速花纹和越野花纹三大类。普通花纹主要供载重和客运车辆使用，多呈齿状、菱形和三角形，也有波浪或斜线形花纹；高速花纹主要供小轿车使用，多呈直线形，有的在直线上带有锯齿纹；越野花纹沟宽而深，主要供大型载重车、越野车、拖拉机等使用，能适应泥泞、冰雪、崎岖路面行驶，多呈人字形、工字形、马牙块形等。摩托车胎面多属普通花纹和越野花纹，花纹较宽，沟槽窄小，多呈块状，横向沟槽多于纵向。自行车外胎胎面花纹多呈块状，花纹沟窄小，一般是横向多于纵向，也有周条两侧分布有块形或组合成一体呈鱼骨状。手推车外胎胎面花纹与自行车相似，无统一规格，花纹类型较杂。轮胎生产过程中形成的细节特征，有气泡、砂眼、黏合接缝等；轮胎使用和修补过程中形成的细节特征主要是磨损和热补特征。

（三）车辆附属物特征

车辆附属物是指照明信号灯、支架、保险杠、挡泥板、车号牌、油箱、散热器、汽油等。这些物件可能在现场客体上形成痕迹，如保险杠在被撞击物上形成凹陷或线形痕迹，支架在地面上形成印压痕迹等等。这些附属物形成的痕迹对推断车种、认定车体或轮胎也有重要作用。

三、车痕的发现、测量和提取

勘查与车辆有关案件的现场，首先要注意在车行路面上发现车轮印痕和其他痕迹。车轮印痕不仅留在路面上，也可能留在受害人或死者的身上或各种被碾压的物体上。

除了车轮印痕外，还应注意路面上是否有其他痕迹。例如：（1）刹车痕迹（即“制动擦带”）。这是刹车时车轮在路面拖滑形成的痕迹。这种擦带痕迹实际上是橡胶轮胎物质擦在路面上的加层痕迹，有时，路面条件特殊，也可能形成减层痕迹。擦带的长短和路面状况、轮胎规格、冲气量、载重量、制动前车速等有关。

（2）挫压痕迹。两车相撞或车物相撞，被撞击脱落的部件着地，能在路面上形成挫压痕迹。根据挫压痕迹可判定相撞的接触点，有助于分析事故原因。

（3）破坏痕迹。硬物撞击地面，能给路面造成孔洞或拖擦线痕，能反映造型客体接触部位的形态特征，可供寻找形成痕迹的嫌疑客体时利用。

此外，在勘查现场时还应注意对车辆本身进行仔细检查。车体上是否刮擦、破损和断裂，车体内是否有罪犯实施奸、杀留下的痕迹物证。

对于现场上发现的车轮印痕，应当对胎面宽度、车轮轨距、轴距和圆周长度进行测量。测量方法见图 6—8 和图 6—9。

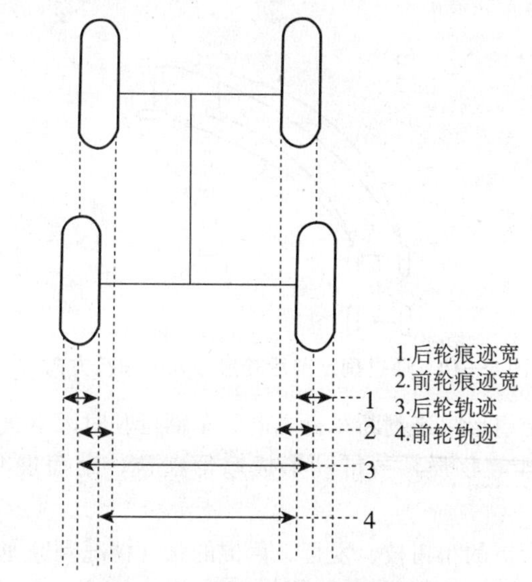

图 6—8　测量车轮痕迹宽度和轨迹

图 6—9　轮径的测量

对车辆痕迹经过测量以后，应当将其形状、数量、颜色、所在地点等情况分别详细记录。记录方式有录像、照相、绘图和笔录。对发现的实物可直接提取，但必须分别包装，特别是对某些需要进行化验的物质（如血迹、油迹等），包装时应严防污染或相互混杂。对某些分离物或脱落物，在包装时应注意其边沿不被损坏。对车祸中伤亡者衣服上的车轮花纹痕迹，应连同衣服提取；对地面上的平面或立体车轮痕迹，应当细心提取，具体方法可参照提取足迹的方法。

对现场提取到的各种实物和各类痕迹，应当就地进行全面观察，以便分析、确定它们与案件或事件的关系，以及它们作为物证的利用价值。

四、车辆行驶方向的分析

分析车辆行驶方向可以利用多方向的痕迹特征，例如：

1. 利用车轮转弯时的轮迹，判断车行方向。

判断车辆行驶方向，主要利用转弯时留下的轮迹。为此，应当先判明何者为前轮印迹，何者为后轮印迹。车辆向左转弯时，前后轮四条轮迹明显分开，从外向内数，第一条为右前轮，第二条右后轮，第三条左前轮，第四条左后轮。车行方向明显可辨（见图 6—10）。

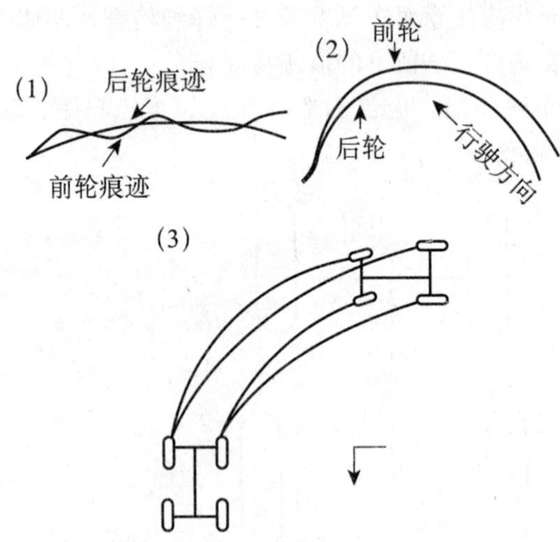

图 6—10　通过确定前后轮痕迹判断车行方向

2. 利用轮迹两侧尘土扇形痕迹判断车行方向。车辆行驶时因空气急流作用，车轮痕迹两侧地面上的尘土、细沙等物质，被带动形成扇形痕迹，扇面展开的一端为车辆驶来方向。

3. 利用被车轮碾压弯折的小树枝、麦秆、草棍的张开情况判断车行方向，张开一端为驶来的方向。衣服被车轮碾压后形成皱褶痕迹一般集中在车辆驶去方向的一侧。

4. 利用车上滴落的油滴、水滴判断车行方向。车行中滴落的油、水在路面上常呈惊叹号状，其尖端指向驶去方向。

5. 利用刹车痕迹中的色调轻重，判断方向，重的一端为车辆驶去方向。

五、车行速度的推算

在交通事故案件中，往往需要判断汽车肇事刹车时的车行速度。对这个问题通常利用擦带痕迹进行计算。计算的公式为：

$$V=\sqrt{2g\Psi S}$$

式中 V 表示速度，g 表示重力加速度，Ψ 表示摩擦系数，S 表示擦带长度。各种路面摩擦系数可借助相关的常数表获取。

六、车轮印迹的鉴定

车轮印迹的鉴定方法与足迹鉴定、工痕鉴定基本相同。先检验一般特征，再检验细节特征，从中发现两者的符合点和差异点，经过综合评断作出肯定同一或否定同一的鉴定结论。但要注意了解发案或肇事后嫌疑车辆的车体或轮胎是否进行过修理或调换，以免作出错误的鉴定结论。

在车轮印迹鉴定的同时，还可能要对从现场客体上或肇事车辆车体上提取的油漆碎片等微量物质进行理化检验。

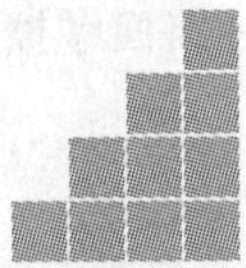

第七章

文书物证技术（一）：可疑文书概述

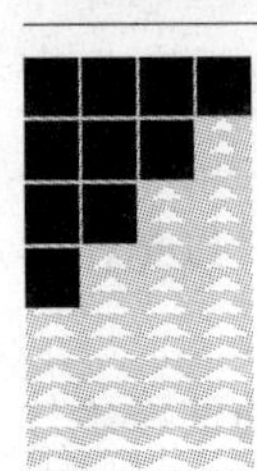

第一节　文书及可疑文书的概念

一、作为案件中证据的文书

汉语中“文书”一词是各种公私文件、信函，各种文字记录的通称，但在案件中作为证据的文书，情况往往十分复杂。文件、信函固然可以作为证据，而很多根本不能称为文件信函的字迹材料，也可能作为证据。这一点，在刑事案件中尤为常见。

文书常常是刑事案件中揭露犯罪、证实犯罪的重要证据，特别是在各种经济犯罪，贪污、诈骗犯罪，侵犯公民人身权利、民主权利和公私财产犯罪等案件中，各种有犯罪内容的文书、各种诽谤信和伪造的证件、伪造的遗书，以及淫秽书刊等等，则常常是犯罪分子的作案工具或掩盖犯罪的手段。有时候，文书也可能是写有这样或那样文字内容的物品，例如：车船票、笔记本、写有文字标记的衣、帽等，由于这些物品上文字内容对证明案件中一定事实有重要作用，所以，也是案件中的文书物证。

鉴于形形色色的文字材料，既可能作为书证，也可能作为物证，还可能同时既是书证，又是物证。而作为案件中证据的文书，无论从内容还是形式来看，都不能和通常具有严肃性和一定权威性的“文件”相提并论，所以，本书以更为中性的“文书”一词代替了曾经普遍使用的“文件”一词，相应的物证，即“文书物证”。

二、可疑文书

作为证据的文书，如果完全可靠，办案人员或双方当事人无异议，均认为无须进行技术鉴定，那它就是案件中的书证。如果办案人员或案件当事人对文书提出了这样或那样的疑问，解决这些疑问必须利用某种专门知识，必须委托有执业资格的物证鉴定机构对文书进行技术鉴定，那么，在对疑问作出鉴定结论之前，对这种文书还不能称为案件中的证据，而只能称为“可疑文书”。可疑文书的可疑情况，通常有以下几种：

1. 文书匿名，书写人不明；
2. 打印文书所用打字工具不明；
3. 文书签名真伪可疑；
4. 文书印文真伪可疑；
5. 文书字迹有添改可疑；
6. 文书内容可疑；
7. 文书作成时间可疑；
8. 文书物质材料可疑。

一旦文书的疑问得到正确解决，文书是真是假得到证明，文书就成了案件中的证据，或是书证，或是物证，或者既是物证又是书证。

可见，可疑文书是案件中有待鉴定的文书。正确解决针对可疑文书提出的种种专门疑问，就是文书物证鉴定技术的任务。

第二节　文书物证技术的类型和作用

一、文书物证技术的类型

文书物证技术是为了发现、提取现场文书物证和解决案件中有关文书的各种可疑问题而运用的各种科学技术方法的总称。利用文书物证技术，可为解决文书的可疑问题提供鉴定结论。在一些涉及文书字迹的现场勘查中，文书物证技术还能为提取文书物证和分析有关案情等提供重要帮助。

文书物证技术可按其任务分为以下几类：

1. 同一认定型技术。这类技术又可按检验对象分为以下几种：

（1）笔迹检验技术——解决案件中有争议的字迹或签名是否为特定人所写的问题。

（2）图章印文检验技术——解决有争议的图章印文的真伪问题。

（3）打字文书或复印文书检验技术——解决有争议文书是否用某一特定打字机或复印机制作。

2. 种属认定型技术——解决有争议文书所用的纸张、墨水、印泥等物质材料的种类属性以及其与相对应的文书物质材料是否相同的问题。

3. 伪造和变造文书鉴别技术——解决各种票证、各种合同、协议等是否伪造，以及各种有争议文书是否变造的问题。

4. 被损毁文书字迹复原技术——包括被撕碎文书的整复、被烧焦文书字迹和被涂去字迹的再现，以及压痕文字的显现技术。

二、文书物证技术的作用

像其他各类物证技术一样，文书物证技术不仅对侦查破案有重要作用，对正确审理民事案件的作用也十分突出。

刑事案件中，犯罪分子往往利用匿名信进行违法犯罪活动。通过对匿名信的笔迹特征和书面语言特征的分析，即利用笔迹对书写人“画像”，可以为发现匿名信书写人提供侦查方向。通过对不同时间、不同地点发现的匿名信进行检验，可以为决定是否并案侦查提供依据。通过笔迹鉴定，还可以为审查嫌疑人是否书写匿名信提供证据。

我国刑法规定，伪造货币，伪造、变造各种金融票券等是破坏金融管理秩序的犯罪行为。文书物证技术能认定货币和各种金融票券是否伪造或变造。在侦查各种金融诈骗案件和审理各种民事、经济案件中，文书物证技术也有十分重要的作用。有争议的合同书、协议书，以及其他书证是否真实、是否有添写、改写事实等，都离不开文书物证技术。

文书物证技术在整复被撕碎、被浸泡粘连文书和判读被烧焦文书字迹方面，也能提供重要的帮助。

第三节 案件中可疑文书的勘验和送检

一、可疑文书的勘验

案件中遇到的可疑文书，情况比较复杂。情况不同，勘验可疑文书的方法和重点也就有所不同。

（一）对现场文书的勘验

1. 对于现场发现的文书，首先应当仔细勘验文书所在地点，并注意观察文书本身，是放在地上还是贴在墙上；放在地上的文书是折叠的，还是平放的，或是揉成一团的；贴在或刻画在墙上的文书字迹，应测量其离地面的高度，还应注意观察附近是否有足迹、烟头、粉笔头或各种刻画工具等痕迹物品。

2. 要仔细勘验文书字迹本身。对张贴的文书，应观察纸张的类型；对书写在墙壁上的字迹，应观察所用墨水材料的类型，并注意观察墙壁上是否可能留有指纹；对掉在地上的文书材料，应先观察文书外貌，是否有反常情况。

3. 提取张贴在墙壁上的文书字迹，应当先用喷雾法将纸张湿润；提取书写在墙壁上的字迹，只能用拍照的方法提取，并应刮取构成字迹的物质材料，供以后检验之用。

4. 对现场发现的被撕碎文书，应当将碎片全部收集起来，以便在实验室条件下拼复认读。如果遇到被烧毁文书，只要尚未变成灰末，就应小心地把它提取。如果文书正在燃烧，应采取相应措施，使其因缺氧而自然熄灭，切不可因灭火而彻底毁坏文书。提取被烧文书应先将其轻轻扇起移至一平板玻璃上，然后喷以甘油使其软化，轻轻展平后再盖上一块平板玻璃，用胶布将两块玻璃封住，以备送检。

（二）对被扣押文书的勘验

对被扣押的文书应当从形式和内容两方面仔细勘验。对各种财务凭证应当检查其是否符合规定的格式要求，字迹是否有擦涂、消褪、添改等变造特征，图章印文是否有可疑迹象，内容是否有相互矛盾之处，必要时还要和有对应关系的凭证进行对照检查；对各种证件，要特别注意证件照片的面貌特征与持有人是否相符，照片上印文有无异常。

（三）勘验和提取应当特别注意的问题

1. 要注意把文书和案件的联系确定下来。无论以何种方法获取文书，如通过搜查、扣押提取文书，或者向有关单位或个人调取文书，都应在相应笔录中详加记录，不仅要写明文书的来源、名称、数量，而且要写明文书的编号和标志，防止文书与其他类似文书相混淆或被调换。笔录应由负责提取的人员，以及当事人、见证人签字。

2. 要注意保护文书。作为物证的文书，不得任意加注文字或其他符号，不得任意别上大头针或曲别针，原有的别针也不能任意去掉，已有折痕的，不能任意改变；需要检查指纹的（如匿名信），取拿时应戴手套或用镊子夹取，防止在文书上留下自己的指印。

3. 对于将来可能需要检验文书制作时间的可疑文书，要特别保护纸张、墨水、印文不受污染。将可疑文书装在透明塑料口袋内，是最好的保存方法。

二、可疑文书的送检

为了解决可疑文书的可疑问题，委托物证鉴定机构进行鉴定是必需的。委托鉴定时，应当向鉴定机构提交以下材料：

（一）委托鉴定函

委托鉴定函由委托单位加盖公章发出，委托单位通常是公、检、法办案单位，也可能是纪检、保卫部门，还可能是承担辩护或代理工作的律师事务所。在委托函中应当写明简要案情和请求鉴定的问题，并列举随函提交的供鉴定使用的各种材料。

（二）检材

在文书物证技术领域，检材就是需要鉴定的可疑文书。送交鉴定时，检材必须提交原件。有的案件也可能原件已丢失只有原件的照片，或者原件就是传真件。在这种情况下，提交原件的照片或提交传真件也是允许的。可不可以只提交文书字迹的复印件进行鉴定？这是实践中经常发生的问题。如果委托鉴定解决的问题是文书字迹书写的相对时间或印文盖印的相对时间，而解决时间问题又必须检验原件的制作材料随时间发生的变化，故提交复印件是不能鉴定的。如委托鉴定解决的是笔迹同一认定问题，有时也可以利用复印件鉴定。但是，应当正确认识字迹复印件在笔迹鉴定中的局限性，例如，在复印件上（照片、传真件亦同）不能看出交叉笔画的笔顺特征和起、收笔细微动作特征，在可疑签名的复印件上往往还很难辨别某些质量不高的笔画是复印造成，还是摹仿书写造成。

由于复印件有许多局限性，所以在诉讼中，如果需要对可疑文书上的笔迹进行同一认定型鉴定，提交原件仍十分必要。

（三）样本

样本是进行同一认定型文书鉴定所不可缺少的比对材料。当需要鉴定文书作成的相对时间时，相应的符合特定条件的系列笔迹样本或系列印文样本也不可缺少。对于鉴定用的比对样本，委托鉴定的办案人员应当特别注意审查的是，其来源必须绝对可靠。

第八章

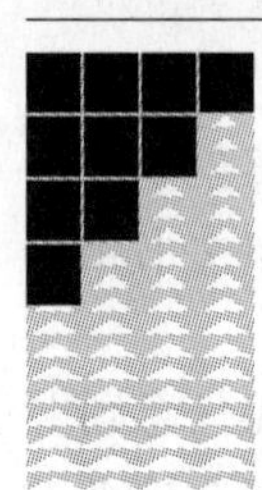

文书物证技术（二）：笔迹鉴定

第一节　笔迹的概念、实质和笔迹鉴定的科学性

一、笔迹的概念

书写人按照一定的书写规范，利用一定的书写工具，在物质表面书写时形成的能反映书写人特有的书写动作习惯的特殊痕迹，即是笔迹。

笔迹的概念包含以下要点：

1. 笔迹是一种特殊的痕迹。此痕迹的特殊性在于，它是由书写工具形成的，虽有一定的外形，但反映的并不是书写工具接触物面形成笔迹时的静态及动态痕迹特征。

2. 笔迹是多种信息的载体。笔迹的表象是文字符号，通过笔迹，我们可以了解书写文字符号的工具种类，了解文字符号的内容，了解相应书写动作的特点，了解构成文字符号的墨水或其他物质材料的种类等。

3. 笔迹是书写人书写动作习惯的特征反映体。尽管通过笔迹可以了解文书的内容，但该内容并不一定是书写人的内心意思表示；构成内容的文字符号或笔迹真正反映的，是书写人本人特有的书写动作习惯。

二、笔迹的实质

笔迹的概念告诉我们，笔迹的实质是人的习惯性书写动作。作为一种特殊的痕迹，构成笔迹的文字符号只是人们这种习惯性书写动作的外在表现。为了理解笔迹检验的科学性，应当从笔迹的形成这一视角理解笔迹的实质。

从高级神经活动生理学的观点看，人的各种技能，如书写，都是经过长期练习和实践才获得的。当一个人从事书写技能训练时，和书写活动有关的信号按一定的顺序和强度刺激着人体，参与书写活动的人体各器官受到信号刺激，会产生有规律的反应。刺激与反应的经久重复，即长期的书写训练、长期的书写工作，使得刺激与反应间的联系逐渐得以巩固，就会在大脑皮层分析、综合的基础上形成以第二信号系统为主，第一、第二信号系统相互作用并与各书写器官协调活动的条件反射锁链系统。该条件反射锁链系统即是书写动力定型。得以巩固并最终形成动力定型的书写动作，按照条件反射理论，便有了“自动化”的性质。此后，只要有初始的信号刺激，书写这一条件反射锁链便会按已有的顺序和强度，自动地、环环相扣地启动。动力定型愈巩固，其书写动作自动化程度便愈高，书写动作的协调程度也愈好。此时，书写人书写，例如，书写一封信，便无须再考虑每个字如何运笔、如何搭配等，只需考虑怎样表达自己要表达的内容。

可见，习惯性书写动作是书写人大脑中形成并巩固下来的书写动力定型，笔迹是这种书写动力定型的特征反映体，而笔迹所反映的就是已经得到巩固的书写动力定型。通过笔迹之所以能认定某可疑文书上的笔迹是否为某人书写，就是由笔迹的这种实质决定的。

人们可能要问，如果书写人故意伪装自己的习惯性书写动作，故意改变自己的运笔习惯，是不是还能利用该伪装笔迹认定书写人？回答这个问题，要看伪装字迹有多少。如果只有很少几个字，则认定书写人很困难，甚至不可能；如果字迹较多，则还是有可能认定伪装笔迹的书写人。这是因为，书写形成动力定型，也就是得以巩固后，即相对独立于意识。换言之，即书写一般不再受书写人意识的监督控制，而是依靠反射系统自动控制。书

写人如果想改变自己的笔迹，就必须在意志的控制下书写。但意志对书写的控制是有限的，书写者要对每一个书写动作均加以控制非常困难，特别是在实施违法行为时，紧张、慌乱的心理更会使得这种控制变得不易，故书写人固有的一些稳定性较强的习惯性书写动作就会表现出来，就使得数目较多的伪装笔迹的检验成为可能。

三、笔迹鉴定的科学性

笔迹鉴定，也称笔迹检验，是指根据笔迹表现出的书写人的独特书写动作习惯而对笔迹书写人作出认定的一种活动。

（一）笔迹鉴定的科学性，首先表现为笔迹理论的科学性

从历史上看，笔迹被利用来作为个人识别和鉴别文书真伪的依据，是随着资本主义商业的不断发展而逐步发展起来的。然而，在相当长的一段时间里，鉴定并不是由经过专门训练的专家进行的。当需要对有争议的笔迹进行鉴定时，被聘请进行笔迹鉴定的，都是一些语文老师、办公室秘书或社会上精于书法的人士。在当时的科学水平下，他们并不了解笔迹的实质是什么。在他们看来，笔迹就是写字所用的笔在纸张上留下的一般痕迹。对笔迹之实质的错误认识，必然导致笔迹鉴定走向误区，即机械地比对可疑笔迹与样本笔迹的异同，进而认定可疑笔迹的书写人。

科学的发展，生理学、心理学、统计学等学科的诞生及成熟，条件反射理论的建立等，使得我们有可能从笔迹的形成过程来正确认识笔迹的本质，并为笔迹检验奠定相应科学的理论基础：

1. 通过笔迹，可以准确、正确地认识书写人的书写动作习惯。这是由笔迹的本质决定的。

2. 笔迹具有特定性，为借助笔迹认识并区分不同书写人奠定了基础。所谓笔迹的特定性，是指笔迹反映的书写人书写动作习惯具有人各不同的特性。而这一特性的存在，在于书写动力定型的形成或笔迹的形成本身。尽管明确的书写规范（如汉字书写规范）决定了不同人的书写动作习惯存在某些共性特征，但受以下几个主要因素的影响，不同书写人形成的书写动力定型还是有本质上的差异：（1）书写者自身的生理功能差异，如大脑组织、感觉器官、书写器官等方面的差异；（2）书写时的心理因素差异，如注意力、记忆力、意志力等方面的差异；（3）书写动作定型形成时客观环境的差异，如练习书写的时间长短、学仿的条件、社会经历等方面的差异；（4）文字规范对文字只有最为基本的要求，而书写文字的动作又十分精细和复杂，故书写人可根据自己对文字及其笔画的观察和理解来书写，并形成自己的习惯性动作。

3. 笔迹具有相对稳定性，满足了借助笔迹认识并区分不同书写人的同一认定条件。所谓笔迹的相对稳定性，是指笔迹所反映的定型化的书写动作，在通常情况下，能在相当长的时期内保持稳定而不发生重大的变化。而这一特性的存在，是由书写动力定型的相对稳定性决定的。书写动力定型的形成与巩固，是大脑神经系统长期作用的结果，所形成的相应条件反射锁链系统并不会因为局部或单一因素的变化而发生整体性的变故，也就是说，单一、片面地改变书写的某一环节，并不能根本破坏已有的书写动力定型。故书写动力定型具有稳定性。但这种稳定性只是相对的，它可能由于种种原因而发生某种变化，例如：书写人不断练习并实践，书写水平渐次提高；书写人书写同一文字可用不同的书写动作（即书写多样性）；书写人故意伪装；书写人受疾病的影响握笔的力度和姿势发生变化等。

故书写动力定型也非一成不变。尽管书写动作习惯有可能发生变化，但这种变化往往是缓慢、局部的，满足了在一定时段认识并利用书写人的特定书写习惯认定书写人的同一认定条件。

（二）笔迹鉴定的科学性，其次表现为笔迹鉴定方法的科学性

笔迹鉴定的最根本目的是认定书写人，是典型的人身同一认定。故所遵循的步骤是同一认定的步骤——分别检验、比较检验、综合评断并给出结论，所采纳的方法是比较检验法。同一认定的基本步骤对包括笔迹检验在内的各种同一认定均具有普适性，同一认定的基本方法即比较法经理论及实践证实也是科学的，而现有的科学技术已经发展到相当的程度，为比较法的有效、可靠使用提供了便利的工具，如放大镜、显微镜、扫描仪、相关的计算机处理软件、各种比对仪、各种文检仪等，故笔迹检验方法具有科学性，能为笔迹检验提供可靠的结论。

第二节　笔迹的特征体系

一、笔迹特征体系的主要内容

笔迹特征体系是书写活动留下的痕迹所反映的多方面特征的总称，它一般包括以下几方面特征：

1. 反映书写动作习惯的特征。这是笔迹特征体系中最主要的内容，是对书写人进行同一认定的主要依据。通常说的笔迹特征，就是指这方面特征。

2. 反映用词造句习惯的特征。即通常所说的书面语言特征，它们能为分析文书作者个人特点提供依据。

3. 反映所用书写工具之种类特点的特征。笔迹是书写动作习惯的外在表现，同时也是书写者书写时所用书写工具留下的痕迹：根据该痕迹表现出的各种书写工具特点，可分析判断书写工具是钢笔、铅笔、毛笔或圆珠笔等。

4. 反映字迹笔画墨水特点的特征。笔迹通常由墨水、圆珠笔油等构成。笔迹或笔迹各笔画所表现出的墨水等的特点，可供我们用于鉴定有无添加文字、笔画，或各文字、笔画的相对书写时间。

在笔迹鉴定实务中，应用最多的主要是反映书写动作特点的笔迹特征和反映用词用语特点的书面语言特征。

二、反映书写习惯动作特点的笔迹特征

反映书写动作特点的笔迹特征可以分为两类，即总体特征和细节特征。

（一）笔迹的总体特征

笔迹的总体特征（又称一般特征），是反映整篇文字或整个单字的总体特点。总体特征是共性特征，是同类书写人的笔迹所共有的特征，包括：

1. 书写熟练程度

书写熟练程度又称为书写水平，可以分为高、中、低三等。从文字布局是否得当，运笔是否流畅，字的结构是否匀称，笔画搭配是否协调，以及是否有写错字的现象等方面进行考察。

2. 字形特征

汉字是方形字，但书写人往往偏离规范，写出不同字形的字，如偏长形字、偏扁形字、圆形字、多角形字、菱形字等。

3. 字的倾斜特征

规范的汉字没有倾斜。但有些书写人偏离规范，写出的字向右或向左倾斜，且倾斜程度各不相同。

4. 字的大小特征

所谓大小特征，以正常条件下纸张不受限制时所写的字为准。不同书写人书写出的字在大小方面有一定的差异。

5. 笔压轻重特征

笔压轻重在硬笔书写的字迹中可以看出：笔压重的，纸的正面有凹陷压痕，反面则有凸起压痕；笔压轻的，则无此痕迹。

6. 间隔特征

间隔特征包括字与字间隔、行与行间隔。不同书写者，这些间隔大小不同。有格子线之文书，还应注意其字迹与格子线的关系。

7. 页边和段首布局特征

页边的一般要求是上宽下窄，左宽右窄；分段一般要求开头处缩两个字位。偏离一般要求者，会呈现出不同的偏离特征。

8. 单字的总体结构特征

单字的总体结构特征是指字的写法特征或笔画构成特征。汉字有规范写法，但人们书写时往往偏离规范，而采用某一习惯写法，如：

异体写法：即汉字简化改革前，与正体字并存的写法，例如，“个”的异体写法是“箇”。

繁体写法：是指被规范的简化字取代的汉字写法，例如：義（义），國（国），个（个）等。

非规范简化写法：包括地区性习俗简化写法、行业性习俗简化写法，已被废除的第二次汉字简化方案中的简化写法等。

简缩写法：是指把一个词的若干字简缩为一个字的写法，例如，把广州写成“广州”，把无产阶级写成“叐”。

错误写法：是指由于书写人没有掌握字的正确结构而写了错字，例如，把“武”字写成“武”，把“展”字写成“展”，把繁体字“賈”写成“賈”等等。稳定的错误写法特征，在笔迹鉴定中能发挥很重要的作用，但要注意书写人对某个字的错误写法在社会上的出现率。

（二）笔迹的局部特征

笔迹的局部特征（又称细节特征），是书写单个字各部分或各笔画时呈现出的习惯动作特点。局部特征是个性特征，它们和总体特征一起，构成了书写人书写动作习惯的特定性，它包括：

1. 笔画的运笔特征

运笔特征一般体现于笔画的起点、终点、外形、运笔方向、笔画的转折等方面。

2. 笔画的连笔特征

书写动作加快会出现连笔特征，考察连笔特征要注意哪些笔画有连笔动作，连笔所处的部位、构成的图形或角度有什么特点等。在利用连笔特征时，要注意发现书写人的特殊连笔习惯。

3. 笔画以及偏旁部首等的搭配比例特征

汉字只要有两个以上的笔画，就存在笔画搭配比例特征，如：笔画与笔画交接的位置、交接是否规范以及笔画与笔画的长短比例等。

汉字中的合体字存在偏旁部首与其他部分的搭配比例问题：各部分间的高低、远近、宽窄、大小等。

4. 笔顺特征

书写汉字笔画的顺序有一定的规范要求，但书写者有的会偏离规范要求，形成自己的特殊笔顺特征。笔顺愈特殊，其鉴定价值愈大。

5. 标点符号特征

标点符号是文字的组成部分。人们在书写一篇文字材料时，往往只注意文句表达是否清楚，而不注意标点符号书写是否正确，并形成自己的稳定习惯。每个标点符号都有一个笔画，少数还有两个笔画，故它们的运笔特征或笔画搭配比例特征均可供鉴定利用。

以上所列举的反映汉字书写习惯动作的特征，对检验阿拉伯数字也基本适用。

三、反映用词用语特点的书面语言特征

表达一定思维内容的笔迹，不仅能反映书写动作特征，而且还能反映书面语言特征。但一般情况下，书面语言更多的是反映书写人（作者）的文化程度、年龄特点、职业性质和方言特点等一般特征。所以，书面语言特征通常只用于分析书写人（作者）的基本情况，而不能作为认定书写人的依据。

书面语言特征通常从以下几方面考察：

（一）用词特征

词汇的使用往往有着很深的个人烙印：不同行业、职业、年龄、籍贯、居住区域等的人在词汇选用方面均有一定的差异，故笔迹鉴定时，可从以下几个方面来分析：

1. 是否专业或行业词汇，是哪一专业或行业常用的词汇？

2. 是否地区词汇？是哪一地区或区域中常用的词汇，如：“脚踏车”是江、浙一带对“自行车”的称谓；“阿拉”是上海人所说的“我”等。

3. 是否陈旧词汇？如以“薪俸”代替“工资”、以“书肆”代替“书店”、以“邮差”代替“邮递员”等。

4. 是否成语、谚语、格言、歇后语等熟语，对这些熟语的使用是否准确、是否熟练等。

此外，检验时还应注意并利用外来词汇、宗教词汇、暗语、黑话以及程式语、祝颂问候语、署名及其后面的客套词、年月日表达形式等等。

在考察用词特征时，不仅要注意其所用词汇的特点，而且还应注意鉴别其使用是否有错。发现错误用词，对鉴定的价值往往更大。

错用词汇的表现形式：或者是词素颠倒，例如，“此致”写成“致此”，“秘密”写成

“密秘”；或者是用错地方，例如，该用“武断”的写成“果断”，该用“传达”的写成“表达”，该用“改正”的写成“改进”；或者是胡造词汇。但要注意，某些词汇在一定方言区也可能有词素颠倒的情况，例如，普通话中的“客人”，在闽、粤、吴方言区就颠倒成“人客”；“拖鞋”在闽方言区颠倒为“鞋拖”。要注意区分方言区的词素颠倒与错误用词。

(二) 句法特征

人们表达思维内容，必须使用句子。符合汉语语法规范的正常句子在鉴定时价值不大，但那些不正常句子，却可能反映书写人违反句法的习惯特点，从而告知有关书写人（作者）的文化水平或工作经历等个人特点。

(三) 别字特征

别字特征是指书写人因字音、字形、字义相同或相似，而用错了字的习惯特点。形成这种习惯的根本原因，可能是文化水平不高、地区方音的影响、偶然写了别字或故意写别字。故要从文字整体水平出发，结合具体字的难易程度具体分析。

(四) 标点符号的用法特征

使用标点符号有一定规范。偏离规范，形成特殊的标点符号的用法特征，对鉴定颇有价值。

第三节　笔迹鉴定中的笔迹样本

一、笔迹鉴定的目的和笔迹样本

笔迹鉴定，又称为笔迹检验，是物证鉴定的重要组成部分。笔迹检验或鉴定的目的是要认定文书上字迹或签名是否某人所书写，或者认定两份文书上字迹或同一文书上的两处字迹是否同一人书写。

笔迹鉴定的目的决定了笔迹鉴定是一种同一认定，故笔迹鉴定所用的方法是同一认定的方法——比较法。就认定两份文书上字迹或同一文书上的两处字迹是否同一人书写的鉴定要求，通常不需另行寻找笔迹样本，只要将这二者进行比较就可，但就认定文书上字迹或签名是否本人书写，则必须要有该人的手写文字材料以供比较使用。笔迹鉴定中，将用于比较检验的疑是书写人的手写文字材料称为“笔迹样本”。

二、笔迹样本的种类

笔迹样本主要可分为两种，一种是笔迹自由样本，一种是笔迹实验样本。

(一) 笔迹自由样本

笔迹自由样本就是受审查人或疑是书写人平时所写的字迹。因为这些字迹是在平时工作、学习、生活中书写的，所以，可以排除伪装的可能。从时间上看，这种字迹是在检材作成之前或之后书写的。前者通常称“案前样本”，后者通常称“案后样本”。案前的自由样本能真实地反映书写人书写习惯。案后的样本则不尽然：如果是受审查人在日常业务活动或生活中书写的报表、账册、书信、日记，笔迹特征一般还是可靠的，如果是案件开始调查后以某种正当理由让受审查人哪怕是和其他人一道书写的字迹，就不能完全排除受审查人伪装的可能。所以，对于案后样本，又称为“准自由样本”，以示与案前自由样本可能存在的差别。

（二）笔迹实验样本

笔迹实验样本是受审查人在办案人员主持和监督下，按照笔迹鉴定人的要求书写的字迹。笔迹实验样本通常在以下情况下提取：

1. 笔迹自由样本数量太少，没有包括检材中应予鉴定的字迹，比较检验难以进行。

2. 检材书写条件特殊（特殊的书写工具、书写环境、书写材料或书写速度等），必须取得与检材书写条件相同的字迹作为比对样本。

3. 检材系左手伪装字迹，必须取得用左手书写的实验样本。

4. 比较检验中，需要进一步检验某些细节笔迹特征的差异点和符合点。

检验摹仿笔迹，除收集疑是摹仿者的笔迹样本外，还可能要收集被摹仿者的笔迹样本。

三、笔迹样本的提取方法和要求

笔迹自由样本一般由办案人员提取。办案人员根据案件的性质和具体情况，可以向受审查人索取其平时书写的文字材料，也可以委托受审查人所在单位代为收取。所有各种作为自由样本收取的字迹，都必须注意其来源的绝对可靠性，要确保这些字迹（特别是各种申请表、申请书）确系受审查人亲笔所写。

笔迹实验样本应当由笔迹鉴定人提出具体要求，通知办案人员并和办案人员一道研究具体的提取办法。实验样本一般以听写的方式提取。如果检材字迹不多，可以责令受审查人听写检材上字迹，听写的重复次数，根据鉴定的复杂程度和需要确定。也可以草拟一段文字，将需要鉴定的文字融合在这段文字之中。如果检材字数过多，可以从中挑选一批比较富有个人特点的字，然后编一段文字，将这些字融合在这段文字之中，让受审查人听写。需要特别注意的是，任何情况下，均不得将检材向受审查人出示，更不得让受审查人看着检材的字迹书写"实验样本"。

第四节　笔迹鉴定的一般方法

如前所述，笔迹鉴定是一种同一认定，故笔迹鉴定要遵循同一认定的基本步骤：预检、分别检验、比较检验、综合评断、得出结论并制作鉴定书。具体说即是：

一、预检

1. 详细了解案情。了解案情，应以笔迹鉴定为核心而展开，即，围绕需要进行笔迹鉴定的文书而了解一些案情，如了解文书字迹的发现和提取情况；了解文书的出处；了解诉讼的争论焦点与文书字迹的关系；了解疑是书写者的年龄、文化水平、疾病等情况；了解是否重新鉴定等情况。

2. 审查检材和样本。即审查检材字迹是否有鉴定条件，样本字迹是否有比对条件，来源是否可靠，以及样本字迹的书写时间是否与检材字迹相当，数量是否充分，等等。

3. 判明字迹是否正常。既要判明检材有无伪装，又要判明样本字迹是否真实地反映受审查人的书写动作特征，这一点对于案后自由样本特别重要。

二、对检材字迹和样本字迹的分别检验

分别检验检材和样本字迹的目的，是要认识并掌握检材字迹和样本字迹的笔迹特征，以从检材和样本中发现有同一认定价值的笔迹特征。

分别检验的步骤和方法：

1. 应当先检验检材字迹，后检验样本字迹。

2. 仔细审阅检材字迹。找出其中相同的字、相同的偏旁部首和相同的笔画，研究它们的笔迹特征是否一致。

3. 注意在检材字迹中发现特殊的连笔、特殊的笔顺、特殊的搭配比例等细节特征。这些特殊的细节特征，往往有助于鉴定人认识并掌握书写人的笔迹特征。

4. 在注意发现笔迹细节特征的同时，还应注意发现书面语言特征以及文字布局特征。

5. 以检材上发现的笔迹特征为线索，对样本字迹进行检验，即研究与检材字迹相当的字、相当的偏旁部首或相当的笔画，以发现它们的笔迹特征的具体表现。

6. 将检材和样本字迹中的笔迹特征用适当方式记录下来。

三、对检材和样本笔迹特征的比较检验

比较检验检材和样本笔迹特征的目的，是要确定检材字迹与样本字迹之间的特征符合点及特征差异点。从认识角度来说，比较检验是在分别检验基础上对检材和样本字迹的认识的深化。

比较检验的方法，一般采用特征对照法。

比较检材字迹和样本字迹，应注意以下几点：

1. 应当客观全面、认真细致。所谓客观全面，是指比较检验不能先入为主，在受审查人是否就是检材字迹书写人这个问题上不能受外界影响，而应从检材字迹的实际情况出发，全面比较符合和不符合的特征；所谓认真细致，是指比较检验时，不能满足于表面的、比较明显的特征，而要借助相应的仪器设备，去发现一些细微的书写动作特点。

2. 应当注意特征的可比性。只有对相同的字、相同的偏旁部首或不同字中相同部位的相同笔画进行比较，才能准确地鉴别检材字迹与样本字迹在笔迹特征方面的异同。

3. 应当防止机械比对。书写动作具有稳定性，但表现为书写习惯并成为笔迹，这种稳定性仍会有一定的差异，因此，机械地比对字的大小、文字笔画的长短等，势必导致错误的结论，而联系案件的实际情况，具体分析书写条件、书写心态等方面的差异，才能得出科学的结论。

四、对笔迹特征差异点和符合点的综合评断

（一）对笔迹特征差异点的评断

笔迹特征的差异点有两种：一种是本质差异，一种是非本质差异。本质差异是两个不同的人所写字迹特征的差异，非本质差异是同一个人所写字迹由于种种原因而产生的差异。

评断差异点，实际上就是要分析差异点产生的原因。

如果检材字迹和样本字迹之间的特征差异是同一人书写习惯动作多样化的表现，或是检材字迹的书写条件与样本字迹不同而造成，或是书写人生理、病理、心理等方面原因所造成，甚至是书写人故意伪装所造成，那么检材字迹与样本字迹之间的差异就是非本质差异。

如果检材字迹与样本字迹之间的差异无法用前述因素加以解释，则这种差异点，应视为本质差异。

（二）对笔迹特征符合点的评断

符合点也有本质和非本质之分。本质的符合说明检材和样本字迹反映了同一人的书写习惯动作，符合点的总和具有特定性，不可能在其他客体上重复出现。非本质符合，是一般的符合，并不具有特定性。评断符合点，实际上就是要研究符合点的总和是特定还是一般的，其对同一认定的价值如何。

符合点对同一认定的价值大小与笔迹特征的类型有关。一般来说，笔迹总体特征与笔迹细节特征相比，后者的价值较大；而细节特征中，符合规范的特征与偏离规范的特征相比，后者的价值较大；偏离规范的特征中，带有地区性质的、行业性质的、年纪性质的特征与带有个人特点的特征相比，后者的价值较大。正常书写的字迹中，一些特殊的运笔特征、搭配比例特征和笔顺特征，以及字的特殊写法、特殊的布局特点、特殊的标点符号等特征的符合点，价值都较高。

（三）对笔迹特征符合点和差异点的综合评断

对检材字迹与样本字迹的特征符合点与差异点还应综合在一起进行评断。综合评断时，要全面衡量符合点和差异点的质量和数量，以便决定检材字迹与样本字迹是否同一人书写。

如果检材字迹和样本字迹的一般特征和细节特征均相符合，而差异点又可以用书写动作多样化等非本质原因加以解释，那就说明，笔迹特征符合点的总和有特异性，而差异点是非本质的。这种情况下，鉴定人可以作出肯定同一的鉴定结论。

如果检材字迹和样本字迹的一般特征和细节特征只有一些一般性的符合，而差异点又比较突出，且都是细节上的差异，不能用书写时主、客观因素的影响加以解释。这种情况下，鉴定人可以作出否定同一的结论。

实务中，还常常出现无法给出肯定或否定同一认定结论，或至多只能给出倾向性意见的情况。无疑，前者对案件的查处无意义，而后者，也只能作为参考，而不能作为定案或认定事实的依据。

五、笔迹鉴定书的制作

笔迹鉴定书是承载鉴定结论、展示鉴定过程和鉴定所见的书面材料。通常包括案由、检验、论证和结论四部分。案由部分应当叙述送检单位，送检日期，检材名称、数量，笔迹样本名称、数量，请求解决的问题；检验部分应当叙述检验所见，包括：检材字迹和样本字迹的一般情况，以及检验中发现的笔迹特征符合点和差异点，并应制作“特征比对表”作为附图；论证部分应当叙述对符合点和差异点所作的评断，为作出鉴定结论奠定基础；结论部分应当以明确的文字，表述鉴定人对送检单位请求解决的问题作出的回答。

鉴定书应当由鉴定人签名，并加盖鉴定机构的鉴定专用章。

第五节　伪装笔迹的常用手法及伪装笔迹的鉴定可能性

一、伪装笔迹的概念

出于某种目的，在意志力、注意力的控制下，借助某一方法，故意改变已有的正常书写动作习惯而写成的一种非正常笔迹。

伪装笔迹在刑事案件和非刑事案件中均可能遇到。

二、伪装笔迹的常用手法

按照伪装笔迹者伪装的目的，伪装笔迹可分为两类，即摹仿笔迹与非摹仿笔迹。相应地，伪装笔迹的常用手法也可分为两类：摹仿伪装与随意性伪装。

（一）摹仿伪装

为了达到转移视线、逃避责任，或讹诈、冒充、虚构等目的，伪装者往往以摹仿的方式伪装笔迹，即伪装者努力控制自己的书写动作习惯，而摹仿他人的书写动作习惯书写出特定的文字。这样的伪装笔迹方式称为摹仿伪装，摹仿伪装形成的笔迹，称为摹仿笔迹。

摹仿伪装又可根据具体的手法而分为：

1. 临摹：又称“对照摹仿”，即将被摹仿者的笔迹放置在旁边，边观察其笔迹、边摹仿书写。

2. 套摹：即将被摹仿者的笔迹放在下方，以透视、复写、抑压等方式逐字、逐笔地描摹。

3. 记忆摹仿：即凭借自己对被摹仿者笔迹特征的记忆而摹仿。

（二）随意性伪装

伪装者并不介意所写出的字像谁的字，只希望自己的笔迹不被他人识别时，往往会随意性地伪装笔迹。而随意性伪装笔迹又可根据具体的手法分为：

1. 用常用手胡乱书写

伪装者尽力改变自己的书写动作习惯，以惯常书写时所用手（通常为右手），故意快速或慢速书写，故意破坏文字的间架结构，故意改变字的大小、字的倾斜程度等的一种伪装笔迹的方式。

2. 改用非常用手书写

为了不显露自己的书写动作习惯，伪装者往往以改用非常用手（通常为左手）的方式，书写文字。

3. 其他随意性伪装

实务中还发现，伪装者为了隐藏自己的书写动作习惯，还可能以多人合作书写、换用非正常书写工具等其他方式随意地伪装笔迹。

三、伪装笔迹的鉴定可能性

（一）伪装笔迹通常可能呈现出相应的特征

伪装笔迹是已有书写技能的伪装者在改变自己的书写动作习惯的基础上另行形成的一种笔迹。而书写技能或书写动作习惯一旦形成，就有一定的稳定性，即便伪装者刻意掩盖或改变，但已有的书写习惯总会摆脱书写者的控制力或多或少地表现出来，故伪装笔迹往往呈现出一些反常现象，即：伪装者本人的笔迹特征与被摹仿者笔迹特征的相互交织；伪装者本人的笔迹特征与随意伪装出的笔迹特征之间的相互矛盾。故从笔迹的形成过程来看，伪装笔迹异于正常笔迹，是可以识别的。

而且，以不同手法伪装的笔迹又往往呈现出相应的伪装特点，如：摹仿笔迹与被摹仿者的笔迹相比，有一定程度的相似，但摹仿笔迹却会呈现出书写速度较慢，运笔生涩不自然，笔画中有抖动、修饰、重描的迹象，有不必要的停顿、起笔动作，连笔动作僵硬、发滞等；非正常手书写的笔迹则会表现出书写速度慢，字行、字形不整齐，笔画动作不协调，横笔画、横字行左高右低，反起笔、反字或字的结构左右颠倒等；正常手胡乱书写形成的笔迹则会出现，书写速度明显异常，笔画的连贯性被人为破坏，书写动作失调，笔画或偏旁之间的正常搭配比例被人为破坏，同一字的写法、书写水平、长短高低搭配比例和结构等在文章的前后表现不一等。因此，只要仔细观察、认真研究，并佐以大量的经验，通常可以识别伪装笔迹。

（二）伪装笔迹的鉴定有一定难度，但却可以进行

伪装笔迹的鉴定在实务中并不少见，但却是实务中的一个难点。从理论上说，伪装笔迹并非不能鉴定，因为：如前所述，笔迹所反映的书写动作习惯一旦形成，即具有特定性、稳定性和反映性。伪装笔迹的伪装者虽然刻意改变自己的书写动作习惯，但书写动作习惯的稳定性及反映性却使得伪装者原有的书写动作习惯不可避免地会在长篇的书写活动中暴露出来，而书写动作习惯的特定性又决定了，这些暴露出的书写动作习惯有着伪装者的个人“烙印”，使得我们有了鉴定伪装笔迹者的可能。

但是，伪装笔迹是特殊的笔迹，是伪装者个人笔迹与被摹仿者笔迹的混杂体，或者是伪装者刻意要掩盖的书写动作习惯与临时胡乱书写时书写动作的混合物，因此，要从这种混杂体或混合物中准确辨别出伪装者自身的书写动作习惯，便较为困难。实务中要求，针对伪装笔迹的鉴定：（1）要同时收集、提取伪装者和被摹仿者的笔迹样本，且收集、提取的这些笔迹样本要尽量充足、丰富，便于鉴定人员更好地认识、掌握伪装者及被摹仿者各自的笔迹特征；（2）在提取受审查者的笔迹实验样本时，要求受审查者在特定的条件下书写，如分别用常用手及非常用手书写；（3）仔细研究伪装笔迹，以发现其中规律性的笔迹特征、反常的笔迹特征等；对样本笔迹，也应仔细研究，以从中发现可资利用的特征；（4）充分利用已有的伪装笔迹鉴定经验，或者虚心向经验丰富的笔迹鉴定专家求教。

通常而言，伪装笔迹越多，伪装笔迹的鉴定也就相对较容易，并有可能鉴别出伪装者；但如果伪装笔迹只是签名、字数很少，或者伪装笔迹是套摹的，则很可能只能确定是否伪装，而无法认定伪装者。

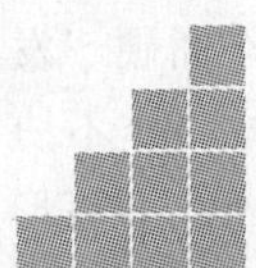

第九章

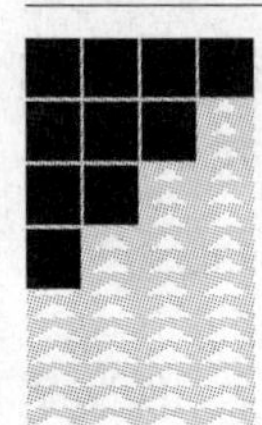

文书物证技术（三）：伪造、变造文书及印章印文的检验

第一节 伪造文书及其检验	一、伪造文书的常用方法及相应伪造文书的主要特点 二、伪造文书的检验
第二节 变造文书及其检验	一、变造文书的概念 二、变造文书的常用手法及相应变造文书的主要特点 三、变造文书检验的任务和特点 四、常见变造文书的检验
第三节 伪造印章印文及其检验	一、印文特征 二、伪造印章印文的常用手法 三、印文的鉴定

第一节　伪造文书及其检验

伪造文书，又称“全部伪造文书”，是指以真文书为样本或按伪造者自己设计的格式，利用技术方法制作的假文书以及伪造者以手写的方式制作的假文书。本节所述，主要是以技术手段伪造的文书及相应的检验或鉴定方法。至于用手写方式伪造的文书，则归笔迹检验那一章的内容。

一、伪造文书的常用方法及相应伪造文书的主要特点

（一）手工描绘伪造法

手工描绘伪造法是按真文书的格式、字体、图案、花纹、线条及颜色的规格要求以手工的方式描绘制得假文书。有的是临描，有的是套描，有的则是用复写纸复写的方式将真文书各部分内容复制到纸上后，再细致地描绘上色。

手工描绘伪造法伪造文书的主要特点是：

（1）格线不整齐均匀；（2）色泽浓淡不均，遇水后易掉色；（3）图文笔画等有弯曲抖动、粗细不均或残缺不全现象；（4）文字、线条的起、收笔处有笔锋现象或铅笔痕迹、铁笔压痕；（5）可能有复写纸痕迹，或在其图文的起始和终点处有用针固定位置的针孔痕迹等。

（二）手工雕刻伪造法

手工雕刻伪造法是将真文书的文字、图案等，按不同颜色分别复制到版材上，然后雕刻成需要的版型，再以套色印刷法印制出假文书的伪造法。

这种方法伪造的文书其主要特点是：

（1）有凸版或凹版印刷特点；（2）相同字的大小不同，排列不整齐；（3）文字笔画、图纹线条有间断、变形和粗细不均的现象，其边缘处及交接部位可能出现刀痕；（4）细密的线条不完整、不清晰，版面不洁净；（5）同种颜色的图文色调可能不一致；（6）各色图文的交接处有重叠或错位现象。

（三）誊写油印伪造法

誊写油印伪造法是将真文书的图文用铁笔、钢版誊写在蜡纸上，再用油印法制得假文书的伪造法。可在制得假文书后，再按真文书着上相应的颜色；或按真文书的不同颜色誊写出若干块蜡版，用套色印刷法印成假文书。

这种方法伪造的文书其主要特点是：

（1）图案、花纹、线条不清晰，有些笔画、线条中有钢版版纹痕迹；（2）油墨暗淡无光泽，用手擦拭易模糊；（3）颜色浓淡不均，并有油渍渗散现象；（4）套色油印的，则可能有重叠或错位、漏白等现象。

（四）光电誊影机制版伪造法

光电誊影机制版伪造法是采用誊影机的滚筒式扫描，将原稿图文通过光电转换系统，制成与原稿完全相同的油印版，再印制成假文书的伪造法。其印制方法可分为单色印刷和套色印刷，有的则在单色印刷后再手工着色。

这种方法伪造的文书其主要特点是：

（1）图案、线条、文字以及底纹等在外形上与真文书相近，但其细密线条上则容易出现图纹不着墨的“漏白”现象；（2）所有图文的印刷版型均为孔版，在显微镜下观察，图文均由规则的点状墨迹组成；（3）有套色不准和个别颜色空缺的现象；（4）油墨颜色和光泽异于真文书；（5）如伪造纸币，则纸币多由两张纸对贴，其尺寸略小于或大于真币。

（五）复印伪造法

复印伪造法是以真文书为原稿，用静电复印机复印制得假文书的伪造法。

这种方法伪造的文书其主要特点是：

（1）具有复印件的基本特征；（2）如果用单色复印机伪造彩色文书，伪造者则要按真文书上色，因而具有手工着色的特征；（3）若用三色四色复印机套色伪造彩色文书，则有颜色不正及分版复印痕迹和套印错位现象；（4）用彩色复印机复印的，其整个版面的颜色有差异。

（六）铅字盖印伪造法

铅字盖印伪造法是按真文书的格式、内容等，用单个铅字或将铅字分组固定下来，蘸上油墨，按真文书的相应位置盖印制得假文书的伪造法。

这种方法伪造的文书其主要特点是：

(1) 文字油墨浓淡不一，印痕轻重不同；(2) 整行文字有倾斜、上下不齐、左右间隔不均等现象；(3) 因找不到相同型号的铅字，有的可能出现铅字型号大小不同的特点。

(七) 照相制版伪造法

照相制版伪造法是将真文书以照相的方法制成底片，经晒版将图文复制到涂有感光液的版材上，再以化学方法处理版材制成印版，最后用印刷的方法制得假文书的一种伪造法。这种方法伪造的文书，因所用的版型不同，而有着不同的特点。

伪造凹凸版者：(1) 有凹凸版印刷的特点；(2) 线条边缘不光滑；(3) 笔画尖端相交处圆钝、不清晰；(4) 一般比同号真文书笔画略粗，若曝光不当或腐蚀过度，笔画也可能细；(5) 若有修版，笔画有的部位平滑，有的不齐整。

伪造胶版者：(1) 有平板印刷的特点；(2) 如采用剪贴的铅印字拼排后照相制版，则文字周围有纸块边缘印痕；(3) 由于修版，笔画线条交接处内角有圆钝、断线或过于清晰等现象。

(八) 拓印伪造法

拓印伪造法是将纸张浸泡在化学试剂中，用时取出，覆盖在真文书上，再加压把真文书的图文拓印下来制得假文书的伪造法。

这种方法伪造的文书主要特点是：

(1) 图文与真文书形象相似，但颜色较浅；(2) 缺少凹凸版印刷文书的特点；(3) 由两张纸对贴形成的假文书比真文书略小。

二、伪造文书的检验

(一) 伪造文书检验的任务

伪造文书的检验通常是为了解决可疑文书是否伪造、伪造文书是以哪种方法伪造以及伪造文书是谁伪造这样三个问题。但实务中，通常较为容易解决可疑文书是否伪造的问题，而后两个问题，则因案而异，有的能解决，有的则无法解决。

(二) 文书真伪的检验

伪造者伪造文书通常以真文书为样本，因此，文书真伪的鉴定，最好的方法是比较法，即将可疑文书与相关真文书进行比较，以发现差异，进而判断可疑文书是否伪造。在可疑文书的真伪鉴定过程中，往往可以利用放大镜、显微镜、比对投影仪、红外文检仪、扫描仪、计算机、photoshop软件等，而具体的比较鉴定，则可沿以下路径展开：

1. 比较印刷版型。如果可疑文书的印刷版型与真文书的不同，则可判定其为伪造；如果相同，则需进一步比较两者的细节特征，如真文书在凹版印刷的同时在凹版里可能印有潜在的图文，而假文书则没有。

2. 比较版面特征。如果可疑文书在版面内容、版面结构、防伪措施这三大版面特征方面与真文书有差异，则可疑文书便为假文书。比较时，具体看可疑文书的图文是否齐全，内容有无矛盾；版面上的花纹、图案、文字等的相应位置及大小有无差异；有无安全金属线、暗记、水印等防伪措施等。

3. 比较印文。印文通常是真文书的有机组成部分，故伪造假文书，也必然会相应伪造印文。通过比较印文的真伪，也能判断可疑文书是否伪造。

4. 鉴别文书物质材料。文书的制作离不开纸张、油墨、印油等文书物质材料，但受条件的限制，伪造文书时往往无法获得与真文书完全相同的纸张、油墨、印油等，故从纸张、油墨、印油等的物理、化学性质入手，可判明可疑文书是否假文书。若从受审查人处提取了可疑纸张、油墨等，还可与已被确定为假文书的纸张、油墨等文书物质材料进行比较检验，以判明其是否相同。

5. 比较证件的装订方式。文书若为证件，则其显然需要装订，如线缝、针钉、黏合剂黏合、塑料熔融黏合等。假文书的装订方式往往与真文书不同，故也可成为判明可疑文书是否假文书的依据之一。

(三) 假文书之伪造方法的判断

在确定可疑文书为伪造文书即假文书之后，如果有可能，还应进一步判断假文书的伪造方法，这在刑事案件的查处中相当重要，因为知悉了伪造方法，可为侦查破案提供线索，缩小侦查范围。

如前所述，不同伪造法伪造的文书均具有各自特点，而这些特点不乏是具体伪造法的体现，因此，通过研究伪造文书的各自不同特点，有可能判断伪造文书是以哪一方法伪造的。相对而言，照相制版伪造法伪造的文书不仅难以鉴别，而且相应的伪造方法的判断也更为复杂、更为不易。但通常而言，对以照相制版法伪造的假文书，可从：(1) 图样的制作、印版的制作等制版方法；(2) 手工印刷、油印印刷、机器印刷等印刷方法；(3) 金属版材、非金属版材等制版材料三个方面来分析判断相应伪造法的具体特点，为侦查破案提供线索、划定范围。

第二节　变造文书及其检验

一、变造文书的概念

变造文书又称为“局部伪造文书”，是指对真文书予以局部变更、篡改而制成的假文书。

变造文书在未变造之前本是真文书，只是在变造者对该真文书的某一部位或某几个部位予以变更、篡改后才成为假文书。

变造文书与伪造文书的区别是：变造文书者在变造文书时必须有真文书在手，而伪造文书者在没有真文书时，可以根据自己的需要凭空设计、制造各种假文书；变造文书者一旦对真文书的局部内容予以变更、篡改，那么，该真文书也就沦为了假文书。

二、变造文书的常用手法及相应变造文书的主要特点

日常生活、工作中涉及的各种证件、票券等文书均可能成为变造者变造的对象。变造者变造各种文书的手法通常是擦刮法、消褪法、添写改写法、改贴（换）照片法、挖补剪贴法等。

(一) 擦刮法及擦刮法变造文书的主要特点

擦刮法是指用一定的工具将真文书的某些文字笔画擦去或刮掉，用以改变文书内容的一种变造文书方法。

以擦刮法变造的文书能出现以下特征：

(1) 纸张表面留有擦刮工具擦刮后的痕迹或微粒，如：针挑、刀刮的痕迹或残留的橡

皮屑；(2) 被擦刮部位的纸张纤维有不同程度的松乱、翘起；(3) 被擦刮部位的纸张颜色与其他部位有差异；(4) 文书的底纹或格子线因被擦刮而变得模糊不清甚至消失，而补画的底纹及线条或者与原底纹、线条衔接不上，或者粗细、颜色不同；(5) 在擦刮处添写的文字笔画可能出现墨水洇散现象；(6) 与擦刮部位邻近的文字笔画有可能被损，虽经添写重描，与其他文字笔画相比在颜色上、笔迹特征上均有差异；(7) 擦刮部位可能有未擦尽的残留笔画；(8) 文字被擦刮以后，纸张上可能还留有文字压痕。

(二) 消褪法及消褪法变造文书的主要特点

消褪法是指先用单一或混合化学试剂将真文书的部分文字消褪，然后在被消褪处写上所需文字用以变造文书的一种方法。

被用作消褪剂的化学试剂通常有：次氯酸盐类、盐酸、草酸、稀硫酸、过氧化氢、维生素C、高锰酸钾（或与抗坏血酸配合使用)、无水乙醇等。

真文书书写物质的性质、文书制成时间的长短、消褪剂的性能及纸张质量等对消褪效果均有一定的影响。

以消褪法变造的文书有以下特征：

(1) 被消褪部位的纸张形成有色污斑，有皱缩、变脆甚至穿孔的现象，纸张表面光泽亦被破坏。(2) 用色纸书写的文书或纸上有保护花纹、格子线的文书，其底色、花纹及格子线往往褪色；若文书的纸张曾经作过特殊处理，例如在造纸时加入一些能与消褪剂发生化学反应而变色的试剂，则消褪处往往出现一些特殊颜色印痕；若消褪的部位正好盖有印文，则这部分印文的颜色可能异于其他部位的颜色。(3) 邻近消褪部位的个别笔画有可能变颜色，在消褪部位则可能有残留的未被完全消褪掉的文字笔画。(4) 被消褪部位添写的文字，往往有墨水洇散或褪色现象。

(三) 添写、改写法及添写、改写法变造文书的主要特点

添写是指在真文书的空白处、字行的前后或字间添加所需文字用以变造文书的一种方法。

改写是指直接在真文书原文文字上通过添加、涂描笔画等方法改变原文文字或数字的一种变造文书的方法。

用添写法和改写法变造的文书，可能出现以下特征：

(1) 添写或改写文字可能与整个文书内容不连贯或相互矛盾。(2) 添写文字或改写笔画的颜色可能与原文字迹颜色不同或深浅不一。(3) 添写往往会有文字间隔不均、排列不齐、文字大小不一致、文字书写格式及文字布局异常的现象。(4) 若添写者与原文书书写者不是同一人，则添写的文字在笔迹特征上与原文不同，并有一些反常现象。(5) 变造者用的书写工具可能与书写原文的工具不同，因而其书写痕迹就不同：如在笔尖的磨损程度、笔画宽度、圆珠笔出油量等方面表现出添写、改写处与原文其他部位不同的现象。(6) 添写、改写时用的压力可能与原文书写压力不同，因此可能在文书背面观察到深浅不同的压痕；添写、改写时受衬垫物软硬程度不同或平滑程度不同的影响，添写、改写的文字笔画会出现弯曲、抖动、间断残缺等现象。(7) 如在被擦刮、消褪的部位添写文字，在纸张折叠处添写、改写文字，常常会出现墨水洇散现象。(8) 添写文字或改写笔画未干时就折叠文书，则会在相应纸张部位留下添写、改写的文字笔画印迹。(9) 在发票上添写、改写时，所添字迹不是用复写纸写成，而是用钢笔或圆珠笔书写，也可能出现在文书背面添、改写部位无复写纸痕迹或复写纸痕迹颜色不一致的现象。(10) 在添写、改写前如兼

用消褪、擦刮手段，则在文书上还会出现擦刮、消褪的特征。

（四）改贴（换）照片法及改贴（换）照片法变造文书的主要特点

改贴（换）照片法是指将真文书上的照片撕揭下来改贴或改换上所需新照片的一种变造文书的方法。

这种方法变造的文书特点是：

（1）改贴（换）的照片上伪造的一部分印文在大小、位置、字迹笔画、印文颜色、钢印压痕深浅等方面可能与文书上另一部分印文衔接不上或不同；（2）照片周围纸张表面可能有撕揭原有照片而受损的痕迹，照片表面则可能出现凹凸现象；（3）揭下照片后观察照片的背面和文书的纸面，可见这两者在文字、线条上可能有残缺不全或相互不吻合的现象；（4）更换照片后，证件上某些内容（如性别、年龄、身高等）也要作相应的改动以符合持证人的自然情况，故在证件相应地方可能有擦刮、消褪、添写改写等特征。

（五）挖补、剪贴法及挖补、剪贴法变造文书的主要特点

挖补法是指将真文书某一部位文字图案等连同纸张表层切割剥离掉，然后补贴上新的文字图案以改变原文内容的一种变造文书的方法。

剪贴法是指将真文书的某一部分剪下来，然后根据需要或再拼贴到一起或贴于其他文书之上，以变造出一份新文书的一种变造文书的方法。

用挖补、剪贴方法变造文书可能出现以下特征：

（1）贴补部位与原文格子线、花纹不衔接；（2）有切割挖补和拼贴的痕迹，如可疑部位的边缘厚度增加，其周围还可能留有黏合剂；（3）挖补及剪贴部位的笔迹、墨水种类、字的大小、字体及纸张厚度、色泽、透明度、荧光现象等往往异于文书的其他部位；（4）如果挖补、剪贴后为了掩盖变造事实而用光滑坚硬的物体在变造部位碾压以使其平展，则在此处会留下有光泽的碾压痕迹。

除以上这些变造文书法以外，也有将计算机图像处理技术用于变造文书的。

三、变造文书检验的任务和特点

（一）变造文书检验的任务

变造文书检验是指根据变造文书的常用手法及其在变造文书中形成的特征，借助各种科学方法和手段对案件中的可疑文书是否变造作出判断，并在可能的情况下认定变造者的一种检验活动。所以变造文书检验的任务有三：一是可疑文书是否变造；二是显示文书被变造前的内容；三是确定具体的变造者。

（二）变造文书检验的特点

1. 变造文书检验时，文书上被改变部位所具有的特点就足以证明变造事实，而这些特点往往通过比较可疑文书的可疑部位与正常部位就能发现，因此，在变造文书检验时，多数情况下不需要另行收集供比对的样本，接受检验的可疑文书的正常部分已充当了比对样本的角色。但是，检验伪造文书通常则要收集比对样本——真文书。

2. 变造文书检验时往往要利用笔迹检验技术。变造者变造文书时很难用得上复印、印刷等技术手段，而往往要用手写的方式达到变更原文内容的目的，这就使得检验者有可能通过笔迹检验的方式发现、证实变造事实，并有可能通过笔迹检验对变造者进行同一认定。伪造文书检验则有所不同，除了手工描绘法伪造的文书，其他方法伪造的文书大都没有手写文字符号出现，因而检验中一般不涉及笔迹检验技术。

四、常见变造文书的检验

（一）擦刮法变造文书的检验

1. 确认擦刮事实

（1）借助放大镜或显微镜观察。

在侧光或透射光的照射下观察文书的可疑部位有无擦刮文书的特征，如可疑部位与其他部位纸张表面光泽是否相同、纸张是否发毛等。

（2）用碘熏显示法或甲基蓝—淀粉显示法确认。

被擦刮部位纸张纤维发毛能提高吸附碘的能力，所以用碘熏法一般可以确认有无擦刮事实。但甲基蓝—淀粉显示法仅能确认被橡皮擦过的事实且要求纸张及甲基蓝—淀粉的混合粉末（90%～95%：10%～5%）均须保持干燥，否则会出现假阳性反映（变蓝）。

（3）用紫外灯或蓝光灯观察荧光现象。

紫外灯或蓝光灯下，可疑文书可疑部位纸张和字迹的荧光现象与其他部位纸张和字迹的荧光现象往往不同，进而可确认擦刮事实。

2. 显现被擦刮文字

擦刮法变造文书时往往会破坏纸张表面的纤维层，从而使被擦刮部位的字迹被破坏掉甚至随被破坏的纸纤维、橡皮屑一起脱离纸面，因此，并非所有被擦刮文字均能显现出来，但有时可用以下几种方法显现或辨别被擦刮的文字：

（1）根据残留的文字笔画痕迹，按照文字笔画的书写规范、运笔方向和结构关系分析辨别原文。（2）根据书写原文时在文书正反面留下的抑压痕或留在其他部位的原文印迹显现或辨别原文。（3）若原文是用铅笔、黑墨汁、油墨等对红外线有吸收作用的物质书写的，则还可利用红外线显现原文。（4）在蓝光或紫外线下观察擦刮处，若残留的笔画发荧光，则也能辨别原文。（5）若原文是用红墨水、红圆珠笔油等红色物质书写的，那么激光可能激发残留的文字笔画发荧光而显现该文书上被擦刮的原文。

（二）消褪法变造文书的检验

1. 确认消褪事实

（1）肉眼或借助放大镜、滤色镜观察。

在不同光照角度下，用肉眼或借助放大镜、滤色镜等，观察文书可疑部位有无前述的消褪法变造文书的特征。

（2）用紫外灯或蓝光灯观察。

被消褪部位的荧光现象可能异于其他部位，因此，在不同波长紫外线或蓝光下观察，可发现消褪斑迹和消褪范围。

2. 显现或辨认被消褪文字

（1）荧光显现法。

有些被消褪文字笔画在紫外线或蓝光的照射下能发射荧光，根据荧光可辨别原文字迹。而“低温红外荧光照相法”也可显现某些消褪文字笔画。

（2）化学试剂显现法。

如果被消褪的文字是用铁盐墨水（即通常的蓝黑墨水）书写的，被消褪掉的实际上仅仅是染料成分，而墨水中所含的铁元素仍附留在原有笔画处，因此，可利用化学试剂与铁反应生成有色物质的方法显现原有的文字。

用于显现的化学试剂通常有：5%五倍子酸酒精溶液；5%2，4—二羟基苯甲酸酒精溶液；0.5%羟基喹啉酒精溶液；5%亚铁氰化钾溶液加盐酸；5%硫氰酸钾溶液加盐酸；10%三羟基苯水溶液等。

（三）添写、改写法变造文书的检验

1. 确认添写、改写事实

（1）目视法。

以目视法往往能发现添写、改写的特征，如果还发现可疑文书存在擦刮、消褪等现象，即可确认添写、改写的事实。

（2）加压转印法。

如果添写、改写文字笔画所用墨水异于原文所用墨水，或虽然书写墨水相同，但写成的时间不同，就可用加压转印法揭示字迹是否添写或改写。

（3）荧光显现法。

在紫外线、蓝光或激光下，添写、改写的文字笔画的荧光现象可能异于原文的文字笔画，因而可用于确认添写、改写事实。

（4）分色照相法。

用分色照相的方法可以鉴别并记录可疑部位添写、改写文字笔画在颜色上与原文的差异。

（5）红外线检验法。

添写、改写用的墨水等可能异于原文所用的墨水，因而它们对红外线的吸收、反射、透射的性能也就不同。所以用红外线反射、透射照相或红外文检仪可确认添写、改写事实。

（6）显微分光光度法。

添写、改写用的墨水等可能异于原文所用的墨水，因而用显微分光光度计检测所得的光学参数、颜色参数以及光谱曲线等均有差异，进而可确认添写、改写事实。

2. 显现原文文字

添写或改写对原文字迹基本没有破坏或破坏极小，故一旦确认了添写、改写事实，也就能辨认、识别出原文文字，因而不必用其他方法专门显现原文。当添写人不是原文书写人时，通过笔迹鉴定，与嫌疑人笔迹样本进行比对还能认定添写人。

（四）改贴照片法变造文书的检验

1. 以肉眼或借助放大镜观察

观察可疑文书的照片及其周围，如果发现改贴照片法变造文书的一般特征，即可认定改贴照片的事实。

2. 荧光显现法

更换照片后一般均要在照片上伪造部分印文，而这部分印文的印油可能异于证件上的那部分印油，甚至是用墨水、圆珠笔油描画的，因此它们在蓝光、紫外线下可能出现不同的荧光现象。

3. 印文印油的检验

可用薄层色谱法或一些仪器分析法鉴别照片上的印油与证件上的印油是否相同。

4. 黏合剂的检验

改贴照片时所用的黏合剂可能异于粘贴原照片时所用的，故在照片背面可能出现混合的紫外或蓝光荧光现象；用仪器分析法也可分析此处的黏合剂，看其是单一成分还是混合成分。

(五) 挖补剪贴法变造文书的检验

1. 肉眼或借助放大镜、显微镜观察。

可发现可疑文书是否具有挖补、剪贴法变造文书的一般特征，如纸张色泽、纸张纤维方向等方面的差异。

2. 荧光显现法。

贴补部位与原文纸张质料、墨水种类的差异可通过紫外线或蓝光下的不同荧光现象表现出来。

3. 笔迹检验。

贴补部位的笔迹、字体、字的大小都可能异于原文部分。

4. 可用揭贴法将补贴的部分揭取下来，从而证明变造事实。

揭取的方法为：先将补贴部位略加湿润，然后用蒸气熏蒸，再仔细剥离。

第三节 伪造印章印文及其检验

印文是印章印面在纸张上留下的有色平面或无色立体痕迹，是文书真实、有效的凭证。印章可分为公章、专用章和私章三种。公章是指机关、社会团体、企事业等单位及其所属机构使用的代表本单位或本部门的印章。专用章是指专用于某种业务或某种文件的印章，如“财会专用章”、“税务专用章”等。私章是指个人使用的名章。

伪造文书时，伪造者往往采用各种方法伪造印章印文。因此，检验印章印文的真伪，有助于识别各种假造文书。

一、印文特征

印文特征，是印章印面的结构特点在印文中的综合反映。鉴别印文的真伪，以印文特征为依据，因此，有必要掌握印文特征的具体内容。

(一) 印文特征的组成

印文特征包括印文规格性特征和印文细节性特征两大部分内容。

1. 印文规格性特征：是印章的规格性特征的反映，是印章刻制时在大小、形状、内容、安排格式等方面呈现出的一些种类性的特征，主要有：

(1) 印文形状及大小。印文的形状是指其外形，即方形、圆形等；印文的大小则指方形印文的边线长短、圆形印文的直径等。

(2) 印文的边框。指印文有无边框，以及边框的具体特点，如单边、双边、点线边等。

(3) 印文的内容及安排格式。印文内容指印文的具体文字内容以及国徽、五角星等附加图案。安排格式则指印文文字的排列方式及与附加图案之间的组合关系。

(4) 印文的字体。即印文文字具体呈现出的楷体、宋体、篆体等书写体系，以及是否繁体字、异体字或者规范简体字。

2. 印文细节性特征：是印章刻制人的风格、刻制方法、技术水平等方面的差异，以及印章在使用中形成的一些特点在印文中的具体体现，是印章个性化特点的综合反映。包括：

（1）文字、图案、线条等的具体位置及相互间的位置关系。

（2）文字、笔画、线条等的交接、搭配等比例关系，以及文字、笔画等的弧度、转折角度等外形特征。

（3）附加图案的具体结构特点及可能有的防伪特征。

（4）印面结构方面的疵点、缺损等，是印章笔画、线条等在刻制、使用中形成的一些断损、磕损、修补特点等。

（二）印文特征的致变因素

相较于笔迹特征而言，印文特征更为稳定，但即使如此，印文特征也受一定因素的影响而发生相应变化，唯有了解并掌握印文特征的致变因素，才能在印文的鉴定中正确评断可疑印文与样本印文之间的一些特征差异点，进而给出正确的鉴定结论。一般而言，印文特征的致变因素有：

1. 用不同印章盖印。这是印文特征发生变化的最本质因素。尽管印文的内容、形状、大小等均类似，但如果以不同印章盖印，则印文特征，特别是印文细节特征会有很大差异。

2. 湿度。对木质印章而言，湿度的影响会更大：空气湿度大或印章经常使用，则印面的笔画、线条等会相应膨胀而变得粗大；反之则变得纤细。

3. 盖印时的压力大小、落印角度、衬垫物软硬、印油（泥）多少等，有可能使得印文的外观、文字、线条等变得或粗、或细、或变形、或重影等。

4. 印章的长期使用或印章的清洗，有可能使得印文的文字、线条等变得粗钝、模糊，或者变得清晰、细小。

5. 印章印面受到磕碰或损坏，边框或文字、线条等出现缺损、断裂，相应的印文也会出现漏白、残缺等。

6. 印章长期使用却不清洗，使得印面附着过多的印泥（油），甚至粘上异物，因而印章，特别是木质或橡胶印章的刀痕及一些细节特征无法表现在印文中。

显然，第 2 至第 6 种致变因素并不妨碍我们在印文鉴定中得出肯定的同一认定结论。

二、伪造印章印文的常用手法

为了鉴别印章印文的真伪并分析判断其伪造方法，必须了解伪造印章印文的一般方法及特点。目前，伪造印章印文者，既有使用传统伪造法的，也有利用当代先进印刷技术或计算机技术的。

（一）伪造印章后再印制或盖印形成假印文

1. 照相制版伪造印章印文。这种伪造法又分两种情况：一是照相制版制得的是印刷版，即以照相的方式拍得真印文的底片，经晒版等步骤制成平版或腐蚀凸版，再以印刷的方式印出假印文。以此法伪造的印文，主要特点为：印文的结构、大小、文字甚至细节特征等可能与真印文相同；有平版或凸版印刷的特点，相应的印文由印刷油墨而不是印泥或印油构成。二是照相后制版制得的是不同材质（如铜版、感光树脂版）的印面，再将印面粘贴在印柄上，便制得了一枚印章，用此印章盖印可得假印文。以此法伪造的印文，主要特点为：印文的结构、大小、文字甚至细节特征等可能与真印文几乎相同；但经照相得底片时的显影、定影，以及以底片再行光腐蚀或化学腐蚀的制版处理，会使得制成的假印章丢失或增加某些特征，相应的假印文也就与真印文存在一些差异。

2. 手工雕刻法伪造印章印文。即以真印文为样本雕刻出伪造印章，或无样本而自行设计雕刻出伪造印章，再盖印形成假印文的一种伪造法。以此方法伪造的印文，会极大地显示出伪造印章与真印章在雕刻水平、印章材质、雕刻工具等方面的差异，如字的大小、间距、位置等方面的不同；字的笔画、线条等粗细不匀、转折生硬，甚至不正常间断或衔接；不具有真印章所具有的一些防伪特征等。

3. 单字组合法伪造印章印文。即用单个铅字或雕刻出的单个文字，按真印章的格式，逐个盖印在文书上形成印文，或者将这些单字固定在一起，组成印章，再盖印成印文。此法伪造的印文其主要特点为：印文的边框可能是描绘或用盒盖等盖印而成，有描绘或盖印物的特点；文字不正、排列不齐、间距不均等；字的压力大小不一；文字大小与印文大小不相称等。

4. 遮盖真印章的局部再盖印形成假印文。即设法将真印章的局部文字内容等遮盖住，再盖印出假印文的一种伪造法。以此法伪造的印文，主要特点为，有文字部分与无文字部分不匀称，或在印文空白处留有未被遮住而残余的文字笔画。

5. 电脑制版激光雕刻伪造印章印文。计算机技术及激光技术的发展，使得印章制作行业发生了深刻的变化：传统的手工雕刻制章或照相制版制章工艺几乎完全被电脑制版激光雕刻制章工艺取代。相应地，这一先进工艺也被用于伪造印章印文，即：(1) 测量需仿制的真印文的规格、图文排列，然后借助专用的印文排版软件设计编辑出相应的印章图文；(2) 或者以扫描仪将需要仿制的真印文扫描到电脑里，经修改编辑成相应的印章图文；(3) 或者利用激光雕刻系统曾经存储的被伪造印章的图文文件，然后用激光刻字机刻制出印章，进而盖印出假印文的伪造法。以这种方法伪造的印章印文，极为相似于真印章盖印出的印文。但除了第三种被实务界称为“同版印文”或“克隆印文”的假印文几乎无法鉴别以外，第一种及第二种假印文都有致命弱点，能够被检验出：第一种在测量真印文规格、图文排列时的误差，用于编辑出相应印章图文的专用印文排版软件的差异，激光刻字机的硬件差异等均会使得伪造的印章有一些细节特征不同于真印章，相应地，伪造印章盖印出的印文也就会异于真印文；第二种虽借助了扫描仪的扫描，但扫描时有可能使真印文的一些特点丢失或增加，修改编辑时又会变动一些内容，再加上激光刻字机的硬件差异，故此法伪造的印章也会在一些细节特征方面异于真印章，其盖印出的假印文也会异于真印文。此外，在用这些方法伪造印章时，印章的材质还可能异于真印章，也会使真假印文有一定差异。

(二) 直接伪造印文

1. 手工描摹复写法伪造印文。即将白纸覆盖在真印文上，用笔套描成假印文；或将真印文放在红色复写纸上，下衬白纸，用笔在真印文上描绘形成假印文的伪造法。以此法描摹出的假印文有明显的手工制作而非印章盖印的特点，如文字、线条等粗细不匀、弯曲抖动，有修补、重描甚至复写纸的痕迹等。

2. 变造印文。即将真印文的局部予以变动后形成假印文的一种伪造法。变造印文时，有可能是擦刮或挖掉真印文的某些文字，再添补上需要的内容等。以此法变造出的印文其主要特点是：可疑处有擦刮、挖补等变造文书的特点；添补的文字、线条等不是由印油或印泥组成；添补的文字等在字体、字的大小、排列位置等方面异于印文的其他部位，等等。

3. 拓印印文。即以拓印的方式将真印文拓印到白纸上，再将其转印到其他白纸上的一种伪造法。其主要特点是，印文的大小、形状甚至是细节特征均与真印文相似，但颜色浅淡，且印文的成分可能不仅仅是印油或印泥，还有其他有助于拓印的化学组成。

4. 激光扫描打印印文。即以扫描仪将真印文扫描到电脑中，再以彩色打印机打印出假印文的伪造法。以此法伪造的印文，其主要特点是，与真印文非常相似，但因经过了扫描这一复制工序，真印文所在的背景或其他瑕疵也可能一并扫描并进而打印出来，且有彩色喷墨打印、激光打印等打印文书的特点。

三、印文的鉴定

（一）印文真伪的鉴定

印文真伪的鉴定与笔迹鉴定一样，也属于同一认定，因此，印文的真伪鉴定也要遵循同一认定的基本步骤，即准备工作、分别检验、比较检验、综合评断得出结论、制作鉴定书，也要使用同一认定的基本方法，即比较法。但针对印文的特点，有必要注意以下问题：

1. 要注意全面收集不同时期的印文样本。因为印章使用时间的长短、使用时印面的洁净程度、磨损或磕碰情况等对印文特征的影响较大。

2. 检材印文及样本印文均要是原件而非复印件。因为复印印文无法便利我们发现、比较印文的细节特征，并无法显示印文是以印油（泥）盖印出还是打印机打印而成。

3. 为更直观了解印章及其相应印文的特点，可将印文样本对应的印章同时用于检验，即要求送检单位一并送来印文样本及对应的印章，检验时，既可用该印章模拟制作一些实验样本印文，也可直接比较检材印文与该印章的特征。

4. 比较检材印文与样本印文时，要综合使用测量法、画线法、拼接法、重叠法和特征标注法等比较法。虽然可用传统的设备，如放大镜、显微镜、投影比对仪比较印文的异同，但目前来说，计算机软硬件技术及相应的外围设备使得我们可以更为便捷、快速、可靠地完成这一工作，例如，目前实务部门已大量使用扫描仪及计算机图像处理软件（Photoshop 软件）来比较鉴定可疑印文的真伪：扫描仪将检材印文和样本印文在同样条件下输入计算机，用 Photoshop 软件即可以前述五大比较法比较输入的检材印文与样本印文。

5. 应熟悉当代先进制章工艺的原理、步骤，了解如若将该工艺用于伪造印章印文时可能会使得伪造印章发生变化的环节。在此基础上，对那些外观极为相似，甚至可重叠的检材印文与样本印文，要着重考虑是否运用了这些先进的制章工艺，是否呈现出相应的伪造特点。

6. 目前，也有用计算机印文比对系统自动识别检材印文的真伪，如银行业便在一定程度上使用印鉴的计算机识别系统。但我国对印章刻制行业的管理、印章信息库的建立等还欠严格、科学、有效，加之计算机对印文的自动识别在技术上还有一定不足，故经计算机自动识别后，仍需要人工复核。

7. 印文的检验，还可从印文的成分入手：扫描后再经计算机打印出的印文，其成分只能是打印墨粉而不是印泥或印油；章墨一体的光敏印章或原子印章，其印油成分不仅异于普通印油、印泥，而且其盖出的不同印文有着完全一致的成分，且还可能有独特的荧光现象；即使是章墨分离的印章，使用单位或个人也可能会长期仅使用某一成分的印油或印泥。

8. 即使是同一印章盖印的印文，印文间也会有特征差异；同样，即使是不同印章盖印的印文，印文间也会有特征符合。故，必须结合可能使印文特征发生变化的各种因素，特别是个案的各种使用、磨损等具体因素，综合地分析比较检验时发现的各种特征符合点和差异点。

9. 制作鉴定书时，可将利用计算机图像处理技术进行比较检验时发现的检材印文与样本印文之间的各种差异点或符合点，均导入鉴定文书中，使得鉴定书更具说服力。

（二）朱墨时序的鉴定

实务中往往有朱墨时序鉴定的要求，即印文与交叠或交叉在一起的文书文字、签名等谁先形成。虽然就文书朱墨的正常时序没有严格的规定，但通常而言，按照文书制作的程序，完整有效的文书应该是先形成文字内容部分，再盖上相应的印文，即文书的文字、签名等在交叉处的印文之下。准确判断朱墨时序，能为案件的公正处理提供一定线索或证据。

鉴于纸张的差异、印泥或印油的成分差异、文书文字等内容的构成材料的差异以及文字的形成时间与盖印时间之间的间隔等，朱墨时序的鉴定并非易事。但通常可从朱墨交叉处的光学、形态学、化学特征等，借助以下方法来进行：（三维）立体显微镜、荧光显微镜、生物显微镜、扫描电子显微镜等显微镜检验法；文检仪检验法；拉曼光谱分析法；傅立叶红外显微光谱法；交叉截面镜检法；粉末吸附法；脱色法；溶压转移法；彩色显微照相法等。

第十章

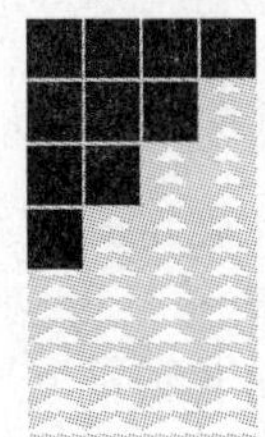

文书物证技术（四）：文书物质材料及文书制作时间的检验

第一节　文书物质材料及文书制作时间的概述

一、文书物质材料的概念和种类

文书物质材料是指制作文书时使用的各种材料，如纸张、油墨或墨水等。

根据文书具体制作方式的不同，文书物质材料可能有所不同，例如印刷文书，所用的文书物质材料为纸张和油墨，而手写文书，所用的则可能是纸张和圆珠笔油。但是，一般说来，诉讼中动用物证技术进行检验的文书物质材料主要分为三类：(1) 承载文字的介质，即纸张；(2) 形成文字或图文的有色物质，包括墨汁、墨水（含签字笔墨水）、圆珠笔油、铅笔芯、印泥、印油、复印墨粉、复写纸、打印色带等；(3) 附着或固定文书的材料，包括黏合剂、线绳纤维等。

二、文书物质材料检验的任务和意义

诉讼中，特别是刑事案件的侦查实践中，常常需要就某一文书的物质材料之种类、产地、生产厂家、生产批号等进行检验或鉴定：在明确了文书物质材料的种类、产地、生产厂家、生产批号等与文书来源密切相关的问题之后，就可能为侦查提供线索、缩小侦查范围或为案件的公正审理提供有力证据。因此，文书物质材料的检验主要解决：

1. 从文书物质材料的外观、性质、成分等入手，并与已知样本进行比较，确定其种类、产地、生产厂家、生产批号等，进而确定文书的可能出处；

2. 从文书物质材料的外观、性质、成分等入手，并与从文书的可疑制作者处提取的文书物质材料进行比较，确定两者是否相同，为证明文书的可疑制作者具有作案条件提供证据；

3. 比较真文书与可疑文书的物质材料，以确定可疑文书的真伪。

三、文书物质材料检验时应注意的事项

1. 文书物质材料的检验通常均是比对检验，故比对样本的收集就非常重要。由于我国生产文书物质材料的厂家众多，厂家又几乎遍布全国，且各厂家生产的文书物质材料又有不同的批次，而只有系统、全面地比对样本才可能得出最为可靠的检验结论，因此有必要建立常见各种文书物质材料，如纸张、圆珠笔油、墨水、黏合剂、印泥、印油等的比对样本数据库。在没有此类数据库时，应要求送检单位收集并提交相关的比对样本。

2. 在处理并检验各种文书物质材料时，应尽量不要用手直接触摸，戴的手套也需无荧光现象，如此才能既不使被测的文书物质材料受污染，也能使文书物质材料上原有的手印、密写文字、压痕、附着物等不被破坏。

3. 在检材和实验条件允许的情况下，要尽可能采用多种方法对各种文书物质材料进行系统检验，以提高鉴定结论的准确性和可靠性。但是，文书物质材料的各种检验方法，又有各自的优缺点，故采用的系统检验方案还必须同时针对个案的具体情况，合理、可行。

4. 文书物质材料所在的具体载体，如墨水、圆珠笔油、印油、印泥、黏合剂等所在的纸张等往往影响检验的结果，故为了排除背景（或本底）的干扰，相关的比对样本也应处于同一载体的空白处，或处于相同的载体上，并同时进行空白样本对照检验。

5. 随着存放时间的延长和存放条件的不同，文书物质材料的成分及其相对含量会发生细微的变化，因此，比对分析时，要充分考虑制作时间、保存条件、所在载体、涂改、污染等因素的影响，而且还要考虑是否经过人工老化。

6. 文书物质材料的生产厂家虽然众多，但常见文书物质材料的主要成分、生产工艺基本相同，故针对文书物质材料的检验通常不能给出同一认定的结论。但是，由于这些生产厂家分布全国不同的地方，当地的原材料生产和供给情况、厂家生产某一产品时填料等的使用差异等，还是使得我们在拥有可靠比对样本的条件下，能确定被检文书物质材料的产地、生产厂家、牌号、批号，甚至在特定范围内，给出某一同一认定结论。

7. 在不同检验方法的结果出现矛盾时，要对整个检验过程中可能出现的问题进行全面分析，看其是由检验方法的局限性或操作差错造成的，还是由检材的不均匀性或受污染而引起的。

四、文书制作时间检验的可能内容、样本文书及检验意义

一般说来，文书上标示的时间即为文书的制作时间或文书的作成时间。但是，诉讼中也往往出现文书标示时间与实际制作时间不一致的情况，如购物发票实际上是2008年6月17日开具的，但却倒签为“2007年6月5日”。因此，实务中便出现了对文书制作时间进行检验的现实需要：文书若是其标示日期制作的，那么该文书是真文书，否则便是假文书。显然，假文书不能用作书证，例如，倒签日期的保单不能成为保险事项发生后向保险公司索赔的依据。

如前所述，文书的制作离不开物质材料，而文书一旦制作出来，制作文书的各种物质材料——如纸张、各种有色物质等——便应随着时间的流逝发生一定的变化，因此，理论上说，如果能够定量这种变化，那么就应能计算出文书是何时制作的。但是，各种物质材料在制作成文书后随时间发生的变化受众多因素的影响，而目前拥有的各种技术手段以及人的认识水平还不足以让我们切实掌握文书物质材料随时间迁移而发生变化的规律，故目前国内外均还不能以某一成熟、科学的方法有效地检验文书制作的具体时间，即文书的绝对制作时间。

但是，就个案或具体案件而言，却有可能利用现有的物证技术或其他线索，在拥有制作时间没有争议的样本文书的情形下，根据可疑文书的物质材料的变化，检验或鉴定可疑文书是在早于、晚于还是同于样本文书的制作时间制作的。这种以其他文书的制作时间为参照而确定的时间，称为文书的相对制作时间。

鉴于文书相对制作时间的检验是以样本文书的制作时间为参照物，而具体检验时又要比较样本文书的物质材料随时间发生的变化与可疑文书的物质材料随时间发生的变化，因此，作为样本的该文书应满足如下两个基本要求：（1）与可疑文书的物质材料完全相同，即样本文书的纸张、墨水、圆珠笔油、印油或印泥等要与可疑文书的完全相同；（2）与可疑文书有相同的保存条件，即样本文书在制作后，所处的环境温度、湿度、光照情况等均要与可疑文书完全相同。显然，实务中较难找到这样的样本文书，因此，文书相对制作时间的检验也并非“所向披靡”。

再者，文书物质材料制成文书后，其变化有的只在一定时间段明显，如圆珠笔油、墨水等的主要成分均只在较短的时间内（如6个月）发生明显变化，过了该时间段，其变化就不明显或几乎不再有。故这也是文书制作时间检验方面的一个难点。

此外，文书制作时间的检验还可体现为这样的情形，即分析、判断文书的某可疑部分文字、笔画等是否与其他部分的文字，或者某页文书与另一页文书是否是同时书写或打印等。这种情形，实际上是添写改写文书或“移花接木文书”的判断。显然，此种文书制作时间的检验不需另行收集样本文书，文书之可疑部分或可疑页面之外的其他部分或其他页面即充当了比对样本的角色。因此，实务中，诸如此类的文书制作时间的检验需求还是时有满足的。

无疑，通过文书制作时间的检验，可以揭示、证实伪造或变造事实，进而判断某可疑文书是否假文书，为公正处理纠纷提供证据，为维护社会正常的经济、生活秩序发挥作用。

第二节 文书物质材料的检验

一、纸张的检验

(一) 纸张的种类及主要成分

1. 纸张的种类

按照用途，可将纸张分为17类，但诉讼中，接受检验的纸张通常有4类：

(1) 印刷纸。包括：新闻纸、凸版印刷纸、胶版印刷纸、单面胶版印刷纸、铜版印刷纸、招贴纸、书皮纸、静电复印纸。

(2) 书写纸。包括：普通书写纸（供墨水书写）、有光纸、打字纸、拷贝纸、邮封纸。

(3) 包装纸。包括：普通包装纸（供包装轻工产品、日用百货、食品等）、牛皮纸、柏油纸。

(4) 特种纸。包括：复写纸、热敏纸、光敏纸。

2. 纸张的主要成分

纸张的种类不同其成分会有一定差异，但却少不了以下主要成分：

(1) 纸浆。是将造纸用的纤维原料，以不同的制浆方法，制成的在水中成浆状的纤维物质。造纸用的纤维原料主要是植物纤维，也有用合成纤维生产特种纸的。我国常用的纤维原料有：木材纤维如针叶木和阔叶木，禾草纤维如稻草、麦草、龙须草等，韧皮类纤维如大麻、亚麻、桑皮等，籽毛纤维如棉花、棉短绒等。

纸浆通常可分为机械浆、碱法浆、亚硫酸盐法浆、其他纸浆。纸浆制成后，还要经漂白处理，得洁白的纸浆，纸浆也相应具有耐久性。

(2) 胶料。为防止书写时墨水等透过纸张并渗散到纸面，并增加纸张的光泽，调节纸张的挺硬度、音响度等，必须施加松香、淀粉、干酪素、动物胶、植物胶或合成树脂等胶料。

(3) 填料。为改善纸张性能，使其外表平滑美观，并提高纸的适应性、增加纸的重量，同时降低成本等，还需在纸张中加一定量的白土、滑石粉、二氧化钛、碳酸钛、石膏、重晶石、人造锌白等填料。

(4) 其他成分。主要是用于纸张着色的颜料或染料，用于提高纸张白度的荧光增白剂。

(二) 纸张检验的主要步骤和方法

1. 外观检验和物理性能测试

不同种类纸的外观和物理性能都有一定特征和差异。通过检验纸张的色泽、匀度、透光度、荧光现象、网纹、毯痕、水印斑痕、边缘断裂茬口、折痕、压痕等外观特征，测定纸张的定量（单位面积纸张的重量，单位：克/米^2）、厚度、白度、挺度等物理性能，能鉴别纸张的种类甚至确定纸张的来源、生产厂家、批号和机台。

2. 纤维成分鉴定

纸张的主要成分是纤维。除了特种纸张可能使用人造纤维、合成纤维、动物纤维、矿物纤维以外，纸张多使用植物纤维。以染色法，如碘－氯化锌染色法可区分不同的纸浆，而经染色的植物纤维，在光学显微镜下还能呈现出不同的纤维形态，因此，可用染色法及显微镜观察法鉴别纤维的成分，并估计各种纤维的相对含量。

我国生产的纸张，大约有60%是用草类植物制浆，故通常的检验只能做到种类认定，而意欲进一步鉴别同类纸的生产厂家和批号，就相当困难，因为这要检验纸纤维的精细结构，甚至运用仪器分析法检测纸张的各种无机、有机成分。但是，造纸用纤维通常是就地取材，而所用草类植物的品种、地区性生长环境等，会使得纤维的长度、宽度、杂细胞的形态和含量出现细微差异，故还是有可能区分同种纸的不同产地。

3. 纸张有机成分的检验

造纸时均要向纸浆中增加胶料、填料、色素等。纸厂不同，所用的这些胶料、填料、色素等也会不同，它们在来源、配方、生产工艺方面的差异，可经一些手段被检验到，如用薄层色谱法或薄层色谱扫描仪，或高效液相色谱法等，即可能测定或区分纸张的各有机成分及相对含量。

4. 纸张无机成分的检验

除了有机成分外，纸张中还有多种无机成分。同样，纸厂不同，所用的无机成分在来源、含量等方面也会有差异，这些差异使得我们可借助等离子发射光谱法、X射线衍射分析法等手段区分纸张中的砷、钡、铬、铜、铁、钾、锰、钛、镁等无机元素的有无、具体含量的差异等。

二、墨水和圆珠笔油的检验

(一) 墨水和圆珠笔油的种类及主要成分

1. 墨水的种类及主要成分

墨水的种类很多，根据化学成分和配制方法及用途，可分为十多类。常用的是以下几类：

(1) 蓝黑墨水，又称鞣酸铁墨水。其主要成分是蓝色染料如酸性墨水蓝、直接湖蓝5B等，还有鞣酸、没食子酸、硫酸亚铁、硫酸、甘油、苯酚、甲醛、亚砷酸、香精等。为了调整色光和加深色泽，有时还加入少量的酸性黄和酸性红等辅助染料。用这种墨水书写的字迹，由蓝变深，成为蓝黑色，字迹牢固，久不褪色。

(2) 染料墨水，亦称颜色墨水。其主要成分是各种不同颜色的染料，常用两种或两种以上性质相近的染料调合配制。此外，还加入甘油、亚砷酸、苯酚、香精、乙醇、硫酸等辅助成分。常用的染料墨水有纯蓝墨水、红墨水、黑墨水、绿墨水、紫墨水等。用这类墨水书写的字迹，易受水和乙醇浸润而扩散，对日光及酸碱的抵抗力弱，易变色或褪色。

(3) 碳素墨水。这种墨水和签字笔墨水是用极细的碳墨，悬浮在液体中，加入调色染料、分散剂、稳定剂、香精等配制而成。用这种墨水书写的字迹，不易变色和褪色，稳定性很好。

(4) 打印绘图墨水。主要用于打印机、绘图仪、记录器等。其主要成分是染料、颜料、树脂、表面活性剂、抗氧剂、紫外线吸收剂、溶剂等。绘图墨水的颜料是炭黑，用这类墨水打印和绘制的文字和图表，清晰度高，稳定性比较好。

2. 圆珠笔油的种类及主要成分

圆珠笔油按其颜色分为以下三类：

(1) 蓝色笔油。由酞菁铜三磺酸盐与碱性艳蓝B、O和碱性紫5BN相互作用，生成的423#、244#蓝染料倍司，加上醇酸树脂、苯甲醇、三乙醇胺、聚乙烯吡咯烷酮等配制而成。这种笔油的颜色鲜艳，化学性能稳定。

（2）红色笔油。色料采用711品红，其他成分与蓝色笔油相同。

（3）黑色笔油。色料由油溶黑磺化后加盐基青莲，油溶黑磺化后加盐基淡黄，两者以1∶1混合制成。其他成分与蓝色笔油相同。

（二）墨水和圆珠笔油检验的主要步骤和方法

1. 外观检验

比较字迹的色调、光泽、颜色的均匀程度、溶解性、压痕、紫外灯下的荧光等，能区别墨水、圆珠笔油和复写纸字迹；有时能区分某些颜色相近、不同牌号的墨水和圆珠笔油。

2. 紫外—可见光谱和导数光谱法

用36％乙酸提取墨水字迹，用无水乙醇提取圆珠笔字迹，然后测定紫外—可见光谱，可鉴别国内和国外生产的墨水和圆珠笔油。国内各厂家生产的墨水和圆珠笔油，配方大致相同，其紫外—可见光谱基本相同；但它们的导数光谱有一定差别，通过测定导数光谱的极值比，一般能区分不同牌号的圆珠笔油。

3. 薄层色谱和薄层扫描法

将墨水或圆珠笔油的提取液浓缩后，分别在硅胶GF_{254}荧光薄层板，或高效荧光薄层板上点样，再选用适当的展开剂展开。展开并使薄层板上的溶剂挥发后，在白光和长短波紫外灯下，观察斑点的颜色和荧光，测量斑点的数目和比移值，能鉴别部分不同牌号的墨水和圆珠笔油。

由于我国许多厂家生产的墨水和圆珠笔油配方基本相同，在多数情况下，用薄层色谱目视检验法，不能鉴别其生产厂家和牌号。但用薄层色谱光密度扫描法，直接测试纸上钢笔或圆珠笔字迹的反射吸收光谱，通过计算相邻吸收峰的相对强度，能在不破坏原件的条件下，鉴别不同牌号的墨水和圆珠笔油。这种方法只能检验同一张纸或相同纸上的字迹。不同纸上的字迹，由于受到纸张的影响，不能直接检验。利用薄层扫描仪，选定扫描波长，通常蓝色斑点用580纳米、545纳米；红色用540纳米、505纳米，对墨水和圆珠笔字迹的薄层色谱，进行反射式线性扫描，能测得各自的色谱图，通过比较色谱图形、色谱峰数目及其相对峰高比，基本上能鉴别墨水和圆珠笔油的生产厂家和牌号。这种方法通过色谱，减少了纸张对测试的干扰，可以鉴定不同纸上的墨水和圆珠笔字迹。

4. 高效液相色谱法

高效液相色谱法的分离效率、灵敏度、精密度均比薄层色谱法高。利用这种方法对圆珠笔和钢笔字迹成分进行定性和相对定量分析，基本上能鉴别不同厂家、不同牌号的圆珠笔油和墨水；有时能鉴别同一牌号的不同批号。

此外，也可用显微分光光度法、裂解色谱法、毛细管电泳技术、拉曼光谱分析法对墨水的种类加以鉴别。这其中，显微分光光度法和拉曼光谱分析法更是有操作方便、无损的特点，而拉曼光谱分析法在区分黑色字迹（含激光打印字迹、喷墨打印字迹）方面有较好的效果。

三、印刷油墨和印油、印泥的检验

（一）印刷油墨的种类及主要成分

1. 印刷油墨的种类

印刷油墨的种类很多，（1）按印刷方式分为凸版油墨、平版油墨、凹版油墨、过滤版油墨和喷墨印刷油墨；(2) 按干燥形式分为氧化干燥型油墨、渗透干燥型油墨、挥发干燥型油墨、凝固干燥型油墨等；(3) 按用途分为书籍油墨、印铁油墨、玻璃油墨、塑料油墨等；(4) 按产品的特性分为防伪油墨、亮光油墨、光敏油墨、透明油墨、静电油墨等。

2. 印刷油墨的主要成分

(1) 连结料。是一种胶黏状流体，起黏结颜料、填料等固体粉末的作用。按照油墨的种类及用途，选用植物油、动物油、矿物油、溶剂、蜡、天然树脂、合成树脂等，分别制成干性油型、树脂型、溶剂型和反应型连结料。

(2) 颜料。是油墨的有色部分，决定油墨的颜色，对油墨的其他性能也有很大影响。常用的有机颜料为偶氮颜料、酞菁颜料、苯胺黑等；常用的无机颜料有炭黑、钛白粉、金属粉等。

(3) 填料。是白色、透明、半透明或不透明的固体粉末，能调节油墨性能、降低成本。常用的有碳酸钙、硫酸钡、氢氧化铝、铝钡白等。

(4) 助剂。能改进和提高油墨的性能。常用的有干燥剂、反胶化剂、稀释剂、消泡剂、增塑剂、表面活性剂、增稠剂、香精、防腐剂、稳定剂、紫外线吸收剂等。

(二) 印泥、印油的种类及主要成分

1. 印泥

有红色和蓝色两种。红色印泥的主要成分是大红粉、硫化汞、涂料黄、重晶石粉、白艳华、蓖麻油或氯化石蜡油、艾绒或木棉、苯酚等。蓝色印泥的颜料是油溶性苯胺盐、酞菁铜等，其他成分与红色印泥相似。

2. 印油

(1) 普通印油。有水溶性和油溶性两种印油，颜色有红色、蓝色和紫色。前者的主要成分是水溶性染料、水溶性树脂、极性溶剂和水。后者的主要成分是油溶性染料和颜料、树脂油、表面活性剂、矿物油、植物油和非极性溶剂。

(2) 渗透印油。俗称原子印油，有两种：一种是印油渗入储墨垫，制成印章；另一种是印油与树脂混合，加热加压后，树脂交联，形成微孔，包含印油，制成印章。这两种印章，自含印油，不用印泥印台，使用方便，习惯上统称为原子印章。其主要成分是饱和树脂、颜料、表面活性剂、消泡剂、溶剂等。使用不同的颜料，可制成红色、蓝色、紫色和黑色印油。

(3) 翻转印油。用于翻转印章。主要成分与渗透印油相同，要求印油的黏度稍大，颜料含量较高，对印模的浸润性好。

(三) 油墨、印泥、印油检验的主要步骤和方法

1. 外观检验

在自然光下，观察检材与对照样品图文油墨或印鉴的墨层厚度、色调、光泽、扩散、渗油等情况，能初步鉴别印刷或盖印方式，油墨或印油、印泥的种类。长、短波紫外灯下观察可见荧光，或利用红外文检仪和微光摄像系统观察极红和紫外荧光，能进一步鉴别油墨、印油、印泥的种类和牌号。

2. 溶解度实验

剪取油墨或印文形成的文字笔画，置于试管中，分别加入环己烷、苯、氯仿、乙醇、丙酮、乙酸乙酯、水等溶剂，观察其溶解性能，能初步区分油墨或印油、印泥的种类和牌号，还能为后续检验选择较好的提取溶剂。

3. 紫外—可见光谱和导数光谱法

印刷油墨和原子印油的溶解度较小，用单一溶剂提取的效果不好，最好选用混合溶剂。以提取溶剂作参比，可测试提取液的紫外—可见光谱和导数光谱。不同种类相同颜色的油墨或印油、印泥，紫外—可见光谱和导数光谱有较明显差异，容易鉴别。颜色相同的同种油墨和印油、印泥，在一般情况下，紫外—可见光谱相似，但其导数光谱的极值比，有不同程度的差别，能区分其生产厂家和牌号。

4. 薄层色谱和薄层扫描法

将油墨或印油的提取液，点加在硅胶 GF_{254} 薄层板上，选用适当的展开剂展开。展开后，除去溶剂，在白光和长、短波紫外灯下，观察斑点的颜色和荧光，测量其数目和 R_f 值，能区分油墨或印油、印泥的种类、生产厂家和牌号。利用薄层扫描仪，选择适当波长，进行线性扫描，能测得色谱图，计算出各色谱峰的峰高、峰面积和相对强度。根据这些数据，能进一步区分油墨或印油、印泥的牌号，有时能区分批号；与已知样品比对，能测定印文的相对盖印时间。

5. 高效液相色谱法

印刷油墨或印油、印泥中的同种有机颜料，由于不同厂家生产工艺的不同，其所含未反应的中间体、反应副产物及其他杂质等存在着不同程度的差别。利用高效液相色谱法，通过测算各色谱峰的相对强度，能检出同种颜料的细微差别，从而进一步区分油墨或印油、印泥的牌号及批号。

6. 等离子发射光谱法

印刷油墨中的无机颜料、酞菁类颜料、干燥剂、填料等均含有无机元素。这些成分的配比及来源不同，故不同牌号和批号的同种印刷油墨，在无机元素的种类及其相对含量方面便存在一定差别。利用等离子发射光谱仪，对油墨进行元素定性定量分析，能区分鉴定同种同色不同牌号的油墨。

7. X射线衍射分析法

油墨中的同种颜料和其他无机成分，由于原料来源和制备工艺的差别，其晶体结构存在着差别。利用X射线衍射仪，能区分其他方法不能区分鉴定的印刷油墨。

8. 透射电子显微镜检验

黑色印刷油墨或印油、印泥的主要颜料是炭黑。由于炭黑的原料、制备方法及生产工艺的不同，不同种类、不同厂家和不同牌号的炭黑，在颗粒形态及其大小上，存在着不同程度的差异。用透射电子显微镜观察经处理获得的炭黑的形态、大小及分布，并与已知样品比对，能对油墨或印油、印泥的牌号，作出进一步的区分鉴定。

四、黏合剂的检验

（一）黏合剂的种类及主要成分

黏合剂按其化学性质大致可分为两大类：

1. 有机黏合剂，包括：（1）天然黏合剂。即以天然高分子化合物为基础的黏合剂，如淀粉、糊精、树胶、天然橡胶、鱼胶、骨胶、酪素胶等，以及半天然半合成的羧甲基纤维素等。（2）合成黏合剂。以合成高分子化合物为基础的黏合剂，如聚醋酸乙烯脂、聚乙烯醇、聚乙烯醇缩醛类等热塑性树脂黏合剂，酚醛、脲醛树脂、环氧树脂、聚氨基甲酸酯、醇酸树脂和有机硅树脂等热固性黏合剂，氯丁橡胶、丁腈橡胶、聚硫橡胶、丁苯橡胶和环化橡胶等合成橡胶黏合剂。

2. 无机黏合剂，常用的有硅酸盐、磷酸盐、硼酸盐和陶瓷黏合剂等。

制作文书的常用黏合剂有淀粉糨糊（含糊精）。主要成分是淀粉，并含有食盐、明矾、苯酚或安息香酸作防腐剂。

合成糨糊。主要成分是羧甲基纤维素和聚乙烯醇，有些只含前者，并含有甲醛作防腐剂。

合成胶水。主要成分是聚乙烯醇，含有甲醛防腐剂，有些牌号还含有甘油和硼酸。

（二）黏合剂检验的主要步骤和方法

1. 外观检验和化学点滴实验

通过检验黏合剂的颜色、光泽、裂纹、断面、溶解性、黏合牢度等，可初步判断黏合剂的种类。

刮下黏合剂一小块，放在点滴板上，用一小滴蒸馏水溶解，加一滴碘—碘化钾溶液，糨糊中的淀粉呈蓝色或蓝紫色，糊精呈红紫色，聚乙烯醇胶水呈蓝绿—红棕色，其他黏合剂无明显反应。

2. 显微镜检验

用碘—碘化钾溶液将糨糊染色后，借助普通生物显微镜，根据淀粉颗粒的形状、大小、裂缝等特征，可鉴定糨糊淀粉的种类，区分小麦、大麦、大米、糯米、玉米、马铃薯、木薯等淀粉和糊精。

3. 薄层色谱法

常用的小麦淀粉糨糊是混合物，含有多种成分，杂质较多。由于小麦的品种、生长条件和加工方式的不同，各地生产的小麦淀粉的成分和杂质，也有一定差异。利用薄层色谱法，点样、展开后，在紫外灯下观察，根据斑点的数目、荧光颜色及 R_f 值，并与比对样品比较，可鉴别小麦淀粉糨糊的产地和生产厂家。

4. 高效液相色谱法

商品糨糊一般含有 0.2%～0.5%苯酚作防腐剂，而自制糨糊则无。通过检验糨糊检材中的苯酚，能鉴别商品糨糊与自制糨糊。高效液相色谱法的分离能力强，检测灵敏度高，对苯酚的检出下限为 0.03 微克，是检测微量糨糊中苯酚的有效方法。

5. 红外光谱法

不同种类的黏合剂都有其特征红外吸收峰。故通过对比分析和解析可疑黏合剂的红外谱图，能确定黏合剂的种类。

由于原料配比和工艺条件的不同，某些不同牌号的同类黏合剂，其红外光谱也有一定差别。例如合成胶水的主要成分是聚乙烯醇，而聚乙烯醇是由聚醋酸乙烯酯水解制成，水解不完全的聚醋酸乙烯酯，会使这类黏合剂出现酯键的特征吸收峰；水解完全的则没有这种峰。此外，加入防腐剂甲醛的多少，对黏合剂的红外谱图也有一定影响。因此，通过红外光谱分析，还能鉴别一部分黏合剂的生产厂家和牌号。

6. 裂解色谱法

裂解色谱法是分析高聚物的有效方法。用居里点或管式炉裂解器，选用适当的填充柱或毛细管柱，以氢火焰离子化检测器检测不同种类黏合剂的裂解色谱，在色谱峰的数目及保留时间上，都有较明显的差别。一部分不同产地、不同牌号的同种黏合剂，其裂解色谱也有一定差别。当黏合剂的裂解色谱峰数目和保留时间相同时，还可根据色谱峰相对强度的差别，进一步区分不同牌号和批号的黏合剂。

第三节 文书制作时间的检验

一、文书制作时间检验的可能路径

(一) 根据文书的书面语、内容及格式判断

不同时代的文书，其书面语、格式、内容等往往能反映时代的特征，据此，可推断文书大致的制作时间范围。

(二) 根据文书上印痕、邮戳、数字水印等判断

根据书写文书时留在下一页文书上的有关日期的抑压痕迹，可判断各页文书的相对制作时间；根据邮戳显示的时间，可推断信封中信函等的制作时间应不晚于邮戳标示的时间。

如果可疑文书是彩色激光打印机打印的，且发现该文书有数字水印，则通过比较该文书的数字水印与同机打印出的其他样本文书的数字水印，可能判断出可疑文书是何时打印的，因为有的厂家生产的彩色激光打印机加合的数字水印技术能够使得每页打印文书的数字水印依序变化。

(三) 根据文书的制作方式、制作工具的启用及变化判断

文书制作方式及制作工具的启用时间，有助于判断文书是否在久远年代前制作的。此外，同一制作工具的更新换代及某一具体工具各个部件在使用、维修等方面表现出的特征也能显示一定的时间范围。

(四) 根据笔迹特征判断

根据书写人的笔迹特征随年代变化的规律，可以推断可疑文书的书写时间。但要求收集书写人不同年代的笔迹样本，并要准确地认定笔迹特征的变化规律，实际案件中很少能有这种鉴定条件，所以难于实施。但根据笔迹特征差异，可以发现添写、改写事实，判断文书的某些内容是添写、改写的，也即后写的。

(五) 根据纸张的特征及相应变化判断

同一厂家在不同时期生产的同类纸张其主要成分、附加成分的种类及含量均有差异；不同厂家为标记自己的产品或应用户的要求，可能在不同时期所造纸张中加入不同的暗记；一次制作的多页文书其各页纸在物理及化学方面的性能应相同；以同样方式同时制作的两页以上文书，在保存条件相同的情况下，其纸张的变化也应一致。

(六) 根据墨水、圆珠笔油的变化鉴定

不同厂家生产或同一厂家在不同时期生产的墨水、圆珠笔油，其主要成分及配料都有一定的差异；有的厂家还在不同时期以不同的稀土元素标示其产品；墨水及圆珠笔油一经书写形成字迹，即向纸张中扩散、渗透，并且墨水中的染料、挥发性物质也随时间而发生变化。

(七) 根据印文印油或印泥的变化鉴定

同一时间用同一印油或印泥在同种纸张上形成的印文，其随时间发生的变化应是相同的。此外，厂家在不同时期向印油或印泥中加入的不同微量物质也能提供有关文书制作时间的信息。

二、文书制作时间检验的几种具体方法简介

从理论上说，根据纸张、墨水、圆珠笔油、印油印泥等文书制作材料随时间发生的变化——如笔画的墨水或圆珠笔成分、印文的印油或印泥成分经时发生氧化、交联、聚合、分解等变化——而确定的文书制作时间应最为科学、最为准确可靠，故目前国内外有关文书制作时间的课题研究均是针对这些文书物质材料的经时变化而展开的。尽管到目前为止，因文书物质材料的经时变化受多种复杂因素的影响，还没有一个普适的方法可用来解决所有文书制作时间检验方面的问题，但下列分析法，已经成功地解决了某些个案中文书相对制作时间的问题，成为实务中检验文书制作时间时可以考虑的方法之一。

（一）显微分光光度计法

显微分光光度计在文书检验中的应用始于1982年的瑞士，随后美国也借显微分光光度计检验印刷油墨、邮戳、墨水、染料等文书制作材料，打击了许多伪造、变造护照、绿卡、签证、支票的犯罪。俄罗斯则在1995年尝试将显微分光光度计用于检测圆珠笔的书写时间，而我国随后也开展了相关的课题研究及实务尝试。

显微分光光度计的核心部件是显微镜和分光光度计：显微镜可以观察到微细的物质细节并找到测量点；在相应光源的配合下，分光光度计则可以进行各种光学特征测量和颜色测量，如各种墨水的吸收光谱、反射光谱、透射光谱、荧光光谱及对于某一波长的光学量值。测量的全过程及数据的处理均可在显微分光光度计配备的微机软件的控制下自动完成，且整个测量无损于检材和样本。

我国已开展了将显微分光光度计用于检验圆珠笔油、墨水、墨汁或印泥、印油的相对书写（或盖印）时间的研究，并用于个案的解决。(1) 对于用圆珠笔油、墨水、墨汁等书写的文字符号而言，其相对书写时间的检验通常基于添、改写的判断：一份文书若以同一笔正常书写而成，则其各个字迹之各个笔画经显微分光光度计测得的光学参数、颜色参数以及光谱曲线等，应基本一致；但如若文书某部分内容、某几个字、某一笔画系用同色不同种笔添写、改写，则显微分光光度计能轻易将这种成分的差异揭示出来，进而证明文书的部分内容、某几个字、某一笔画是后添写、改写而成。(2) 对于用印泥或印油盖印的印文，如果能获得其印章用相同印泥或印油经时盖印而成的系列印文样本，则可用显微分光光度计测得可疑印文的印文成分曲线，并与系列经时印文样本的印文成分曲线相比较，从而判断可疑印文实际是何时盖印而成。显然，此时的系列经时印文样本的获得非常重要，否则就无法完成相对时间的判断。

（二）压印法

压印法又称为转印法。墨水经书写而随字迹附着在纸张上。一气呵成书写的文字，其墨水与纸张的亲和程度，即墨水与纸张结合在一起的牢固程度，应是相同的。但如若事后添加或改写文字，即使是用同一支笔，因书写时间相对较短，墨水与纸张的亲和程度较差，墨水成分在纸张中的扩散渗透较小，故容易被转印下来。如若系用同色但不同种墨水添加或改写，则可疑文字部分与其他文字部分的墨水与纸张的亲和力会差异更显著。

检验时，针对墨水的具体种类而选择合适的转印溶剂，如石油醚、无水乙醇、蒸馏水等或其混合溶剂，并将一张合适大小的白纸（或滤纸）浸入转印溶剂中，浸透、取出稍加晾干，覆于文书可疑文字及周边文字上，再盖上一张白纸，以压力计加压适度，并保持5分钟～10分钟，取出内层转印纸，被转印文字的深浅和清晰度则显示出可疑文字部分与其

他部分在书写时间或墨水成分方面的差异，进而揭示文书的相对书写时间。也可用薄层扫描仪测量转印字迹的反射吸光度，得更准确的测试结果。该法能鉴别四年之内、时间间隔为半年的钢笔、圆珠笔、复写纸和部分签字笔字迹的相对书写时间。

（三）溶剂提取法

溶剂提取法的原理与压印法基本相同：书写时间短的字迹，能被溶剂轻易提取，相应溶解度大；书写时间长的字迹，难于被溶剂提取，相应溶解度小。测定字迹提取液的浓度，并与已知样本比对，能检验圆珠笔字迹的相对书写时间。分为单溶剂提取法和双溶剂提取法。但前者对取样量、操作条件和方法的要求较严，重现性差。后者所称的"双溶剂"，其中一个对字迹的溶解能力弱、另一个则强；先用弱溶解力的提取，再用强溶解力的提取。用紫外－可见分光光度计、荧光分光光度计等测定提取液的浓度（C），并计算提取率，即：$C_{弱} \div (C_{弱}+C_{强}) \times 100\%$。

经测试已知样本，实验结果表明，书写时间从10个月到25个月，提取率明显下降。根据提取率——书写时间标准曲线，或与已知样本进行比对测试，本法可检验2年内、时间间隔为5个月的圆珠笔字迹的相对书写时间。但该法还是因取样量、提取条件、提取时间、操作者的经验、比对样本的获得等因素的影响而难以推广，而且该法对文书有毁损。

（四）硫酸根扩散程度测试法

蓝黑或纯蓝墨水形成字迹后，其含有的硫酸根会沿着纸纤维扩散，扩散程度与书写时间有关：书写时间短，扩散小、颜色较深；书写时间长，扩散明显、颜色较浅。检测硫酸根的扩散程度，并与已知样本比较，能鉴定蓝黑或纯蓝墨水字迹的相对书写时间。

该法的原理可示意为：

$Pb^{2+}+SO_4^{2-} \rightarrow PbSO_4\downarrow$；$PbSO_4\downarrow+S^{2-} \rightarrow PbS\downarrow$（黑色）

用测量显微镜或阿贝比长仪测量原笔道和硫化铅笔道的精确宽度，并以一定方式计算硫酸根的相对扩散度，再与由已知样本测得的标准曲线比较，或者同时测定检材与已知比对样本的相对扩散度，根据其接近的程度，判断检材的书写时间。

该法可鉴定书写时间1年以上，时间间隔为半年的文书的相对书写时间。但操作烦琐、测量精度要求高，受诸多因素的影响，误差大，且有损，需慎重使用。

（五）薄层色谱和薄层扫描法

圆珠笔字迹随着书写时间的延长，除挥发性成分减少外，某些颜料和树脂的化学结构会发生一些变化；而字迹在纸张上的固化和渗透作用，也会使某些成分在提取溶剂中的浓度降低。这些变化会引起字迹的吸收光谱变异，也会引起提取液的薄层色谱变化。利用薄层色谱和薄层扫描仪检测上述变化，与已知样本比对，能鉴定圆珠笔字迹的相对书写时间：2年以内、时间间隔1个月者。

而用薄层扫描仪直接扫描纸上圆珠笔字迹的反射吸收光谱，计算各峰的峰值比，与同页纸上或相同纸上已知书写时间、成分相同字迹的峰值相比较，能在无损的情况下，鉴定近两年以内、时间间隔为3个月的圆珠笔字迹的相对书写时间。

（六）气相色谱法

圆珠笔字迹中含有的挥发性成分如苯甲醇、三乙醇胺等，将随着书写时间的延长而减少。用气相色谱法测定其变化，能鉴定近期内（2～3个月内）圆珠笔字迹的相对书写时间。

为了减少误差，提高检测的精确度，一般选择圆珠笔字迹中一种不易挥发、便于气相色谱检测的成分作为参比。在测定苯甲醇时，多以苯酐为参比。即用气相色谱法检测苯甲醇、苯酐的含量，以苯甲醇与苯酐的含量比值为纵坐标，以书写时间为横坐标，绘制标准曲线，再以实测得到的可疑文书字迹的苯甲醇与苯酐含量比，从标准曲线中求得书写时间。

（七）X光电子能谱法

用软X射线激发物质表面原子的内层电子，使其逸出物质表面，变成光电子，然后检测光电子的动能，计算其结合能，得光电子能谱。光电子峰结合能的大小及相对强度，取决于原子种类和数目，并与原子的物理化学状态有关。蓝黑墨水字迹中，随着书写时间的延长，碳和氧原子的化学状态发生微小的变化。因此，检测字迹中氧、碳的光电子能谱，并与已知样本比对，能鉴定蓝黑墨水字迹的相对书写时间：近二十天以内的。

（八）傅立叶变换红外光谱法

随着书写时间的延长，圆珠笔字迹中，羟基基团的相对含量减少，而羰基基团的相对含量增加。用傅立叶变换红外光谱法，测定羟基吸收带与羰基吸收带的强度比，与已知样本比对，能初步判断20年以内，时间间隔为2年的圆珠笔字迹的相对书写时间。但此法的干扰因素也很多，重现性差、误差大。

（九）热分析法

蓝黑墨水笔画中的某些成分会发生氧化—还原反应，这些变化在各个阶段均有特定的参数值。建立热分析法测定的参数与书写时间之间的相关特征曲线，然后与已知样本比对，即可确定可疑文书的书写时间。为有损检验，对检材的使用量较大，且检验条件较为苛刻，但还算有效：新写的字迹，7天后即可检测分辨出；而长至3年到4年的字迹，若时间间隔为90天至120天，也能分辨。

（十）二次测定法

二次测定法是一个既新又有前途的文书制作时间鉴定法。言其新在于，该法是公安部第二研究所副研究员梁鲁宁女士主持的部级项目“多次测定法确定字迹的形成时间研究”的成果，2007年9月完成、2008年3月通过验收；言其有前途在于，该法不需要比对样本，仅依据检材自身，便能判断是否近期书写，从而能解决实务中比对样本难求、文书制作时间的问题无法得以解决的难题。

与前述某些方法相似的是，该法同样基于圆珠笔或复写字迹在不同时期所具有的不同物理或化学参数。在两次测定检材的溶解能力后，通过其溶解能力的变化，来判断检材是否近期书写。溶解能力由“最快反应时间”来表征，而“最快反应时间”始于溶剂滴加到字迹上、终于字迹被溶剂瞬间扩散（该瞬间被梁鲁宁及其课题成员命名为“溶解突发起点”）。研究表明，随着时间的推移，字迹被某溶剂溶解的速度越来越慢，最快反应时间也越来越长。怀疑圆珠笔书写或复写纸复写文书是近期添加的时，可先测得该可疑文书某处的平均最快反应时间；在正常静置1个月后，再在可疑文书另一处测得另一平均最快反应时间。如果这两个最快反应时间的差大于0.5（即大于一年期内书写字迹的变化特征），则可给出肯定结论：此文书为1年内新写，而非其标示的已写了数年。

因最快反应时间的计量完全靠人来操作，故可能带来误差。但梁氏课题组已提供了“二次检验法确定书写字迹的形成时间”物证检验技术规程，对使用范围、适用检材以及检验所使用的各种溶剂条件和工具均给出了详尽的规定，并对检验过程及操作方法以及结果叙述进行了严谨的说明和严格的限制，故可资推广应用，并有不错的结果。

此外，用于文书制作时间鉴定的还有裂解色谱法、毛细管电泳技术等。

虽说前述各种文书相对制作时间的检验法在实务中均或多或少地取得过一个或数个满意的结果，但严格说来，这些方法均有局限性，且均受诸多因素的干扰。因此，具体地使用，应该严格根据案件的具体条件，慎重地选择，并尽量选用多种方法相互印证。鉴定人还应精于这些方法的具体操作、具体测试步骤等。此外，有些案件中，还会出现人工老化或作旧的文书，对判明是经日晒、风吹、雨淋、水泡、烘烤、烟熏、沾污、搓擦等人工老化的文书，一般不能作书写时间的检验。

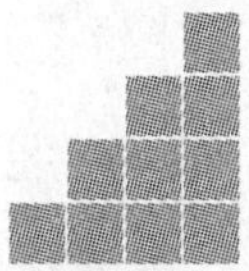

第十一章

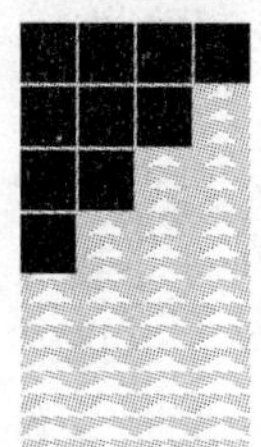

文书物证技术（五）：其他文书物证的检验

第一节 打印文书的检验	一、打印文书检验的任务 二、打印机的类型及相应打印文书的特点 三、文字处理软件的功能特点在打印文书中的反映 四、打印机使用、磨损、修补的特征在打印文书中的反映 五、彩色激光打印机的数字水印技术在打印文书中的反映 六、收集打印文书样本时应注意的问题 七、打印文书的检验
第二节 静电复印文书的检验	一、静电复印文书检验的任务 二、静电复印文书与印刷文书的区别 三、静电复印机的种类特点或型号特点 四、静电复印机的机台复印特征 五、静电复印文书的检验
第三节 被损坏文书的检验	一、被损坏文书的概念 二、破碎文书的收集与整复 三、烧毁文书的整复及其文字内容的辨读和再现 四、被浸泡粘连文书的整复
第四节 被涂抹文字的显现	一、被涂抹文字显现的可能性 二、常见的显现被涂抹文字的方法

第五节 抑压文字的显现	一、抑压文字的形成 二、显现抑压文字的常用方法

实务中，除了遇到就可疑文书的笔迹进行检验，就可疑文书是否系伪造、变造进行检验，就可疑文书的物质材料或文书的制作时间进行检验的要求以外，还可能遇到一些其他文书物证检验要求，如打印文书、复印文书的检验，被损坏文书的检验等。这些文书物证的检验对纠纷的公正解决也极为重要，但限于篇幅，本书仅在本章简要介绍如下其他文书物证技术。

第一节　打印文书的检验

一、打印文书检验的任务

打印文书，是指在电脑的文字处理系统等软件的控制下，由打印机将输入电脑的图文、符号、信息处理结果等打印在纸张上而形成的文书。

目前鉴定可疑打印文书的任务是：(1) 认定打印机的种类，即研究可疑打印文书的特点，鉴别打印机的类型；(2) 进一步认定该文书是否是某打印机打印的。

二、打印机的类型及相应打印文书的特点

目前，我国使用的几乎都是由电子电路驱动的打印机，它们多数是微机的外接设备，少数与微处理器、显示输入设备合为一体。后者侧重于字符信息处理，其价格便宜且体积小，便于携带，因而曾经广泛使用，如四通 MS－2401 等型号的便携式打字机。按打印机的印字原理可将打印机分为以下两大类：

(一) 击打式打印机

有全字符式打印机和针击式打印机两种。

全字符式打印机具有一个球式、链式或鼓式的部件，所有字符均凸起在此部件上。使用时，该部件高速旋转，选定的字符面对打印纸，字锤隔着色带打击，在打印纸上形成相应字符。这种打印机只能打英文字符，我国没生产过，使用者也不多，在物证鉴定中较少遇见。

针击式打印机是通过打印头上排列的一列或两列钢针打字。打印时，相应的钢针被击出，透过色带打印出点阵字符。纸上的字符由细小的色点组成，并有冲击凹痕。针击式打印机可使用干粉式色带和普通色带，打印出的字符油墨无光泽，笔画边沿因钢针的击打作用易形成毛刺，纸张及字符周围有油渍痕迹。

(二) 非击打式打印机

国内常用的有以下几种：

1. 热敏式打印机。其设计原理及结构与针击式打印机相似，只是其打印头上安装的不是钢针，而是一排至两排微小的发热元件。打印时，主机发出的字符信息使相应的发热元

件通电产生高温并作用于热敏纸，使纸张的变色涂料变为有色字符；或作用于色带，使其上的油墨熔解，转印到纸张上印出点阵字符。构成字符的色点是熔化的油墨形成的小方点，但纸上无冲压痕迹。热敏式打印机可使用一次性的热敏色带，打出的字迹油墨有光泽，颜色鲜艳，笔画实且边缘齐整，纸张上和字符周围清洁，类似铅印字迹。若反复使用一次性色带或色带放置过久，则字符笔画有空白点或大块空白，纸张上及字符周围还会粘有块状干油墨片。热敏式打印机也可使用多次性热敏色带，打出的字符有光泽，颜色比一次性色带差，笔画中会有空白小点，但边缘无毛刺。

2. 喷墨式打印机。该类打印机的打印头上安装的是一排至两排微细的喷嘴。打印时，在主机的控制下，墨点由相应的喷嘴喷至纸上形成字符。喷墨式打印机多使用液态油墨，打印的文书墨迹平实，色泽暗淡，有不同程度的洇散；笔画四周有极细小的散在墨点，影响字符的清晰度；液态油墨难于在纸上固化，文书极易有擦蹭痕迹。有的使用固态油墨，受热液化后喷到纸上固化为字符，其打印速度慢，不洇散，较清晰，但也有少量的喷溅。打印的文书有类似于凹版印刷文书的特点，即墨迹中间高、四周低。

3. 激光式打印机。调制聚焦后的激光束受主机文字符号信息的控制发生相应偏转，经在充电硒鼓上扫描形成静电字符潜影后，按静电复印原理在纸张上印出字符。所打印的字符边缘整齐，墨迹平实，色泽鲜艳；字符是由细小的墨粉颗粒组成，没有洇散痕及冲压痕。激光打印机是页式打印，整个文书都要经过感光鼓或定影辊，因而在文书的空白处极易出现细小墨点或其他污损痕。

为防止彩色激光打印机（以及彩色复印机）被用于伪造、变造文书，自 20 世纪 80 年代起，彩色激光打印机及复印机的生产厂家开始将数字水印（digital watermark）技术引入打印机的生产。加合了数字水印技术的彩色激光打印机等在打印时，便会在输出的每一页文书上，同时隐写输出可以反映相应打印机之机器代码及打印制作序号的数字水印。经一定的解码技术，这些数字水印可以显现出来。

三、文字处理软件的功能特点在打印文书中的反映

同类打印机之主机所用的文字处理软件的功能差异会使得打印出的文书具有不同特点，表现为：

1. 字库及字体特征。字库是机内存贮字符点阵的数据库和字模库。国家技术监督局虽颁布了标准字模数据库，但许多电脑公司或打印机生产厂家仍自行设计字库，因而同类打印机的字库往往不同，所能打出的文字数目及字体有明显差异。即使是同一台打印机，使用的软件不同，所能打出的字及字体等也可能不同。

2. 字形和字号特征。打印者可通过文字处理软件设定字形和字号。但即使相同字形及字号，由于文字处理系统的开发商采用的标准不统一，也会有差异，因此反映在打印文书中也就有所不同。

3. 点阵规格特征。字库的点阵规格一般有 5×7、8×8、16×16、24×24、32×32、42×42、48×48 等几种。点阵数目大，解像能力强。未经缩放而成的基本字符之高度、列阵点数和点阵密度，是由打印机印字头的列阵高度及印字钢针数或喷嘴数等决定的。打印机印字头规格不同，其基本字符的点阵规格显然不同。对于有固定印字头的点阵式打印机、热敏式打印机及喷头与墨盒分离的喷墨式打印机，所打印出的字符在显微镜下显示出的高度、列阵点数、点阵密度等特征，无疑有助于确定同一类型的不同打印机。

4. 字距和行距特征。打印文书的字距和行距通常是可变的。打印文书在字距、行距上的差异，主要是软件设计字距、行距时采用的计量单位不同、设计方法不同及调整范围不同造成的。

5. 首字符上升等修饰特征。许多文字处理系统有一些修饰功能，能驱使所连打印机打印出斜体字、空心字、角标等，能使字符升高或下降，使背景出现网点、给文字下划线等。不同文字处理软件，其修饰功能项目、种类和适用范围等明显不同，具体修饰细节，如下划线粗细、上下角标位置等有许多细微差异。

四、打印机使用、磨损、修补的特征在打印文书中的反映

批量生产的打印机使得打印文书具有许多共性，但一经投入使用，每台打印机便可能形成各自的磨损、修补、替换等特征，如：

1. 笔画残缺或漏白特征。打印文书出现字符笔画残缺或漏白，主要是因为打印机印字头上的印字元件缺损或脏污，如钢针折断、弯曲或磨损，热敏元件黏附有异物，喷嘴被堵塞，油墨长期不用而干涸等。驱动印字元件的电路接触不良或部分失灵也会使打印文书出现类似现象。

2. 错字特征。打印文书中重复出现某种字体、字形、字号的错字特征，是因为字库里代表该字的点阵代码有错。

3. 字符笔画上下错位特征。打印机执行串行打印或双向打印命令时，传动机构存在的机械性间隙，将使反向打印时字符下半部分偏移，与上半部分不能对接。偏移的大小与不同打印机的反向间隙大小有关。

4. 笔画重叠或分离特征。往返打印同一行字符时，纸张厚薄影响输纸速度。电机或其控制指令信号出现故障，可使打印的文字笔画在连接处出现重叠或分离现象，相应字符的高度会有高低差别。

5. 文字符号倾斜特征。打印机印字头与导轨的间隙可因安装、磨损等而增大，印字头在往返运动时可略偏斜，使文字符号的纵轴与字行不垂直。

6. 纸张上的白色、灰色或黑色痕迹特征。激光打印机打印的文书往往会在纸张上出现白色、灰色或黑色痕迹，这是激光打印机在生产、使用中，感光鼓出现缺陷造成的。缺陷的部件及性质决定了这些特征有的稳定且分布有规律，有的则无规律。

五、彩色激光打印机的数字水印技术在打印文书中的反映

数字水印技术是一种信息隐藏技术，是指用信号处理的方法在数字化的多媒体数据库中嵌入不可见的隐蔽标记，嵌入这种标记的主要目的是保护知识产权，但该标记需通过专用的检测器或阅读器才能提取。数字水印是嵌在数字产品中的数字信号，不会破坏文书正文数据的欣赏价值和使用价值。根据不同的需求，数字水印可分为票据防伪水印、版权保护水印、篡改提示水印和隐蔽标记水印等。彩色激光打印机及复印机采用的数字水印实为票据防伪水印，具有数字水印的基本特性：隐蔽性和安全性。其隐蔽性表现为，裸眼察觉不到数字水印的存在；其安全性表现为，水印标识与输出的正文内容“和平共处”，即输出的内容和设置不影响水印信号的形态。但如若彩色打印机输出纯黑白 word 文档，则不会出现水印。

当前，彩色激光打印机等的数字水印技术是将一定点阵图形的小黄点作为每一台机器

的代码插入其输出的所有文书中。这些呈点阵图形的小黄点规律地分布于整个纸面，无论该处是否有正文数据，并大约每英寸出现一次。白与黄的反差较小且小黄点的尺寸约0.1毫米左右，故人们裸眼无法分辨并识别白纸上的这些黄色墨迹。但在蓝光灯的照射下，借助放大镜，可清楚地发现整个纸面布满相同的点阵图形，如同纸张中的传统水印。之所以在蓝光灯下能显现出肉眼难见的点阵图形，是因为黄色小点与所在白纸对蓝色光的吸收、透过和反射存在差异，形成了较大的颜色反差；此外，小黄点的尺寸虽仅及毫米级，但却大于构成正文文字图案的网点，故也方便了人们的识别。

尽管打印机生产厂商并未向用户公布其数字水印技术等相关信息，但实践中发现，即使是同一厂商、同一型号的打印机，其数字水印编码虽有相似之处，但却均是独一无二；而不同厂商的打印机，如若加合了数字水印技术，则其数字水印编码更是差异显著。实践还发现，有的机型同一台机器不同时期输出的文书其点阵图形完全相同；有的机型同一台机器输出的每页文书，其水印点阵部分相同、部分则随每一次输出而有所变化：输出时间越接近的文书其变化越小，只是个别小点的位置移动。故，文书上这些可被解码、识别的数字水印，已成为打印机的机型鉴别、同机认定和文书制作时间之判断的依据。

六、收集打印文书样本时应注意的问题

打印文书样本也有自由样本和实验样本之分。自由样本是指案发前后，打印者在正常情况下打印的文书。实验样本是指案发后，根据鉴定的需要，用该打印机或同型号打印机打印的文书。打印文书样本是检验可疑文书是否系由某型号或某台打印机打印时不可缺少的比对物。

收集打印样本时应注意以下问题：

1. 最好由鉴定人亲自收集样本，因为他们可针对可疑文书的特点，按鉴定的需要收集相应样本。如由送检人收集样本，也应按鉴定人的要求进行。

2. 收集样本应仔细研究可疑文书的特点，了解相应的打印机是否易出现故障、出现过哪些故障、案发后有无修理、色带是否更换、打印人的打印水平、习惯采用的编辑排版方式等。

3. 应收集与案发时间较为接近的、由打印人正常打印的自由打印样本，且纸张、色带、文书格式、墨色深浅、字体、字号及具体字符等应尽量与可疑文书相同。

4. 打印实验样本应与可疑文书的内容完全相同。先按可疑打印机的原始状态打印一份，再严格按可疑文书的格式，如全角或半角状态、字体、字形、字号、行距、字距、每行总字数、每页总行数、修饰状况等打印几份，最后在行距、字距与可疑文书相近的条件下再打印几份。

七、打印文书的检验

1. 根据文书的字迹油墨色泽，笔画有无点阵特征及特点，纸张上及字符周围有无油渍痕迹等，可判断可疑文书是由哪一类打印机打印的。彩色文书上如若发现数字水印的点阵图形，则可初步判断该文书可能为彩色激光打印机打印而成。

2. 根据主机所附文字处理软件的功能特点在打印文书中的反映，可判断可疑文书是由哪种文字处理软件驱动的打印机打印的。

3. 根据打印文书的墨色特点判断可疑文书是由哪种或哪台打印机打印的。不同的打印机，所用的色带及其墨粉成分和性能均有差异，例如，击针式打印机色带上的油墨可溶于乙醇，热敏式打印机色带上的油墨则相反。利用薄层色谱法、扫描电镜、紫外—可见分光光度计等，区分文书字符的不同油墨，可判断打印机的种类；经与打印样本上的油墨比对，有时还能认定打印机。热敏打印机使用的若是一次性色带，收集样本时恰好获得了此色带，根据其上留下的与可疑文书内容相同的空白文字，也可认定打印机。

4. 打印机的使用、磨损、修补等方面的特征，以及彩色激光打印机嵌入的不同数字水印特征，是认定打印机的可靠依据。在充分掌握了打印机的使用、维修状况或数字水印特征后，经与打印文书样本比较，可以认定可疑文书是否系由某一台打印机打印。而这种打印机台的同一认定，显然要遵循同一认定的主要步骤，即分别检验、比较检验、综合评断并给出结论，所用的方法同样是比较法。

5. 观察打印文书可疑部分文字笔画的色泽、文字笔画的细节特征、字间距或行间距特征，并与该文书其他部位的相应特征进行比较，或者观察全文各处文字与文字的横向或竖向连接线是否平直，可以鉴别可疑部分的文字内容是否为再次打印添加而成：即使是用原来的打印机再次打印，也会因为二次送纸的原因导致文字与文字的连接线不平直；如果是换用其他打印机打印，则不同的文字排版软件也会使得同一字体、同一字号的文字笔画在细节上有差异。如果某打印文书是用加合了数字水印技术的打印机打印的，那么换用其他打印机再次打印以增加一定文字内容，则可能会在数字水印图像方面出现差异。

第二节　静电复印文书的检验

一、静电复印文书检验的任务

静电复印文书检验的任务是：(1) 确定送检文书是否为复印文书；(2) 确定复印文书的复印机种类、型号；(3) 对复印文书的复印机进行同一认定。

二、静电复印文书与印刷文书的区别

以静电复印机复印文书虽被称为无版印刷，但复印文书却与印刷文书有区别，体现在：

1. 纸张不同。静电复印纸有两种，即涂层纸和50克以上的普通纸，这两种纸与印刷用纸在纸张挺度、厚度、平滑度、吸湿度等方面有明显差别。

2. 用墨不同。静电复印用的显影剂多为炭黑和热塑性树脂或挥发性脂烃类物质等组成的墨粉，它与印刷所用的油墨不同。

3. 墨迹不同。静电复印文书上容易出现面积不等的弥散性墨点（底灰），不同于印刷出现的黑色脏点。

4. 复印文书上的其他痕迹。使用较旧或有缺陷的复印机，容易在复印文书上形成特有的痕迹。如鼓损伤、分离机构污染、磨损或其他部件缺陷，或原稿纸没有压紧、原件纸薄等，都会在复印文书的不同部位形成宽窄或形状不同的黑色条纹或斑点，而印刷文书则不会形成上述特点。

三、静电复印机的种类特点或型号特点

不同种类、型号的复印机，有不同的特点，而这些特点均会在其复印的文书中有所表现，故有必要了解静电复印机的种类或型号特点：

1. 光导体的材质特点。光导体又被称为感光鼓，是复印机实现电摄影的关键部件，也是产生并遗留复印痕迹的主要装置。光导体的材质可以是硒、硫化镉、氧化锌或有机物。光导体的材质不同，对光谱的敏感性会有差异，故对照原文书的图文颜色，有可能鉴别出复印文书是由哪种材质的光导体复印机复印的：硒光导体复印机，将使得被复印的蓝色图文色调减淡，黄、橙、红色图文色调加深；硫化镉光导体复印机，却使得被复印的蓝、紫色图文色调加深，绿、黄、红色图文色调减淡。有机光导体及经色素增感处理的氧化锌光导体，其性能与硫化镉光导体类似。

2. 光导体的直径特点。同样材质的光导体，其直径可能不同；不同材质的光导体，其直径也有差异。通常而言，硒光导体的直径为80毫米～120毫米；硫化镉光导体的直径为60毫米～80毫米或130毫米～180毫米；有机光导体的直径为50毫米～60毫米。如果光导体表面有划痕或破损，则在复印文书上会留下相应的痕迹。当该痕迹在一张复印文书上重复出现时，那么相邻两痕迹之间的距离即等于光导体的周长。如果在一张复印文书上有左右两个不同的痕迹，而另一张复印文书上该两个痕迹的位置左右颠倒，那么这两张复印文书上的两个印迹的水平距离之和即为光导体的周长。借助圆周的周长公式（周长＝直径×π）即可求出光导体的直径。

3. 复印机的显影方式。有干法显影和湿法显影。干法显影采用的是固态墨粉显色：(1) 墨粉加珠状载体为瀑布式显影剂，其复印的图文密度高，黑白对比分明，在宽大图文处易出现边缘色深、中间发白的“边缘效应”，镜下观察可见，墨粉颗粒粗，细密线条不太清晰。(2) 墨粉加铁粉或小钢珠载体为磁刷式显影剂，其复印的图文反差强，无边缘效应，墨粉细腻，分辨率较高。

湿法显影剂，由炭黑、偶氮染料与石油等液状载体混合而成，其复印图文的最大密度（色调）低，有一定的深浅层次，空白处易沾染显影剂而形成底灰，镜下观察可见，图文线条由不规则的块状、片状墨渍构成。

4. 墨粉颜色和成分。静电复印机均可用黑色墨粉复印文书。而三色、四色复印机还可用蓝色、棕色或红色、绿色墨粉套色复印文书，而且多为二色套色复印。不同复印机的墨粉成分大致相同，但配比有差异。

5. 分纸方式。纸张紧贴光导体转印图文之后，需用一定方法将纸与光导体分开，导入定影装置。(1) 分离带分纸。在输纸系统上装有2毫米～10毫米宽的塑料带，处于光导体的里端、纸张前进方向的右边。分离带夹在光导体与纸边之间，在将纸与光导体分开时，光导体一侧边缘易被磨损或污染，故复印文书与走纸方向相平行的一端有一条白边，邻近白边的图文易发虚。(2) 分离片分纸。当纸随光导体转到分离位置时，有金属片将纸与光导体分开；有的分离片附带有压丝，其作用是防止纸与光导体提前分离造成印迹不实。分离片与压丝经常沾染墨粉，易在进纸端一角形成连贯、间断的片状或单一片状痕迹。(3) 电荷分离。在分离位置的纸背装有交流电极，以中和纸与光导体的吸附力，使其自动分开。它适应于光导体直径小，平直输纸转印的复印机。其复印文书的特点是没有分离痕迹或在进纸端易形成白边。

6. 定影方式。定影能使转印在纸面的图像固化。定影的方式主要有：(1) 冷辊压力定影。复印文书通过两个辊筒的挤压作用，致常温下具有柔性的墨粉黏结剂将墨粉粘于纸面。其复印文书的墨迹有光泽，墨迹聚集紧凑，墨迹易被搓掉。(2) 热辊压力定影。用红外加热辊对复印文书直接加热、加压，借以定影。其复印文书无光泽，墨粉颗粒堆集紧凑，线条因挤压而比原文略粗。(3) 热辐射定影。用远红外线加热器或电热板烘烤复印文书，使墨粉中的树脂熔化，借以固定图文。其复印文书的墨迹呈堆集状，有立体感，表面呈熔融状，有光泽。

7. 稿台方式。静电复印机有固定式稿台和移动式稿台两种。固定式稿台多见于中、高速复印机，可复印不同重量和体积的书稿。移动稿台多见于小型或超小型复印机，只适于复印单页或页数少、重量轻、体积小的书稿。如果复印重量超过运载标准的书稿，复印文书上会出现图文扭曲、变形和漏光现象。

8. 缩放功能。复印机均可按原稿 1∶1 复印。较高级的复印机还可以按若干档次将原稿放大或缩小复印。复印机缩放倍率的设计与倍率档次的级数受各种机型的额定工艺所限，有一定的差别。缩放功能的测定，可将复印文书和原稿的尺寸进行测试比较，或参比有关标准，计算其缩放倍率，以推断复印机的缩放功能。

9. 复印纸张的尺寸。复印机入纸口宽度有限，又受输纸途径、循环周长限制，不同机型均有最大和最小的用纸尺寸，超过限度不能使用。

四、静电复印机的机台复印特征

虽然静电复印机多是批量生产，但一旦投入使用，复印机就会形成独特的机台个体特点，这些特点是确定复印文书的具体复印机台时必须依赖并在复印文书中得以体现的特征，包括：

1. 污斑特征。是光导体表面损伤或稿台玻璃、光学系统被污染等而在复印文书上出现的黑色条纹或斑点。这些条纹的方向，条纹和斑点的数量、形态、位置及相互组合的特点，在同一认定中具有重要意义。

2. 漏印特征。光导体表面膜层被剥离、污染或生产缺陷有可能在复印文书上形成漏印特征。

3. 白圈斑特征。光导体在潮湿季节时易被电晖光花放电击穿，从而在复印文书上会形成白圈斑。其数量、位置、形态等均有其独特特点。

4. 分离机构特征。不同复印机的分离机构由于污染、磨损情况不同，留在复印文书上的特征的宽窄、形态也不相同，特别是正、背面都留有污染特征的，更具有鉴定价值。

5. 复印机局部故障产生的特征。复印机出现的各种故障，均会在复印文书上形成各种特征，如复印颜色深浅不匀、局部形象模糊、顶端错位、全黑部分出现白斑或残留余像和斑痕等。

五、静电复印文书的检验

在判明可疑文书为复印文书后，对文书的检验主要是为了确定复印该文书的静电复印机的种类和型号，可能的情况下，还要确定该复印文书是否系某台静电复印机复印。显然，前者是复印文书的种属认定，后者则是复印文书的同一认定。

对复印文书之静电复印机的种类和型号的确定，可基于鉴定人员对复印机种类、型号的掌握情况，或者基于可疑复印文书与样本复印文书的比较检验；对复印文书之静电复印机台的确定，则只能基于可疑复印文书与样本复印文书的比较检验。因此，收集并占有样本复印文书非常必要，这些样本复印文书既可能是自由样本（平时某复印机正常使用时形成的），也可能是案发后，基于检验的需要而专门用某一可疑复印机复印出的实验样本。此外，复印机的维修及部件的更换将使得复印文书的复印特征发生变化，故还需了解可疑复印机更换部件及维修的情况。

复印文书的检验，通常也包括检验前的准备、分别检验、比较检验、综合评断得出结论、制作鉴定书等环节。

检验时，首先要确定可疑复印文书和样本复印文书各自在种类、型号以及机台个体方面存在的突出、稳定特征；在此基础上，再以线条结合比对法、外部形态特征并列比对法、重叠比对法、确点连接比对法、箭头标示比对法等，比较可疑复印文书与样本复印文书之间的各种特征；在给出同一认定的肯定或否定结论前，一定要综合分析比较检验中发现的符合特征及差异特征的性质，唯有当符合点为本质符合、差异点为非本质差异时，才能给出肯定的同一认定结论。检验过程中，要注意使用种种仪器、设备等，如放大镜、显微镜、投影比对仪等。

必要时，可用红外吸收光谱仪、紫外—可见分光光度计、扫描电镜、表面增强拉曼光谱分析法等鉴别复印墨粉。

第三节　被损坏文书的检验

一、被损坏文书的概念

被损坏文书是指文书原貌受到破坏，或受潮或者直接被水、血浸泡后粘连在一起的文书，可分为破碎文书、烧毁文书和被浸泡粘连文书。

检验被损坏文书的任务，一是整复破碎文书、烧毁文书、被浸泡粘连文书，并查明其内容；二是为侦查破案提供线索，为公正处理案件提供证据。如检验纵火或爆炸案现场用作引火物或炸药包装物的文书纸灰和碎片，有助于查明引火物、包装物的来源；检验被烧死或溺死尸体衣袋内被烧毁、浸泡的文书，有助于查明死者身源及有关事实，等等。

二、破碎文书的收集与整复

破碎文书是指被撕碎、剪碎和炸碎了的文书。破碎文书往往与其他纸片、垃圾混杂在一起，因此，唯以科学的方法，方能将它既正确又迅速地整复并固定下来。

（一）纸片的收集与处理

1. 用镊子或适当工具将在现场发现的碎纸片尽可能收集齐全，放在玻璃瓶或洁净纸袋里，以保护碎纸片上可能留下的手印不被破坏。

2. 戴上纱手套，将揉皱的纸片轻轻展平，显现手印、拍照固定后，再复原处理。

（二）纸片的分类

碎片往往不只一张，甚至不仅是一种，故应将碎片按文字笔画颜色，字的形体、布局或图案、花纹的异同，或文书的纸张种类、颜色、质量及格线形式，以及文字内容种类、连贯性等分类，分别夹在书中压平保存。

(三) 整复的方法

1. 边角齐全的四角文书，先将碎片中带有切边的文书四角与页边的碎片挑出来，按上下左右与正反面，先摆开四角与四边，拼成文书的外框，再按文书内容与格线的连续性，根据纸片的边缘形状，逐块拼接内部空缺。

2. 不易区分边角的剪碎文书，可按文书的内容、格线、图案，根据纸片形状，剪切缘的形状进行拼合；或者选择形状较大而又有明显特征的碎片拼合；或先拼成几大块，然后再合并。

3. 折叠后撕碎、剪碎的文书，常有相对称的碎片，故可一对一对地拼合。

在确定了文书碎片的位置和相互连接关系之后，应将碎片逐块移到大于文书纸面的玻璃上，再用另一同样大小的玻璃覆盖其上，并将四周封好。

三、烧毁文书的整复及其文字内容的辨读和再现

(一) 烧毁文书的特点

文书纸张燃烧是一种激烈的化学变化，其结果是文书变成看不清文字内容、皱缩而又易碎的纸灰。

纸张燃烧可分为焦化（变黄、变脆）、碳化（变黑）、灰化（完全燃烧成灰烬）三个阶段。文书的燃烧程度，与纸张质量、燃烧条件和温度都有密切关系。燃烧变化与温度的关系是：

(1) 150℃～200℃：纸张干燥、变黄、起皱、边缘翘起；

(2) 200℃～250℃：纸张呈深褐色转黑色；

(3) 250℃～300℃：纸张碳化、断裂；

(4) 300℃～350℃：纸张开始灰化，呈灰黑色；

(5) 350℃以上：纸张渐变灰白色。

(二) 烧毁文件的提取、包装与运送

提取、固定烧毁文件的原则是尽量避免其受到进一步的破坏。因此，应根据客观条件慎重而又巧妙地操作。

如在现场上发现正在燃烧的纸张，最好用脸盆等器皿罩在燃烧的文件上，使其火焰迅速熄灭，切不可用水浇、脚踩。如在燃烧的火炉中发现有烧毁文书，应立即关闭火炉通风口，并设法挡风以保护好已烧毁的文书，防止再次吹坏。

提取时，无论是单页纸灰还是成团纸灰，都应保持原样。如果是完全灰化的纸灰，无法完整提取的，应就地妥善保护，当场辨读文书内容并拍照固定。

为了完整地保存和运送，可先将提取的烧毁文书用10%的甘油水溶液或用温水稍稍湿润一下，防止破裂，再用合适的木盒或纸盒，下垫棉花，置放烧毁文书，上面再盖一张轻软的白纸，纸上再放一层棉花，然后盖上盒盖封好。防倒置，防重压。

(三) 烧毁文书的整复

1. 软化展平。具体方法有：

(1) 喷雾法。用温水或15%的甘油水溶液放在比较细的喷雾器内，向置于玻璃板上的烧毁文书上方喷射水雾，使其逐渐浸湿柔软，再小心展平。

（2）气熏法。将热水一碗置于一玻璃干燥器的隔板下，再将载有烧毁文书的玻璃放在隔板上，盖严干燥器盖子，使烧毁文书吸取热气而柔软。

（3）水漂法。备洁净的温水一盆，将纸灰用玻璃板托起，使纸灰一端先浸于水面润湿，再轻轻抽出玻璃板，待纸灰浮在水面浸润后，小心将皱褶按平。再将玻璃板插入纸灰下托出，控水阴干。

（4）涂刷法。蘸取15%的甘油水溶液，从一端或中段起逐渐涂在被烧毁的文书上，使其柔软并小心展平。此外，还可用稀释的聚乙烯醇溶液，或1%的动物胶水溶液。

2. 固定整复。具体方法有：

（1）玻璃板固定法。用与托纸灰玻璃板同样大的洁净玻璃板一块盖在纸灰上，并在两层玻璃之间的两端夹衬两三层白纸，使玻璃之间留有适当的空隙，四周用胶布等固定。

（2）透明胶片粘贴法。对于皱缩严重、不易展平的烧毁文书，可用醋酸戊酯50克、醋酸25克、樟脑5克混合成特制胶水，将其粘在透明胶片上展平固定。

（3）宣纸裱糊法。用于单面有字的被烧毁文书的整复。将被烧毁文书有字的一面朝下放在桐油纸上，先用酒精后用5%的甘油水溶液喷洒在烧毁文书上，使其柔软后，用毛笔轻轻展平；又取一张比烧毁文书大的宣纸，在宣纸上刷上一层薄薄的米汤状的淀粉糨糊，将其粘贴在烧毁文书上，要从一边起一点一点地粘贴，贴好后将桐油纸轻轻揭下，然后将宣纸背面朝上，放在干净的玻璃板上，用鬃毛刷在宣纸背面从中间向四周刷，使烧毁文书同宣纸一起向四周延展，然后晾干即成。

（四）烧毁文书文字内容的辨读

能否辨读被烧毁文书的原文，取决于文书物质材料的特性。文书经燃烧后，在纸张与书写、印刷的物质之间仍存在某些物理性质与化学性质的差别。根据这种差别，选用适当的方法，可以达到辨读的目的。

1. 侧光检验与照相法。根据被烧毁文书的纸灰与书写、印刷文字物质材料在颜色上的差别等特点，可以在不同角度、不同强度、不同色光的各类光线下仔细、反复观察，并在最佳辨读条件下采用相应的照相方法拍照固定。

2. 红外线检验和照相法。某些物质对红外线吸收、反射或透射的能力与可见光不同，故可用红外鉴别仪观察，再用红外线反射或透射照相法检验，并记录结果。

3. 化学显现法。某些化学试剂能与纸灰中残留的蓝黑墨水笔画中的铁起显色反应，但却使黑色纸灰氧化变浅，故可据此反差辨别文字内容。根据纸张厚薄不同，可分别采用下列试剂显现：

厚纸：20%硫酸，5%高锰酸钾，黄血盐饱和溶液，20%盐酸；

薄纸：5%～10%硫酸，5%高锰酸钾，黄血盐饱和溶液，20%盐酸。

显现时，取硫酸滴在展平的文书上，再滴高锰酸钾至纸灰变成黑色，再滴黄血盐溶液和盐酸，即可显现文字。

4. 高温灰化法。纸张烧毁后呈黑色、黑褐色，与笔画颜色差别很小，肉眼不易识别时，可将碳化的纸张进一步用电炉、红外线炉等加温燃烧，也可达到辨读效果。

四、被浸泡粘连文书的整复

1. 对受潮粘连的文书，分离时，一般先用光滑、扁平的小铲，轻轻地、一张一张地分开。如过分潮湿，应稍稍晾干后再分离。对于易碎的潮湿文书，可先在文书上铺一张薄纸，从一端开始边分离边将文件连同薄纸卷起来，待全张分离后，连同薄纸展开晾干。

对干燥的粘连文书，先用蒸气湿润软化，再用扁铲分离；对粘连成纸团的文书，应先找出纸边，再慢慢小心地将其展开。

2. 施胶晾干。有的文书由于纸张受潮，原有的施胶层被破坏而变得疏松易碎，因而需要涂胶加固。一般可把聚乙烯醇溶液或动物胶溶液均匀地涂布在已分离展平的文书上，室温下晾干。

3. 恢复原文。有些受潮文书的书写文字因水浸而褪色，故在文书整复后，还需显示原文。一般可用紫外线灯或蓝光灯照射，观察其荧光现象，然后拍照固定。如是用含铁墨水书写的，可用硫氰酸钾、亚铁氰化钾、鞣酸等溶液显现并拍照固定。

第四节　被涂抹文字的显现

一、被涂抹文字显现的可能性

文书在制作过程中或文书制作完毕后，由于制作者或其他人有意或无意的行为，可能使文书的部分文字被墨水、颜料等有色物质掩盖，从而形成被涂抹的文字。

可用来涂抹、掩盖文字的有色物质多种多样，例如墨汁、墨水、油墨、油漆、圆珠笔油等等均能用来涂抹、掩盖文书内容，而书写文书的墨水等也各不相同，再加上原文书书写与涂抹的方法、原文书书写时间与掩盖时间的长短等均会影响被涂抹、掩盖文字的显现或恢复，因此，并非所有被涂抹的原文均能显现出来，也没有一个通用的方法能适用于所有被涂抹原文的显现。如果原文书写物质与掩盖物质不同，或者书写原文与掩盖用的工具不同，原文书写成后的时间较长而掩盖时间较短，那么显现被涂抹、掩盖原文的可能性就大；反之，显现的可能就小或根本没有。

二、常见的显现被涂抹文字的方法

在显现被涂抹文字时，首先应观察原文是用什么物质、什么工具书写的，掩盖物质的颜色是否与原文相同，涂抹的方法是什么，掩盖的程度和纸张的质量如何，然后根据实际情况，采用下列一种或几种显现方法显现被涂抹的文字。

（一）分色照相法

如原文字迹与掩盖物质的颜色不同，但差别不太明显，可选用适当的滤色镜仔细观察，并用分色照相法加深字迹与掩盖物在颜色上的反差，从而显现出原文。

（二）透射照相法

如原文字迹是被同样物质均匀涂抹掩盖的，则可选用透射光辨认并用透光照相法记录显现的结果。

（三）红外线检验法

如原文字迹是用墨汁、铅笔、印刷油墨等书写或印刷，而被纯蓝墨水、圆珠笔油、蓝黑墨水或其他颜料掩盖，则可利用红外线显出原文。

（四）荧光显现法

被涂抹的原文物质如能发荧光，其在蓝光灯、紫外灯下的荧光现象也能透过涂层显示出原文。

（五）加压法

以加压法显出被涂抹文字，其原理是：溶剂对墨汁等掩盖物及对书写用墨水等书写物质的溶解能力不同，因而可以采用加压取印的方法将被涂抹字迹转印到取印纸（通常用滤纸）上。选用的溶剂要对被涂抹文字的溶解能力较强，它既可能是单一溶剂，也可能是混合溶剂。目前常用的有两种溶液：一种由无水乙醇、水和冰醋酸配制而成，适用于显现被涂抹的钢笔墨水文字。另一种由无水乙醇、水、二甲基甲酰胺和冰醋酸配制而成，适用于显现被涂抹的圆珠笔文字。凡是被墨汁、碳素墨水、绘图墨水涂抹的各色钢笔字迹、圆珠笔字迹及复写纸字迹，利用红外文检仪不能显现，均可利用加压法显现。该法显现效果好，灵敏度高，操作简便，不破坏原件。加压法显现出的原文字迹是反字，可通过摄影方法转变为正字。

（六）涂层消除法

即设法减薄或消除掩盖物质，以显示被涂抹文字的方法。通常采用的有：

1. 激光蒸发法

掩盖物质和书写文字的染料成分不同、厚度不同，对激光能量的吸收也不同。掩盖层吸收得多，文字笔画吸收得少，所以蒸发掉的是掩盖物质，而文字笔画被保存下来，这样就能显现出被掩盖的字迹。

2. 溶液减薄法

利用化学溶液对涂抹层起溶解作用，可以减薄或消除掩盖物质，从而使被涂抹文字显现出来。常用来减薄或消除掩盖物质的化学溶液有：氯化铵溶液、次氯酸钠溶液、草酸溶液、氯仿、乙醚、丙酮等。选用化学溶液的原则是：所用溶液只对涂抹物质起溶解、减薄或消除作用，但不影响被涂抹的文字及文书的纸张。一般是以棉球蘸溶液轻轻擦洗涂抹层，切勿损及涂抹的文字笔画。

3. 静电复印法

该法适用于被涂抹文字物质与涂抹层物质是同种同色的检材。严格地说，该方法并不能称为“涂层消除法”，因为它并没有使涂抹文书的涂抹层被消除或被减薄。其原理是：某种物质书写出的文字被同种同色墨水涂抹后，有文字笔画的部分墨层厚而颜色深、无文字笔画的部分墨层薄颜色浅，再通过掌握静电复印时的曝光量及墨粉量，有可能使涂抹层在复印件上的显色要浅于被涂抹层在复印件上的显色，甚至使之消失。因此，从复印件来看，涂抹层似乎已被减薄或被消除。该法操作简便、易于掌握，且不损坏文书及被涂抹文字，但要使用灵敏度高、显影清晰的静电复印机及质量好的墨粉。

（七）显示液显示法

867A、867B是我国公安部二所研制配成的两种特殊混合显示剂。研制这两种显色剂的目的是解决原文字迹被碳素墨水、墨汁、绘图墨水等物质掩盖，用一般化学试剂及红外线检验法均无法显出的难题。

867A显示液是白色乳状液。使用时，用小刷将867A显示液刷到掩盖层上，片刻即能在正面867A白色涂层上显出被掩盖的字迹，字迹颜色就是被掩盖物的染料颜色。

867B显示液是无色透明液体。使用时，用小刷将867B显示液刷到掩盖层上，片刻在原件背面显出被掩盖字迹的反字，其颜色也是被掩盖物的染料颜色。

867A显示液能将被掩盖文字的染料成分溶解提取出来，867B显示液则能将掩盖层减薄。因此，在某些情况下，可将二者结合使用，如掩盖层是很厚的油漆，可先用867B显示液减薄掩盖层，再用867A显示液将被掩盖字迹染料提取，在白色涂层上显出被掩盖的文字。

867A、867B显示液能显现被墨汁、油墨等掩盖的各色墨水、各色圆珠笔油、各色签字笔水、各色水彩笔、各色复写纸等书写或复写的文字，也能显现被前述黑色物质掩盖的红、绿、蓝色铅印字，彩色套印字，各色印油、邮戳字迹，英文打字机打印出的黑、红色字迹等。除了粉红色的纸张外，其他纸张对显现没有影响。一般在自然光下直接用肉眼就可以观察到显出的字迹，但黑墨水字、棕色水彩字、红复写字则需要在蓝光灯下用橙色滤光片观察它们的荧光字。

867A、867B显示液是针对黑色掩盖物而研制的，但实际运用中发现，它们对油漆、涂改液等掩盖的字迹也能显现。

这两种显示液显示法，操作简便，价格低廉，适用范围广，易于观察，且显出后的文字不褪色，可长期保存。虽然它们不同程度地破坏了原件，但若在显示出的字迹上再涂上原有的涂抹掩盖物质，则能还原且不妨碍再次显现。

第五节　抑压文字的显现

一、抑压文字的形成

书写时，在书写动作的压力作用下，衬垫的纸张上往往会留下一些不易见的凹痕。由于这些凹痕是书写者书写前一页文字的反映，故又称作“抑压文字”或“压痕文字”。压痕的深浅与笔力大小、笔尖软硬、纸张厚薄以及衬垫物软硬等因素有关。所以，并非所有的压痕文字均能显现。

二、显现抑压文字的常用方法

（一）阴影显现法

压痕文字是无色的凹痕，因此，当光线从侧面斜射至文书上时，文书的纸面和压痕文字的凹痕就将形成明暗不同的阴影，从而可显现出压痕文字。所以，利用阴影照相法，能将压痕文字显现并固定下来。

（二）复写纸摩擦显现法

用复写纸包一块较柔软的泡沫塑料或棉花之类的物质，然后在压痕文字部位直接均匀地轻轻擦拭。抑压文字呈凹状而纸面呈平面状，因而纸平面被逐步着色、压痕文字部分却仍未着色，二者之间形成差异，显出文字。

（三）静电压痕仪显现法

这是用专门的仪器——静电压痕仪显现压痕文字的一种方法。其原理是：纸张有压痕和无压痕的部位不同，能产生不同的电容变化，使覆盖在压痕纸张上的聚酯膜的电位也发生相应变化。当电晕在聚酯膜上来回放电时，随着纸张上压痕的变化，聚酯膜表面将形成不同的电位差。被充电后的纸张有压痕的部位电压低（带正电荷），无压痕的部位电压高（带负电荷）。纸张表面这种电位起伏，便感应聚酯膜，使其形成一个稳定的电位图像。当墨色粉（与载体玻璃珠混合在一起）均匀撒在聚酯膜上时，墨色粉（也叫显影粉）带负电荷，被无压痕部位的负电荷所排斥，但却被带正电荷的压痕部位吸附，使聚酯膜上压痕的潜在图像清晰地显示出来。该方法可显现比较微弱的抑压字迹，且无损并能反复显现。

此外，实务中还有就热敏纸褪色字迹进行检验的需求，为此，已开始尝试用系列光源法如紫外光源检验法、红外光源检验法、极红荧光检验法来显现，并取得了一定的实效。

第十二章

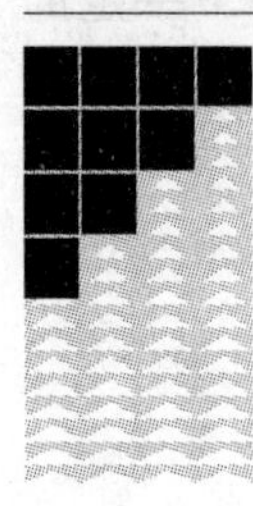

化学物证技术（一）：概述

第一节　化学物证的概念

一、化学物证的概念

化学物证通常是指案件中提取的量少体微、能以其自身的化学属性证明其与受审查的人、事、物、时、空存在联系，从而能证明案件真实情况的各种有机物质和无机物质。

这个概念包括以下要点：

1. 化学物证通常是量少体微的有机物质和无机物质。正因为有这个特点，实践中习惯把这类物证称为“微量物证”。“微量物证”这个用语，是从数量、体积的角度提出的，并非指化学中的微量、半微量。事实上，不仅化学物证多属微量，在很多情况下，生物物证也是微量的。基于这种考虑，本教材使用“化学物证”、“生物物证”，而不用“微量物证”一词。

2. 化学物证是从案件中提取的。化学物证和各种物证一样，都必须与案件中的人、事、物、时、空存在联系。尽管化学物证可能有多种来源，例如，有的是两个客体接触时相互交换形成的，有的是从一个客体上脱落的，但是，这些物质都必须被证明是从案件中提取的。

3. 化学物证是以其化学属性证明其与案件中受审查的人、事、物、时、空存在联系，从而证明案件真实情况的。这也就是化学物证不同于形象痕迹和笔迹的地方。后者主要是以其外形特征、所载字迹特征证明其与受审查的人、事、物、时、空存在联系的。

在研究微量化学物证和本书后文的生物物证时，不能不提一提著名的洛卡德物质交换原理（Locard exchange principle）。爱德蒙・洛卡德是法国的物证技术学专家。他认为，无论何时，只要两个客体相互接触，在接触面就会产生物质的交换（或称转移）现象，因而在客体的接触面就可能发现微量的附着物。洛卡德提出的这个物质交换原理，为侦查办案中寻找微量化学物证或生物物证，提供了理论依据。

二、常见的化学物证

根据化学物证的概念及洛卡德原理可知，日常生活中人们接触、使用的各种物质、物品，在特定情况下，都可能成为某个案件中的化学物证。案件中常见的化学物证有以下几类：

1. 油脂。油脂是动物油、植物油和矿物油的统称。作为物证，油脂多见于火案现场中的引火物，也可能在作案工具、各种现场遗留物、嫌疑人的衣服以及其他客体上发现。

2. 油漆、涂料碎片。犯罪分子进入室内作案，往往要撬门、撬锁，因而在撬门、撬锁的撬棍上常常留下微量的油漆或涂料。

3. 纤维。绳索、布匹、衣物的主要成分均为各种纤维，所以涉及绳索、布匹、衣物的案件均有可能遇见纤维这类物证。如勒杀案中，往往可从死者的索沟处提取到绳索、毛巾的纤维。纺织工人身上附着的其所在厂生产的特定纤维，棉农身上附着的棉花纤维，以及现场上的小钉从罪犯衣物上刮下的微量纤维等，均可能成为某一案件中的化学物证。

4. 泥土。作为物证的泥土，既可能是犯罪分子鞋底带到犯罪现场的，也可能是附着于罪犯鞋底或衣物上从现场带走的。

5. 玻璃。交通肇事案、入室盗窃案或抢劫案等，均有可能因击碎玻璃而在受害人或罪犯身上附着玻璃碎屑。

6. 微量金属。在犯罪现场痕迹中或在犯罪分子衣服、鞋袜上有时可能发现微量金属或焊渣儿。

7. 塑料。交通肇事案等案件中往往会发现有塑料这种化学物证。

8. 橡胶。交通肇事案等案件中往往在汽车的刹车痕中发现橡胶颗粒。

9. 爆炸残留物与射击残留物。在爆炸案件中往往需要检验现场爆炸残留物中的微量炸药；在涉枪案中往往能发现射击残留物。

10. 毒物。在投毒案件中，毒物是必然会存在的物证。通常在现场上发现，也可能从被害人的体液或尸体内检出。

11. 毒品。在涉及毒品的犯罪案件中，毒品是重要的物证。

第二节　化学物证技术的任务和作用

一、化学物证技术的任务

具体地说，化学物证技术担负的任务通常是以下几项：

1. 在勘查现场时发现、记录、提取各种有物证价值的化学物质；

2. 利用现代检测技术确定案件中发现的化学物质的化学属性；

3. 对案件中发现的可疑化学物质，与从一定人或一定地点提取的比对样本进行比较型种属认定，确定它们的化学属性是否相同。

二、化学物证技术的作用

就刑事案件而言，化学物证技术的作用主要表现在以下几方面：

1. 有助于确定案件的性质。

化学物证能表明案件的性质。例如，在中毒死亡者家中的面粉口袋里检出砒霜，即可确定发生了投毒杀人案件；在树林中发现女尸，若其胸部有明显撞伤痕迹，撞伤部位衣服上有少量油漆碎片和玻璃碎片，这就可以确定死者是在交通肇事案中被撞死或被他人蓄意用汽车撞死后移尸于此。

2. 有助于确定侦查方向和范围。

犯罪分子作案时如果在现场上留下某种物质，即可为查找犯罪嫌疑人、确定侦查方向或范围提供依据。例如，某女性被人用刀砍死在家中，现场上发现可疑足迹。足迹中有一些煤屑，经分析，断定是凶手带入现场的，据此可以分析凶手的生活或工作中可能接触到煤屑。这就给侦查指明了方向。最后，在离死者家几站远的一个煤站找到了凶手。

3. 有助于审查犯罪嫌疑人的口供。

当犯罪嫌疑人否认曾去过现场时，发现他衣服上有与现场相一致的特殊泥土，就可揭穿嫌疑人的谎言。

4. 有助于审查事主、证人的陈述。

有时，事主或证人出于某种动机未如实陈述。在这种情况下，利用化学物证，可审查其陈述是否真实。例如，某枪击案中，证人甲称自己听到枪声后从门跑进房间内。而经侦查人员检查发现其裤脚粘有碎玻璃，经检验与被害人死亡房间破碎的玻璃为同一块玻璃，从而证明甲的证言是虚假的。

5. 能作为证实犯罪嫌疑人有无犯罪行为的证据。

化学物证有时可以作为证实犯罪嫌疑人实施了犯罪行为的证据。例如，在一起强奸案件中，受害人陈述，其在被强奸时曾将罪犯多处咬伤。很快，警方发现一嫌疑人，此人身上果然有多处咬伤，从其咬伤处提取到口红痕迹；经分析比对，与受害女当日使用的口红一致，微量口红成了证实该人实施强奸行为的证据之一。

除了刑事案件以外，化学物证在民事、经济案件或行政诉讼案件中也能为法院正确解决纠纷、维护正常的社会经济关系提供有力证据。例如，在一起民事案件中，对争议汽车上的油漆进行分析检验，证实了该汽车是旧车喷新漆后冒充新车出售的事实。

第三节 化学物证的发现和提取

一、化学物证的发现

刑事案件中，化学物证的形成，一般都和犯罪人的犯罪活动有关。因此，发现化学物证应当考虑犯罪分子作案时是如何活动的，根据犯罪分子的活动来判断发现化学物证的重点部位。但由于案件性质不同，犯罪人的犯罪活动彼此相异，所以，发现和提取化学物证的重点部位也随着案件的不同而不同。一般说来，犯罪人进出现场时必须触摸的物品、物体，犯罪人犯罪行为所指向的客体，犯罪人实施犯罪行为时所使用的工具，犯罪人掩盖其犯罪行为时所利用的器械、用品和犯罪人本人的身体及穿着的衣物等均是发现和提取化学物证和生物物证的重点部位。例如：在盗窃案的入口窗户的窗钩上可能发现、提取到从犯罪人衣服上挂下的纤维；在入室抢劫杀人案的嫌疑足迹中可能发现、提取到异常的泥土、煤灰等碎屑；在被勒死者的颈部索沟部位可能发现、提取到绳索纤维；在交通肇事案肇事汽车的某一部位可能发现衣服纤维；在撬保险柜案中犯罪人使用的撬棍上可发现、提取到柜门的油漆碎片。

选择发现化学物证的具体方法，应考虑物证的种类、物证所在客体的性状、物证所在的位置、物证是否附有其他物证以及其他物证的性状等。

虽然化学物证的种类繁多，量少体微，但多数情况下仍然要依靠肉眼观察的方法去寻找。在寻找过程中可以借用放大镜、侧光或蓝光灯、紫外灯，有条件的，可以利用多功能现场勘查灯。

二、化学物证的提取

对于已经发现的化学物证，可以根据物证的具体情况，采取适当的方法予以提取。常见的方法有：

1. 拍照法。

发现任何化学物证，都应当像处理形象痕迹一样，用拍照的方法把它们的原始位置和状态记录下来。

2. 连同载体一起提取。

同时提取载体，可以在实验室条件下仔细检查载体上究竟有哪些微量物质，而且也有利于日后对化学物证进行实验室分析时综合考虑载体对分析结果的影响。在应用此方法时应注意，载体上的化学物证的具体位置可能会因折叠、包装、运送而发生再次转移，从而影响其证据价值。因此，在提取之前一定要将物证的原始位置记录下来。

3. 用镊子或竹片等工具直接提取。

如果化学物证所在客体体积较大、较重，不便一起提取，客体本身又不怕受损，可以根据物证的具体性质，用镊子、竹片等工具夹取、挖取或刮取，也可戴上手套直接提取。

4. 用透明胶带粘取。

如果物证过于细小，无法用镊子等工具提取，也无法戴手套直接提取，或者怀疑客体上可能还有一些肉眼看不出的物证，可以采用胶带粘取。但要注意：胶带要在可疑部位反复粘取，直至失去黏性为止；提取后不能将胶带本身对贴或将胶带贴在纸卡片上，而应将其贴在一块较厚的聚乙烯塑料板上。

5. 用吸尘器吸取。

在某些特殊的场合下，如果怀疑很可能有重要物证，但又不便寻找，或者已用其他方法提取了微量的物证，但仍恐有遗漏，可以用吸尘器吸取。但在吸取前应认真检查吸尘器内部是否干净，防止污染从现场吸取的微量物证。

6. 提取其他形象痕迹中的微量附着物应防止损坏形象痕迹特征。

三、化学物证的包装

发现、提取后的化学物证必须妥善加以包装，防止污染、丢失。包装材料既要清洁干净，又要结实可靠。常用的包装物有：纸袋、塑料袋、塑料瓶、玻璃瓶等。究竟用何种材料包装，应根据被提取的化学物证的性质来定，其原则是：(1) 包装材料的质地不能与所装物证的质地相同，以免影响分析结果，如不能用玻璃瓶装玻璃碎片这种化学物证；(2) 包装材料的密封性能要与所装化学物证的性能相适应，以免所装物证腐败霉变或挥发消失，例如，没有盖子的玻璃瓶不能装油脂。

除了要选择合适的器具盛装化学物证或对照样本外，在包装时还应注意的是：各个化学物证以及各个对照样本均应分别包装并做好标记。

四、化学物证的送检

化学物证的送检应注意以下问题：

1. 如果鉴定的目的是要确定案件中发现的化学物质是何种物质，或者确定物体上或人体内是否存在某种微量附着物或含有某种物质，一般不需要提交比对样本，但有时却需要提交空白样本。例如，为确定现场爆炸尘土中有何种炸药，就需要提取爆炸现场未被炸药"波及或污染"的尘土作为空白样本。这种空白样本，可以帮助正确评估对化学物证的检验结果。

2. 如果鉴定的目的是要确定发现的化学物证与案件的联系，则需要提交比对样本。例如，在交通肇事案中，如果需要查明从被撞自行车上提取的油漆碎片，是否肇事汽车上的油漆，就必须从嫌疑汽车上提取油漆碎片作为比对样本。只有通过比较分析现场油漆碎片与嫌疑汽车上的油漆样本的属性是否相同，才能确定现场油漆碎片与嫌疑汽车的联系。值得注意的是，当有几个嫌疑人、嫌疑物时，某一物证的比对样本就有可能不止一个。有时候，比对样本还可能要从某一嫌疑人或嫌疑物的不同部位提取。例如，在交通肇事案中，从被撞的自行车上提取到油漆后，在发现嫌疑汽车时，因为汽车不同部位的油漆可能不一样，所以就应从该汽车的不同部位提取油漆作为比对样本。送检人员应按鉴定要求将所有的比对样本分别包装，注明来源，并将它们提交给鉴定人员，供比较检验使用。

第十三章

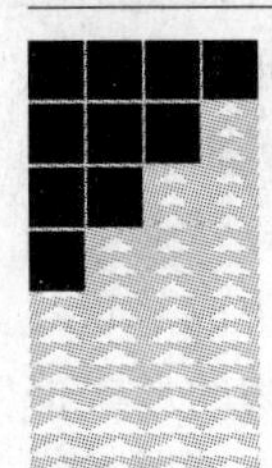

化学物证技术（二）：爆炸、纵火物证及其检验

第一节 爆炸与燃烧的概念	一、爆炸的概念和类型 二、燃烧的概念及与爆炸的区别
第二节 炸药与可燃物质	一、炸药的定义和分类 二、可燃物质与燃烧条件
第三节 爆炸、纵火物证的收集	一、爆炸、纵火物证的概念、来源及特点 二、爆炸现场物证分布的基本规律 三、爆炸物证的发现、提取与送检 四、纵火物证的发现、提取与送检
第四节 爆炸、起火情况的分析	一、爆炸情况的分析 二、起火情况的分析
第五节 爆炸物证、纵火物证的检验	一、微量炸药的现场快速检测 二、爆炸、纵火物证的实验室检验 三、检验应注意的问题

第一节　爆炸与燃烧的概念

一、爆炸的概念和类型

爆炸是一种在瞬间释放能量的急剧的物理化学变化。无论参与这一变化的物质本性是否发生变化，其本质的特征在于释放能量的瞬时性和集中性，释放能量的形式主要有光

能、热能和机械能等。

爆炸的基本类型有三种：

1. 物理爆炸。参与爆炸的物质本身在爆炸前后没有发生化学变化，也就是贮能物质分子结构没有改变。爆炸时这种物质压缩、破坏周围的介质，如蒸汽锅炉或高压容器由于质量不佳或超过其临界压力时，就会发生物理性爆炸。火花放电也可看做一种物理爆炸，放电区间可以达到数千乃至数万摄氏度，致使火花隙间的空气或其他物质急剧膨胀而发生爆炸。

2. 化学爆炸。爆炸过程中贮能物质分子本身或分子之间发生了化学变化，生成了新的分子——爆炸产物。当然，每次爆炸后还有极少量物质未及参加反应，以残留物的形式保持了原炸药的分子结构。爆炸时由爆炸产物来压缩和破坏周围的介质。常见的炸药爆炸属化学爆炸，此外，煤矿瓦斯爆炸，煤粉、天然气、乙炔、汽油等与空气以一定比例混合发生的爆炸等，均属化学爆炸。

3. 核爆炸。爆炸过程中贮能物质的原子核发生了裂变或聚变，并组成了新的原子核。爆炸时中心区形成极高的温度与压力，并伴有很强的热辐射、粒子贯穿辐射发生，同时空气冲击波也有极大的破坏作用。

经常与犯罪案件有关联的是化学爆炸中的炸药爆炸，在一些重大爆炸事故中则可能有各种化学爆炸和物理爆炸。本章所述是化学爆炸中的炸药爆炸。

炸药爆炸必须同时具备三个要素：

1. 反应的放热性。如果某些物质反应时吸热，则不能发生爆炸。1 000克炸药所含的能量并不比1 000克普通燃料多，为什么炸药爆炸的威力却十分巨大呢？原因在于炸药爆炸时不需要外界的氧作助燃剂，反应是在自身占有的那部分体积内完成的，而普通燃料要有比自身体积大许多倍的氧气参加反应，它释放的热量必然分散到很大的体积当中，使能量密度大为降低。炸药却可以达到很高的能量密度。

2. 反应的快速性。爆炸反应是在千分之几到百万分之几秒的时间内完成的，单位时间内做的功很大，有极高的功率，这就是炸药威力巨大的另一个原因。

3. 生成气体产物。在标准状态下，1 000 克炸药可以产生 800 升～1 000 升的气体，也就是说在一瞬间这些高温高压的气体需要占有比原炸药体积大 800 多倍的空间，这是炸药对周围介质产生巨大机械破坏作用的根本原因。

二、燃烧的概念及与爆炸的区别

（一）燃烧的基本概念

燃烧是伴随光和热物理运动形式释放能量的化学反应。在燃烧过程中，原有参加反应的物质生成了具有新的结构的物质。如氢在氧的支持下，燃烧生成了水。

（二）燃烧与爆炸的区别

燃烧与爆炸有着一定的联系，也有着本质区别。在许多爆炸现场，爆炸与燃烧同时存在，有时两者可以互相转化，燃烧可以导致某些物质爆炸，爆炸也可以引起某些物质燃烧。对物证技术人员来说，弄清其本质差异对判断案件性质和成因有重要意义。其主要区别有以下几点：第一，反应类型不同。如前所述，爆炸可以有物理反应、化学反应和核反应三种，而燃烧只有化学反应这一种运动形式。第二，反应速度相差悬殊。仅就同属化学反应的燃烧和化学爆炸而言，成吨的炸药可以在毫秒（1/1 000 秒）级的时间内完成，而成吨的燃料可持续燃烧几天，有时可阴燃数月或更长的时间。第三，供氧体系不同。燃烧现象发生时，一般必须借助可燃物周围的氧（或氧化剂）支持，燃烧反应才能进行。由于炸药一般均由碳、氢、氧、氮四大元素构成，化学爆炸发生时，爆炸物自身有一个供氧体系，炸药在完全与空气隔绝的情况下（如水下或密闭容器中）仍可完成爆炸反应。

第二节　炸药与可燃物质

爆炸与燃烧现象发生时，均释放巨大能量，两者的贮能物质主要是各种炸药和可燃物质，也是本章涉及的主要物证来源。

一、炸药的定义和分类

(一) 炸药的定义

一切以化学反应形式瞬间释放巨大能量而且反应产物占有巨大空间的物质，就是炸药。

(二) 炸药的分类

1. 按用途分类

起爆药：是一种对外界能量刺激十分敏感的炸药，在较小的初始能量作用下，就能引起爆炸或燃烧，火焰感度或机械感度较高，由爆燃到爆轰所需的时间极短。其主要用途是作为猛炸药的引爆剂，用来装填各种起爆和点火器材，如雷管、火帽等。常见的起爆药有雷汞、迭氮化铅、二硝基重氮酚等。

猛炸药：它的敏感度较低，在较大的初始能量作用下才能爆炸，一般选择起爆药爆炸时产生的爆炸能作为猛炸药的初始能量，引发其爆轰反应。猛炸药是靠它较低的敏感度和较大的装药量发挥作用的。常用的猛炸药有梯恩梯、黑索金、特屈儿、奥克托金、太安等。

发射药或火药：它们在一般情况下只发生爆燃，产生大量气体，有较大的抛射能力。主要用作枪弹、炮弹的发射用药和火箭推进剂。最常见的黑火药常做点火药和延期药使用，还有硝化棉和硝化甘油为主成分的双基药，或硝化棉为主成分的单基药。

烟火剂：它们由氧化剂和可燃物质组成，反应时只发生速燃，军事上常用作照明剂、信号剂、曳光剂、烟幕剂等。民用产品有烟花、礼花等。

2. 按组分分类

一是单体炸药：炸药本身是单一成分的化合物，在外界能量的激发下，它可以迅速发生分解反应，生成更为稳定的爆炸产物。除一些用作起爆药的单体炸药含有汞、银等金属元素外，大多数单体炸药都是由碳、氢、氧、氮四种元素组成的。

单体炸药从化学结构上看主要有以下几种：乙炔类（如乙炔银、乙炔汞等）；雷酸盐类（如雷酸银、雷酸汞等）；硝酸酯类（如硝化甘油、硝化棉等）；硝酸盐类（如硝酸铵、硝酸汞等）；硝基化合物类（如 TNT 即三硝基甲苯、DNT 即二硝基甲苯、RDX 即环三次甲基三硝铵又称黑索金等）。

二是混合炸药：由两种或两种以上单质或化合物混合而成的炸药。如果其中一种成分少含或不含氧，另一种成分则必须是含氧丰富的物质。混合炸药可以是固态、液态或气态。目前应用较广的仍是固态混合炸药，常见的混合炸药有以下几种：

普通混合炸药。如钝化黑索金、梯黑（TNT40%、RDX60%）、煤矿铵锑炸药、岩石铵梯炸药等。

含铝混合炸药。如钝黑铝炸药、梯黑铝炸药等。

有机高分子黏结炸药。如8321、1871等（主要成分为黑索金、奥克托金或太安，加少许添加剂黏结而成）。

特种混合炸药。如塑性炸药、弹性炸药、橡皮炸药等。

3. 按氧平衡分类

正氧平衡炸药：即炸药中的氧与其他成分作用后还有富余的炸药。如太安、奥克托金等。

零氧平衡炸药：即炸药中的氧大约正好可与其他成分完全作用的炸药。如硝化甘油、硝化乙二醇等。

负氧平衡炸药：即炸药中的氧不够用于和其他成分进行反应的炸药。如梯恩梯、特屈儿等。

（三）常用炸药

包括岩石炸药、露天炸药、煤矿炸药、铵油炸药、高威力炸药、含水炸药和液体炸药等。

随着生产和科技的发展，还会出现许多新型炸药，但与军事、工程专家关心炸药的角度不同，物证技术专家更需要了解常用炸药的主要成分、性能、用途及获得炸药的主要渠道，并了解炸药爆炸后留下哪些特征，残留物以什么形式存在等。了解当前炸药生产使用情况，收集必要的炸药样品档案，是十分重要的。

二、可燃物质与燃烧条件

（一）可燃物质的定义及分类

凡是能够与氧元素或其他强氧化剂发生剧烈化学反应而发光发热的都是可燃物。可燃物质只能按观察研究问题的角度分类。如按有机物、无机物分类，有木材、纸张、纤维、汽油、酒精和铝粉、金属钠等；按物体存在的状态又可以分为固体、液体、气体燃料等；按其来源又可以分为人工制品和天然燃料等。

（二）燃烧的条件

要使燃烧现象发生并能持续进行，除了必须有可燃物质存在外，还应具备火源和助燃剂。

1. 火源

任何燃烧现象开始进行时，都有一个初始热能来引发，因此，提供可燃物质与助燃剂发生燃烧化学反应的初始热能源就是火源。从引火的机制看有以下三种情况：第一是机械引火源。一切利用机械摩擦生热而形成的火源都属这一类型。第二是电力引火源，最常见的就是利用两个触点间隙的火花放电实现点火，高电阻金属在通过一定量电流时直接发热，也能成为电力火源。第三是化学火源，一切化学反应中产生足够量的热能，可以引起周围可燃物燃烧时，就构成了化学火源。浓硫酸与任何含碳元素丰富的物质（如纸张、白糖等）接触时，因其急速夺取化合物中的水，而使温度迅猛上升，使含碳物质碳化进而燃烧，这就是犯罪现场经常被发现的一种化学火源。

2. 助燃剂

能够支持可燃物质进行燃烧化学反应的物质就是助燃剂。它们都是氧化性能极强的物质，如氧气（空气）、氯气和其他固态氧化剂（如氯酸钾、高锰酸钾、过氧化钠等）。

第三节　爆炸、纵火物证的收集

一、爆炸、纵火物证的概念、来源及特点

（一）爆炸、纵火物证的概念

爆炸或纵火物证是指在作案准备阶段动用的一切物品、物质和实施爆炸或纵火后形成的残留物、遗留物及爆炸或纵火痕迹的总称。

1. 残留物。就炸药爆炸反应而言，爆炸后绝大部分炸药在高温高压的作用下发生了化学分解反应，只有极少量的炸药没有来得及分解，保持了原有的化学结构并以极细微的颗粒状态分布于现场。一般情况下用肉眼是看不到的，如用高倍显微镜或电子显微镜，可以直接观察到它们的形态，多数呈球状。在高温高压作用下，有些炸药成分也可能均匀地附着在爆炸中心物体的表面。这种用肉眼不能直接观察到的物质，就是爆炸残留物。

纵火案件现场的能量释放级别低于爆炸现场，因而其残留物可能会更多，而且固态、液态、气态同时并存的机会也不少。例如，用汽油、煤油等液体引火物质纵火时，现场纵火点很可能残存液体（浸透在泥土、衣被、家具等物体中）、气体（分散在空气中）或固体载体（吸附在炭黑、纺织品等物中）等物证。它们一般用肉眼也很难发现，属于纵火残留物。

2. 遗留物。与残留物相反，一切可以用肉眼直接观察到的与案件有关的物品、物质都是遗留物。如爆炸案件现场被炸碎的爆炸装置、被炸坏的设施等，以及遗留下的尸体；纵火现场人们发现的火柴、打火机、汽油桶等。

3. 爆炸、纵火痕迹。爆炸装置爆炸后，在周围的物体或建筑上遗留下各种痕迹，这也可以看做一种遗留物，不过对于它们研究的侧重点在于其特定的几何形态。在一些比较大的载体（如地面、墙壁）上遗留的痕迹，只能通过录像、拍照和测量等方法加以固定和提取。在纵火现场遗留的痕迹同样十分庞大，往往要从整个墙面、地面甚至整个建筑去研究热作用的后果。

（二）爆炸、纵火物证的来源

1. 来自爆炸装置和纵火工具。爆炸装置处于爆炸中心，受破坏最严重，一般只能在现场找到细小的碎片，如雷管碎片，导火索残段，电雷管脚线，炸药容器碎片，包装物、捆绑物、支撑物、悬吊物等残片。纵火工具如打火机、火柴等作为火源的物品，油瓶、面盆、塑料袋等容器物品，都是重要物证。

2. 来自炸药和可燃物。炸药在爆炸反应中不可能100%完全分解，没有来得及反应的部分，以极细微的颗粒状物质，分布在爆炸中心附近的地面或物体上；纵火犯所使用的汽油、乙醇、煤油等低燃点引火物，在燃烧反应中也不会被消耗殆尽。

3. 来自被爆炸和被燃烧破坏的物质。被炸毁和被烧坏的东西也是重要物证，例如，建筑物、人体、家具以及地面、墙壁被炸成的特定形态和被燃烧物体留下的痕迹等。

（三）爆炸物证的特点及与纵火物证的区别

1. 温度特点。爆炸中心一般有5 000℃以上的高温，处于中心部位的物体都有明显的

热效应后果，如金属有熔化痕迹，可燃物有烧焦痕迹，爆炸中心的泥土、水泥等温度明显升高。然而纵火时温度要低得多，一般只有几百度，除金属铝等低熔点物质可能发生熔化外，其他常见金属都不易熔化，只有低燃点物质能被燃烧。

2. 压力特点。爆炸中心可以形成几万乃至几十万个大气压的高压状态，除大部物体会被粉碎变形外，许多硬度不大的物体会嵌入硬度较大的物体中去，如肌肉软组织、纺织品等有可能在高压作用下打入木板之中。纵火现场则不会发生这种现象。

3. 时间特点。尽管爆炸中心的温度和压力都很高，但它们维持的时间都很短，都是毫秒级作用，一般情况下燃烧现象不会很严重，如人体常出现毛发烧焦，皮肤烧伤，衣服瞬间烧损痕迹，高压瞬时作用体现在中心物体上多为粉碎和压缩现象。燃烧现场由于高温作用时间长，燃烧破坏后果比较严重，但燃烧是在常压状态下进行，没有高压作用痕迹。

4. 空间特点。爆炸中心的温度和压力虽然很高，但只是局限在爆炸中心那个不大的空间。随着距离向外推移，压力和温度迅速减小，从爆炸中心向外围距离每增加1倍，压力迅速减少500倍，最终降低为普通大气压，因此爆炸的破坏作用最严重的只是在中心部分有限的空间。而燃烧中心会随着时间的推移和可燃物的分布状况而不断变化，并沿着一条线蔓延，也可以由中心向四周辐射燃烧，其直接破坏的高温效应区，比爆炸现场要大得多。

二、爆炸现场物证分布的基本规律

（一）研究物证分布规律的意义

爆炸物证在现场的分布是有规律的，弄清它们的分布规律，可以减少现场勘查的盲目性，在正确的部位提取爆炸残留物，根据遗留物分布的位置判断这些物证的原始状况。有时，还可以根据残留物的峰值部位反推出大致的炸药装药量。

（二）爆炸残留物的分布规律

爆炸残留物在爆炸中心和外围分布的规律是不同的，从中心到外围可以分成三个区域：以炸药包的半径为参照标准，距爆心3倍半径以内为中心区，3倍～14倍半径区域为残留物峰值区，14倍～200倍半径区域为扩散区。

1. *爆炸残留物在中心区的分布。*

在爆炸中心区爆炸残留物的密度大小主要取决于被爆炸作用介质的硬度和颗粒度，介质硬度越大，炸药爆炸后残留物就越少。同样重量和品种的一包炸药，在水泥地面爆炸后比在土质地面爆炸后的残留物要少，而同样一包炸药在土质地面爆炸后又比在松软耕地上爆炸后的残留物要少。爆炸中心作用介质颗粒度大，则残留物就少，药包在颗粒较大的石子堆上爆炸，其残留物比在细沙土上爆炸要少，这是由于颗粒大的物质，“比表面”① 小，滞留残留物的能力也相对较小。

2. *爆炸残留物在峰值区的分布。*

爆炸残留物在峰值区的分布基本上取决于炸药量的多少。残留物峰值出现的距离和炸药量（以药包半径表述）之间存在一个简单的函数关系，从而可以对爆炸残留物的分布规律作一个定量的描述：

---

① 比表面：单位重量物质拥有面积的总和。

$$R_p = b + s \cdot r_0 \qquad (1)$$

其中 R_p 为残留物浓度高峰处至爆炸中心的距离；b 为截距，常数；s 为斜率，常数；r_0 为装药半径。式中 R_p、b、r_0 均为长度，单位为厘米。

如果使用不同品种的炸药，则 b 和 s 会相应变化，对于固定炸药而言，b 和 s 都是常数。

从（1）式可以看出，当使用的炸药量增大，也就是装药半径（r_0）增大时，残留物峰值出现的部位，或称峰值半径（R_p）会随之向外推移。

3. 爆炸残留物在扩散区的分布。

扩散区残留物比较少，但这一地带较为广阔，在延伸到药包半径 200 倍的范围，仍然可以发现少量爆炸残留物。

4. 采集爆炸残留物的方法。

爆炸残留物主要存留在现场尘土中，含有爆炸残留物的尘土称爆炸尘土。收集爆炸尘土有两种方法，即重量法和面积法。不同的样品采集方法对残留物峰值部位的计算有较大影响。

采用重量法取样时，比较简单，可以爆炸中心为零点，在不同距离刮取地表尘土为样品，残留物含量以每克尘土中炸药残留物的多少表示，即：

$$\frac{W_{残}}{W_{土}} = 重量法炸药残留物浓度$$

其中 $W_{土}$ 为取土重量，$W_{残}$ 为该重量土壤中炸药残留物含量。

取不同部位的十几份土样，比较其浓度高低，浓度高的部位就是残留物浓度峰值地带。但这种方法的缺点是刮取土层厚度很难统一，取土过厚，尘土重量大则含量计算值偏小，故用此法计算的峰值是不准确的，往往确定的峰值比真实的峰值要远离爆炸中心。

采用面积法取土样时，从爆炸中心向外依次划出许多固定面积的区域，每个固定面积上的尘土就是一份尘土样本，经过尘土中炸药残留量的定量分析之后，求出每份样本单位面积上残留物的含量，即：

$$\frac{W_{残}}{S_{土}} = 面积法炸药残留物密度$$

其中 $S_{土}$ 为取土面积，$W_{残}$ 为该面积土壤中炸药残留物含量。

这种方法求出的峰值距离比较可靠。这是由于取样时与刮取土层的厚度无关，只要划定面积，在这块固定面积上的炸药残留物全部被采集，归一处理时按单位面积上的残留物计算，得到的是炸药残留物的密度，计算结果具有较高的重现性。

(三) 爆炸遗留物分布的规律

1. 球面辐射抛出

爆炸中心及其附近的物体，以爆心为球心向各个方向球面辐射抛出。在炸点周围，遗留物呈平面辐射状分布，血迹和其他擦划痕迹也是如此。

2. 与爆炸中心的关系

物体在爆炸前那一瞬间所处的位置叫原始位置，爆炸发生后物体在现场被观察到的位置叫现场位置。规则是：爆炸遗留物的现场位置和原始位置肯定在爆炸中心的同侧。

3. 物体距离的影响

几个重量大体相同、密度也相近的物体，如果距离爆炸中心不是等距的，那么爆炸发生后距离爆心近的物体被抛掷得远，距爆心远的被抛掷得近（见图13—1）。

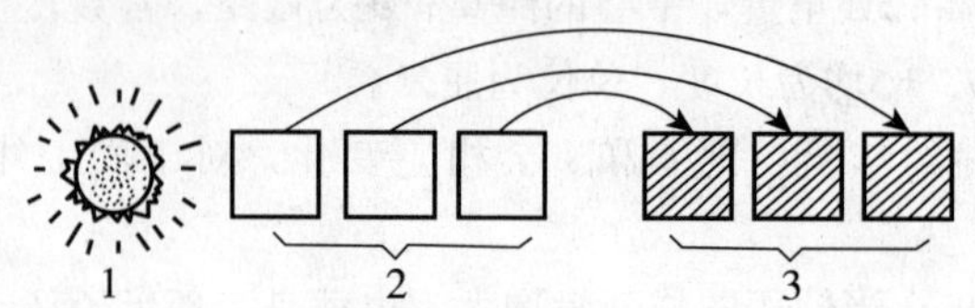

1. 炸点　2. 物体原始位置　3. 物体现场位置

图13—1　炸心附近物体被抛出的规律示意图

4. 物体质量的影响

当多个物体距爆心的距离相等时，重量极轻的和特重的被抛出的距离都不远，被抛出最远的是中等重量的物体。这是由质量和空气阻力双重因素决定的。

（四）爆炸痕迹的分布规律

1. 由爆炸产物直接作用形成的痕迹。爆炸产物一般指炸药发生爆炸反应时生成的高压气体。它在爆炸中心最近的部位形成特定的炸痕。根据其部位和形状，可以判断爆炸中心的位置和推算炸药用量，但爆炸物处于很高的空中（理想状态）爆炸时，不会形成稳定的痕迹。

2. 由空气冲击波形成的痕迹。在距离爆炸中心适当的距离外，爆炸产物——气体的作用已经消失，但冲击波却发挥着特有的作用：对一定范围内的物体产生破坏作用，如建筑物门窗、玻璃等，其中以玻璃的破损最应引起注意，它可以作为估算炸药量的参考。

3. 由抛出物打击形成的痕迹。它分布在爆炸中心附近各个方向的载体上。由于它不是由爆炸产物直接作用形成的，所以，这些痕迹距爆心稍远，有时和冲击波的破坏作用后果并存于同一地带，但它有抛出物打击的特点。

4. 地震波造成的破坏痕迹。在比空气冲击波造成破坏更远的地带，地震波可能给建筑物造成一定的破坏，特别是装药量较大时（如炸药仓库爆炸），数公里外的较单薄的建筑物，如高烟囱、墙体等易受地震波损坏。

三、爆炸物证的发现、提取与送检

（一）发现与提取爆炸物证的一般方法

发现、提取物证是爆炸、纵火案件现场勘查的重要环节。提取的对象包括爆炸装置的各组成部分，如包装物、捆绑物、支撑物、悬吊物、填充物、各种金属碎片、金属导线、破碎织物、纤维、玻璃、人造革、碎电池及电器零件等。如果爆炸现场出现大量重复的物品，可有选择地提取。如果爆炸现场出现量极少而又可疑的物品，则应件件提取，不可遗漏，如可疑的电池碎片、钟表发条、器皿碎片、特殊断头的导线等。应准确记录所有被提取的物品的提取时间、方位并在现场图中得到正确的反映。

（二）爆炸遗留物方位固定的准则

为了准确描述爆炸中心的位置并把现场遗留物的方位正确固定下来，必须在勘查工作的初期建立坐标系，如直角坐标系或极坐标系。

1. 直角坐标系

爆炸点（或着火点）在室内或在不太大的建筑物中时，一般可借助建筑物自身来建立直角坐标系。如在室内场地可利用某一墙角为0点，以墙壁和地面形成的三条交线为x、y、z轴，这样就建立起了一个三维的直角坐标系（如图13—2），室内的任何一点包括爆炸中心和着火点均可用这个坐标系来固定。例如，该室内的悬空爆炸点 A，可以描述为 A（5，2，3）。

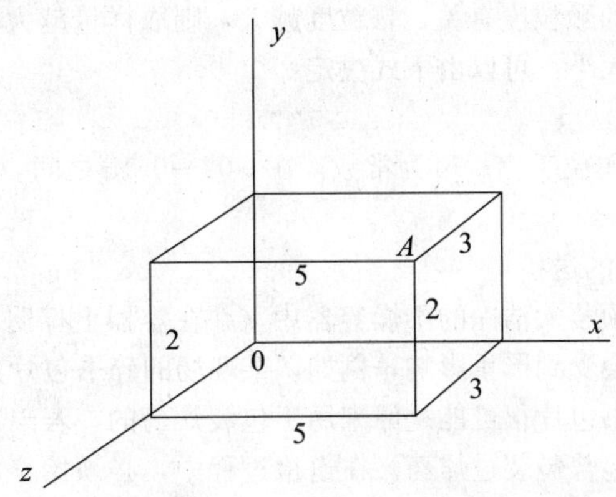

图 13—2　直角坐标系示意图

2. 极坐标系

当爆炸点或着火点在一个空旷的场所时，可利用爆炸点作为极点建立极坐标系。选择爆炸点至某一特定方向的射线为极轴，那么这个空旷场所的任何遗留物都可以用角度和长度两个量固定下来。

（三）尘土样品的提取方法

残留物主要存在于现场的尘土之中，故要注意提取尘土样品。

1. 炸点取样

取样首先在炸坑（若为悬空爆炸则在爆炸中心正对着的下方地面）内进行。先将坑内回填土取出包装，再将坑壁土层铲下约 2 厘米厚包装（在铲动前必须先经测量和拍照）。若炸点为极硬的介质，如钢板、水泥等，则应将炸点处的灰尘、碎块先行包装后，再用丙酮棉球擦拭炸点表面，反复三次至四次，并将擦拭过的棉球全部装入一个塑料袋，与在炸点收集的灰尘和碎块共同算作炸点的试样。即典型试样。

2. 外围取样

外围取样是指从炸点以外地带地表等处取到的尘土样品，按一定面积和不等距离提取的一套样品又称系列试样。每个系列样品个体之间距离越小越好，一般每个取样点之间不超过 20 厘米，若有条件做到每点之间相隔 10 厘米则更好（可使最后反推炸药量的误差降低）。取样时将表面尘土取净后再把上层土壤刮下一层，共同装入袋内，同时准确记录距爆心距离和取土面积。

3. 空白试样

在距爆炸现场较远、未受爆炸污染的地带，提取对照样品，叫空白试样。在自然界中，存在着微量的与爆炸残留物相同的物质。此外，自然界广泛地存在着 NH_4^+、Cl^-、NO_2^-、K^+、Na^+ 等离子，这些物质在火药和炸药中经常出现，只有在把现场样品和空白样品同时分析比较后，才能得出现场炸药种类的结论。提取空白试样的方法，可以在远离现场未受爆炸污染的部位提取，也可以就在地的深层未受污染的部位提取。此外，有些需要作为空白样品使用的书包、铁盒等，也可以在市场上购买或在社会上收集。

爆炸现场提取的尘土试样，应包括典型试样、系列试样和空白试样。

4. 最佳取样量

尘土取样量与尘土的颗粒度有关，颗粒度越大，则取样量越大，这是为了使取到的尘土具有代表性。取样量大小，可以由下式决定：

$$Q=KD^2$$

其中 Q 为最小取样量，单位千克；K 为常数，在0.02～0.15之间，由实验决定；D 为颗粒直径，单位毫米。

(四) 爆炸物证样品的送检

现场提取的物证必须装入洁净的干燥容器中，并在容器上标明名称、部位及编号，否则，一些物证的价值就会受到严重影响，例如，某现场的碎书包片如果是在爆炸中心周围各方向都有发现，则碎书包片很可能是原来用于包装炸药的，若碎片只出现在爆心的某一侧时，则不能说明该书包曾包装过炸药。在送检过程中，必须始终保持样品的洁净，样品之间互不干扰。尤其是被检测样品，绝对不能和炸药标准样品同时装在一个大容器中，也不能共用同一个外包装。

四、纵火物证的发现、提取与送检

(一) 纵火物证的形态及存在部位

纵火物证实际上也是以残留物、遗留物和纵火痕迹等形态存在，只不过它互有渗透，有时残留物以遗留物或其他物质为载体。纵火残留物主要是以各种气体为主，纵火现场中空气里混有可燃物的气体，泥土和灰尘中吸附有可燃物的气体，甚至现场上的遗留物如衣服、被褥等也可能存留着大量可燃物的蒸气。有些现场由于燃烧时间不长或纵火物质被掩埋，少量液体可燃物（引火物）也有存在的可能性。

主要应在三种地带注意纵火物证的发现和收集：一是在纵火现场中心部位，中心部位热作用时间长，温度高，引火物容易被燃烧，但作案人总是在纵火中心留下纵火物的蛛丝马迹，如火柴杆、火柴盒、打火机、汽油桶等，有时在中心附近的泥土里还存有液体引火物的残留物。二是在纵火罪犯的出入道附近，这与其他类型的犯罪勘查有着共同之处，在这里常可发现足迹和罪犯随身携带的作案工具。三是在未受救火器材污染的部位。如玻璃窗和其他未被污染部位的炭黑，是很好的检材，它经常像活性炭那样吸附了现场可燃的蒸气。

(二) 纵火物证的提取和送检

纵火物证提取和送检注意事项与爆炸物证的基本相同，只是爆炸现场的气体没有什么特异性，没有提取价值。而纵火现场空气中的引火物蒸气，由于经受的破坏能量不像爆炸能那样高，还可能有不少可燃原形物存在，故采集纵火现场气体样本有一定意义。一般可直接用大的容器（如玻璃瓶、塑料袋等）提取，也可以用干净的活性炭吸附。此外，收集泥土、炭黑、衣物等吸附能力较强的物品也很重要，所有被提取的物质均应装入密闭的玻璃、塑料容器之中，注明提取的名称、部位、编号，送专业实验室检验。

第四节 爆炸、起火情况的分析

一、爆炸情况的分析

(一) 爆炸起因的分析

弄清爆炸的起因，对物证的提取、鉴定及其物证价值的判断都有直接关系。

1. 爆炸装置引爆。人为破坏引起的爆炸多由某种爆炸装置引爆。可以通过现场采集到的遗留物、残留物及爆炸痕迹来判断。

2. 能源设备爆炸。各种能源设备在特定情况下也可能发生爆炸。如供热锅炉由于焊接质量问题或操作不当，引起炉体爆炸；罐装液化气或管道煤气漏气，遇到明火也会发生爆炸等。这类爆炸有的是人为破坏造成的，有的是因违反操作规程或因设备质量未达标造成的。

3. 自然力量引发爆炸。风、雨、雷电、日晒等自然力量，也可能诱发某些物质的爆炸。如飓风席卷某些储存易燃易爆物品的仓库、车皮等可能引起爆炸；暴雨冲毁了某些存放金属钾、钠的库房，会引起猛烈的爆炸。

(二) 爆炸装置的分析

1. 爆炸装置所用炸药品种的判断。炸药的品种可以通过爆炸时声、光和色的调查，通过现场烟熏痕迹的颜色和热作用的程度等，作出初步分析。如声响巨大、光亮较强且对周围物体热作用明显，可能是高能炸药爆炸；如光亮中有明显的黄色调，则可能有钠盐掺入了炸药。

2. 爆炸装置所用材料的分析。根据从爆炸现场收集到的各种遗留物碎片，可以初步判断爆炸装置的包装物（软包装或坚硬的壳体）、捆绑物、支撑物、悬吊物、填充物（为增强杀伤力，如加入钉子、钢筋头等）。

3. 引爆方式的判断。利用现场收集到的遗留物，还可以进行引爆方式的判断。如发现导火索的残片，或有香烟头、打火机等点火用具，则可初步判断使用了火引爆装置；如发现雷管脚线和电池残段，则可判断可能使用了电引爆装置；如发现类似钟表发条、齿轮等部件碎片，并伴有电池、导线残段等，则可能使用了机械定时的电引爆装置。

(三) 对炸点部位的分析

只有正确区分炸点的类型才能准确判断炸点的部位。炸点大致可以分成以下几种类型：(1) 锥形炸点。当炸药埋入地下不太深引爆后会出现这种炸点。(2) 球缺炸点。当炸药放在不太坚硬的地表引爆时，会形成球缺炸点。(3) 穿孔炸点。当被作用的介质不太厚而面积较大时会出现这种炸点。(4) 截断炸点。当炸药紧靠柱形物体引爆时可出现这种炸点。(5) 塌陷炸点，当爆炸物在水泥板上引爆，而其下又有水沟或其他较大空间时会出现这种炸点。当爆炸物紧贴人体组织引爆时，会出现伤口中心组织被粉碎而边缘相对整齐的创面，这是一种特殊的炸点。

严格地说，炸点和爆炸中心并不是同一概念。如果有数吨炸药爆炸，形成的炸坑可能有半个篮球场那么大，这个大炸坑就是出事地点，也就是炸点；而爆心是指爆炸前那一瞬间整个装药的质量中心，它即是名副其实的几何意义上的“点”。

(四) 爆炸装置中装药量的估算

1. 估算装药量的意义

罪犯使用的炸药是最重要的物证之一，但是爆炸已经发生，不可能看到爆炸装置中究竟装了多少炸药，只能通过间接的方法估算。

2. 装药量的估算

装药量的估算有如下几种方法：(1) 利用炸坑测量数据估算；(2) 利用尸体创伤面积估算；(3) 利用残留物分布规律估算；(4) 利用空气冲击波超压估算。

二、起火情况的分析

(一) 起火原因的分析

利用引火物纵火属人为破坏，在火灾案件中所占比例很小。起火也可能是使用电器不慎、电线短路、家庭或个人用火不慎的结果，也可能是雷击的结果，还可能是某些堆存的物质（如棉花、煤）自燃的结果。

(二) 引火装置的分析

引火装置要比爆炸装置简单得多，通常用一些可燃物浸透易燃的煤油、汽油，然后和火柴包扎一起，并以棒香作为缓燃材料即可。

(三) 对起火点部位的分析

判断起火点通常利用以下特征：

1. 起火时传出的烟雾颜色和气味。

2. 火场上物体燃烧的程度。由于火势随风向蔓延，起火点温度会逐渐降低，因而使起火点处燃点高的物质得不到充分燃烧而呈现熏烧痕迹。

3. 电器被烧后的特征。

4. 起火的时间。

5. 残留引火物特征等。

第五节 爆炸物证、纵火物证的检验

一、微量炸药的现场快速检测

在勘查爆炸现场过程中和对犯罪嫌疑人进行搜查过程中，以及在搜寻隐藏炸药的行动中，都可能需要对微量可疑物质是否炸药的问题进行即时的快速检测。解决这个问题，可能采取多种途径：第一，利用警犬（或警鼠）探测；第二，利用便携式炸药探测器探测；第三，利用化学喷显法探测。这三种方法各有优缺点。警犬探测易受外界条件干扰，有些场所不便采用；便携式探测器是利用气相色谱仪原理研制的，虽然灵敏度高，也便于携带，但选择性差，常有误报（对香水、烟雾、化妆品也能引起报警），且价格昂贵，不利推广；化学喷显法费用低廉，便于携带，操作简便，易于推广。

化学喷显法的基本原理，就是把一种事先配制的喷显剂喷在被检测的客体上，如果客体上有微量炸药，喷显剂和某种炸药的成分起作用就能生成一种有一定颜色的化合物。常用的喷显剂有 TH_1（TNT 喷显剂）、AD_{29} 和 AP_9（均为硝酸盐类和硝酸酯类喷显剂）等。具体操作方法是：先以普通定性分析滤纸擦拭被检对象，以 TH_1 喷于纸上，数秒钟后如出现棕红或紫红色，则表明可能有 TNT 存在；再以特制的还原纸擦拭被检对象，以 AD_{29}（或 AP_9）喷于纸上，一般若 10 秒钟以内出现微紫红或桃红色，则表明可能有硝酸盐或硝酸酯类炸药存在。喷显剂检测炸药速度快、灵敏度高、便携性强，但不能代替实验室正规程序的分析。

至于纵火残留物，由于大多数纵火用的可燃物质如汽油、酒精、柴油等，不具备炸药那样的特殊官能团，故没有较为理想的现场检验方法，只能依靠实验室分析方法解决。

二、爆炸、纵火物证的实验室检验

（一）检材的预处理

1. 外观检查

对提取或送检的检材，应首先通过肉眼或放大镜的直接观察，对物证的真伪、种类和利用价值作初步判断。如看是否有高温作用痕迹，如有高温作用痕迹则进一步观察是瞬时作用（爆炸）还是持续作用（燃烧）；如有力的作用，则进一步判断是压痕、打击痕还是撕裂痕；此外还要根据样品的色泽、硬度、密度、几何形状、对磁铁的反应等进行初步分类，把相似的检材放在一起，以便进一步检验区分。

2. 镜下检验

镜下检验是指将检材置于40倍放大率的显微镜下，进行观察或显微拍照，利用残留物特有的形态进行炸药颗粒初步识别。可以从爆炸现场取回的检材或泥土中，细心地挑出这种物质，以便进一步用物理、化学方法加以鉴别。其他微小的物体如塑料、纤维、金属、尘土、木屑等，也应先在显微镜下进行观察，记录其热作用与力作用的状况，必要时也可以进行显微拍照。

3. 过筛

对于尘土检材或混杂于尘土检材中的细微物品，需要通过一定孔径的筛子进行分类筛选。从筛子上挑出有价值的细小物品及颗粒，进行观察和镜下检验。筛下的尘土应按一定的颗粒度要求（直径不大于1毫米），送实验室进行物理、化学分析。

4. 提取与分离

提取与分离是指将滞留、吸附于尘土、木材、衣物等相关物品中的炸药和可燃物分离提取出来的有关步骤。过筛是分离的第一步。一般对尘土和其他物品上附着的炸药或燃料，都是采取溶剂提取的办法，例如无机盐类（黑火药残留物）可直接用水提取，炸药和有机燃料可用有机溶剂提取，常用的有机溶剂有乙醇、丙酮、三氯甲烷、二硫碳等。

（二）常用检验方法

1. 化学点滴分析

化学点滴分析是对样品进行定性鉴别的基本分析方法。尽管大多数分析方法古老而经典，但也是可靠和简单易行的。点滴分析主要用来检验无机离子的存在，有时也可以作为判别有机炸药的手段。如与爆炸有关的阳离子和与燃烧助燃剂有关的阳离子，往往涉及钾离子（K^+）、钠离子（Na^+）、铵离子（NH_4^+）等，涉及的阴离子为氯离子（Cl^-）、硫离子（S^{2-}）、硫酸根离子（SO_4^{2-}）、高氯酸根离子（ClO_4^-）等。

一般应有两个以上的特效反应呈阳性，才能判定某种成分的存在。例如若判定Na^+是否存在，可以进行以下两项实验：

焰色反应。以白金丝蘸取少量样品（固体或液体），在酒精灯上加热，火焰呈明显亮黄色，则为阳性。

醋酸铀酰锌反应。钠离子可与醋酸铀酰锌反应，生成正八面体黄色结晶（可在显微镜下观察到）。

2. 薄层分析

薄层分析是一种用途极广的分析技术，它既可以作为有机炸药的鉴别手段，也可以作为有机、无机混合物质的分离手段，对于在现场提取回来的有大量干扰物质的样品来说，是一种很好的分离、净化和鉴别技术。

3. 气相色谱分析

气相色谱分析也是应用广泛的分离、净化和鉴别技术。分析炸药常用气相色谱仪的电子捕获检测器，它对含负电子较多的化合物很敏感，多数炸药中富含带负电子的元素氮，因此电子捕获检测器对炸药的检测灵敏度一般可达10^{-9}克/毫升～10^{-12}克/毫升。纵火现场的引火物多半为烃类化合物，一般不含负电子成分，可采用火焰离子检测器。

4. 红外光谱分析

红外吸收光谱几乎对所有的炸药都能描绘出重现性较高的图谱，在鉴定中如同给炸药“照相”一样，很准确。20世纪70年代后期采用金刚池作为样品池可减少用量，至80年代后期，又逐渐采用了显微分析技术，使仪器的灵敏度进一步提高。

5. 色谱—质谱分析

该法又称色质联用分析，在20世纪70年代中后期才逐渐用于炸药分析。由于这一系统中充分发挥了色谱的分离优势和质谱的鉴定优势，又同时可以得到色谱图与质谱图，其分析结果很准确。

6. 离子选择电极技术

该法是20世纪60年代初出现的一种电化学分析方法，它利用一支对待测溶液钝感的参比电极和一支对待测溶液中某离子敏感的测量电极，组成电极对，测出随待测离子浓度变化的电位差，再将电位差经对数转换求出离子浓度值（摩尔浓度）。由于该法适应的待测离子浓度范围宽（一般在10^{-1} M～10^{-5} M之间），仪器设备简单，易于操作，很适合爆炸、燃烧现场尘土中无机离子的定量分析。

7. 扫描电镜分析

扫描电子显微镜与X射线能谱仪联用，对爆炸、纵火物证分析有十分重要的意义。它是一种不破坏样品的分析技术，又可拍摄显微照片，放大倍数可达数百倍至几十万倍，是理想的获取原始证据的方法，也是其他分析手段无可比拟的（其他手段往往要破坏样品，只能得到数据或图谱）。检验时尽可能对检材首先进行电镜分析，再作其他检验，已成为一种固定“工艺”。例如对爆炸污染后的玻璃、金属、塑料等物体表面进行X射线能谱分析可发现氮元素量明显增加。又如对导线、灯丝断口分析，可发现爆炸与燃烧断裂形态有明显不同。

三、检验应注意的问题

1. 要利用空白值对检验结论进行对照研究。在定量或半定量测定任何物质中存在的微量炸药时，都必须测定同种未受污染物质中炸药的“空白值”，然后通过比较两者含有的炸药或其他无机离子的浓度，再作出判断。一般差别应相当于一二个数量级，即10倍至100倍时，才能得出肯定的结论。由于纵火案中可利用的引燃物和助燃剂来源比炸药更为广泛，在纵火物证的分析中，空白值的参考价值显得更为重要。

2. 要利用多种分析手段去认识爆炸或纵火现场遗留物的本质，同时还必须借助于爆炸、燃烧模拟实验。

3. 在采用多种方法对同一检材进行检验时，应当先无损后有损。

第十四章

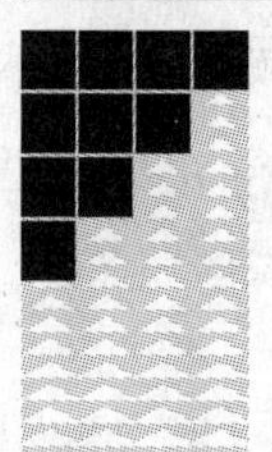

化学物证技术（三）：泥土、玻璃、纤维物证及其检验

第一节　泥土物证及其检验

一、泥土物证的检验任务

通过泥土检验可以解决以下几个问题：

1. 泥土来自哪个地域。例如凶杀案件中根据死者身上附着的泥土可以判断所在场所是否为第一现场。如果不是第一现场，可通过泥土检验查找第一现场。又如现场上发现异样泥土，可通过泥土比对检验查找现场异样泥土的来源，从而为确定侦查方向提供依据。

2. 现场提取的泥土与从嫌疑处收集的泥土是否相同。

3. 现场收集的泥土是否受过特殊的污染，如受到体液的污染，或混有化学残留物、金属残留物等。

二、泥土的组成与特征

(一) 泥土的组成

泥土是地面岩石长期风化形成的产物，是一种丰富且复杂的由不同微粒组成的混合物，包括矿物质和有机物，具有一定的形态特征和理化生物性质。

泥土中的矿物质占固体重量的95%～99%，是土壤的“骨架”，所以矿物质又被称为土壤母质（土母质）。泥土中的矿物由原生矿物和次生矿物组成。原生矿物以石英为最多，其次是长石、白云母等。次生矿物是次生铝硅酸盐类的黏土矿物，以高岭石、蒙托石、伊利石等为主，以及针铁矿、褐铁矿、水铝石、次生石英等。矿物质以不同大小颗粒分布于泥土中。不同泥土所含矿物颗粒明显不同。

泥土中除了母质外，还有有机质，即动植物的残体及分解物。其分解物的一部分是从复杂的有机物分解为简单的无机盐类；另一部分是先分解再重新被微生物合成为新的物质，称为腐殖质。泥土中的有机物主要是以腐殖质形式存在的，约占有机质的80%～90%。

此外，泥土中还夹杂有各种物质残碴、碎片、断头等有机和无机夹杂物，如砖、瓦、水泥残碴及煤屑、木片、草棍、孢粉、纤维、食物残渣、金属残粒等。这些夹杂物和所在地区的工农业状况、生活情况密切相关。

(二) 泥土的特征

泥土之间虽然有很多共同的特征，但由于各地泥土形成都有一个漫长的演变过程，而不同地域的条件不尽相同，所以，不同地域的泥土都有不同的特点。泥土的特点可以从泥土的质地、颜色以及化学成分和离子的交换作用来考察。

1. 质地，是泥土最稳定、最重要的性质。质地是指泥土颗粒的大小和各自的相对比例。不管泥土中的矿物颗粒的化学组成、颜色、比重等性质如何，都可以按颗粒的大小将它们分组。按照国际土壤学会系统分法，可把泥土颗粒按直径大小分为粗砂、细砂、粉砂和粘粒四种（见表14—1）：

表14—1　　粒径分类与特性

粒　组	直径（毫米）	每克颗粒数	一克表面积（厘米^2）
粗砂	2.00～0.20	720	23
细砂	0.20～0.02	46 000	91
粉砂	0.02～0.002	5 776 000	454
粘粒	＜0.002	90 260 853 000	8 000 000

由上表可知，由于颗粒直径的差异，同样重量的不同直径的砂粒，其表面积相差很大。粗砂、细砂和粉砂主要是由岩石和矿物物理破碎而形成的颗粒组成的。而粘粒则是由

于岩石和砂粒的表面受化学风化作用所形成的离子重新组合而成的。在大多数泥土中，粘粒与砂粒不仅表面积不同，而且组成和性质都有很大区别。

2. 颜色。泥土表现出各种颜色，如红色、黄色、黑色等。泥土的颜色决定于所含矿物的种类、数量以及有机质的含量，特别是有色矿物的比例起着决定性作用。例如，含有丰富氧化铁矿的泥土呈红色；有机质占一定数量的泥土呈灰色、深灰色等。利用土的颜色可以判别所比较的泥土是否属于同一个地区。

3. 离子交换作用。泥土中的粘粒和腐殖质都是胶体状态的，表面面积较大能吸附水分和离子。在土壤风化过程中释放出来的物质多吸附在腐殖质和粘粒表面上，这种吸附实质是离子的交换。离子交换分阳离子交换和阴离子交换。所谓阳离子交换，是指某一阳离子被胶体核或胶胞吸着，同时伴随着胶胞上原吸着的一个或几个阳离子释放出来。离子这种彼此交换能力决定于离子的相对浓度、粒子带电荷的数量以及不同离子的移动速度。胶体颗粒既带有正电荷，也带有负电荷，然而许多泥土带的负电荷数量要大得多。阳离子交换作用要比阴离子交换作用大得多。但阴离子交换可以代替黏土矿物的 OH^- 离子团。由于泥土中所含 H^+ 和 OH^- 比例不同，使泥土表现出酸碱性不同，即 pH 值不同，所以可以通过测定泥土 pH 值大体区别泥土的异同；可以采用离子交换实验方法来鉴别泥土的异同。

三、泥土检材和比对样品的收集与保存

泥土作为犯罪物证，多数是以附着物形式出现的。附着在鞋上的泥土会在走路时失去，所以应注意在现场周围犯罪分子行走的路线上寻找提取；对附着在衣物上的泥土要注意尽量不要用扫刷方法提取，对成块的要用小竹片剥取，如果小竹片剥取不下来，可用洗涤方法提取，最好用乙醚浸洗。提取的干泥土可用清洁的纸袋包装，并做好标记。对于湿土，提取后应放在自然环境中阴干后再包装，或装入小玻璃管内带回阴干。对一些有泥土附着的大件衣物，如需整个提取或送检，可装在大纸袋或纸箱里，切忌用塑料袋包装，因为塑料袋包装容易粘连，同时也容易产生水蒸气而使泥土发霉变质。

为了查明附着泥土的来源，必须收集泥土的比对样本。从泥土组成来看，不同地区泥土的差别是明显的，但在一定范围内，如犯罪现场上，基本上是相同的，但不同部位、不同深度上的土也是有差别的，特别是表面土与深一层的土差别是较大的。所以泥土样本要从多部位不同层次上提取，当然主要是表面泥土。这个原则也适用于墙灰和尘土。

提取的各种泥土都必须分别收集包装，做好标记，绝对不能互相混淆和污染。

四、泥土的物理检验方法

（一）外观检验

肉眼直接观察泥土的干湿情况、颜色和大的夹杂物。如果土湿，可等自然晾干或放在烘干箱里烘干后再观察颜色；还可放在紫外灯下观察有无荧光和荧光颜色。再放在低倍显微镜或体视显微镜下观察颗粒状态、细小夹杂物。同一来源的土，其外观状态是一样的。

（二）颗粒组成检验

晾干泥土，挑出夹杂物，称取等量泥土分别用橡皮棒把土压碎，然后按粒砂、细砂、粉砂、粘粒大小尺寸，选相应规格的细孔筛筛选，再称量筛选出的几种粒径土的重量，以重量百分比（%）和粒径尺寸为坐标画出折线，进行比较。同种土其折线基本一致。

（三）重液分离检验

此法在泥土识别方法中是最有效的，也是比较简单的。

装置：根据比对样本的多少、量的多少选用数根内外径大小一致的均匀的玻璃管，一端封闭，并列排在一起，背面放一有尺寸标记的背景板即可。

重液的配制：把碘化汞溶解在碘化钾饱和水溶液中，制成比重为3.0～3.1的比重液，然后加水稀释成比重为3.0，2.8，2.6，2.4，2.2，2.0，1.5系列的重液，备用。

土样制取：把现场提取的泥土与提取的已知泥土样本风干，分别用橡皮棒压碎，用100目的筛子筛取，将筛下的泥土作为土样。

称取同量的土分别放入玻璃管内，然后按等高度从重的重液开始依次沿管壁加入比重不同的系列重液，静置，观察层次分布。同种土分层相同。

（四）砂粒的偏光显微镜检验

泥土中的砂粒仍具有矿物的晶体结构形成的光学异向性，使其具有双折射特性。根据不同组分的砂粒的双折射率不同，结合其自身风化的颗粒大小不同，在正交偏光显微镜下可显示不同的干涉色和外形特征等，如有无劈开线，风化状态，有无多色性及其强弱，以及等方体、异方体的区别，直消光、斜消光的区别，消光角度，干涉色，双折射率等。

五、泥土的化学检验方法

（一）泥土的pH值检验

把用100目筛子筛过的泥土取一份，加上5份蒸馏水搅拌5分钟，取出上清液，测定pH值。

（二）阴离子定性检验

称取100目筛子筛过的泥土0.1克，加入1.5毫升蒸馏水搅拌，放在水浴上加热5分钟，把浸出液过滤，然后取滤液分别进行铵离子、磷酸离子、硝酸离子、硫酸离子的显色或沉淀反应。

（三）仪器分析

将泥土用双氧水处理使有机物完全分解后，在水中用0.063毫米目的筛子筛选，离心分离，将沉淀物干燥，再进行脱铁处理，干燥得到土样，进行红外、X射线和差热等仪器分析。

六、泥土中的孢粉及其他夹杂物的检验

（一）孢粉检验

孢粉是指孢子和花粉，分别为隐花植物和开花植物的繁殖器官。各种植物孢粉都有其特定形态，并有长期不变的特性，利用显微镜和扫描电镜对孢粉形态作对比检验可以确定母体植物，从而为判断泥土来源提供依据。

（二）夹杂物分析检验

泥土夹杂物一般包括：

1. 植物性夹杂物，如植物种子、植物叶片、植物秸秆碎片、木片等，可用显微镜和扫描电镜进行形貌观察比较。

2. 动物性夹杂物，如人体毛、动物毛等。

3. 矿物性夹杂物，如砖瓦残碴、水泥、玻璃末、煤屑、碳化木片等，可用显微镜、扫

描电镜观察外观形态，用能谱仪或发射光谱等仪器设备测定元素成分比对分析。

4. 其他夹杂物，如涂料片、塑料碎片、纤维、金属颗粒等，可按它们各自的检验方法分析比对。

第二节　玻璃物证及其检验

一、玻璃物证的检验任务

玻璃物证的检验任务有以下三个方面：

1. 分析玻璃损坏原因，破坏力的作用方向；如果是洞孔，要分析是否为弹孔，如果是弹孔，还要分析射击方向、射击角度、射击顺序和射击距离等问题。

2. 认定现场发现的几块玻璃片是否原属同一个整体，现场玻璃片与有关地方发现的玻璃片是否来自同一块玻璃，即解决玻璃分离体的同一认定问题。

3. 确定现场收集到的玻璃碎片与从有关人或从有关场所收集到的玻璃碎碴、粉末是否为同种玻璃，即解决玻璃的种属认定问题。

二、玻璃的结构与特征

(一) 玻璃的结构

玻璃是由配合料（混合料）熔制而成的，很多天然原料和化工原料都可以作为玻璃的原料，制成配合料熔制成玻璃。大量的无机物的熔体，只要相当迅速地冷却，使得它们在最大析晶速度的范围内来不及实现热力学平衡的结晶转变，就会固化形成玻璃。所以许多物质都能形成玻璃。玻璃的主要成分是二氧化硅和一些金属氧化物及盐。从用途上可分为建筑用玻璃、日用玻璃、玻璃器皿用玻璃和光学玻璃；从机械强度上可分为普通玻璃与钢化玻璃。

玻璃与常见的其他各种物质客体不同，在常温下是一种无晶体结构的固体物质客体。与晶体比较，其不同在于它们各自的形成过程不同。形成固体玻璃过程的特点是系统性质在很宽的温度范围内的连续的改变，而晶体的析晶过程中系统的性质在一定的聚集态转变温度下发生突变。玻璃不存在暂时应力和永久应力时，它们的共同特性是各向同性的。这是玻璃的最根本的特性，决定了玻璃一系列的物理性质。

(二) 玻璃的特征

1. 玻璃的光学常数

玻璃的性质与其化学成分有关系，还与熔制和成型工艺流程有关。不同用途和品种的玻璃，对其机械性质、热性质、化学稳定性、光学性质的要求是不同的。其中与玻璃的光学性质有关的密度及折射率、色散系数等光学常数是物证技术检验中常用的。玻璃的密度和折射率是典型的体积加和量，它们可以十分精确地被测量出来。它们反映了玻璃性质与其化学成分和结构之间的普遍的规律。

2. 玻璃的疵点

玻璃在熔制过程中会形成结石、气泡、条纹等缺陷和瑕疵，它们直接影响上述光学常数，但它们的存在又为有关的玻璃检验提供了有利条件，特别是条纹，为玻璃的整体同一检验提供了重要依据。

3. 玻璃的机械损坏特征

与其他固体比较，玻璃最根本的不同点是玻璃为各向同性物质客体，是脆性物质材料，具有较高的硬度和较大的抗压强度，其抗压强度超过了一般金属，但其抗拉强度差，只有抗压强度的1/15～1/10，所以在不很大的拉伸应力作用下，玻璃便出现裂纹开始破裂。其破裂的断面状态可分为两部分：一部分为有光泽的镜面，另一部分为粗糙面，如图14—1所示。镜面上的花纹呈弓形花束状态，粗糙面的花纹则呈贝壳状，紧贴在受力的一面。其粗糙面的出现与否、面积大小决定于力的作用方式和强弱，与玻璃破坏速度和玻璃裂纹的扩展速度有关。

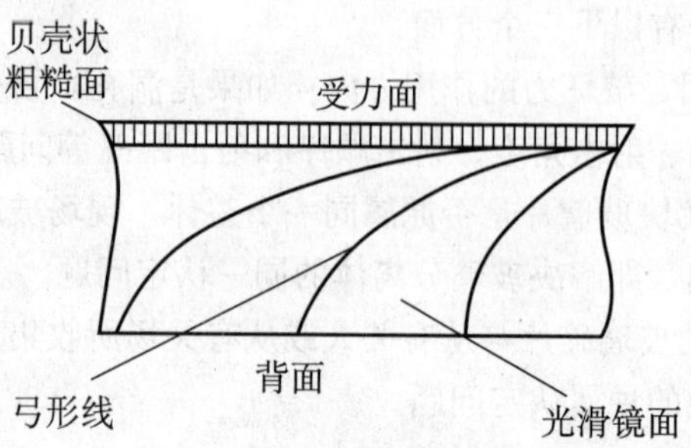

图 14—1 玻璃碎片段面示意图

玻璃的破裂是从力的作用点开始的，在通常情况下首先形成径向（又称辐射状）裂纹，随之还会形成角向（又称环状）裂纹，在力的作用点处多会形成洞孔。其辐射状裂纹断面上的弓形花束起始于背面，起端近似于与背面垂直，末端汇集于受力面，指向力的作用点；而环状裂纹断面上弓形花束起端与受力面近似于垂直，末端汇集在背面，指向首先断裂处。破损玻璃的辐射状裂纹、环状裂纹的疏密、多少，洞孔出现与否，洞孔形态与大小等，决定于力的传递方式、作用时间和作用力的大小以及玻璃的被束缚状态。

三、玻璃的收集、保存与送检

对现场上发现的被损坏玻璃或可疑玻璃，都要进行全面研究分析和提取，以便进一步检验。

1. 凡是现场上的损坏玻璃，不论大小都要注意发现它上面附着的痕迹和物质。首先要寻找有否指纹，同时也不要损坏玻璃上面附着的泥土、灰尘、污迹、血痕、纤维等附着物，并注意新旧碎片。

2. 对于散落的大片玻璃，可戴上医用的橡皮手套拿取，用两手接触破片的侧边缘，注意不要触动玻璃表面；对小片玻璃或碎碴用带有橡皮或塑料包头的镊子或尖嘴钳子夹取，防止滑脱或损坏玻璃。

3. 对仍保留在窗、门或框架上的破碎玻璃，尽量带框整体提取，并注意采取相应措施固定，以免散落。如不能带框整体提取，则要注意把每一片玻璃所在位置、里外面等情况做好记录，做上标记，并注意不要再损坏。

4. 对于可疑衣物等上可能附着的破碎玻璃碴和碎屑，可在桌面或地面铺上一张干净的白纸，把衣服挂起来翻动寻找收取，然后再把衣服提起轻轻抖动或拍打，使细小碴屑落在白纸上收取。小件的衣物可用乙醚浸洗的方法收取。

5. 大片玻璃采用支柱夹持形式固定，装在盒内保存送检；小碎碴用干净的白纸包上或装在干净的纸袋内保存送检；对可能附有玻璃碎碴、粉末的衣服，如当场不便收取，可装入干净的大塑料袋内封口保存、送检。

四、玻璃损坏痕迹的分析与整体同一认定

(一) 破碎玻璃痕迹分析

现场玻璃被损坏，除了爆炸和火灾现场引起的外，多是人为造成的，如工具撬压、工具或砖石等物打击或枪击。力的作用方式不同，力的大小不同，作用时间不同，所造成的损坏形态是不同的，所以可以根据玻璃的破损痕迹形态分析。

1. 玻璃的破损原因的分析。要区分破碎的玻璃是因热力作用发生炸裂形成还是机械力作用形成。因热炸裂，其断裂裂纹呈波浪状弯曲，断面一般无弓形花束，也无明显的力作用点痕迹。而撬压、打击、枪击等机械力作用形成的破损玻璃痕迹，都有明显的力的作用点痕迹，即洞孔或星芒状点破损，并有明显的辐射状裂纹形态，有的还有明显的环状裂纹，多数断面上有明显的弓形花束形态，洞孔呈喇叭口形状（入口小、出口大）。

2. 力的作用方向的分析。现场上经常碰到窗门玻璃被打击破坏的情况，玻璃是从屋里打击的还是从外面破坏的，即力的作用方向，往往会成为确定案件性质的关键问题。对于能保留整体损坏形态的破损玻璃，或经过整体拼接能反映出洞孔和裂纹整体形态的破碎玻璃，可以很容易判断力的作用方向。但对少量的玻璃碎块就比较难了。对此首先要确定玻璃块的里外面，再确定玻璃块各断面哪个是打击时形成，哪个是破片落地时再次断裂形成，还要确定断面是辐射状裂纹断面还是环状裂纹断面，辐射状裂纹断面弓形花束汇集面为力的作用面，环状裂纹断面弓形花束则汇集在玻璃的自由面，汇集方向即为力的作用方向。如果能确定玻璃碎块是洞孔处的，则可观察有无喇叭口痕迹反映，喇叭口朝向为力的作用方向。

(二) 破碎玻璃的整体同一认定

1. 破碎玻璃的计测复原

对于现场散落的玻璃碎片，如果收集得比较齐全，可采用简单的测量拼接复原的办法来进行整体同一。即，将收集到的所有的玻璃碎片，首先按颜色、形状、厚薄进行初步分类；对其中较大的片用卡尺、球径计等工具进行测量，根据厚度、曲率半径作进一步分类；最后按类分别进行拼接复原。根据测量计算和拼接复原，确定被损坏的玻璃片原为何物，共有几件，并根据复原后碎片所处位置、边缘状态、整体破损形态，分析损坏原因、力的作用方向和角度等。

2. 阴影和干涉条纹拼接

用激光投射被检玻璃片，在透射光照射的屏幕上显示玻璃的阴影图形，在反射光照射的屏幕上则显示出玻璃的干涉图样。屏幕上的阴影图形和干涉图样反映了玻璃制造加工过程中形成的固有的非均匀性条纹结构，其条纹是随机形成的，是特定的，所以可以通过条纹对玻璃拼接进行整体同一认定。

五、玻璃的物理常数测定与成分检验

(一) 测玻璃的比重

可用水浸法和浮游比对法测量玻璃的比重。

（二）折射率的测定

1. 用不同折射率的系列浸渍液，将待测玻璃碎屑浸在液中，在显微镜下观察贝克线的状态，比对折射率的大小、异同。

2. GRIM测量折射率。国外于1982年开发出了专用的玻璃折射率测量系统（glass refractive index measurement，GRIM）。该系统由金属热台、相差显微镜、摄像显示和温度控制装置组成，利用硅油等液体的折射率与温度变化成反比的规律，以改变温度的方法测量玻璃碎屑的折射率。在GRIM基础上，又于1992年推出了GRIM 2。GRIM 2改进了GRIM部分装置，增加了数据处理等功能，从而实现了破碎玻璃屑折射率的快速自动测量。

（三）透光检验

对于平板玻璃碎片，可用分光光度计测量其从可见光到紫外范围内的不同波长的透射率，比对异同。

（四）成分检验

通常，玻璃是以硅酸盐为主体的包含多种元素成分的物质客体，可用发射光谱法分析玻璃所含元素成分，在此基础上再用原子吸收光谱法进一步对其中某些元素进行定量分析。对极微量的玻璃屑可采用中子活化法分析检验其元素成分及含量。

第三节　纤维物证及其检验

一、纤维的种类、结构和形态

（一）纤维的种类

纤维是指天然的或人工合成的细丝状物质。它的长度比细度大许多倍，通常其直径细到几微米或几十个微米，长度可达几个毫米或几十个毫米以上。它有一定的挠曲性，可以用于纺织制成各种穿用的物品。纤维可分为天然纤维和化学纤维（人造纤维）。天然纤维又可分为植物纤维、动物纤维（动物毛）及矿物纤维；化学纤维又分为再生纤维、半合成纤维、合成纤维和无机纤维。植物纤维还可分为棉纤维、麻纤维等，麻纤维也有种属的差别。与物证技术检验有关的纤维见图14—2。

（二）纤维的结构

纤维是一种高分子物质，由长链大分子组成。长链大分子之间的引力作用，使分子互相排列，沿着纤维轴向凝集，构成结晶区与非晶区，形成有多层细微结构的细而长的物质。

不同纤维其结晶区与非晶区比例不同，状态不同，即结晶程度不同。通常把结晶区占纤维总体积的百分数，叫做纤维的“结晶度”。纤维的结晶度与纤维形成过程和纤维的加工过程有关。

纤维中的长链大分子是沿纤维轴向排列的，通常把这种沿着一定方向的排列称为取向，把分子排列方向与纤维轴向符合程度叫“取向度”，不同纤维其取向度不同。纤维的取向度与纤维的形成和加工密切相关，特别是合成纤维，它的取向度在很大程度上是依靠合成纤维纺丝过程的工艺来控制的。

纤维的结晶度、取向度是纤维整体内部结构形态的反映，是纤维的重要特征，决定了纤维的光学形态和物理化学性质。

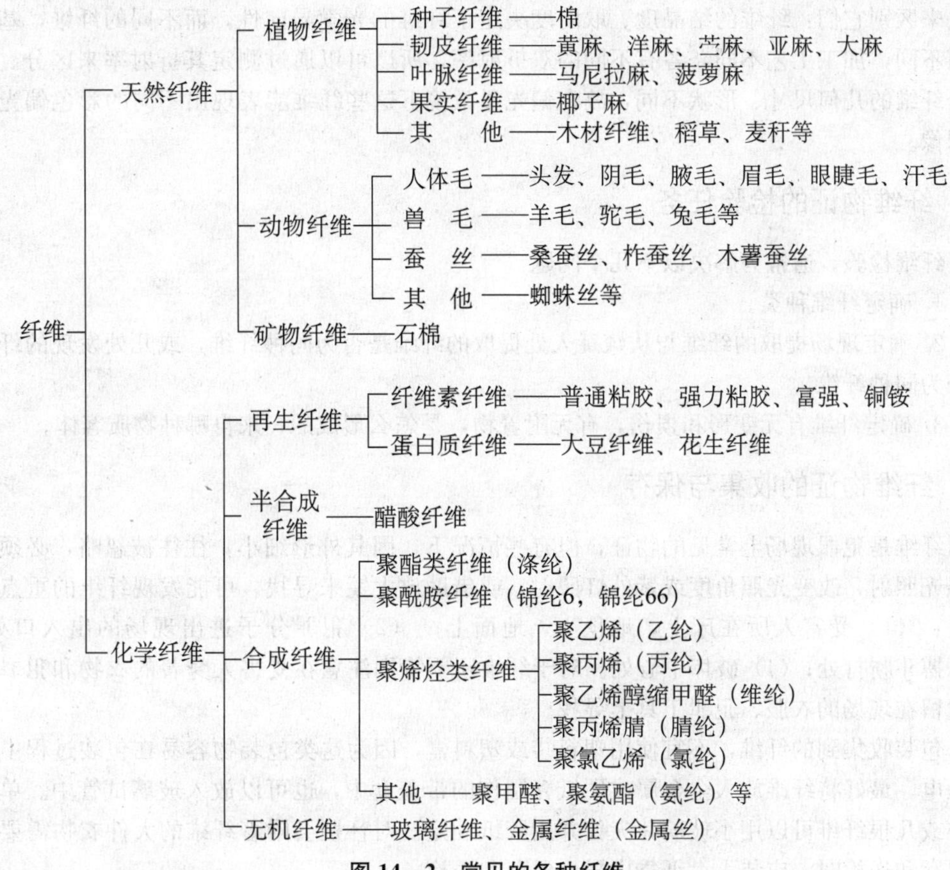

图 14—2　常见的各种纤维

（三）纤维的性质

每种纤维，除了具有不同的机械性质外，还具有各自的熔融、分解、燃烧、溶胀、溶解、吸附等特性。利用这些性质差异可对纤维进行种属认定。例如，在高温下，熔融的是合成纤维，分解或炭化的是天然纤维素纤维、蛋白质纤维和人造纤维素纤维。

（四）纤维的形态

1. 天然纤维棉、麻、丝、毛的形态

天然纤维由于其生长过程和种属的特异性而形成了各自独特的外观形态，在透射光下也各有特点。所以从外观形态上，不仅可以很容易区别出棉、麻、丝、毛，而且对于麻类，结合其横截面还可以进一步区分出黄麻、大麻、苎麻等不同种麻。如：在显微镜下，棉纤维，呈扁平带状，有天然的扭曲。麻纤维，有不同程度的纵向裂纹和横向节痕。不同种麻其竖纹和横节多少不等，横截面形态更是各不相同。丝，表面光滑，呈扁平状，有明亮光泽和透明感，按纤丝轴向移动观察，有时可观察到凸起处。毛，大多可以观察到鳞片状表面形态结构，透射光有髓质形态。

2. 化学纤维的形态

化学纤维，特别是近年来大量发展起来的合成纤维，由于其生产工艺是人为决定的，所以它们不可能像天然纤维那样，同种纤维始终具有特定的表面形态和固定的横截面形态，也就不能单靠表面形态进行种类鉴别。但可以通过纤维的彩色偏光干涉图像用对比检验法来区别它们：纤维的结晶度、取向度决定了纤维的光学异向性，而不同的纤维，基体材料不同，加工工艺不同，各有不同的双折射率，所以可以通过测定其折射率来区分。再加上纤维的几何尺寸、形状不同，故在偏光显微镜下这些纤维能表现出不同的彩色偏光干涉图像。

二、纤维物证的检验任务

纤维检验，通常为解决以下几个问题：

1. 确定纤维种类。

2. 确定现场提取的纤维与从嫌疑人处提取的纤维是否为同种纤维，或几处发现的纤维是否为同种纤维。

3. 确定纤维有无变形和损伤，有无附着物，是怎么形成的，来自哪种物质客体。

三、纤维物证的收集与保存

纤维是犯罪现场上常见的物证，但有些情况下，因其外形细小，往往被忽略，必须采用强光照射，改变光照角度或紫外灯照射，或借助放大镜来寻找。可能发现纤维的重点部位是：（1）受害人所在床上，地毯上，地面上；（2）犯罪分子进出现场的出入口处；（3）搏斗厮打处；（4）破坏中心处。对于纤维还要特别注意在受害人身着的衣物和犯罪分子遗留在现场的衣服、犯罪工具上寻找。

包装收集到的纤维，不宜使用塑料袋或塑料盒，因为这类包装物容易在包装过程中产生静电。最好将纤维放入全金属或硬纸壳制作的带盖盒中，也可以放入玻璃试管中。单根纤维或几根纤维可以用小玻璃片夹住并用胶纸固定。对怀疑会附着纤维的大件衣物需要提取保存和送检时，应装入大纸袋内封口保存和送检。

为了查明案件中提取的纤维与一定的人或一定场所的联系，必须收集供比对检验用的有关的纤维样本。

从若干处收取纤维时一定要注意分别标明收取部位，并分别包装，做好标记，特别是作为物证的纤维和作为样本的纤维一定要严格分开。

四、纤维物证的检验

（一）显微镜检验方法

根据天然纤维所固有的外观形态、透光形态以及化学纤维的某些外观形态、彩色偏光干涉形态，可以用带有偏光装置的或专用的偏光显微镜对经过清洗、脱脂、脱色处理后的微量纤维进行无损检验。

采用上述观察还不能确定是何种纤维，可用哈氏切片机切片进行横截面观察比较。

对于弹力纤维等，用偏光干涉图像无法确定种类时，可用测定其双折射率办法进行定量检验确定异同和种类。即在偏光显微镜下，利用某些浸液观察贝克线。当贝克线消失时，说明纤维的折射率与浸液折射率一致，再用阿贝折射仪测量浸油折射率。或配制已知系列浸液，从而可以测定纤维的轴向折射率和垂直轴向的折射率。

（二）小角度散射检验法

利用激光照射单根纤维，观察记录其散射图像可鉴别纤维的种类。不同种纤维其双折射率不同，纤维表面形态、直径也有差别，所产生的散射图像不同而且有规律，因此可利用激光小角度散射法来鉴别纤维的种类。同种纤维，使用过程中表面的磨损不同，也会在散射图像上反映出来，故也可以利用小角度散射作进一步的区分。

该检验法无损，而且还可以用于测定一些纤维的直径。

（三）理化检验法

根据纤维的物理化学性质可进行多种检验，如比重测定，燃烧实验，对试剂的溶解性、染色性的检验等。

1. 预处理

对不清洁、已染色或浆、脂、蜡等物的纤维，有时必须经清洗、脱脂和脱色处理，才能进一步检验。

表面清洗：用1%的盐酸溶液洗去纤维表面的污垢，然后用蒸馏水洗净、晾干。

脱脂处理：一般纤维可用四氯化碳、乙醚或者石油醚浸泡数分钟，棉、麻和一些耐碱的纤维还可以用肥皂加纯碱水煮沸2小时。

脱胶、分离处理：一般只有麻纤维需要脱胶，分离成单根纤维。先将麻置于0.5%盐酸溶液中，在90℃下恒温30分钟，取出后用1.5%氢氧化钠液煮沸30分钟，用清水漂洗，再置于0.5%硫酸液中浸泡10分钟即可脱胶。将脱胶后的纤维再放入捷弗氏兰分离液中浸泡1小时，才能得到单根麻纤维。

脱色：不同种类纤维采取不同脱色方法。

2. 检验

用燃烧法区别动物纤维、植物纤维与合成纤维；

用铜铵试剂鉴别棉、麻、粘胶、丝、羊毛和合成纤维；

用碘—碘化钾和碘—氧化锌法区分棉与麻；

用碘—硝酸钙法区分大麻、亚麻及黄麻。

对常见的合成纤维可用甲酚等不同溶剂区分，图14—3是其中一个流程图：

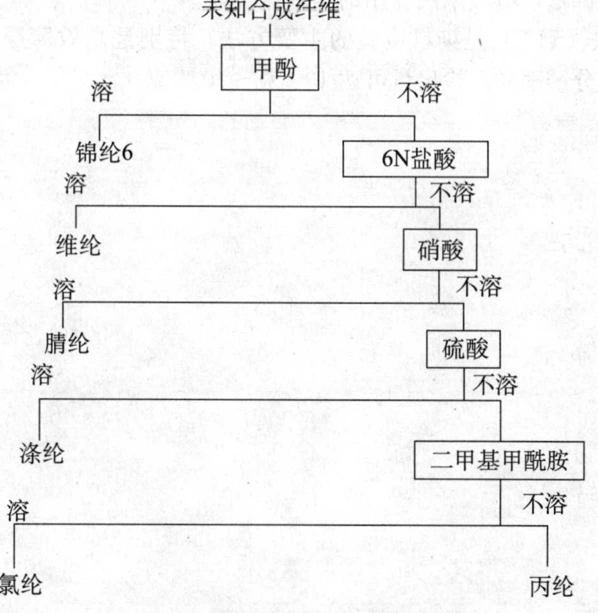

图14—3　常见合成纤维的溶剂区分法

(四) 仪器分析方法

很多分析仪器都可以用来检验纤维。应用比较多的是红外吸收光谱分析、差热分析和扫描电镜检验。红外光谱法可以鉴别不同种类的纤维，还可以鉴别某种类纤维的不同品种，如锦纶 6 与锦纶 66。差热分析法，不仅可以鉴别不同种类纤维，而且还可以鉴别不同厂家、不同时期生产的同种类纤维。利用扫描电镜可以鉴别纤维的表面形貌特征和损伤状况。

五、纤维上染料的检验

能使纤维变成鲜明而牢固颜色的物质，称染料或颜料。染料是有色的有机化合物，能溶于水或有关溶剂中，能渗入被染色物质中与被染色物质发生物理和化学结合而使物质染色。颜料是不溶于水的物质，它不能与被染色物直接结合，必须和其他有强附着力的物质调和后，涂覆在物质表面而着色。颜料大多数为无机颜料。同一种染料可以染成不同颜色的纤维，而几件同种颜色的纤维，可能是不同种类染料染成的。

染料的品种很多，按化学结构可分为：偶氮染料、蒽醌染料、芳基甲烷染料、醌亚胺染料、靛族染料、硫化染料、杂环染料、硝基染料、亚硝基染料、酞菁染料等；按应用可分为：还原染料、冰染染料、直接染料、硫化染料、酸性染料、中性染料、阳离子染料、碱性染料、活性染料等。每种染料能染的纤维种类并不多，如冰染染料只适用于棉纤维。

纤维的染料检验，首先要鉴别纤维种类，对于合成纤维要判明是成丝后染色还是原液染色，然后利用溶剂提取法检验，再将溶剂提取下来的溶液和样品进行薄层层析。

1. 溶剂提取法是基于纤维、染料和溶剂各自性质的相关性来区别纤维染料的，即某些有机溶剂可完全地或部分地提取纤维上的某种染料，而不提取其他种，因此可以用溶剂提取法初步区分染料类别。溶剂提取染料是一个复杂的理化过程，它决定于：溶剂在纤维中的扩散速率和对纤维的溶胀；染料在溶剂和纤维中的分配率；染料在溶剂和纤维中的扩散速率等因素。对于微量检材应采用专用的提取器提取。

2. 薄层层析法（TLC）是染料检验的主要方法，特别是高效薄层层析法（HPTLC），用量少、速度快、分辨率高，检出量可达 10^{-9} 克～10^{-11} 克。

第十五章

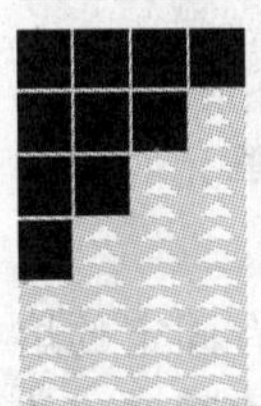

化学物证技术（四）：塑料、橡胶、油脂、涂料物证及其检验

第一节 塑料、橡胶的性质和分类

一、塑料和橡胶的性质

塑料和橡胶均属于高分子化合物，亦称高聚物，即由一种或几种称为结构单元的链节通过共价键连接起来的分子量很高的化合物，其分子量有的可高达几百万。

塑料和橡胶这两种物质的分子排列大部分没有规则，称为非晶体结构，没有固定的熔点，在温度较低时，由于分子的热运动和链节的自由旋转性很小，高聚物变成如同玻璃体的硬块，称"玻璃态"。常温下的塑料就处于"玻璃态"。塑料是具有塑性的高聚物，是在一定条件下（加热、加压）可塑制成型、并在通常条件下能保持固定形状的有机材料或制品。

当温度升高到一定程度时，链节虽可自由转动，但高分子化合物的整个分子链仍然不能移动。此时在不大的外力作用下可产生相当大的可逆变形，当外力去除后，又恢复原状，这种状态称高弹态。常温下的橡胶就处于高弹态。橡胶是具有高弹性的高聚物。橡胶与各种配合剂经过塑炼、成型、硫化等工艺，制成的物品称为橡胶制品。

塑料和橡胶的结构和形态有很多相似之处，因而有很多共性。

1. 化学稳定性

大多数塑料和橡胶主要由碳—碳，碳—氢，碳—氧等结合力较大的共价键组成，活泼基团较少，所以一般化学性质较稳定，具有耐酸、耐碱或耐其他化学试剂腐蚀的特点。

2. 溶解性

把一块塑料或橡胶置于一定的溶剂中，首先看到它会慢慢地胀大起来，这种现象称为溶胀。经过一段时间后，胀大的塑料或橡胶逐渐地被溶剂溶解，成为均匀的溶液。对于塑料和橡胶而言，溶胀是溶解的必然阶段。它们的溶解度与分子量大小有关，分子量大者，链间作用力大，溶解度小。有些塑料和橡胶需要加热使其变为熔融态之后才能与溶剂混溶，例如：聚乙烯要在熔点（135℃）左右才能溶解。当链间产生了交联而成为体型高聚物时，则只能溶胀不能溶解。

塑料和橡胶的溶解遵循如下规律：

（1）相近互溶规律。当溶剂的极性与塑料或橡胶极性相近时，易于溶解。例如，聚苯乙烯和未硫化的天然橡胶是弱极性的，可溶于苯、甲苯等非极性或弱极性溶剂中。

（2）溶度参数相近规律。溶剂的溶度参数与塑料或橡胶的溶度参数相近，易于溶解。溶度参数（δ）可定义为单位体积的气化能（或内聚能）ΔE 的平方根。即 $\delta=(\frac{\Delta E}{V})^{\frac{1}{2}}$。

3. 老化性

塑料和橡胶在加工、储存和使用过程中物理化学性质和机械性能变坏的现象称为老化。

4. 燃烧性

大部分塑料和橡胶分子中含有碳、氢元素，故能燃烧，但不同类型的塑料和橡胶所含碳、氢量不同，有的还含有氧、硫、卤素、磷、氮、硅等杂原子，所以燃烧的情况和产物又各不相同。

二、塑料和橡胶的分类

（一）塑料的分类

塑料品种繁多，已工业化生产的就有三百余种，常用的有六十余种，性能各异。按热性能可分为：

1. 热塑性塑料。是由热塑性树脂组成的，主要是链状的线型结构，遇热软化或变为黏稠液体，冷却可制成一定形状的制品，若再加热又可制成另一种形状的制品，性能基本不变。常见的热塑性塑料有聚乙烯（PE）、聚丙烯（PP）、聚氯乙烯（PVC）、聚苯乙烯（PS）、聚甲基丙烯酸甲酯（PMMA）等。

2. 热固性塑料。是由热固性树脂组成，在成型时需加入固化剂或引发剂等，由于直链间发生交联而成三维方向的网状结构，不能再加热熔融制成新型的塑料。常见的热固性塑料有，酚醛树脂、脲醛树脂、不饱和聚酯、环氧树脂等。

另外，还可按用途分为通用塑料，如 PE、PP、PVC、聚氨酯等；工程塑料有聚碳酸酯、聚甲醛、聚酰胺等。

（二）橡胶的分类

橡胶按原料即生胶的种类分为：

1. 天然橡胶。由橡胶植物所得胶乳经加工而成，其成分是异戊二烯高聚体。

2. 合成橡胶。由单体经聚合或缩聚而制得，主要有：丁二烯类合成橡胶、乙丙橡胶、氯丁橡胶、硅橡胶、氟橡胶等。

此外，还可按性能分为通用橡胶和特种橡胶。

三、塑料和橡胶的主要成分

（一）塑料的主要成分

塑料主要由树脂（占 40%～100%）和各种助剂组成，助剂为在塑料加工成型过程中用于改善塑料品质并构成塑料组分的辅助化学品，常用助剂有增塑剂、稳定剂、着色剂、填料等。

（二）橡胶制品的组成

橡胶制品除有生胶外，还加入各种改善性能的助剂，如硫化剂、硫化促进剂、防老剂、软化剂、填充剂等。

第二节　塑料和橡胶物证的特点及提取方法

一、塑料和橡胶物证的特点

常见的塑料和橡胶物证大致分为两种：一种保留了塑料和橡胶的原始性能和特点；另一种是烧焦变质物或污染物。这两种检材有如下特点：

1. 多种形态。塑料和橡胶物证形态多样，大小不一，有薄膜状、绳状、残渣、轮胎，有的粘在某物上。这些物证一般仍保持原物的结构、组成和性质，为种类鉴定提供了方便。

2. 有些物证呈现老化状态，发粘、变硬、变脆、色彩暗淡等。对老化的塑料或橡胶物证的检验，需慎重从事。

3. 有些塑料和橡胶物证烧焦、炭化，这种物证已完全或部分分解，失去原塑料和橡胶的结构特点，应结合现场产生的烟雾、气味进行鉴定。

4. 塑料和橡胶物证上也常有各种附着物，如血迹、各种粉尘、泥土及油脂等，鉴定时不应忽视。

通过塑料和橡胶物证的分析可以确定其种属；在与嫌疑人处的样品进行比对和认定时，不仅要鉴定其主要成分如树脂或胶料，还要检验其各种助剂，并测定有关数据；判断其是否为某物体的一部分，不仅要对其成分进行鉴定，还要对其形貌、边缘的断裂处进行鉴别。

二、塑料和橡胶物证的提取方法

根据塑料和橡胶物证在犯罪现场存在形式和分布状况的差异，量和体积的不同，可采用如下方法提取：(1) 镊子夹取；(2) 胶纸粘取；(3) 毛刷刷取；(4) 同载体一起采取。

第三节　塑料和橡胶物证的检验

一、塑料和橡胶物证的初检

(一) 外观检验

通过对塑料和橡胶的颜色、透明度、表面硬度、边缘及断口情况等外观状况进行观察，以初步确定它们的种类和成分。

(二) 荧光检验

塑料和橡胶在紫外线照射下，能产生不同颜色和不同强度的荧光，据此可以判断其种类。

(三) 燃烧检验法

塑料和橡胶所含成分不同，燃烧情况（包括：燃烧产物、火焰颜色、气体性质、灰烬特点、燃烧难易等）亦不同。根据燃烧难易，大致可分为五类：易燃，缓慢燃烧、离火源后继续燃烧，缓慢燃烧、离火源后缓慢自燃，难燃、离开火源后自熄，不能燃烧。

根据燃烧时放出的分解气体的酸碱性及气味亦可进行辨别。如 PE、PP 产生类似燃烧石蜡的气味；聚氯乙烯产生刺激性的氯化氢的气味；聚氯乙烯、氯丁橡胶、聚四氟乙烯等放出的气体呈强酸性；尼龙类、脲醛树脂等的则呈碱性。

二、热分析法

热分析是在受控程序温度条件下，测量物质之物理性质随温度变化之函数关系的一类技术。在高聚物的分析中应用较广的有：

1. 差热分析（DTA）。在程序升温或降温的相同条件下，测量试样和参比物的温度差随温度（或时间）的变化关系。所用的仪器是差热分析仪。DTA 谱图的横坐标为温度 T（或时间 t）；纵坐标为试样与参比物之温差 $\Delta T = Ts - Tr$，所得到的 $\Delta T \sim T$ 曲线称差热曲线。各种塑料和橡胶的热稳定性不同，曲线峰位和峰形不同，故可以进行鉴别。

2. 示差扫描量热分析（DSC）。是使试样和参比物在程序升温或降温的相同环境中，用补偿器测量使两者的温度差保持为零所必需的热量对温度或时间的依赖关系。DSC 热谱图的横坐标为温度 T，纵坐标为热量变化率 dH/dt，得到的 $dH/dt \sim T$ 曲线中出现的热量变化峰或基线突变温度与聚合物的转变温度相对应。DSC 可以鉴别热处理条件不同的不同批次的样品。

3. 热重分析（TG）。是指在程序升温的环境中，测量试样的重量对温度（时间）的依赖关系。在热谱图上横坐标为温度 T（或时间 t），纵坐标为样品保留重量的分数，所得的重量—温度曲线成阶梯状。失重曲线开始下降，转折处开始失重的温度为起始分解温度。曲线终止下降转为平台处的温度为分解终止温度。由此曲线可见试样的热稳定性，从而进行鉴别。

三、裂解气相色谱法

裂解气相色谱法是在热裂解和气相色谱两种技术的基础上发展起来的。塑料和橡胶在裂解器中，加热瞬间裂解，生成可挥发性的小分子物质，并立即被载气带入气相色谱系统的分离柱，分离后在记录仪上获得重复的特征的裂解色谱图，依据裂解色谱图的解析和处理，即可进行定性和定量分析。该法除具有灵敏度高、用样量少等特点外，对难挥发的高聚物分析有独特的优越性。

四、红外光谱法

红外光谱法是塑料和橡胶物证分析的重要手段。红外光谱法操作简便，谱图特征性强，不仅可以区别结构完全不同的塑料和橡胶种类，而且对某些结构相近的塑料和橡胶，也可根据其“指纹图”进行鉴别。

第四节　塑料和橡胶助剂的检验

一、检验塑料和橡胶助剂的意义

塑料和橡胶均为多种组分的高分子化合物，除塑料中的树脂、橡胶中的生胶外，二者均有多种助剂。同一种产品，由于生产工厂不同，所用的助剂可能不同（厂家的区别）；同一生产厂家生产的同一种产品，在不同的时间可能采用的助剂也不同（即产品批次的区别）。故在对现场上的塑料和橡胶物证进行种属认定的基础上，对塑料和橡胶所用助剂进行种属认定，可确定生产的厂家和生产批次。

二、助剂的分离方法

为了检验塑料和橡胶助剂，必须先将其分离出来。

（一）提取法

先使用不同的溶剂，将塑料或橡胶的助剂从塑料中提取出来，然后用色谱柱对其进行分离。溶剂可以用单组分的（如乙醇、乙醚、氯仿、四氯化碳等），也可用混合溶剂，这些溶剂对助剂有较大的溶解能力，但不能溶解树脂或生胶本身。

(二) 溶解—沉淀法

即使用不同的溶剂将塑料或橡胶的主要成分树脂和生胶溶解，除去不溶物，再加入适当溶剂（沉淀剂）使树脂或生胶沉淀而将助剂分离出来的方法。所采用的溶剂必须既能溶解助剂又能溶解树脂或生胶，而沉淀剂则必须能使树脂或生胶与助剂分离。

三、助剂的检验方法

检验塑料或橡胶助剂的常用方法有化学试剂显色法、气相色谱法和红外光谱法，另外对一些填充剂还可以用显微镜进行检验。

第五节 油脂物证及其检验

一、油脂物证检验的任务

在对作为物证的油脂进行检验时，除极少数要求检验纯品油脂的性质外，绝大部分要求解决的问题是：可疑油渍及可疑斑痕是否油脂？是哪一类油脂？其油脂性质与从嫌疑人处提取的样品是否相同？

二、油脂物证的提取与包装

在勘查、提取犯罪或事故现场上可疑油脂时，要仔细观察、认真收集、妥善包装并注意收集比对样品，一并送实验室检验。在勘查火灾案件现场时，要仔细发现遗留的引火物，如渗透在地面泥土中的油渍，带油渍的货币、棉花、纤维及衣物上的油脂斑痕等。

应用干净玻璃瓶或塑料袋盛装油脂物证、比对样品；在木板、墙壁上的油渍，可割取其含油部位（并取其不含油部位作对照）分别用玻璃瓶或塑料袋包装。每种试样均不得混放，以免互相干扰。

三、油脂的分类

油脂一般可分为矿物油，动、植物油及香精油三类。

1. 矿物油。是从天然原油中提炼而成，主要成分为碳氢化合物，主要含烷烃。从简单的烷烃到高分子烷烃分别组成汽油、煤油、柴油、机油及重油，它们是由原油在不同温度下馏分而得。

2. 动、植物油。动、植物油的主要成分为各种天然高级脂肪酸与三元醇结合形成的甘油三酯。动物油主要含硬脂酸、软脂酸及少量不饱和脂肪酸，常以固体存在。植物油除含硬脂酸、软脂酸外，还含有大量不饱和脂肪酸，如油酸、亚麻仁油酸，常以液态存在。

3. 香精油。此类油的主要成分是萜烯类、芳香烃类等，具有挥发性和芳香气味，主要用于配制香料，也可用作食品添加剂。在物证检验中不多见。

四、油脂物证的检验方法

(一) 从物证材料上提取油脂

需要检验附着在棉花、纸张、衣物及泥土等客体上的油脂时，首先需将油脂用适当方法提取分离出来。根据油脂的理化性质，可采用萃取法、吸附分离法提取油脂。萃取法即用二硫化碳、乙醚、氯仿等溶剂将可疑油迹浸泡，经过滤、去色、脱水，在减压低温下挥去溶剂，即获得供检验油脂。吸附分离法是一种吸附油脂的专门装置，吸附后与裂解气相色谱仪联用，能快速分离、分析微量轻质矿物油。

（二）矿物油与动、植物油的区别检验

1. 观察荧光。在紫外灯照射下，不同类型的油脂呈现不同强度的荧光，矿物油呈现强荧光，大部分动、植物油无荧光，仅个别有较弱荧光。

2. 丙烯醛试验。动、植物油是甘油酯，当其与硫酸氢钾共热时，其中的甘油失去两分子的水而形成丙烯醛，具有难闻的刺激臭味。

3. 皂化试验。动、植物油在碱性溶液中加热，生成甘油和脂肪酸盐（皂），振摇产生泡沫。

（三）矿物油的检验

用气相色谱法进行检验。

对于轻质矿物油如汽油、煤油、柴油的油渍、斑痕提取液可运用气相色谱法进行检验。根据各种油所含烷烃碳数范围不同，可以进行品种鉴别。用本法分析矿物油，通常可以采用填充柱或毛细柱，毛细柱分辨能力强，检验效果好。

（四）动、植物油的检验

动、植物油的检验方法有化学检验法、折光指数法、碘价法及薄层色谱分析法。根据检材油痕的数量多少决定采用一种或多种分析方法，并综合判断分析结果。

1. 化学检验法

主要利用三氯醋酸反应，取一滴油脂提取液置白瓷反应板上，加 2 滴至 3 滴三氯醋酸饱和水溶液，几种动、植物油在 2 分钟～5 分钟内分别出现不同颜色。

检油中的杂质对颜色反应有干扰，应进行对照反应。

2. 折光指数法

油脂的折光指数为油脂的物理化学性质之一，可用专门的折光计进行测定。油脂的折光指数与脂肪酸的碳键的长短以及碳键中的双键数成正比，因此不同的油脂具有不同的折光指数。通常测定折光指数在 20℃时进行，温度升高则折光指数降低，温度降低则折光指数升高。如果不是在 20℃时测定折光指数，所测得的折光指数应校正。

3. 碘价法

在一定条件下，100 克油脂与碘起加成作用所需碘的克数，称为碘价。碘价值是由不饱和脂肪酸的多少决定的，油脂的不饱和程度大，不饱和键多，碘价就高，反之则低。

4. 薄层色谱分析法

用此法可区别某些动、植物油，将检油提取液与对照样本同时点于薄层板上，用正己烷：乙醚＝4：1 或苯：乙酸乙酯＝9：1 作展开剂，展开后取出晾干，以 3%对二甲氨基苯甲醛溶液喷板，并于 100℃加热 5 分钟～10 分钟。动、植物油出现紫红色或紫蓝色斑点，动、植物油一般出现 2 个以上斑点。

第六节　涂料物证及其检验

一、涂料物证检验的任务

在涂料碎片检验中，通常要求解决的问题是：犯罪或事故现场收集的可疑物或附着在破坏工具上的附着物是否为涂料？是哪一类涂料？与比对样本或从嫌疑人处提取的样本是否相同？

二、涂料物证的提取与包装

在交通事故现场上，汽车碰撞行人或物体掉下的涂料碎片往往散落在现场或被撞人衣物上，要注意细心观察，及时收集，连同衣物一并送检。在撬门、破锁进行盗窃或抢劫、凶杀案件中，应注意发现和提取金属作案工具上的涂料碎片。

所收集的各种物证及比对样品都要分别放在干净的玻璃瓶或塑料袋中，并加贴标签，注明案件及物证名称、收集地点及日期、送检要求等。必要时，要标明对送检物体的检验部位。

三、涂料的组成及分类

涂料又称油漆，是涂敷在物体表面上的高分子材料，起装饰和保护物体的作用。涂料含有挥发性组分及不挥发性组分。挥发性组分为调制涂料的溶剂（也称稀释剂），在成膜过程中逐渐挥发；不挥发性组分又分基料、颜料和助剂。

基料是涂料的主要成膜物质，是构成涂料最基本的不可缺少的成分，也称黏接剂。它可以单独成膜，如桐油、清漆，也可黏着颜料等物质共同成膜。涂料的分类根据基料的用料成分不同分为17大类。

颜料是色漆中的另一主要组成成分，为有机或无机的含有各种色泽的细小粉末状物质，部分为天然产物，大部分为人工合成有机物。色漆中有的仅加入一种颜料，多数为复合颜料。

助剂是涂料的辅助成膜物质，可分为增塑剂、催干剂、固化剂、稳定剂、防污剂、乳化剂等。不同种类、不同用途的涂料添加不同助剂。

四、涂料物证的检验方法

（一）外观检验

检材与比对样品的外观比对。

1. 肉眼观察。比较检材与比对样品的色调、光泽，注意观察面漆、底漆的颜色和光泽等。

2. 显微镜观察。使用立体显微镜观察漆皮层次、厚度、各层颜色、光泽、颜料颗粒的分布状态等，也可以分辨面漆、底漆或腻子。

3. 紫外光下观察油漆碎片色泽及萤光，与比对样品对比，看其是否相同。

4. 扫描电镜检验。扫描电镜具有较高的图像放大能力，通过荧光屏上微米标尺直接测量油漆碎片大小、厚度及层数，可以利用其附件能谱仪无损检验各种无机元素。分析范围可从11号钠元素至92号铀元素，并可进行定量分析。

（二）有机成分分析

涂料中有机成分主要来自各种基料，是天然或人工合成的有机高分子材料；其次是来自颜料的有机成分及助剂中的有机成分。有机成分分析时主要利用基料进行类别鉴定，并进一步与比对样品进行比对检验，以确定其异同。

1. 红外光谱分析法。涂料的基料使用不同种类的有机化合物，其化学性质不同，而不同的有机化合物的红外分子振动形式不同，故每一类油漆都有其特定的红外吸收光谱，其吸收峰的位置、数目、形状和强度都随之而异。根据涂料碎片的红外光谱图的特征可确定油漆类别。

2. 裂解气相色谱分析法。高分子化合物在裂解器中经高温（400℃～800℃）瞬间裂解成低分子碎片。这些碎片具有挥发性，经气相色谱柱分离并经检测器检测，可得到高分子化合物的结构信息，即获得具有多个碎片的色谱峰，这些色谱峰具有指纹图性质。因此，可利用其图谱进行油漆基料及有机颜料的类别检验及比对检验。

（三）无机成分分析法

对于涂料中无机成分如氧化铁红、红丹、铬黄、镉橙、氧化铁黑、锌钡白、二氧化钛、铁蓝、铝粉及体质颜料（即填料）中碳酸钙、硫酸钡等的铁、铬、镉、锌、钡、钛、铝、钙等可进行发射光谱、原子吸收光谱的定性、定量分析。若检材不容许破坏，则可使用扫描电镜对其无机成分进行分析，以确定异同。

1. 发射光谱分析法。是金属元素的理想定性分析法。在分析中，试样用热或电能激发，然后测量被激发试样所发射光辐射。根据发射谱线的波长可对金属元素进行定性分析，根据特征谱线的强度可进行定量分析。

2. 原子吸收光谱分析法。是测定金属和类金属元素含量的一种可靠方法。它利用基态原子的蒸气吸收同种原子发射的特征光谱线的原理，测定各种试样溶液中元素及其含量。可用于油漆中无机颜料及填料的金属元素的精确定量分析。

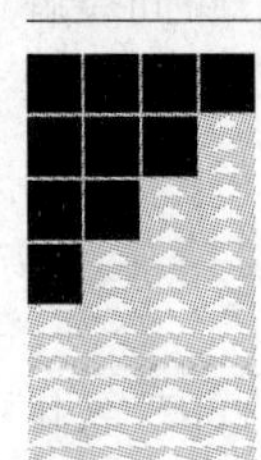

第十六章 化学物证技术（五）：毒品及其检验

第一节 毒品的概念及分类

一、毒品的概念

毒品是指由国家法律、法规管制的能使人形成瘾癖的物质。这里的物质既包括在医疗中的药物，又包括无医疗用途的化合物、天然植物及有机溶剂等。

毒品与毒物都具有明显的毒性反应，对人体产生功能性或器质性损害，但二者显著的区别就是毒品具有明显的依赖性，是依赖性物质，有别于毒物。

二、毒品的分类

毒品可从不同角度分类。

1. 按依赖性，可分为麻醉品和精神药物（见图 16—1）。

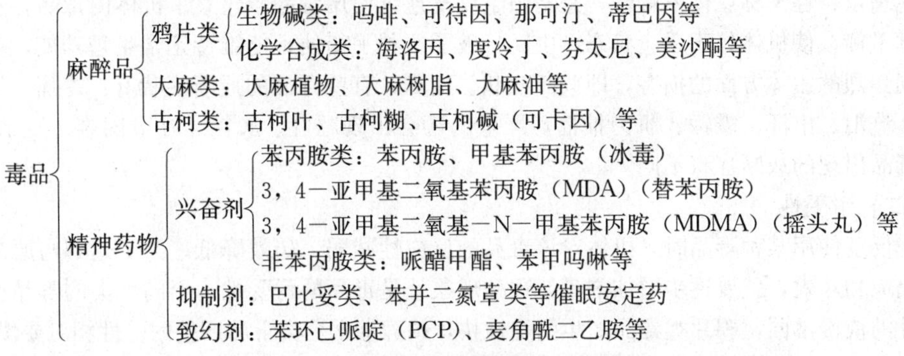

图 16—1　毒品的分类

2. 按来源，可分以下几类：

（1）天然植物药物类。来源于天然植物，主要有鸦片、大麻、古柯叶等。

（2）人工合成药物类。来源于人工合成药物，如巴比妥类药物、苯二氮䓬类药物、安非他明、苯环已哌啶（PCP）等。

（3）天然品经加工而成的毒品。鸦片经化学提炼成吗啡；吗啡与醋酐经化学作用合成海洛因；古柯叶经化学处理成为可卡因；麻黄碱经化学加工成为脱氧麻黄碱即甲基安非他明（冰毒）。

3. 按药物对人体产生的生理作用，可分以下几类：

（1）兴奋剂。药物对人体中枢神经系统产生兴奋作用的药物，如可卡因、安非他明等。

（2）抑制剂。对人体中枢神经系统产生抑制作用的药物，如巴比妥类药物、苯二氮䓬类药物等。

（3）致幻剂。对人体中枢神经系统产生幻觉作用的药物，如大麻、麦角酰二乙胺（LSD）、苯环已哌啶（PCP）等。

三、毒品的特性

（一）依赖性

毒品的特性表现为依赖性和耐受性。依赖性又称药物依赖性，包括心理依赖性和生理依赖性。世界卫生组织对药物依赖性的定义是："药物依赖性是指由于药物与机体相互作用所造成的一种精神状态，有时也包括身体状态，表现为一种强迫性的或定期使用该药的行为或其他反应，为的是体验它的精神效应，有时也是为了避免由于断药所引起的不舒适感，可以发生或不发生耐受性。同一个人可以对一种以上药物产生依赖性"。简而言之，毒品的依赖性是指由于长期反复服用毒品，毒品与机体相互作用引起的心理和生理状态。

1. 心理依赖性

心理依赖性又称精神依赖性，是指由于使用毒品产生的心理状态，表现为一种定期连续使用毒品的渴求和强迫行为，以获得心理上的满足和避免精神上的不适。毒品的心理依赖十分顽固长久，对用毒者留下的心理烙印极难消除，是吸毒者在摆脱生理依赖后重新复吸的重要原因。

2. 生理依赖性

生理依赖性又称躯体依赖性，是指由于反复连续使用毒品，建立了机体内毒品存在下的生理平衡，使机体处于适应状态，中断打破了这种平衡便不能维持正常生理功能，产生一系列强烈的躯体方面的损害，即戒断症状。例如，有些毒品的戒断症状有：疼痛、周身不适、流泪、出汗、震颤、肌肉抽搐，严重的还会出现呕吐、腹泻、呼吸困难、脱水等。不同毒品出现的戒断症状不同。

(二) 耐受性

当反复使用某种毒品时，机体对该毒品的反应性减弱，药效降低，为了达到与原来相等的反应和药效，就要逐步增加剂量，这种现象就是毒品的耐受性。不同种类的毒品产生耐受性的快慢不同，鸦片类毒品产生耐受性快，镇静催眠药类毒品产生耐受性相对要慢。

某些毒品还产生交叉耐受性，即机体对某种毒品产生耐受性后，对另一种毒品的敏感性降低。

毒品的耐受性是可逆的，停止使用毒品后耐受性逐步消失，机体对毒品的反应又恢复到原来的水平。所以，一些鸦片类毒品成瘾戒毒后的复吸者，即使服用低于平时所用的剂量，也会过量而中毒，甚至导致死亡。

第二节 常见毒品简介

一、鸦片 (阿片)

(一) 鸦片的品种

1. 生鸦片。未成熟的罂粟果被割开，渗出乳白色浆汁。此汁置空气中，将氧化变成棕褐色即为生鸦片。生鸦片具有很浓的特殊气味，新鲜时具弹性，放长后变成硬块。一般为1 000克团状或饼状物。

2. 精制鸦片。又称禅杜，即经过加工便于吸毒者抽吸的鸦片。将生鸦片用水浸泡混合后加热，并过滤除去罂粟叶等杂质。蒸发滤液至沥青状，凝固成的深褐色块状，即为熟鸦片。

3. 鸦片渣。经吸食后未燃烧尽的精制鸦片，呈小珠状或粉末状。毒贩常将鸦片渣与生鸦片一起加工制成精制鸦片。

4. 鸦片液、鸦片酊、鸦片粉。为合法生产的药用鸦片的三种剂型，常用于止痛、止泻。

(二) 鸦片中的有效成分

鸦片中含有四十多种生物碱，主要成分有：吗啡、可待因、蒂巴因、罂粟碱、那可汀五种。

(三) 鸦片的毒性

鸦片的药理作用主要由吗啡、可待因所致，具有镇痛镇静作用，连续使用能成瘾，使人变得瘦弱、面无血色、目光发直、瞳孔缩小、失眠，丧失先天免疫力，容易患多种疾病。如大剂量服用，可在30分钟～60分钟内出现中毒症状，最初极度兴奋，继而颜面潮红、头晕、嗜睡、意识蒙眬，对外界刺激消失，并发展至昏睡，瞳孔缩至针尖状，血压、体温下降，四肢冰凉，呼吸慢而弱，口唇发绀，最终因呼吸中枢麻痹死亡。

二、吗啡

（一）吗啡的品种

1. 粗制吗啡。一般含盐酸吗啡 70%～90%，有粉末状及块状，块状重1 200 克～1 500克，颜色为白色、米色和深褐色，可作海洛因原料，东南亚地区习惯称 1 号海洛因。

2. 吗啡碱。直接从鸦片中提取出来的一种生物碱，有鸦片的特殊气味，形状似细咖啡粒，其中吗啡含量一般为 60%～70%。毒品市场又称“黄皮”。

3. 吗啡片。合法生产的盐酸吗啡、硫酸吗啡，压成小片，呈米色或浅黄色，作药用。

（二）吗啡的毒性

吗啡的药理作用与鸦片相似，但毒性较大且耐药性明显，长期使用成瘾，剂量不断增加，以至导致死亡。吗啡产生身体、心理双重依赖性，其戒断症状为流汗、颤抖、发热、血压高、肌肉疼痛和痉挛。

三、海洛因

海洛因是由吗啡与醋酐经化学作用而生成的二乙酰吗啡。在毒品交易中，海洛因又按其具体成分及所含杂质分为 1 号、2 号、3 号、4 号海洛因。

（一）海洛因的品种

1. 4 号海洛因。白色或米色细粉末，二乙酰吗啡盐酸盐浓度达 90%以上。通常只含少量杂质。

2. 3 号海洛因。在东南亚流行，供吸食用，常称“香港石”、“棕色糖”、“白龙珠”等，一般呈颗粒状，也有粉末状的，颜色从浅棕色到深灰色，其二乙酰吗啡盐酸盐含量一般为25%～45%，主要稀释剂为咖啡因，含量 30%～60%，也有的掺巴比妥、士的宁、喹啉、非那西汀、阿斯匹林等药物。

3. 2 号海洛因。为海洛因碱，成分为二乙酰吗啡碱（盐基），呈淡灰褐色，压成砖块状，又叫次海洛因，仅限于毒品交易。毒品商往往将这种海洛因与盐酸作用制成海洛因盐酸盐，然后再掺入稀释剂出售给吸毒者。

4. 1 号海洛因。即粗制吗啡，含盐酸吗啡 70%～90%。

（二）海洛因序号与成分的关系（见图 16—2）

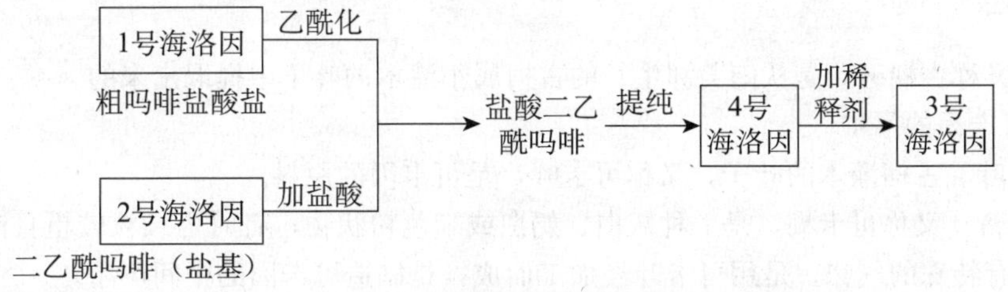

图 16—2　海洛因序号与成分的关系图

（三）海洛因的毒性

吸毒者一旦成瘾，对毒品产生严重的依赖，需求量会越来越大，依赖逐步升级，精神、身体慢慢崩溃。吸毒成瘾者说话含混不清，瞳孔缩小、畏光，身体消瘦、发痒。戒断症状剧烈，有出汗、剧烈疼痛、肌肉痉挛、幻觉、忧虑等。如药量过度、纯度过高，停后再吸易引起昏迷、呼吸减弱、体温降低、心跳缓慢、血压降低、肺水肿进而导致呼吸困难死亡。

四、大麻

大麻株高1米～5米，分雌株与雄株，雄株从授粉时就开始干枯。雌株寿命长，含毒性成分多，全株有毒，主要毒性成分为四氢大麻酚（THC），另加大麻酚（CBN）和大麻二酚（CBD）。雌株开花时顶端分泌的树脂含毒性成分最高，花、叶次之，根茎最少。民间有的将其做麻醉止痛药用。

（一）大麻的品种

1. 大麻植物。可将大麻的叶、花、茎晒干磨碎成深绿色粉末，也有的将枝条拧成小辫状，或将大麻粉末压成块状。其中含THC 0.5%～5%。

2. 大麻树脂。也称哈唏唏（hashish），是雌性大麻开花时顶端树脂状分泌物，呈毛绒状，经晒干而得，有绿色、浅棕色、深棕色、黑色。也有的将树脂与蜡混合制成板状物。含THC 2%～10%。

3. 大麻油。又称大麻浓缩物、液体大麻。将大麻植物、大麻树脂用甲醇、乙醇、丙酮、石油醚等有机溶剂反复提取其中有效成分，而将其植物残渣除去，挥去溶剂而得黑色黏稠物。含THC 10%～30%。

（二）大麻的毒性

一般以抽吸、饮用、吞服等形式吸食大麻毒品，如采用抽大麻烟等吸入方式的，则毒性反应出现快，约数分钟，一般为一刻钟。吞服可延至30分钟，持续2～3小时。初呈醉酒状，眼球结膜发红，行动不稳，心率快，咽干口渴，恶心呕吐，情绪激动，爱吵好斗，有时狂喜，鲁莽放纵，失去时间和空间的定向力，产生浮在空中、漂在浪上、视人变形等离奇幻觉。

长期服用成瘾，成瘾者免疫系统抵抗力低，易感染传染病。少数发生精神病。

超剂量服用，初兴奋，继则思绪混乱产生梦幻般感觉，接着情绪下降，心情抑郁以至沉睡，严重时导致死亡。

成瘾者一旦中断服用，出现戒断症状如失眠、食欲减退、性情急躁、易怒、呕吐、颤抖等。

五、可卡因

可卡因又称古柯碱，是从南美洲生长的古柯属小灌木的叶子中提取出来的。

（一）可卡因的品种

1. 古柯叶。古柯灌木的叶子，又称可卡叶，是可卡因的原料。

2. 可卡膏。又称可卡糊，是一种灰白、奶白或米色粉状物，有时为颗粒较粗且潮湿的团块状物，有特殊的气味。是用可卡叶经加工而成，是制造可卡因的中间产品。

3. 可卡因。将可卡膏溶于稀酸中，除去其中杂质，加碱将溶液碱化，用有机溶剂提取可卡因生物碱，再加盐酸成可卡因盐酸盐并进一步精制，一般纯度可达80%～90%，毒品市场也有30%纯度的。

（二）可卡因的毒性

吸可卡因毒品，一般为鼻吸，也有用注射方式的。可卡因可使心率加快，血管收缩，动脉压力增大，一定剂量的可卡因能致幻，产生短期精神欣快感或精力增强。若大剂量使用，则产生难以想象的荒诞行为和可怕的举止，甚至可达到只有施以暴力才能释放其能量的程度，其表现为：过度兴奋激动，周身颤抖、痉挛，肌肉扭曲、变形，严重者可出现癫狂性的幻觉病。大剂量可卡因导致中枢神经传导源受阻，甚至可导致窒息。过度使用可由于极度痉挛以致心力衰竭致死。

六、兴奋剂

除可卡因为中枢神经兴奋剂外，常见主要兴奋剂有安非他明及甲基安非他明及近来发现的安非他明衍生物。曾作药用，但有较大副作用，具成瘾性。目前，作为毒品的兴奋剂由非法人工合成生产，或由其他药物经加工而成。本身为液体，不稳定，常以盐类如盐酸盐、硫酸盐及磷酸盐形式存在。这类毒品有较强依赖性、耐药性，易成瘾癖。

（一）常见兴奋剂的品种

1. 安非他明，又名苯丙胺。非法生产的安非他明硫酸盐为白色，由于本身含有杂质及掺有各种色料，其色泽呈粉色、黄色、褐色。常以片剂、粉末、胶囊、糖浆形式出售。

2. 甲基安非他明（冰毒）。又名甲基苯丙胺、去氧麻黄碱。非法生产的甲基安非他明，常用麻黄碱、伪麻黄碱为原料，经化学加工而成，产量高，纯度可达 90%～99%，外形为白色结晶状。在走私毒品中常掺有葡萄糖、乳糖、蔗糖、硫酸镁、谷氨酸钠、咖啡因、麻黄碱、普鲁卡因、安替比林等。

3. 其他安非他明类兴奋剂。

安非他明的衍生物有各式各样，如“摇头丸”，即 MDA（亚甲二氧基安非他明又名亚甲二氧基苯丙胺），和 MDMA（亚甲二氧基甲基安非他明又名亚甲二氧基甲基苯丙胺）。二者通称“迷魂药”，是致幻性兴奋剂。多呈片剂，有白色、粉红色、橘黄色、蓝绿色。有的片上有图案及文字，如蝴蝶及 M·UPT 等字母。

（二）安非他明类毒品的毒性

安非他明类毒品属中枢神经兴奋剂，对神经系统有明显的刺激作用。经常服用成瘾，发生精神障碍，出现错觉、幻觉、妄想及性格异常，容易发生犯罪。服用过量安非他明，表现为兴奋，精神、体力均显活跃，动作快而不准，焦虑、紧张、震颤、意识紊乱、眩晕、说胡话、恐慌、狂躁、幻觉、自我伤害，并可发生类偏执型精神分裂症。严重中毒者可产生惊厥，脑出血，昏迷致死。慢性中毒可造成体重减轻和精神异常。

七、抑制剂

抑制剂即为常用安眠镇静药物，长期以来作为药物被人们广泛使用。这些药物的依赖性、耐药性非常显著，但往往不被人们重视。其在国际公约中已被列为精神药物，必须加以控制使用。

（一）抑制剂品种

1. 巴比妥类药物。有超短效巴比妥：硫喷妥，时效 15 分钟。短效巴比妥：速可眠、戊巴比妥，时效 2 小时至 3 小时。中效巴比妥：异戊巴比妥、二丙烯巴比妥，时效 3 小时至 6 小时。长效巴比妥：巴比妥、苯巴比妥，时效 6 小时至 8 小时。

2. 苯二氮䓬类药物。也称“苯并二氮（杂）䓬类药物”，属抗焦虑安定药，最初仅有安定、利眠宁，现在品种发展很多，1996 年列入国际公约控制的有三十多种。目前我国常见的除上述两种外尚有：去甲羟基安定（舒宁）、去甲基安定、硝基安定、氯硝安定、氟硝安定、氟安定、三唑安定、阿普唑仑（佳乐安定）、三唑氮䓬（舒乐安定）等。

3. 其他药物。有安眠酮。

（二）抑制剂的耐药性

巴比妥类药物中毒量一般为治疗量的5倍，可产生严重症状；其致死量为治疗量的10倍以上。久服巴比妥类药物产生耐药性，可服治疗量的7倍～10倍量药物而不出现中毒现象。

八、致幻剂

（一）致幻剂的品种

1. LSD。学名麦角酸二乙基酰胺又名麦角酰二乙胺，起初是从寄生于黑麦的麦角中提取出来的。1938年，化学家合成了LSD，是同族27种化合物中的第25位，又名LSD25，是无色无味的液体，或制成白色结晶体，或吸入吸墨纸上、糖块上、小药丸中，常用剂量为80微克～120微克。

LSD一般为口服，毒性强烈，有人服20微克～25微克就有致幻反应。初期视觉明亮呈青绿色，有异乎寻常的听觉，情绪不稳，幻觉多变。周围环境成为幻想的东西，活力增强，时而安静、时而喧闹，狂妄自大，有时大哭不止。除造成精神混乱外，可使身体严重不适如运动失调、步履蹒跚、抽搐。用量过大，导致全身瘫痪、心动过速、血管扩张，有的出现严重后果，如发疯、自尽等。

2. PCP。学名苯环己哌啶。1956年美国以兽用麻醉剂的新药出现。10年后，因滥用被列入毒品行列。外形有白面、小片、胶囊，或混入烟卷。

（二）致幻剂的毒性

吸食方式有抽吸、吞服、注射。服小剂量时产生醉醺醺的状况，剂量增大，产生物体变形，定向障碍，思想解体，物体形象失真，视觉、听觉、触觉、味觉失调，冷漠无情，呈木僵状。长期服用可产生精神病、抑郁症、违拗症、敌视、迫害心理。体力猛增，有暴力、侵害行为。

第三节　毒品检验的一般方法

一、毒品的现场快速检验

（一）现场快速检验的方法

现场快速检验毒品的方法一般多使用快速、简便的化学显色反应，使毒品与某一种或二种以上化学试剂起化学作用，在几秒钟内出现颜色反应，以便检验者立即作出是否可能存在某类毒品或排除某类毒品存在的判断。如鸦片类毒品包括鸦片、吗啡、海洛因，遇马改试剂（甲醛硫酸试剂）立刻现紫红色，由此可判断存在鸦片类毒品的可能。其他各类毒品快速检验方法与实验室毒品检验的化学筛选法相同。

（二）现场快速检验装置的类型

1. 检验箱。可全面检验常见毒品，如“联合国麻醉药品司”提供的“麻醉药品检验箱”，可检验五类十多种毒品；公安部第二研究所研制的84（Ⅰ）型、91（Ⅱ）型毒品检验箱，其检验对象包括了国内常见毒品。

2. 单项检验装置。包括检验包、检验管、检验试纸、喷雾瓶等，是针对某一类毒品设计的，由于目前我国常见毒品为鸦片类如吗啡、海洛因，我国有关单位设计了检验吗啡、海洛因的单项检验装置如检验管及喷雾瓶等。

应当指出，现场快速检验只起初检作用，可为缉毒人员是否对被检查人员采取强制措施提供依据。化学显色反应方法，有可能受其他物质干扰，因此现场快速检验不是确证试验。如需确证可疑物是何种毒品，含量多少，含有哪些成分，必须送有关实验室对可疑毒品进行定性、定量分析，作出全面的科学鉴定，才能获得起诉、定罪的证据。

二、毒品的实验室检验

（一）检材的收集与送检

实验室检验毒品要求送检材料必须符合条件即具有代表性及均匀性。现场毒品可能是大包装也可能是小包装，数量可能是几包或上百包，送检材料如何取样，取多少，对实验室检验极为重要。一般按以下原则取样：

1. 单包装样品。块状的单包装样品可从其表面及中间部位取样，并在使其均匀或粉碎搅匀后取样；粉末状样品可置干净塑料袋中摇匀后取样。

2. 多包装样品。先用目视或放大镜检查各包的外观、颜色等是否一致，如一致按以下原则取样送检：少于 10 包，可送检其全部或一部分；10 包至 100 包，可随意取 10 包送检；多于 100 包可取其包数的开平方后的所得正数。

如外观不一致的各包毒品，经目视和放大镜检查后，将外观一致的样品分类，再按上述原则取样送检。

3. 送检样品包装及数量。将取好的检样装入干净瓶中或塑料袋中，每包要封口，包外注明送检单位、案件名称及送检日期等。关于检材数量，如为植物性毒品如大麻、鸦片、古柯叶，一般需要 1 克～5 克；经提炼后的毒品或人工合成的毒品如吗啡、海洛因、安非他明、冰毒等，一般需要 0.2 克～1 克。

（二）毒品中有效成分的提取

天然毒品如大麻、鸦片、古柯叶，其有效成分存在于植物之中，必须对其处理，将其中有效成分提取、分离出来而将其无用杂质除去，之后对有效成分进一步用各种方法进行定性、定量分析。

（三）化学筛选法

其原理与现场快速检验法相同，在实验室检验工作中，用该法确定送检可疑毒品属于哪一类，以缩小范围后再进一步作确证检验。毒品的化学筛选一般分五组：（1）马改氏试剂可与鸦片类、安非他明起反应。（2）快蓝 B 试剂可与大麻类起反应。（3）硫氰酸钴试剂可与可卡因、安眠酮起反应。（4）硝酸钴、异丙胺试剂可与巴比妥药物起反应。（5）亚硝基铁氰化钠、碳酸钠试剂可与甲基安非他明起反应。

（四）薄层色谱分析法

是检验毒品的一种常规分析方法。其设备简单、操作容易、灵敏度高、分析效果好，且具有微量、快速、准确的特点，适合各类毒品的定性分析。

（五）气相色谱分析法

也是检验毒品最常用的分析方法。它比薄层色谱分析法具有更高的灵敏度，分析速度更快，分离效果更好，不但适合于毒品的定性分析，还适宜进行毒品的定量分析。是毒品分析不可缺少的分析方法。

（六）其他分析方法

一般常见毒品可利用以上常规分析方法，但毒品品种很多，性质各异，毒品贩子又加入各种添加剂，因此在必要时还必须使用其他各种精密仪器及方法快速准确鉴定各种毒品。

1. 红外光谱分析法。红外光谱分析毒品也具有实用价值，具有快速、准确、不破坏样品的特点，但仅限于纯度高的毒品。如果毒品纯度低又混有多种成分及杂质，则该法难以奏效。

2. 高效液相色谱分析法。是一种十分有用的毒品分析方法。由于一部分毒品具有热稳定性差、挥发性低、分子量大的特点，如苯二氮䓬类抑制剂在气相色谱分析中易分解，使用液相色谱分析法可避免以上缺点，故用该法对毒品进行检验是气相色谱的一种补充分析方法。

3. 气相色谱—质谱及气相色谱—傅立叶红外光谱联用分析法。这是高精密度的两种分析方法，它们所具有的气相色谱对混合毒品分离能力强；用质谱或傅立叶红外光谱对毒品鉴定具有超微量、高效、准确的特点；仪器带有药物、毒物库，对未知毒品检索十分快捷。使用上述任何一种分析方法对成分复杂的未知毒品分析都可达到满意的效果。

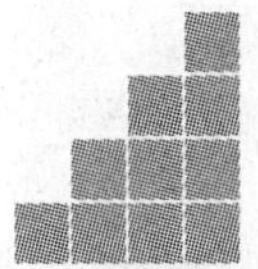

第十七章

化学物证技术（六）：毒物及其检验

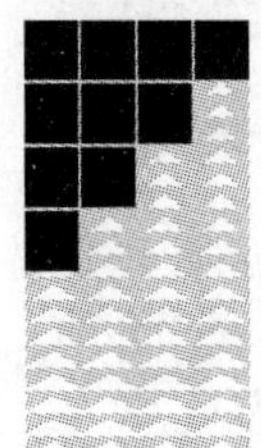

第一节 毒物及毒物分析概述	一、毒物的概念 二、毒物的分类 三、影响毒物作用的条件 四、毒物在体内的过程
第二节 毒物物证的分析	一、毒物物证分析的任务和特点 二、毒物物证检材的采取与包装 三、毒物物证分析的步骤和基本方法
第三节 氰化物、乙醇中毒的检验	一、氰化物、乙醇的分离 二、氰化物中毒的检验 三、乙醇（酒精）中毒检验
第四节 亚硝酸盐中毒的检验	一、亚硝酸盐的分离 二、亚硝酸盐中毒检验
第五节 砷化合物中毒的检验	一、砷化合物的来源及性质 二、砷化合物的毒性及中毒症状 三、砷中毒检材的采取及处理 四、砷中毒的检验方法
第六节 巴比妥类药物中毒的检验	一、巴比妥类药物的来源及性质 二、巴比妥类药物的毒性及中毒症状 三、巴比妥类药物中毒检材的提取与处理 四、巴比妥类药物中毒的检验方法

第一节　毒物及毒物分析概述

一、毒物的概念

毒物系指在一定条件下，较小剂量经生物体吸收后即可引起生物体功能性和/或器质性损害的化学物质。

毒物的概念是相对的，毒物与非毒物之间的界限取决于剂量大小。某些药物如乌头、士的宁等，使用适当的剂量可达治病效果，但如超剂量即可引起中毒。我们平时吃的食盐，若一次服用200克以上，可导致机体发生严重的电解质紊乱甚至死亡。

二、毒物的分类

毒物的种类繁多，各学科所使用的分类方法不同。毒理学的分类法是根据毒物对机体的不同作用而分类的，这种分类法有助于根据中毒症状推测毒物，提供毒物范围；毒物化学分类法是根据毒物的化学性质分类的，该分类法有助于毒物分析实验室对检材进行毒物的分离和提取；此外，也有根据毒物的用途及来源分类的。

(一) 根据毒理学分类

1. 腐蚀性毒物如强酸、强碱、苯酚等。

2. 毁坏性毒物如砷、汞及其化合物。

3. 障碍功能性毒物，可分为：作用于中枢神经的毒物如安眠镇静药、生物碱及酒精等；作用于呼吸系统的毒物如氢氰酸及氰化物、一氧化碳、亚硝酸盐等。

（二）根据毒物化学性质分类

1. 挥发性毒物。此类毒物分子量小、化学结构比较简单，在酸性水溶液中能随水蒸气共同蒸馏出来，通常采用水蒸气蒸馏、抽吸和扩散及顶空液上分离等方法分离。常见的有氰化物、酚、甲醇、乙醇等。

2. 非挥发性有机毒物。此类毒物分子量较大，结构比较复杂，不能随水蒸气挥发，主要是一些药物。如巴比妥类、吩噻嗪类、苯并二氮䓬类等安眠、镇静药；士的宁、阿托品、乌头、吗啡等生物碱；氯喹、伯胺喹等抗疟药及斑蝥、蟾蜍等。它们的有效成分一般易溶于醇、乙醚、氯仿等有机溶剂中，故可以在不同酸碱条件下用有机溶剂将它们从各种检材中提取分离出来。

3. 金属毒物。是金属或类金属如砷、汞、钡、硒、镉等化合物。通常将含金属毒的生物检材用氧化性的酸氧化，或高温灼烧破坏生物材料的有机质，使金属毒物呈离子状态后供分析检验。

4. 水溶性毒物。主要是一些用水浸法和透析法分离的强酸、强碱和盐，如硫酸、硝酸、盐酸、氢氧化钠（钾）、亚硝酸盐及盐卤等。

5. 气体毒物。常见气体毒物是一氧化碳，偶尔也有硫化氢等气体中毒。

（三）根据毒物用途及来源分类

1. 杀虫剂。用于杀虫。在我国，引起中毒的杀虫剂范围广、品种多，可分为无机杀虫剂及有机杀虫剂。无机杀虫剂多为砷、汞、氟的化合物，目前使用较少。有机杀虫剂使用普遍，常用的有：有机磷类、氨基甲酸酯类及拟除虫菊酯类等。

2. 杀鼠剂。用于灭鼠。常见的有磷化锌、敌鼠钠、氟乙酰胺及抗血凝杀鼠剂杀鼠迷、灭鼠灵及毒鼠强等。

3. 有毒动、植物。来源于动物体或植物体。常见的有毒植物有：钩吻、乌头、曼陀罗、毒蕈等；有毒动物常见的有：斑蝥、蟾蜍、河豚及毒蛇等。

三、影响毒物作用的条件

（一）毒物的剂量和理化性质

毒物的剂量是决定机体是否中毒和中毒程度的重要因素，一般以中毒量、致死量和毒物血浓度表示。引起机体中毒的最小剂量称中毒量；引起机体中毒死亡的最小剂量称致死量；中毒血浓度指中毒时血中毒物的浓度；致死血浓度是引起死亡时血中毒物的浓度。一般情况下，剂量越大，中毒发生越快，程度越重。毒物进入机体的量并不等同于机体对毒物的吸收量，毒物血浓度更能反映机体对毒物的吸收量和中毒程度。根据毒物引起人体中毒致死量的大小，毒物的毒性可分为剧毒，致死量小于0.05g/kg；高毒，致死量为0.05g/kg～0.5g/kg；中等毒性，致死量为0.5g/kg～5g/kg；低毒，致死量为5g/kg～15g/kg；微毒，致死量为大于15g/kg。

毒物的物理性状直接影响机体对毒物的吸收。气态毒物容易被吸收，毒物作用较快。粉末或片块固体毒物决定于其是否溶于水或弱酸，易溶者可发挥毒性作用。否则，不易发挥毒性作用。

毒物的毒性与毒物的化学结构关系密切。一般含双键的化合物及含卤素的化合物毒性较大。化学性质相似的物质，其毒性作用也相近，如甲醇、乙醇、甲酚，都因化学结构相似而具有类似的毒性作用。

(二) 机体的个体特征

个体的年龄、性别、体重、身体健康状态等不同，机体对毒物的反应也不同。例如，小儿对毒物较成人敏感，老年人对毒物的耐受性逐渐降低。体重一般与中毒量成正比。机体在营养不良、慢性疾病、疲劳、饥饿、抵抗力下降时对毒物较为敏感。

(三) 毒物进入机体的途径

毒物进入机体的途径不同，吸收的速度和对机体的作用也不同。其规律是：心脏或静脉注射最快，呼吸道吸入次之，其他依次为腹腔注射、肌肉注射、皮下注射、口服、直肠灌注等。某些毒物可因进入机体的途径不同而出现不同的结果。如蛇毒、蝎毒注射后立即中毒，口服则无毒。相反，苦杏仁甙静脉注射无毒，口服常发生中毒。

四、毒物在体内的过程

毒物通过各种途径进入体内，经过吸收、分布、代谢后排出。

(一) 毒物的吸收

毒物经胃肠粘膜或肺泡壁进入血液循环称毒物的吸收，毒物只有被机体吸收后才能发挥毒性作用。毒物的理化性质不同，进入机体的途径不同，毒物吸收的速度也不同，弱酸性毒物在胃内被吸收，水溶性毒物和弱碱性毒物主要在小肠吸收；气体毒物经肺泡壁吸收。了解毒物的吸收对判断毒物在体内的分布和中毒的状况等有帮助。

(二) 毒物的分布

毒物被机体吸收后，经血液循环到达全身各组织的过程称毒物的分布。由于毒物与组织的亲和力不同，使毒物在各脏器的分布是不均匀的。如氰化物主要分布在肝脏，金属汞主要分布在肾脏。了解毒物的分布，便于有效地提取检材。

(三) 毒物的排泄

毒物及其分解、代谢产物经由排泄器官排出体外的过程称为毒物的排泄。不同的毒物排泄的途径不同。例如，催眠镇静药和金属毒物主要经肾脏排出；气体毒物和挥发性毒物主要经肺脏排出。了解毒物排泄速度及途径，可及时、有效地采取含毒物量多的检材。

第二节　毒物物证的分析

一、毒物物证分析的任务和特点

毒物物证分析是利用分析化学方法对可疑毒物进行分离、鉴定的专门工作。毒物分析的结论能为侦查、审判毒杀案件提供破案线索和科学证据，并能为中毒事件（如自杀和误服毒物）临床抢救提供依据。毒物物证分析的任务是：检验中毒者或中毒死亡者的体液和排泄物（血、尿等）或内脏组织（胃、肝、肾、肺、脑、胆汁等）以及现场收集的可疑物中含有何种毒物，并测定体液和内脏组织中的毒物含量。

毒物物证分析作为物证鉴定的组成部分之一，具有以下特点：

1. 毒物物证分析属痕量分析范畴，需从大量检验材料中分离、鉴定并测定其所含的微量毒物。如从血液和组织中鉴定的毒物其含量往往在 ppm 级或以下，不少毒物已在体内部分代谢产生代谢物。

2. 检验材料多种多样，情况复杂多变。检材除饮食物和可疑药物外，多为体液、排泄物、尸体内脏等生物材料。数量有限，易受环境影响而发生变化。

3. 分析对象多为未知物，分析范围很广，分析速度又要求很快，而且要求结论准确。所以，在分析检验前，必须详细了解中毒经过、中毒症状、抢救治疗情况，如中毒者已死亡，应当了解尸体现象及解剖所见。要尽可能多地获得毒物来源的信息，以便迅速确定检验重点，缩小检验范围，准确、快速作出检验结论。

4. 随着现代分析化学的发展，毒物分析技术水平已突破一般定性分析，发展到微量毒物的定量分析及体内毒物代谢物的分析。

二、毒物物证检材的采取与包装

正确地采取检材，妥善地保存检材，是分析结果正确可靠的保证。由于毒物进入体内的途径不同，而在体内的分布情况有所不同。采取检材应全面考虑口服、注射、吸入或黏膜吸收等不同途径。不能简单地收集剩余食物及胃内容，应全面收集检材，一般应按如下原则进行：

1. 检材的采取

（1）对口服中毒者，首先要收集其全部呕吐物，24 小时内全部尿液。若经洗胃抢救则收集胃吸出液 50 毫升～100 毫升，并需采取血液 10 毫升～20 毫升。

（2）对口服中毒死亡者，采取胃及全部胃内容，尿液、血液 200 毫升～300 毫升，肝、肾、肺各 200 克～300 克，必要时取脑 200 克～300 克；如怀疑注射投毒者，除采取上述检材外，还应采取注射针眼部位肌肉（并取空白部位肌肉）20 克～30 克；对怀疑为氰化物、一氧化碳、亚硝酸盐中毒者，要采取心血。

（3）在勘查中毒或中毒死亡现场时，要注意收集中毒者吃剩的食物、药片、药液、药渣，上述检材在 500 克以下者，应全部收集，如在 500 克以上，应充分搅匀后取 500 克；如现场发现可疑注射器、药棉球、针剂药瓶也应一并收集。

（4）对于某些性质相对稳定，虽经埋葬或高度腐败，仍能残存的毒物，如金属性毒物、某些药物及个别农药，半年至数年后开棺检验尚有可能检出；但对挥发性毒物如乙醇、氰化物中毒等，开棺检验检出的可能性极小，故一般没有必要进行。开棺采取检材主要采取胃、肝区腐败残渣。检验药物时可取脑内残渣，但必须同时采取棺外空白泥土样品。

（5）如为有毒植物中毒，应收集本地生长的有毒植物标本一并送检；怀疑农药中毒，应收集当地常用农药为对照样品送检。

2. 检材的包装与保存

检材的包装与保存不可忽视。如果不注意，检材受到人为的破坏或被引入不应有的物质而被污染，就会给鉴定带来困难，以致影响鉴定结论的正确性。采取的检材要分别包装、加封，并注意下列事项：

（1）对内脏组织或其他半固体检材，可用干净的玻璃瓶盛装；对固体检材可用塑料袋或纸袋包装。

（2）一氧化碳中毒或死亡者的血要装到玻璃瓶的 4/5 体积。

（3）所有生物检材都不得加入福尔马林、乙醇等防腐剂。

（4）检材包装好后，要妥善密封并加贴标签，注明中毒者或死者姓名，检材名称、数量，取材日期，封口要加盖印章或加火漆印。要及时送实验室检验，如不能及时检验，内脏及体液应放置在－10℃～－20℃冷藏箱中保存。

三、毒物物证分析的步骤和基本方法

（一）了解中毒情况及可能的毒物来源

为了使检验工作有的放矢，及时、准确地作出鉴定结论，毒物分析工作者必须明确检验范围。为此，要详细了解与中毒有关的情况，包括：中毒发生的经过、中毒症状、有无经过抢救、治疗方法、中毒症状的发展及死亡时间、尸体现象及解剖所见。某些毒物中毒会出现特殊中毒症状，可提供毒物检验的范围。

除了解中毒情况外还要了解毒物来源，如为服毒，服毒者可能获得哪些毒物？如怀疑投毒，嫌疑人有哪些毒物来源？

（二）初步检验

1. 外观检验：核对检材、包装及封签状况，有无防腐剂。

2. 形态、颜色、气味等检验：常见毒物外观、气味有一定特征，专业人员据此可认定范围，但体液、组织内毒物特征难以辨别。

3. 预实验或筛选实验：利用灵敏度高、范围广的一些化学反应或免疫生化反应对毒物进行筛选，确定毒物范围。

（三）制订检验计划

制订检验计划，即确定检验重点毒物及其范围，并选用合适的检材及最佳的毒物分离、分析方法，从生物检材中提取、分离出未知毒物并进行精确的定性、定量分析。

（四）毒物的分离、提纯

传统的毒物提取、分离法消耗检材量大、时间长、回收率低、杂质多、净化效果差。近代毒物分离法向微量、快速仪器化方向发展。挥发性毒物采取微量扩散及顶空分离法。从生物材料中分离不挥发性有机药物常采取先沉淀蛋白、酶消化、酸水解方法，使蛋白质与药物分离后，再根据毒物的性质采用液—液提取分离或固相提取分离法。

（五）毒物的定性、定量分析

从生物检材中提取、分离出的毒物，应先定性分析，确定是何种毒物，是单一毒物还是混合毒物；根据定性分析结果，再进一步做定量分析。目前分析方法除少数采用化学方法外，常采用薄层分析法、气相色谱法，也有的使用紫外光谱、液相色谱及气相色谱—质谱联用分析方法。对无机毒物也可使用发射光谱、原子吸收光谱等分析方法。

毒物的定量分析结果可以评价体内存在的某毒物达到了何种程度。特别是常用药物，是否达到中毒量、致死量或处于治疗量水平。药物的定量分析应分析血液，因为血液中药物浓度稳定，可以指示其中毒程度。定量分析还可判断毒物进入体内途径。如注射中毒死亡者，胃中含毒量极低，而血液中含量甚高，再结合尸体检验、尸体上有无针眼及内脏中毒物含量分布，可提供毒物进入途径的意见。

为了保证毒物检验的质量，保证各实验室和鉴定人之间毒物检验结果的可比性及毒物检验结果的可靠性，对毒物的检验应当使用标准化的毒物检验方法，以消除由于各个实验室和个人之间因实验的条件、检测方法和个人操作熟练程度的差异导致的误差，使各实验室和鉴定人之间对同一毒物检材检验结果保持一致。

（六）对毒物检验结果的分析评断

对于定性分析检测到的含有某种毒物的结果，即阳性结果，为了排除假阳性，要考虑以下几个因素：检验方法的特异性如何？是否为标准化方法？试剂纯度如何？分离提纯的效果如何？有无杂质的干扰？有无污染？毒物是否为检材腐败产物？排除以上几点才能作出肯定的结论。

对于定性分析未检出某种毒物的结果，即阴性结果，要考虑以下几个方面：采取检材的部位是否正确？数量是否足够？检验方法的灵敏度如何？几种检验方法的结果是否一致？操作过程有无错误？是否机体？腐败是否使毒物分解？是否毒物在体内发生化学变化以代谢产物的形式排泄而未对代谢产物进行检测？是否为现有方法不能检出的毒物？如果上述因素不存在，就可作出否定的结论。

第三节 氰化物、乙醇中毒的检验

一、氰化物、乙醇的分离

氰化物、乙醇均属挥发性毒物。这类毒物可用蒸汽蒸馏法、微量扩散法及顶空分离方法分离。蒸汽蒸馏法消耗检材量较大；而微量扩散法及顶空分离法则消耗检材甚少，适应微量分析方法的需要。

二、氰化物中毒的检验

1. 来源及性质。氰化物为剧毒工业原料，常用的有氰化钠和氰化钾，为白色易潮解固体。主要用于冶金、电镀、照相和印染工业等，有的用来捕杀野兽。氢氰酸是一种低沸点（26.5℃）易挥发的液体，工业上主要用作熏蒸消毒剂，通常用于消灭粮食仓库、船舶等中的虫鼠害。某些植物果仁、叶子、块根中，如杏、桃、李、枇杷仁及木薯中含有氰甙，这种甙与一种酶共存，在一定条件下，酶能促进甙分解产生氢氰酸而具有毒性。

2. 中毒症状。其中毒症状是先兴奋后抑制，最终导致呼吸麻痹而死亡。在摄入大量氰化物的10秒～60秒内，突然发生昏倒、呼吸困难及强直性、阵发性痉挛，2分钟～3分钟后呼吸停止，继而心跳停止而死亡。剂量较小时，则有口腔麻木、流涎、剧烈头痛，继则胸闷、心悸、呼吸困难、眼球突出、头痛加剧，症状可持续10分钟～30分钟。食用含氰甙植物症状常出现在食后3小时～6小时，中毒轻的有呕吐、头晕、嗜睡，重的有昏迷痉挛，并能引起死亡。

氰化物的致死量为0.15克～0.25克，氢氰酸在空气中浓度达0.2毫克/升～0.5毫克/升时，即能致人死亡。成人服苦杏仁40粒～60粒，小儿服10粒～20粒，可引起中毒和死亡。氰化物中毒血浓度为0.1毫克/100毫升～0.5毫克/100毫升，致死血浓度为0.5毫克/100毫升～0.7毫克/100毫升。

3. 检材的采取及处理。口服氰化物死亡者，胃内容、呕吐物含毒物量最多，血液、肝脏也是较好的检材。由于氰化物在体内不稳定，易挥发、分解，故应及时进行检验。如不能及时检验，应储存检材于低温冰箱中，防止腐败。

4. 氰化物的检验。取经分离而得的检液，利用普鲁士蓝化学反应作定性分析氰化物，用吡啶—巴比妥反应做定量分析。

三、乙醇（酒精）中毒检验

1. 乙醇的来源及性质。乙醇俗名酒精，为无色挥散性芳香液体。工业上用作溶剂、化工原料。醇性饮料中其乙醇含量从6%至60%不等。

2. 乙醇中毒原因及症状。酒是一种嗜好品，国内外经常发生醉酒现象。醉酒自杀或他杀，均有所见，酒后开车造成车祸更是屡见不鲜。

摄入的乙醇很快被吸收，随即进入血液，大部分在组织中经氧化而产生二氧化碳与水，其余部分经肺、肾排出体外。

乙醇中毒与血醇浓度有关：通常饮酒100毫升，血液中含醇0.01%～0.05%时呈兴奋状态，无抑制及判断力；如血醇达0.05%～0.1%时已轻度中毒，此时兴奋、脸红、体热、语无伦次、喜怒无常；血醇达0.15%～0.3%，出现疲倦、欲睡、呕吐、眩晕，呈麻醉状态；血醇达0.35%～0.4%时已发生严重中毒，昏睡、不省人事、知觉丧失；血醇达0.4%～0.5%时，呼吸与脉搏均慢而细，瞳孔散大、反应消失、皮肤青紫色、体温下降，最后窒息死亡。

酒精中毒致死量：一般小孩为25克纯乙醇，成人为100克～150克纯乙醇，但也与个人习惯性、健康程度有关。

近来，偶有不法商人用工业甲醇（木醇油）伪造饮料酒，造成中毒或死亡者。甲醇对血管有麻痹作用，对神经系统可引起病变，对视神经有严重伤害，饮甲醇2克～20克可致盲。其中毒致死量为120克～240克。

3. 酒精中毒检材的采取与处理。最好的检材是血液，其次是尿液、胃内容，死者脑、肝也可作为检材。应及时检验；不能者，检材应置低温冰箱中保存，以防腐败。

4. 酒精检材的定性、定量分析。检验甲醇、乙醇的方法较多，传统的方法用蒸汽蒸馏分离出甲（乙）醇，再用化学方法检验，其方法灵敏度低、特异性差。近代血醇分析首推气相色谱法，具有灵敏、快速、准确的特点，可同时定性定量分析，一次分析仅需0.1毫升血样，而且还可利用自动进样设备连续分析几十至上百个血样。

第四节　亚硝酸盐中毒的检验

一、亚硝酸盐的分离

亚硝酸盐是一类常见的水溶性毒物。水溶性毒物的特点是溶于水，可用水浸法分离提取毒物，也有的用透析法分离水溶性毒物，分离后取膜外水溶液进行检验。

二、亚硝酸盐中毒检验

1. 来源及性质。亚硝酸盐主要指亚硝酸钾和亚硝酸钠，是一种白色结晶或粉末，无臭，味微咸，易溶于水，呈弱碱性反应。广泛用于制造染料、有机合成、分析试剂及建筑防冻，因其色白、味咸常被误作食盐而中毒，也有用作投毒的。

许多蔬菜如白菜、菠菜中含硝酸盐成分，原本无毒，经腐烂细菌作用，使硝酸盐还原为亚硝酸盐，对人、畜产生毒性。当人体胃肠功能失调，胃酸降低，不能抑制还原的细菌繁殖时，食用大量叶菜，可引起“肠原性紫绀症”，此症多见于儿童。某些地区地下水中含有较高量的硝酸盐（苦井水），在某种条件下，硝酸盐可还原为亚硝酸盐而具毒性。

2. 毒性及中毒症状。亚硝酸盐是一种血液毒，能使血液中血红蛋白氧化成高铁血红蛋白，失去携氧功能，使机体组织缺氧，呼吸中枢麻痹，引起窒息死亡。亚硝酸盐在食后几分钟至半小时内发生中毒症状为：恶心，头晕，皮肤呈蓝灰或蓝黑色，以口唇、指端为最明显，全身无力，嗜睡，严重者呼吸困难、昏迷、抽搐，如不及时抢救，可在 2 小时内死亡。死后尸斑呈蓝褐色，血液呈酱油色，不凝固。

亚硝酸盐对人的致死量为 0.5 克～2 克。

3. 检材的采取及处理。检材可取可疑粉末、剩余食物、呕吐物、胃内容等。亚硝酸盐在酸性条件下易分解，采取检材后应及时检验。

4. 检验方法。可采用化学方法检验，亚硝酸盐在酸性溶液中与对氨基苯磺酸作用生成重氮盐，再与甲—萘胺作用生成紫红色偶氮染料。

第五节　砷化合物中毒的检验

一、砷化合物的来源及性质

砷化合物属金属毒物一类，在金属毒物中占主要地位，主要有三氧化二砷、亚砷酸钠等，是用于农业杀虫的剧毒物质。三氧化二砷俗称“砒霜”或信石，纯品为白色结晶性粉末，不纯的砒霜含少量硫化砷，呈红或黄红色，俗称红砒。砒霜为无臭无味粉末，在自杀、谋杀及中毒事故中常有使用。硫化砷中有雄黄（二硫化砷）及雌黄（三硫化砷），都是黄色或橘红色粉末，主要用作颜料，也有一定毒性。其他治白蚁药物含 40%砒霜，中医治疗痔疮药物常含砒霜，如使用不当也能引起急性中毒甚至死亡。

二、砷化合物的毒性及中毒症状

砷化合物以砒霜毒性最为强烈，其急性中毒症状为剧烈呕吐、腹泻，排出物呈米汤状，带血便。由于剧烈呕吐、腹泻，体温血压下降，虚脱、昏迷，最后因循环衰竭而死亡。三氧化二砷的中毒量为 0.005 克～0.05 克，致死量为 0.1 克～0.2 克。

痕量砷存在于自然界如泥土、水、食盐及海产品中，正常人体组织含微量砷，据资料记载，每 100 克人体组织中含砷量如不超过 20 微克时，可视为体内正常含量。血液中砷含量为每 100 毫升 0.1 毫克时已达中毒浓度，如每 100 毫升 1.5 毫克时，已达致死浓度。

三、砷中毒检材的采取及处理

急性中毒者，可收集剩余食物、呕吐物；中毒死亡者，可取胃及内容物、肝、肾、血、尿。慢性中毒死亡者应以肝、肾、血为主。如开棺检验可收集腹腔部位腐败组织及泥土，并收集棺外四周泥土作对照检验用。

四、砷中毒的检验方法

1. 砷的雷因希氏预实验。在一定浓度的盐酸溶液中，金属铜与砷化物作用生成砷铜化合物或还原为元素砷而沉积于铜的表面，使金属铜变黑。通过实验，如铜片变黑，则可能存在砷。

2. 砷的确证实验——升华法。将雷因希氏所得铜片洗净晾干，放入干燥、洁净、一端封口的细玻璃管中，经微火加热铜片部位，铜片上附着的砷则升华为三氧化二砷附着在玻璃管壁上，呈白色雾状。经显微镜放大观察，呈四面体、八面体结晶体。

3. 古蔡氏砷斑定量实验法。砷化合物在酸性溶液中，被锌与酸产生的氢气还原为砷化氢。砷化氢遇溴化汞试纸产生黄棕色斑，其砷斑深浅与砷含量成正比，可用目测进行含量测定。该方法操作简单，可用于中毒者体液及组织的砷含量的测定。将检材制备溶液与系列标准品溶液同时置测砷瓶中进行实验，然后对所取得的检材与标准品种砷斑进行比较计算含量（见图17—1所示）。

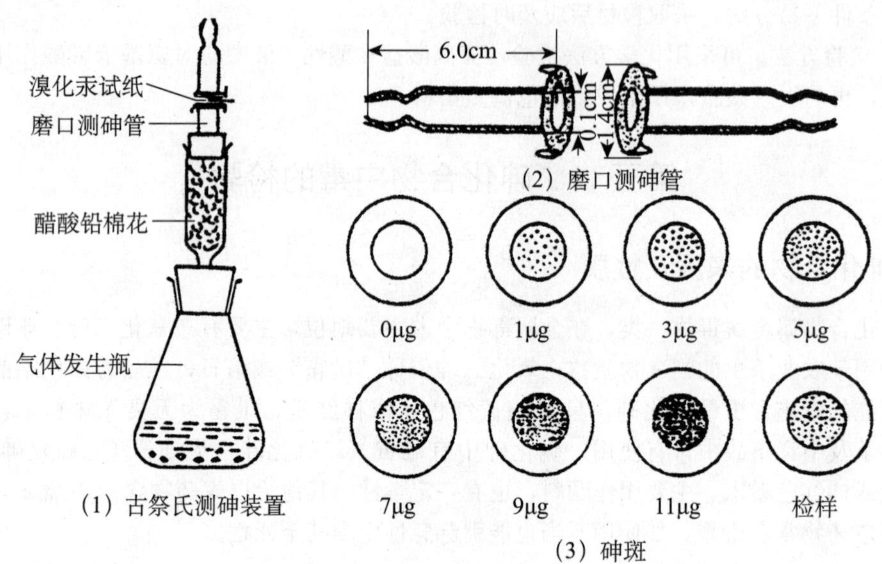

图17—1 古蔡氏测砷装置示意图

第六节 巴比妥类药物中毒的检验

一、巴比妥类药物的来源及性质

巴比妥类药物是常见的一类人工合成安眠镇静药物，作为治疗药物已有悠久的历史，国外品种很多，国内目前常见的有：巴比妥、苯巴比妥、戊巴比妥、异戊巴比妥、速可眠及硫喷妥钠等。医疗上常用作催眠、镇静、抗惊厥和基础麻醉等用。由于使用面广，容易获得，因而用以自杀、他杀及服用过量造成药物中毒者较为多见。本类药物对机体的作用基本相同，但各种药物作用的快慢及在体内的吸收、排泄时间不同。

该类药物多为白色结晶或结晶性粉末，一般制成片剂或胶囊，也有制成针剂的，本类的各种药物对人治疗量不同，中毒量及致死量也相差悬殊。

二、巴比妥类药物的毒性及中毒症状

巴比妥类药物抑制中枢神经系统，使反射功能麻痹，对呼吸及循环亦有抑制作用，能引起呼吸中枢麻痹致死。一次大量摄入该类药物可造成急性中毒，症状为眩晕、思睡、无力、神志不清、昏迷、体温下降、皮肤湿冷、发绀、肢体软弱、尿量减少、瞳孔缩小，急性中毒一般昏迷1日～2日或3日～5日死亡。

三、巴比妥类药物中毒检材的提取与处理

巴比妥类安眠药摄入体内后分布于各器官，从尿中排出体外。一般口服急性中毒者，取血、尿进行检验；对口服中毒死亡者，除胃内容外，血液、尿液、肝脏、肾脏、脑、胆汁都是较好的检材，收集血液进行定量分析十分必要。从血液中测得药物的浓度，可以判明死（患）者药物浓度是治疗量、中毒量还是致死量。

四、巴比妥类药物中毒的检验方法

1. 化学分析法。常用钴盐—碱法反应，巴比妥类药物分子结构中的环酰脲，在碱性条件下与钴盐作用生成紫蓝色结合物。此为该类药物的共同反应，灵敏度在100微克～200微克之间，较其他方法低，反应不具特效性。本反应只适用于大量药物如药粉、药片及胃内容中含药物量高时的初检，不适用于内脏及体液。

2. 薄层色谱法。本方法分离效果好、灵敏度高，可分析体液及内脏组织中的药物。灵敏度可达0.5微克～1微克，特效性好，可以鉴别各种巴比妥药物。

3. 气相色谱分析法。气相色谱具有比薄层色谱法更高的灵敏度及分离能力，分析速度快，适用于体内巴比妥安眠药的定性、定量分析，是分析本类药物的较好方法。

定量分析是在定性分析的基础上进行的，在固定的操作条件下，将检材提取液与标准品溶液在相同条件下进行色谱分析，根据各自色谱峰面积计算检材中药物的含量。

4. 紫外吸收光谱法。巴比妥药物在碱性溶液中，电离为具有紫外吸收性质的结构。硫喷妥在pH 14溶液中于305纳米处出现吸收峰，在pH 2溶液中，于288纳米处出现吸收峰。其他几种巴比妥药物在pH 14溶液中，于255纳米处出现吸收峰，在pH 10溶液中，于240纳米处出现吸收峰。因此，可利用以上紫外光谱的不同，筛选上述药物。此法特别适用于体内单一药物的定量分析。

第七节 生物碱类药物中毒的检验

一、生物碱类药物的种类及中毒症状

生物碱是一类含氮的碱性天然有机化合物，广泛存在于植物中。它们是有毒中草药的重要成分，有较好的药用价值。民间常用有毒中草药治病，或出售民间配方的草药，由于用药不当常引起中毒或死亡，也有用以自杀或作为他杀的。常见生物碱有阿片（即鸦片）生物碱，颠茄、莨菪、曼陀罗等茄科生物碱，番木鳖生物碱，乌头属生物碱，钩吻生物碱等。

1. 番木鳖生物碱。存在于马钱科植物的种子番木鳖中，含有士的宁及马钱子两种生物碱，其中含士的宁约0.9%～1.9%，含马钱子碱约0.7%～1.5%。士的宁为中枢兴奋剂，医疗上用于治疗瘫痪、再生性障碍性贫血等症。马钱子碱主要用作化学试剂以及治疗中风引起神经麻痹症，也有的用于毒鼠和捕野兽用。

2. 乌头生物碱。存在于乌头属植物的块根中，其植物块根常用做治疗风湿病，在我国

有许多品种，一般有川乌、附子、草乌等十余种，作中药材使用时需经一定泡制使毒性降低。四川、云南等地民间有自采草药服用的习惯，由于乌头碱有强烈的毒性，使用不当常引起中毒或死亡，也有用于自杀或投毒的。

乌头碱极毒，纯乌头 0.2 毫克可中毒，4 毫克～5 毫克可致死。一般用来泡制的乌头块根 2 克可致死。乌头对人的毒性主要表现在神经系统，服后数分钟至半小时出现症状，嘴唇、舌、咽喉、口腔有麻刺感，手指发麻，流涎，语言困难，心慌，昏迷，最后心脏与呼吸中枢麻痹，4 小时～6 小时可引起死亡。

3. 钩吻生物碱。存在于钩吻植物中，是广泛生长在广东、广西、福建等地的野生植物。民间称大茶叶、断肠草等。全株有毒，以根和叶、尤其嫩叶毒性最大。钩吻不能作药用，一般中毒多见于自杀或投毒，服干燥根、茎、叶 2 克～3 克可致死。

钩吻碱为强烈神经毒，能使运动神经末梢麻痹，抑制延脑的呼吸中枢。其中毒多发生在服后半小时至 1 小时之内，先感口腔、咽喉、腹部有烧灼痛，流涎、恶心、呕吐、四肢麻木、复视、瞳孔散大、言语不清、昏迷，最后因呼吸障碍窒息死亡。视力障碍是钩吻中毒的特征。

二、生物碱中毒检材的收集及毒物的分离、提取

中毒者血、尿、剩余药物、药渣和死者胃、胃内容及肝脏均需收集。还要收集当地植物作为比对样本进行检验。

生物碱类毒物具有碱性，不溶于水而溶于有机溶剂，遇酸呈盐而溶于水中，利用上述性质，可从植物及中毒后生物材料中将各种生物碱提取、分离出来。

对有毒植物、药丸、药粉、药片等检材，先用稀酸浸泡溶解，过滤，滤液调至适当碱性，再用有机溶剂提取。对血液或搅碎后的生物组织，加水呈糊状，加 10%三氯乙酸沉淀蛋白并加热至蛋白凝固，过滤，取滤液调节至适当的碱性，然后用适当溶剂提取并净化，浓缩至小体积备检。

三、生物碱中毒检材的检验方法

薄层色谱法、高效液相色谱是较好分析方法，气相色谱法、紫外光谱法也可用作生物碱分析。

第八节　有机磷杀虫剂中毒的检验

一、有机磷杀虫剂的种类及中毒症状

农药品种很多，按化学结构分，目前常引起中毒的有：有机磷杀虫剂、氨基甲酸酯类杀虫剂、拟除虫菊酯杀虫剂、杀鼠剂及除虫剂等。其中以有机磷类杀虫剂毒性最为强烈。

有机磷杀虫剂是人工合成的一类含磷有机化合物，一般分两大类。一类为磷酸酯，另一类为硫代磷酸酯。

常见磷酸酯农药有：敌敌畏、敌百虫、久效磷、磷胺等。常见硫代磷酸酯农药有：对硫磷（1605）、甲基对硫磷（甲基 1605）、马拉硫磷（4049）、甲拌磷（3911）、硫特普（苏化 203）、乐果等。

有机磷杀虫剂除少数为固体外，均为浅黄色或黄棕色油状液体。市售大部分为40%～50%乳油或5%左右粉剂。大部分都有显著特殊的气味，如含硫磷酸酯有特殊蒜臭。大多数都不溶或少溶于水，易溶于二氯甲烷、氯仿、苯、丙酮、醇等有机溶剂中。

有机磷杀虫剂毒性作用主要是抑制体内胆碱酯酶，使体内正常产生的乙酰胆碱得不到及时破坏而蓄积过多，引起神经性中毒。轻度中毒表现为头晕、恶心、全身无力；中度中毒为多汗、流涎、肌肉震颤、胸闷、瞳孔缩小、视力模糊；重度中毒为全身发绀、口吐白沫、昏迷、抽搐、大小便失禁、呼吸麻痹死亡。中毒一般在服后十几分钟至半小时发生，如得不到及时抢救，可在数小时内死亡。

二、有机磷杀虫剂中毒检材的收集及毒物的分离、提取

有机磷杀虫剂在体内吸收后较易分解。经研究得出体内含量分布为：口服中毒者，以胃内容、胃、十二指肠及其内容物含毒量最多；其次为肺、血液、肝脏。注射或吸入者应取血液、肺、肝脏为检材，皮肤吸收者还要取接触部位组织。根据其易溶于有机溶剂，在碱性条件下易水解的特点，一般可在中性及酸性条件下用二氯甲烷、氯仿、苯、乙酸乙酯等从组织中提取，并经适当净化处理后浓缩备检。

取胃内容、搅碎胃组织、肝脏等5克，加无水硫酸钠研磨至干沙状，加溶剂30毫升～50毫升提取二次。合并溶剂，通过氧化铝及少量活性炭净化柱净化，收集溶剂用K·D浓缩器浓缩至1毫升以下备检。

三、有机磷杀虫剂中毒检材的检验方法

有机磷杀虫剂中毒检验，以前曾采用化学法，由于灵敏度低、特效性差，故近代采用薄层色谱法及气相色谱法，已成为常规的分析方法。

1. 薄层色谱分析法

检验灵敏度在微克级范围，可以解决呕吐物、胃内容、食物中有机磷杀虫剂的检验。

2. 气相色谱分析法

带有火焰光度检测器或氮磷检测器的气相色谱仪分析有机磷杀虫剂具有灵敏度高（比薄层分析高几十至几百倍），分离效果好，可同时分析若干种农药，分析速度快（分析一个检材仅需几分钟至十几分钟）等优点。

第九节 一氧化碳中毒的检验

一、一氧化碳中毒的机理及症状

一氧化碳为一种无色无臭的气体，比空气轻、有毒。冬季，煤炉中煤炭燃烧不完全或煤气热水器在使用过程中产生一氧化碳，因通风不良无排气设备或排气受阻往往引起中毒；停驶汽车也可因发动机运转排放废气中的一氧化碳引起停留在密闭车内或车库内的人发生中毒或引起死亡。另外，用煤气自杀或他杀的案件也时有发生。

一氧化碳进入人体后与血液中血红蛋白结合成碳氧血红蛋白，血红蛋白与一氧化碳的结合能力比氧的结合能力大250倍～300倍，因而严重损害了机体血液携氧力，从而引起缺氧以及中枢神经系统的中毒，中毒症状为：恶心、乏力、心跳加快、血压上升、呼吸加

快，随着中毒的加深，肌肉衰弱、运动失调、进入瘫痪与昏迷状态，呼吸衰竭、血压下降、大小便失禁，最后心搏渐趋微弱以至死亡。

中毒的严重程度取决于血液中碳氧血红蛋白的饱和程度，这与空气中一氧化碳浓度与吸入的时间长短有关。当空气中一氧化碳少于0.02%时，不致发生中毒；当一氧化碳浓度为0.1%时，经2小时～3小时，人体血液中碳氧血红蛋白即可高达50%，足以引起昏迷死亡。如一氧化碳为0.4%时呼吸不到1小时即可死亡。

正常人血液中可含1%碳氧血红蛋白，吸烟者可达5%～10%，当碳氧血红蛋白高达15%～35%时，可发生中毒；碳氧血红蛋白达50%时，可达致死浓度。年老体弱者，一氧化碳中毒致死者碳氧血红蛋白可低至35%左右。

二、一氧化碳中毒检材的收集

血液是检验一氧化碳中毒的最可靠检材。对死亡者最好从心脏附近大静脉处抽取，要求盛满容器，不留空隙，以防一氧化碳损失。

三、血液中一氧化碳的检验方法

（一）定性分析

血液中一氧化碳检验常采用化学方法，其方法很多，如：

1. 加热实验：取检血于试管中于沸水浴中加热2分钟～3分钟。当血中碳氧血红蛋白在30%以上时，血液呈鲜红色，正常血液为灰褐色。

2. 钯镜实验：检血遇酸作用放出的一氧化碳将氯化钯溶液中钯离子还原成钯镜。

（二）定量分析

检验是否一氧化碳中毒，必须进行定量分析，因为正常人血中含少量一氧化碳，特别是吸烟者。检血中一氧化碳含量水平可以判明中毒程度。定量方法为：

1. 氯化钯法。将一定量氯化钯溶液置扩散盒内室，取一定量检血与酸放外室，酸与碳氧血红蛋白作用放出一氧化碳，后者与氯化钯作用。从氯化钯的消耗量计算出碳氧血红蛋白的含量。

2. 分光光度法。分光光度法测定血中碳氧血红蛋白是基于一定波长下，碳氧血红蛋白的浓度与其吸光度成正比。用配制好的饱和碳氧血红蛋白血配制不同浓度碳氧血红蛋白血样，与检血同时稀释100倍～200倍后测吸光度，从测得吸光度值求出碳氧血红蛋白含量。

3. 气相色谱定量法。首先将检血中的一氧化碳从碳氧血红蛋白中解离出来，收集释放的一氧化碳进行气相色谱分析。使用热导检测器检测。也有的将一氧化碳通过催化剂作用转化成甲烷，用氢火焰离子化检测器检测。

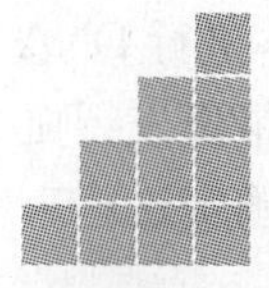

第十八章

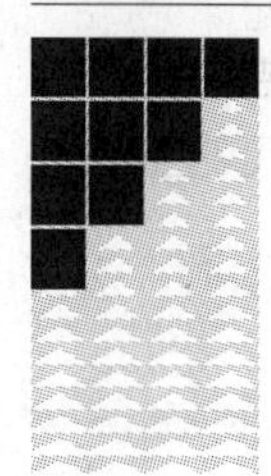

生物物证技术（一）：概述

第一节　生物物证及生物物证检验的任务、作用

一、生物物证的概念和范围

生物物证是指来自于生物体的对案件事实具有证明作用的物质。生物体包括动物（包括人体）、植物和微生物。

从物证鉴定的角度，生物物证分为四类：(1) 人体的各种体液（斑痕）、组织、毛发及表皮脱落物等；(2) 各种动物成分，如动物的血和皮毛等；(3) 植物的根、茎、叶、花、果与种子等；(4) 细菌与真菌等微生物。

来自于人体的生物物证主要包括三类：(1) 各种体液、分泌液、排泄物及其斑痕，如血液、精液、阴道分泌液、乳汁、唾液、鼻液、尿液、粪便、胎便、羊水及其斑痕等；(2) 各种人体器官组织，如皮肤、肌肉、心、肝、脑、肾等脏器组织；(3) 毛发、指甲、骨骼和牙齿等不易腐败的组织。

二、生物物证检验的任务

生物物证检验的主要任务是解决司法实践中的两个主要问题，即人以及其他生物的个人识别和亲子鉴定问题。

个人识别是通过对生物物证的鉴定，判断若干生物物证检材之间或者生物物证检材与样本是否来自同一个体。例如，通过对现场提取的血迹与犯罪嫌疑人的血液样本进行DNA分析，确定现场的血迹是否该犯罪嫌疑人所留。又如，对不同犯罪现场提取的精斑进行血型、DNA分析，如果不同犯罪现场提取的精斑的血型和DNA分型一致，则可确定这些来自不同犯罪现场的精斑来自同一个体，是同一人所留。

亲子鉴定涉及的是子女与可疑父母之间是否存在血缘关系的问题。随着越来越多的DNA遗传标记被应用到亲子鉴定中，利用DNA遗传标记可以进行几代甚至隔代的血缘关系的鉴定，亲子鉴定已成为血缘关系鉴定。

三、生物物证鉴定的作用

生物物证鉴定在办案中发挥着重要作用：

1. 有助于确定案件的性质

生物物证能证明案件的性质。例如，若在现场床单上及被扼死的未婚女性阴道中发现精液，即可推断发生了性犯罪案件。

2. 有助于确定侦查方向和范围

生物物证可帮助确定侦查方向和侦查范围。例如，在一起交通肇事逃逸案中，侦查人员经检查发现嫌疑车辆已被冲洗过，在嫌疑车辆的左前轮胎上发现一白色针尖大小的物质，经提取后检验证实该物质含有人体细胞成分，经鉴定其DNA分型与死者一致，从而证明该车辆为交通肇事车辆。由于事发当天只有犯罪嫌疑人开过此车，从而证明犯罪嫌疑人就是作案人。

3. 有助于审查犯罪嫌疑人的口供

当犯罪嫌疑人否认曾去过现场或者辩解他身上的血不是人血而是鸡血时，发现他衣服上有与现场相一致的植物种子或特殊泥土，或者通过检验证明他衣服上的血是人血而不是鸡血，就可揭穿嫌疑人的谎言。

4. 有助于审查事主、证人的陈述

有时，事主或者证人出于某种动机未如实陈述。在这种情况下，利用生物物证，可审查其陈述的真实性。例如，某已婚男性甲与一女青年乙在幽会时遭抢劫，因顾虑自己婚外恋之事暴露，报案时未提及乙，只说自己遭抢。破案后，犯罪嫌疑人供认抢了二人。再问甲，甲只得如实交代。提取甲乙两人衣裤上发现的植物花粉进行检验，与抢劫现场的一致，从而证明甲的陈述属实。

生物物证在民事或行政诉讼案件中也能为案件的审理提供有力证据。例如，某公司安装的广告牌深夜被大风吹落至地面，某甲因肩部被砸重伤诉至法院要求该公司赔偿，但该公司认为无证据证明甲肩部的伤确为广告牌落下所致。后检验广告牌一角的可疑污痕，证实为人血，血型与原告甲一致，这就为法院正确审理案件提供了可靠证据。

在民事案件中，生物物证检验为亲权纠纷提供可靠证据，更是众所周知的事实。

第二节　生物物证的发现、提取、包装、保存和送检

一、生物物证的发现

生物物证的形成与人的活动有关，多在现场勘验时被发现，有时是通过搜查发现的，

有的是法医进行尸体检验或活体检查时发现的。案件性质不同，人的活动彼此相异，不同种类的生物物证分布的位置也就彼此不同。寻找生物物证要根据案件的具体情况，有预见性地寻找生物物证。对被擦拭、清洗过的现场或物品，要注意那些可能残留生物物证的隐蔽处。如怀疑杀人现场在卧室，而卧室被打扫过，注意在卧室的家具的缝隙、暖气片的后面和缝隙、卫生间用过的刷子、洗过的衣服的缝隙等处寻找。

二、生物物证的提取、包装、保存和送检

依法提取的备检生物物质称为生物检材。生物检材的提取、包装、保存和送检应遵循以下原则：

1. 检材提取者必须戴手套持洁净器具，如刀、剪、镊子或竹木类工具等取材，禁止赤手触摸检材。

2. 对于易于包装和运送的小件物体或者那些可以切割的大件物体上附着的斑痕，可以采用连同载体一并采集的方法。即直接采集附有斑痕的小件物体或将有斑痕及斑痕附近的客体一起完全切割下来包装、送检。对于独立的、没有附着在载体上的生物物证，如毛发、指甲等，直接提取。

3. 对于不宜携带物品上的生物物证，如水泥地面、贵重家具上的斑痕，可以将生物物证转移到更适合的载体上。可以采用生理盐水、蒸馏水或缓冲液蘸湿的纱布将斑痕擦拭下来，也可以用干净的手术刀刮取或用胶带粘取。

4. 新鲜的体液可用干净、无菌的试管、玻璃器皿等盛装。

5. 不同部位的各种检材应分别提取、单独包装，使用标准的物证袋或物证标签粘封，做好标记和编号。对于不会泄流的物证检材，应当用纸袋包装。

6. 凡是从各种载体上提取的检材，均应提取检材附近的空白材料。

7. 采取的检材，小件的要放入冰箱保存，大件的不能放入冰箱的要保存在干燥通风凉爽的环境下。斑痕类物证一定要先晾干；组织类物证最好冰冻保存。

8. 提取的检材和采集的与案件有关人员的样本应尽快送往实验室检验。有关人员的样本一般采集其血液，或制成血痕。送检过程中应避免经受高温、高湿、日光照射以及过长时间的运输，避免检材与样本互相摩擦、冲撞或失落，易碎检材防止挤压和震动，易失散的检材严密包装。鲜血要求放在冰壶中送检。

第十九章

生物物证技术（二）：血痕的检验

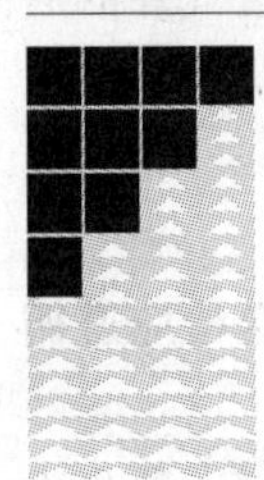

第一节　血痕的勘验和可疑血痕的定性

在犯罪现场或尸体、人身上有新鲜的呈液体状态的血液，而更多的是血液干燥后形成的血痕。

一、血痕的勘验

发现血痕以后，应当仔细勘验，要注意观察血痕所在的部位、颜色和形状大小。

（一）血痕的颜色

新鲜的血因含有丰富的氧而呈鲜红色。血干燥后，由于形成正铁血红蛋白而呈暗红色，有光泽。随着时间的推移又转变成正铁血红素，而使血斑逐渐变暗褐、褐、灰色。可见，通过血痕颜色的改变可推断出血时间，以帮助确定案发的时间。

（二）血痕的形状

不同情况下形成的血滴斑迹的形状各有差异，研究血痕形状有助于对有关案情进行分析。例如：血滴落的高度、角度、出血者行走方向、尸体受伤的体位、原始现场，特别是形成的血指纹还可以对留下痕迹的人进行同一认定。

二、可疑血痕的预试验与定性

多数情况下根据现场情况就可以确定案件中发现的痕迹是血痕，但有时却不能认定是否为血痕，这就需要对可疑血痕进行定性。

（一）可疑血痕的初检

可疑血痕的初检是指为了解决可疑血痕是不是血而进行的初步实验，其结果如系阴性反应，可以肯定不是血。如系阳性反应，说明可能是血，但还要进一步检验予以确认。所以，初检只是指向实验。初检的方法很多，有四甲基联苯胺法、酚汰法、孔雀绿法、紫外线浓硫酸法、鲁米诺法等，其中最常用的是四甲基联本胺法。

四甲基联苯胺法的原理是：血痕中含有血红蛋白或正铁血红素，血红蛋白具有过氧化物酶的酶活性，能使过氧化氢分解而释放出新生态氧，以使无色的四甲基联苯胺氧化成翠蓝色的联苯胺蓝。

操作方法为：将可疑血痕置于滤纸片上，或将滤纸片叠成角以擦拭斑迹处，然后将纸片展开，依次滴入冰醋酸、四甲基联苯胺无水乙醇饱和液各一滴，稍候，若不出现蓝色，再加入3%过氧化氢，如立即变为翠蓝色，即为阳性反应。

该方法很灵敏，可检出十万分之一至五十万分之一的血液，一万分之一至五万分之一的血痕。但该方法缺乏特异性，一些氧化剂如高锰酸钾、硫酸铜，含有氧化酶的蔬菜汁如胡萝卜、大蒜、马铃薯等也会使四甲基联苯胺变蓝，故在操作时一定要严格遵守操作程序，并要在依次加入冰醋酸、四甲基联苯胺无水乙醇饱和液后稍候，因血痕检验使联苯胺变蓝必须要在有双氧水产生的新态氧存在的情况下方可完成。由于该方法灵敏度极高，是目前预试验中常用的方法。

（二）可疑血痕的确证实验

所谓确证实验，就是要检验呈阳性反应的可疑血痕，是否具有血液所特有的成分：血红蛋白及其衍生物。

确证实验的方法很多，常见有：

1. 血色原结晶实验

血红蛋白在碱性溶液中分解为正铁血红素和变性珠蛋白，而正铁血红素在还原剂作用下形成血红素，当血红素与变性珠蛋白以及一些含氮的化合物如吡啶等相结合能生成有特殊吸收光谱血色原结晶。

此结晶为血痕特有，有此结晶出现即可确认可疑斑痕是血。此法简单、效果好。但值得注意的是，实验中所用的高山氏试剂久放易失效，所以结果为阴性时一定要用已知血样测试试剂是否失效，否则容易误判。

2. 氯化血红素结晶实验

在酸作用下，血红蛋白分解产生正铁血红素，当遇到氯离子时则生成褐色菱形氯化血红素结晶。

此法亦简单，较灵敏，但对陈旧的、洗过的、发霉的血痕常呈假阴性反应。

3. 光谱（显微分光镜）法

有色物质能吸收一定波长的光线，当日光通过有色物质，再经过分光镜时，一定波长的光线被该物质吸收，便会在光谱上相应波长的区域内出现黑色的吸收线。血红蛋白及其衍生物系有色物质，具有选择性吸收光线的性质。利用这种性质，在分光镜下看血痕浸出液是否有特定的吸收线，便可确定是否有血痕。

该法需借助仪器，比较复杂，但对陈旧血痕定性是一个好方法。

对血痕的确证实验还有用显微镜查找细胞法和电泳法。

第二节　人血与动物血的鉴别

一、血痕检验的一般顺序

对于已被确证是血的斑迹，通常按以下顺序进行检验：

（一）鉴别是人血还是动物血

根据案情不能确认已经发现的血痕是否人血时，就必须先检验血痕是人血还是动物血，有时还要鉴定是何种动物血。

（二）鉴别人血的血型

如果确定血痕是人血，还要进一步检验血型，特别是当需要认定两处发现的血其来源是否相同时，这种检验尤其不可缺少。如果血型不同，即可作出否定结论，如果血型相同，则完成一个血型系统的检验，还应再作进一步的检验。

（三）对人血的DNA进行检验

血型检验的肯定结论往往不足以解决案件中的问题。例如，嫌疑人衣服上的血是A型血，死者血也是A型血，不能仅仅根据这一点就认定嫌疑人就是杀人凶手。民事案件中，孩子的血型和可疑父亲血型相同，也不能就肯定两者有血缘关系。此时便应当进行DNA检验。此外，检材量很少时，应当考虑直接委托有条件的物证鉴定机构进行DNA检验，以免耗费检材。

二、人血与动物血的鉴别方法

鉴别人血与动物血的常用方法，是血清学的方法。这种方法是以抗原与抗体免疫反应的原理为基础的。

将人体血清蛋白或某种动物的血清蛋白分别注射于家兔体内，经过免疫过程，就能获得抗人血清蛋白血清或抗某种动物血清蛋白血清；将人体的或某种动物的血红蛋白注射于家兔体内，经过免疫过程，就能产生抗人血红蛋白血清或抗某种动物血红蛋白血清。注射到家兔体内的血清蛋白或血红蛋白称抗原，被注射的家兔血清中产生的物质称抗体。由于抗体只能与相应的抗原起反应，所以，利用已知的免疫抗血清，可以鉴别血痕是人血，还是某种动物的血。具体有以下几种常用方法：

（一）环状沉淀反应法

取一离心管，放入约1平方厘米检材，用生理盐水浸泡搅拌（以浸没检材为度），最好在4℃冰箱过夜，离心。

取一试管，缓慢加入抗人血清，避免产生气泡。用细尖头吸管吸取千分之一检材离心上清液沿试管壁缓缓加入在抗人血清上面，注意观察两液界面，如果在60分钟内出现白色沉淀环，即可确定为人血（如果要鉴别是否某种动物血，可以用某种动物的免疫抗血清进行实验）。如果未出现白色沉淀环，就说明检材不是人血。在实际检验中，检材往往是微量的，只要血液浸出液呈稻草黄色，或猛摇试管出现气泡维持数分钟，就说明检材浓度已接近千分之一。

环状沉淀反应法是比较老的鉴别人血的方法。这种方法不需要专门的仪器设备，操作简便，结果可靠，迄今仍被广泛运用。但采用此法时应当同时作阳性、阴性空白对照实验，以检查抗体是否可靠。

（二）琼脂糖板兑度扩散法

取效价合适的抗人血红蛋白血清在56℃温箱中预热。用生理盐水或pH 8.4巴比妥缓冲液制成2%的琼脂（琼脂糖）凝胶液，待冷却至56℃时与等量预热抗人血红蛋白血清混匀，立即注于载玻片上（厚度为0.5毫米～1毫米），制成抗人血红蛋白琼脂糖板。

剪取针尖大小的血纤维，置于琼脂糖板上，一小时后若在黑色背景斜光下看到检材周围有白色的沉淀环阳性反应，即可确定为人血。在检验时要作已知、空白对照实验，在48小时～72小时内观察完毕。此方法称“免疫单扩散”。还可在凝胶板上打间距为0.5厘米的小孔，中央一个，周围数个（根据检材种类而定）。于中央小孔加抗人血清或抗人血红蛋白血清，周围孔加各种血痕检材浸出液，12小时内观察结果。与中央孔之间出现白色沉淀带的周围孔内检材为人血痕。此法称“免疫双扩散法”。

（三）对流免疫电泳法

本方法实际上是免疫扩散与电泳技术相结合而建立起来的方法。在pH8.4～8.6的碱性缓冲液中，血痕抗原蛋白质带负电荷，免疫血清抗体蛋白带弱的正电。抗原、抗体在通电的凝胶介质中分别向阳极和阴极移动，相遇后形成白色沉淀线。当含量低、沉淀线不明显时，可作染色处理。

同琼脂糖板扩散法制备1%的凝胶板，在凝胶板上打成对的二排孔。阳极侧的小孔内分别加入各种抗血清，阴极侧的小孔内分别加入各种检材浸泡液。加电极缓冲液后，在10v/cm，10mA的条件下泳动30分钟～40分钟，观察结果，如果在对应的阳极和阴极小孔之间出现白色沉淀线，即为阳性反应。即可根据阳极孔内的已知免疫血清，判定对应检材是人血或某种动物血（见图19—1）。

本方法灵敏、省时、省检材。

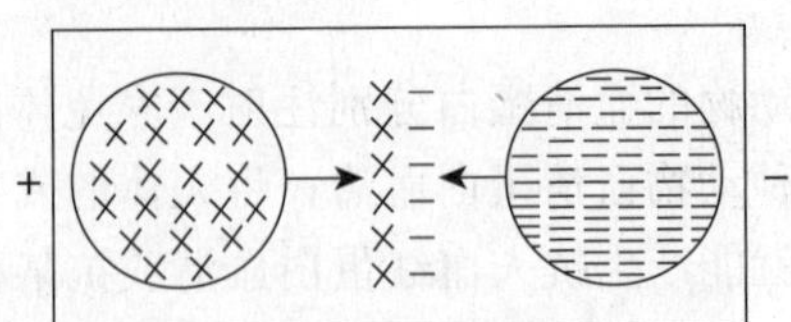

图 19—1 对流免疫电泳示意图

(四) 酶联免疫斑点法 (Dot—ELISA)

本方法的原理、操作均与精斑 Dot—ELISA 检验相同。即先将羊抗人 IgG 包被在硝酸纤维膜（NCF）上，作为第一抗体，再加待检检材，其中的抗原与第一抗体结合，再加入酶标单克隆抗人 IgG，形成双抗体夹心复合物。与酶底物相遇，有抗原时，便出现有色斑点，即为阳性反应（见图19—2）。

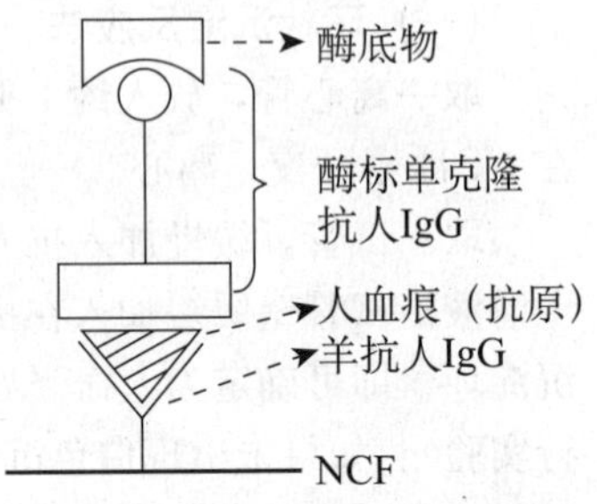

图 19—2 Dot—ELISA 示意图

该方法简便、快速、灵敏，稀释 64 万倍的新鲜血痕仍能检出，与其他动物血无交叉反应。是用于检验人血较好的方法。检查人血还有胶体金、等电聚焦法。

如果经过检验不是人血，而又需要审查是否某种动物血时，可用相应的抗动物血清，用以上方法实验。

第三节 人血红细胞血型的检验

一、血型概述

人的血液分有形成分和无形成分，有形成分包括：红细胞，白细胞及血小板。血液的无形成分即为血浆，血浆中含有白蛋白、球蛋白等各种蛋白、酶、激素、无机盐、营养物质及代谢产物等。血液流出体外数分钟即变成胶冻状的血凝块。在血液形成血凝块的过程中，血浆中的纤维蛋白原变成网状的不溶的纤维蛋白，将血细胞网罗起来形成血凝块。血液凝固 1 小时～2 小时后，血凝块发生收缩，析出淡黄色的液体称为血清。血清和血浆的区别在于血清中缺乏纤维蛋白原和少量参与血凝的其他血浆蛋白。由于血细胞膜上含有多种抗原，血清中含有用于检验的多种蛋白和天然抗体，因此是生物物证检验的重要对象。

当现场血痕被确定为人血后，即应对血进行血型检验，进行个人识别。血型是人类血液由遗传控制的个体特征之一。狭义的血型，是指最早研究的红细胞膜上的抗原类型，即红细胞型，通常所说的“查血型”，往往就是指红细胞型。随着科学的发展，新的验血技术不断出现，又检验出血液其他成分及分泌液的血型，这样一来，血型的概念扩大了，血型检验的范围也扩大了，类型也多了。20 世纪 50 年代中期发现血液中白细胞、血小板、血清蛋白各自都有各自的型，60 年代初又发现红细胞酶型。目前的血型概念已不仅仅是狭义的红细胞血型，而是指各种血液成分的遗传标记。包括：红细胞血型、白细胞血型、血小板血型、血清型、酶型等。根据迄今已识别的血型系统粗略计算，红细胞各种血型表型可能有 10 亿种以上；HCA 表型至少有 4 亿种以上，两者合计达 4×10^{17} 种，已远远超过地球上的人口总数。因此，血型具有特异性，除同卵双生子外，世界上没有两个所有血型完全相同的个体。因此，血型检验是进行个人识别的重要手段。

血型是一种遗传标记，它在个体之间的差异是由染色体上的基因决定的。基因在染色体上的位置称“位点”（座位），同一位点上的基因的各种变异体，称“等位基因”。当某一等位基因的频率在一个群体中超过1%，我们将这个等位基因称为遗传标记，也称该位点上的基因具有多态性。等位基因在两个以上，称复等位基因，它们占据染色体的同一位置上，但不存在于同一个体中，每个人只能有其中任何一对，各来自其父母。在体细胞中，位于同源染色体上位置相同的一对基因（基因组合），称基因型；而由其表现出来的特征性状称为表现型，即血型。血型物质又称血型抗原，如A、B、O血型的血型物质为A、B、H抗原。血型的遗传是按孟德尔遗传规律进行的。有显性和隐性之分。显性基因不论在纯合子或杂合子，均现其作用，表现出相应的遗传性状，而隐性基因只有在纯合子时表现出来。同一位点的不同基因型决定的各种血型划归为一类称为血型系统。例如，位于第9号染色体上的ABH基因位点，存在A、B、O三种等位基因，它们可以组成6种基因型即AA、AO、BB、BO、AB、OO，共表达四种血型：A型、B型、AB型和O型。我们将这四种血型归为一类即ABO血型系统。

不同的血型系统，要采用不同的方法进行检验。有的采用血清学方法，有的采用生物化学方法或细胞培养方法，也有的把几种方法结合起来进行检验。

二、ABO血型系统的检验

ABO血型系统是1900年奥地利学者兰德斯泰纳（Landsteiner）发现的第一个红细胞血型。他的研究证明，ABO血型系统有四种血型即A、B、AB、O，它有A、B、H三种血型物质，或者说三种抗原，在细胞膜上以脂蛋白形式存在，在血清、精液、唾液等体液中以糖蛋白形式存在，分布在几乎所有人体组织细胞体液、排泄液和分泌液中。ABH抗原具有强烈的抗原性和免疫反应的特异性。在人体内存在天然的抗A、抗B、抗H抗体。免疫动物也可制得高效价的特异性血清。

ABH基因位点位于第9号染色体上，A、B为显性基因，O为隐性基因，故AA、BB、OO为纯合子，分别显现为A型、B型、O型，AB、AO、BO为杂合子，分别显现为AB型、A型、B型（见表19—1）。

表19—1　ABO血型的型别

表　型	基因型	红细胞膜上的抗原	血清中的抗体
O	OO	H	抗A、抗B（α、β）
A	AA、AO	A	抗B（β）
B	BB、BO	B	抗A（α）
AB	AB	A，B	无

ABO血型的检验主要是血清学的方法。根据抗原、抗体间相互作用的原理，被检细胞与某种抗体结合，说明该细胞上有相应的抗原，反之，就没有这种抗原。检验血痕ABO血型的方法很多，当血痕新鲜时，可用盐水浸泡，其浸液按新鲜血凝集原（抗原）、凝集素（抗体）检验方法进行检验。但当血痕很干、比较陈旧时，由于血清中的抗体已被破坏，就只能用测凝集原的方法进行检验。凝集原是一种多糖体，耐热，可达170℃，稳定

性可达几十年，陈旧血痕仍保持与凝集素相结合的能力。

常用的检验陈旧血痕ABO血型的方法有：

(一) 蛋清粘片热解离法

该法原理：在适当的条件下，血痕中的抗原与相应的抗体结合，这种抗原抗体复合物在一定的条件下（如在56℃时）复合物中的抗体又释放出来，再加入已知血型的指示细胞便可检测出被释放的抗体（凝集素），借此判断血痕血型。

解离法是20世纪60年代采用的方法。一般用凹玻板检验，32倍效价的血清，不仅可检验血痕，而且可检验毛发、指甲、骨骼、体液和分泌液的ABO血型以及MN、Rh血型。该方法灵敏度高，检材用量少，检验周期短，可同时检验多份检材，并可检验非分泌型检材，不需特殊设备。但技术要求较高，必须作相应检材已知和空白对照实验。蛋清粘片热解离是我国20世纪80年代在此基础上改良的方法，实验时要用128倍效价的血清（见表19—2）。

表19—2 热解离ABO血型的结果的判定

方法 检材	抗A + A血球	抗B + B血球	血型
已知A	+	—	A
已知B	—	+	B
1	+	—	A
2	—	+	B
3	+	+	AB
4	—	—	O

(二) 酶联免疫斑点法（Dot—ELISA）

该方法是20世纪80年代末用于血型检验的。这是免疫血清学与生物化学相结合的检验方法。其原理是检材（抗原）与相应标酶的抗体相结合形成复合物后，通过酶的放大作用和其相应的底物作用形成肉眼可见的色斑点，从而大大提高灵敏度。用于血型检验的现有直接法和双抗体夹心法，可检验血斑、精斑、唾液斑等各种体液斑。该方法简单、快速，适于基层使用。

检验ABO血型对审查嫌疑人的作用在于：如果嫌疑人衣帽上的血痕和死者的ABO血型不同，可以为排除其有作案嫌疑提供一个依据；但如果两者的ABO血型相同，则不能认定嫌疑人衣服上的血痕就是死者的血，更不能仅仅依据血型相同，就对犯罪嫌疑人定罪判刑。要证明嫌疑人衣服上的血痕就是死者的血，还必须作其他血型系统的进一步检验。

检验ABO血型对亲子鉴定的意义在于：如果孩子的血型不符合生父生母ABO血型的遗传规律，就可以认定，这个孩子不是受审查父亲的亲子，如果符合遗传规律，则不能肯定这个孩子就是受审查父亲的亲子，要作出这方面的肯定结论，应当进行DNA检验。

ABO血型遗传是按孟德尔分离和自由组合定律，每一个体均有来自父母双方各一的一对染色体，每一条染色体上不是携带A、B基因，就是O基因。这样表现型分别为A、B的父母所生的子女就可能有A、B、O和AB四种表现型，而基因型则有6种，即AA、AO、BB、BO、OO、AB。

根据父母血型可以推断子女可能有何种血型和不可能有何种血型（见表19—3与图

19—3）。

表 19—3　各种 ABO 配偶所生子女可能有和不可能有的表现型

配　偶	子女可能有的表现型	子女不可能有的表现型
A×A	A 和 O	B 和 AB
A×B	A、B、O 和 AB	无
A×AB	A、B 和 AB	O
A×O	A 和 O	B 和 AB
B×B	B 和 O	A 和 AB
B×AB	A、B 和 AB	O
B×O	B 和 O	A 和 AB
AB×AB	A、B 和 AB	O
AB×O	A 和 B	AB 和 O
O×O	O	A、B 和 AB

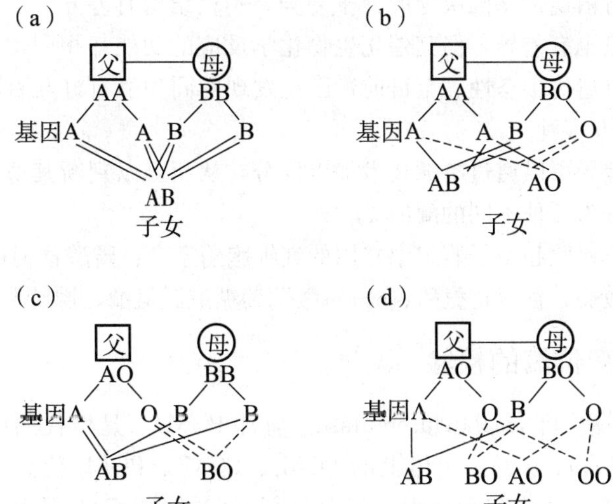

图 19—3　血型为 A 及 B 的配偶四种遗传式组合及其子女血型

值得注意的是，根据伯恩斯泰关于 ABO 血型遗传学说，AB 型和 O 型婚配只能产生 A 或 B 型孩子，不可能产生 AB 型和 O 型的孩子。但在个别家庭中却出现例外的情况。这是基因内重组，A 和 B 基因在同一条染色体上传递（称同侧 AB 型即 Cis—AB）造成的。虽然 Cis—AB 型的出现率极低，一般只有几万分之一至十几万分之一的可能性，但这种例外情况在亲子鉴定中应引起足够重视。

三、MN 血型系统的检验

MN 血型是一种独立的血型系统。人的血红细胞中不含 M 抗原就含 N 抗原，或者两者兼有。它是 1927 年 Landsteiner 与 Levine 两人共同发现的。正常人的血清中一般没有抗 M、抗 N 抗体，必须通过免疫才能获得。

后又发现一种新抗体，它能在人的红细胞中检出一个与 M、N 有关的抗原，这种新抗体和与之相应的抗原称为抗 S 和 S。随着工作的进一步深入，又发现另一种抗 s 抗体和与其凝集的抗原s，抗原s与S对偶，MN和Ss基因连锁，因此MN血型系统扩大为MNSs血型系统。由于抗S和抗s血清很难获得，所以，实际检案中一般都是利用抗M、抗N进行MN分型工作。M、N在第4号染色体上，一对共显性等位基因控制，有三种基因型：MM、NN、MN。因此MN血型系统也有三种表现型，即：M、N、MN。

检验血痕的MN血型，也有吸收抑制、混合凝集、热解离法等方法，而以“热解离法”最为常用。热解离法检验MN的原理与ABO血型系统中所用的“蛋清粘片热解离法”相同，均属血清学方法。

第四节 人血红细胞酶型的检验

一、酶型概述

酶是一种蛋白质，广泛地存在于人体血液、组织、器官细胞和其他体液之中。它具有催化生物化学反应的能力，在新陈代谢不同的环节上起着调节方向和速度的作用。同一种酶在个体之间存在着由遗传基因决定的分子差异，不仅结构有差异，而且因结构不同引起的分子量和带电荷量也有差异，但其催化生物化学反应的功能却相同，这就是通常所称的“同功酶”。同功酶有遗传多态性。至目前，已经发现的同功酶有好几百种，其中已经确立的红细胞酶型不下10多种。

同功酶的分子差异可以通过电泳技术加以区分，从而可以判断其遗传多态性，将人和人之间的同一种酶分为几种不同的酶型。

目前国内在血痕检验和亲子鉴定中常用的红细胞酶型有：磷酸葡萄糖变位酶、酯酶D、乙二醛酶、酸性磷酸酶、谷丙转氨酶、6—磷酸葡萄糖酸脱氢酶、腺苷脱氨酶等。

二、磷酸葡萄糖变位酶的检验

磷酸葡萄糖变位酶（phosphoglucomutase，简称PGM），是糖代谢中十分重要的一类酶。它们由定位于1、4、6号染色体上的PGM_1、PGM_2、PGM_3位点上的等位基因所控制。PGM广泛地分布在体内各种组织，其中80%～90%为PGM_1的基因产物。血液红细胞中如果PGM_1和PGM_2编码的同功酶活性各占50%，则检不出PGM_3基因的活性产物。

1964年Spencer等先后证明了PGM_1多态性的存在。用淀粉凝胶电泳法能检出由$PGM_1$1和$PGM_1$2二个等位基因控制的三个普通遗传表型$PGM_1$1—1、$PGM_1$2—2，$PGM_1$2—1（见图19—4）。若用高分辨的等电聚焦电泳法还能鉴定出由$PGM_1$1＋、$PGM_1$1－、$PGM_1$2＋、$PGM_1$2－四个等位基因决定的10种亚型，其表型为$PGM_1$1＋、$PGM_1$1－、$PGM_1$1＋1－、$PGM_1$2＋、$PGM_1$2－、$PGM_1$2＋2－、$PGM_1$1＋2＋、$PGM_1$1＋2－、$PGM_1$1－2＋、$PGM_1$1－2－（图19—5）。

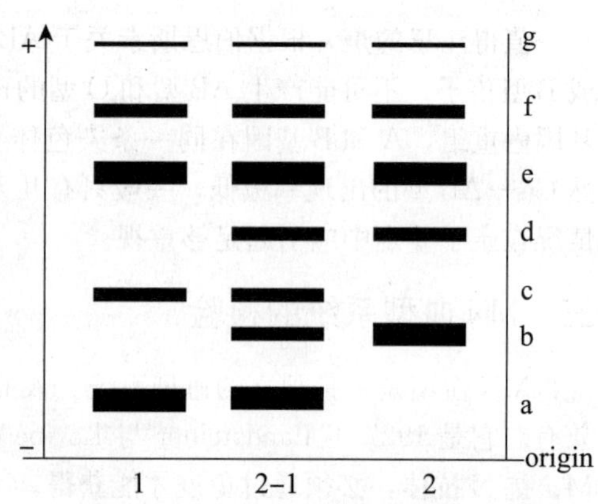

图19—4 人红细胞PGM_1表型电泳图谱

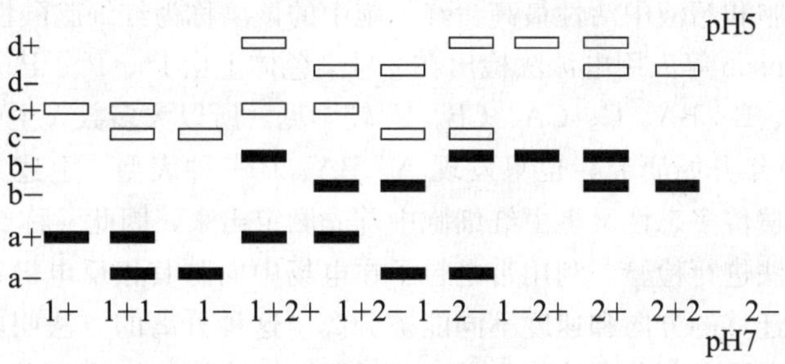

图 19—5　人红细胞 PGM_1 亚型（Sub PGM_1）聚焦电泳图谱

三、酯酶 D 的检验

酯酶 D（Esterase D，简称 EsD），是脂代谢中水解羧酸脂键的一种酯酶。是继酯酶 A、B、C 之后，在 1973 年由 Hopkinson 在红细胞检出的，具有多态性。主要有三种遗传表型：EsD 1－1、EsD 2－2、EsD 2－1。是由 13 号染色体上 EsD^1、EsD^2 一对等位基因决定的（见图 19—6）。

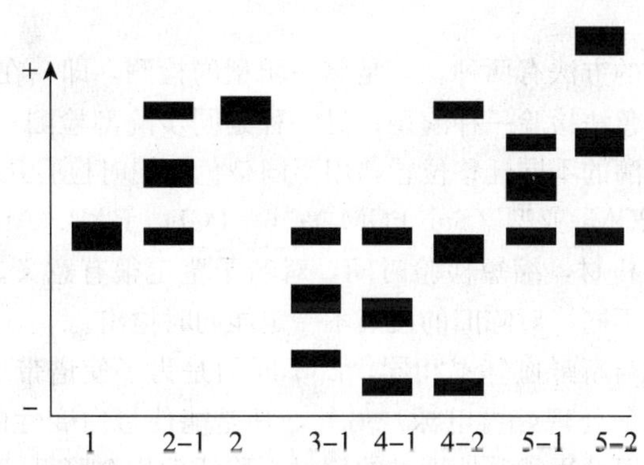

图 19—6　人红细胞 EsD 表型电泳图谱（EsD1、2－1、2 为普通型，其余为稀有型）

四、乙二醛酶Ⅰ的检验

乙二醛酶Ⅰ（Giyoxaiase Ⅰ，简称GLO Ⅰ），是乳酰—谷胱甘肽裂合酶的一种。最初在肝细胞中发现，并有 GLOⅠ和 GLOⅡ二种。它们共同催化人体组织中的甲基乙二醛，在还原型谷胱甘肽存在下，转变成乳酸。人红细胞中缺乏 GLOⅡ，而GLOⅠ的活性却很高。

1973 年 Kömf 等发现 GLO Ⅰ的多态性，利用电泳方法检出由定位在 6 号染色体上 GLO^1、GLO^2 一对等位基因控制的三种遗传表型 GLO Ⅰ1—1、GLO Ⅰ2—2、GLO Ⅰ2—1。我国在 1986 年开始研究，也只发现 GLO Ⅰ1—1、GLO Ⅰ2—2、GLO Ⅰ2—1 三种表型。

五、酸性磷酸酶的检验

酸性磷酸酶（Acid Phosphatase，简称 ACP），是磷酸酯的水解酶类，广泛地存在于人体组织中，以红细胞和精液中活性最高。红细胞中的该酶称为红细胞酸性磷酸酶（EAP）。

1963年Hopkinson等人用电泳法检出在2号染色体上由P^a、P^b、P^c三个等位基因控制的六种遗传表型A、B、BA、C、CA、CB。P^c较罕见，所以大多数人主要为A、BA、B三种表型。我国1980年开始研究，也只发现A、BA、B三种表型。上述几种酶，在红细胞中活性均很高，其遗传多态性又多由红细胞中首先测定出来，因此又称红细胞酶型。

酶型用电泳方法进行检验。利用带电粒子在电场中向与其相反电极移动的现象，将酶置于电场中，由于迁移的方向和速度不同能被分离。这种分离的方法叫电泳法，按其目的和规模可分成分析电泳和制备电泳两大类。用于酶型检验的是分析电泳。

电泳技术是目前单克隆鉴定、基因产物分析及基因结构分析的重要手段。

利用电泳法之所以能检验酶型，其原理就在于：酶是蛋白质，具有氨基（NH_3^+）和羧基（COO^-），是两性电解质，所以在一定的pH缓冲液中会解离而带有不同的电荷。解离的程度，即带电荷的种类和量是由pH值决定的。将酶置于电场同一起点（原点）上，不同的酶具有不同的电荷和分子量，故在电场中可分离开。迁移的速度（距原点的距离）与其自身的分子量成反比，与其所带电荷量成正比。分离开的谱带可按酶组织染色法——色素原法、化学法、电子转移法、酶偶联法、荧光法及放射自显影法等染色后，即可根据谱带位置判型。

利用电泳测定酶型的方法有两种。一是单一酶型的检测，即：在一块凝胶板上加样后电泳分离，用一种酶染色法检验一种酶型；另一种是同步酶型检测，即：在一块凝胶板上加样电泳分离后，根据酶的不同迁移位置，用不同染色法同时检验几种酶型，如对PGM_1、EsD、GLOⅠ；EsD、PGM_1亚型（Sub PGM_1）；6—PGD、EAP、ADA等几种酶进行同步检测。后一种方法节省检材，缩短检验时间，对亲子鉴定很有意义。对现场提取的检材，由于各酶活性的稳定性不同，对陈旧的血痕不一定能同时检出。

对血痕酶型的检验与新鲜血基本相同，所不同的是为了使谱带更清楚一些便于判型，对检材要事先用还原试剂处理好再电泳。另外，凡是能使蛋白变性的各种因素，如高温、紫外线照射、潮湿发霉以及用酸碱处理过的检材，酶活性均会降低或失活，因而给分型带来困难，甚至不能显出谱带。所以，从现场提取的血痕，并不是所有的酶型均可检验。应当选择稳定性好、不易失活、识别能力强（CDP值高）的酶进行检验。实践表明：PGM_1酶活性较稳定，实际检验中一年的血斑，一年半的精斑均可检出，它的DP值为0.55。其他几种酶如EsD、Sub PGM_1、EAP、GLOⅠ的DP值分别为0.61、0.76、0.51和0.44。

六、红细胞酶型检验的意义

红细胞酶型检验在亲子鉴定和血痕检验中，与红细胞血型及其他血型系统配合应用，可在很大程度上提高血型鉴别能力（Probability of discrimination）。“DP”就是某种血型系统鉴别个人性能力英文字的缩写。由案发现场发现的血痕，判定它是否为受害者所留，就某种或几种血型系统进行检验，所得结果有多大的鉴别能力，可根据“DP”值的大小作出估计。研究表明单独检验ABO血型系统，其DP值为72%，如增检MN血型系统，其DP值可提高到约90%，若在此基础上又增检EAP、EsD系统，其DP值可升至约98%，这就是表明两种检材在理论上有98%的可能性可以区分开来，但在实际上如果经过多系统检验，仍未分开，就要考虑二种检材偶然一致的偶合几率。几率大小是由被检验的一组血型在特定人群中各表型出现的频率决定的。检验血型系统越多，偶合几率越小。如该血痕检验为A、M型时，偶合几率为6.4%，当继续检验EAP、EsD酶型时又为A、M、EAP—A、EsD2－2，则偶合几率为6/10 000。如果检材量充分，有条件继续检验其他系统，这种偶合几率可接近于零，而达到同一认定的程度。

第五节　人血清型和白细胞型的检验

一、血清型的测定

人血清中存在很多血清蛋白及血清酶。同一种血清蛋白或血清酶在不同的个体之间存在差异，这些差异可以遗传，用电泳的方法可检出各种型别，称为血清型。自从1995年Smithies用淀粉凝胶电泳法发现结合珠蛋白（Haptoglobin，简称HP）的多型性以来，相继发现了转铁蛋白（Transferin，简称Tf）、型特异性成分（Group specific component，简称GC，也称维生素结合蛋白、α_2球蛋白）、α_1－抗胰蛋白酶（Proteaseinhibitor，简称Pi）、备解素因子B（properdinfuctor-Bf）、α_2H－酸性糖蛋白（α_2H-glgcoprotein）以及血清中的多种补体，用血凝抑制实验测定的免疫球蛋白Gm、Km等。血清型种类很多，也很复杂。上述的几种已用于物证鉴定中，血清型的应用，增加了检验项目和血型型别，对亲子鉴定和个人识别有重要意义。只是因电泳分离后多用各种抗血清显示电泳谱带判型，而国产的抗血清有限，大部分需要进口，使应用受到限制，所以这里不详述。

目前，免疫球蛋白的同种异型Gm因子用于司法办案。同种异型标记是免疫球蛋白上的抗原，其中IgG的抗原称为Gm因子。检测该因子的方法有凝集抑制实验和酶联免疫斑点法—Dot—ELISA法。常用的是Dot—ELISA法：

将用PBS—T浸泡的检材提取液约1微升点在硝酸纤维素膜（NCF）上，阴干；用3% H_2O_2浸泡NCF1分钟～3分钟；用PBS—T洗NCF一次，2分钟；用1%牛血清封闭NCF 5分钟；将NCF与抗体结合5分钟～10分钟；用PBS—T洗NCF二次，每次2分钟；将NCF置于染色液中1分钟～2分钟，用水终止反应。

结果判定：出现蓝褐色斑点为阳性，无色为阴性（见图19—7）：

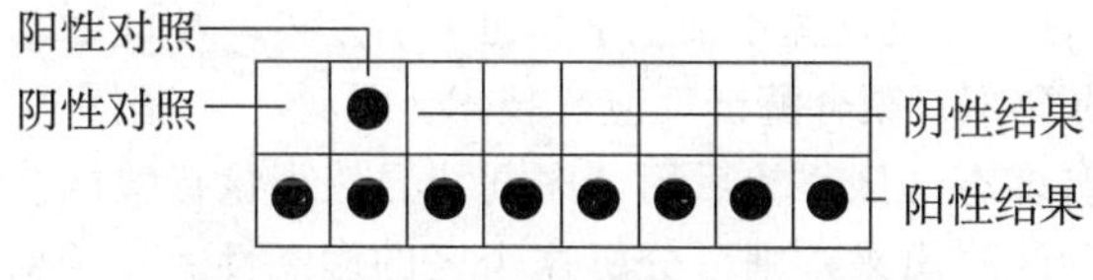

图19—7　Dot-ELISA法结果示意图

二、白细胞型的检查

人血中的白细胞型主要是人类白细胞抗原，即HLA（“Human Leucocyto Antigen”的缩写）和中性粒细胞抗原。目前中性粒细胞已检出八个抗原系统。HLA已应用到物证鉴定中。

近几十年来，由于运用经典的遗传学方法和现代分子生物学方法，已使HLA的研究取得突破性的进展。HLA是白细胞和其他一些组织中有核细胞共有的抗原，是一组抗原复合物，具有高度的多态性。它受控于人的第六对染色体上一组紧密连锁的基因群。这些位点的基因在染色体上连锁在一起称为一个单倍型，整体行动遗传给子代。子代中一对染色体上的二个单倍型分别来自父母显性遗传。根据1996年6月第十二次国际组织相容性会议的报道，已发现有100多个基因座位，554个等位基因，161种抗原特异性，突出表明HLA系统是人类中已知多态性最复杂、复等位基因最丰富的基因系统。在这100多个基因座位中，得到深入研究，已被命名，并已得到实际应用的有HLA-A、HLA-B、HLA-C、HLA-D、DR、DQ、DP等七个座位（亚区）。根据抗原在组织细胞上分布不同，化学结构及功能上的差异，HLA可分为三类：Ⅰ类抗原为HLA-A、HLA-B和HLA-C的基因产物；Ⅱ类为包括D区的DR、DQ和DP等基因产物；Ⅲ类抗原为补体成分C_2、C_4及备解素因子B（Bf）。Ⅰ类抗原广泛地分布在机体组织有核细胞膜上及一些体液中；Ⅱ类抗原分布不如Ⅰ类抗原广泛，主要在某些细胞，如B细胞、巨噬细胞表面上；Ⅲ类主要分布在体液中。HLA抗原和ABO血型的ABH抗原是人类两大组织相容抗原，在同种异体器官移植时，引起排斥现象均与这些抗原有关。

20世纪80年代以来对HLA用分子生物学的方法进行核酸水平的研究，取得的成果之一是从DNA（脱氧核糖核酸）水平上探讨HLA的多态性及其分型。目前HLA的分型方法可分二类：

（1）细胞学、血清学方法。用细胞培养法检出D、DP抗原；用血清学的方法检测HLA-A、HLA-B、HLA-C、DQ和DR抗原，即所谓“补体依赖性微量淋巴细胞毒实验”。将受检者的血液分离出淋巴细胞，制成悬液，再将此悬液与各型的抗血清混合，在补体存在的情况下，如果抗原抗体结合，即可活化补体使细胞膜破坏而致死。再加活染料（如台盼蓝或伊红）能使死淋巴细胞着色；如果抗原抗体未结合（抗血清中的抗体与抗原不是相应的），则细胞完整、染料不能进入而不着色。在显微镜下观察记数，如着色细胞比例高于20%，即为阳性反应，说明存在与所用抗血清相对应的抗原。这个方法目前仍是大多数实验室采用的常规方法。

（2）分子生物学方法。其一为RFLP（限制性片段长度多态性）检验。不同的细胞系，HLA抗原的特异性不同，其编码的核苷酸顺序以及内切酶切割点位置不同，酶解片段长短就不同，杂交分子自显影带电泳位置也有差异。检测到的多态性，是与cDNA对应的基因多态性的反应。用的是I类抗原cDNA探针得到的片段长度多态性，就是I类基因多态性的反应。RFLP法所得结果清晰性和准确性优于细胞学和血清学方法，因而受到重视和倡导。

其二是HLA区的PCR（聚合酶链反应）技术。设计一个基因多态区引物，通过PCR反应可以大量扩增这些多态性区，然后用“序列特异性寡核苷酸探针杂交”（SSOPH）方法将等位基因或多态性区检出来，则可分析这个区的多态性。目前对HLA-D基因多态性的PCR-SSOPH分析已用于组织配型、法医学、疾病、人类学等方面的研究。1991年在日本召开的十一届HLA会议上颁发了有关的试剂盒。

血液的HLA分型方法仍是目前的研究课题。用血清学的方法研究，一般采用微量淋巴细胞毒抑制实验方法。我国能对90天以内的血痕进行HLA分型。用分子生物学的方法研究，可用PCR技术进行HLA－DQ_a位点的检测。我国也开展了这方面的工作。

HLA系统是人类中已知多态性最复杂、复等位基因最丰富的基因系统。除同卵孪生者遗传完全相同，非同卵孪生同胞间HLA相同的可能性为25%以外，在无关的人群中找到HLA结构完全相同的两个个体几乎是不可能的。ABO血型系统有四种表型，MNSs系统有三种表型，而HLA表型可达上亿种之多。因此在亲子鉴定中，利用HLA，不仅可以排除亲子关系，而且还可以肯定亲子关系。在白种人中，HLA-DQ-A的个人识别能力达

94%，比任何单一蛋白系统的识别能力都高得多。在我国人群中，单独利用 HLA-A、HLA-B 二位点进行分型，排除亲子关系的机会约达 90%，再配合红细胞系统，排除率就会更高。由于 PCR 技术的应用，对刑事案件中陈旧的、超微量的斑痕也可检验 HLA。

第六节　人血的 DNA 检验

一、DNA 的基本概念

生物体会遗传的原因就在于生物体细胞中有遗传物质，这种遗传物质就叫 DNA。

DNA，是英文 Deoxyribonucleic acid 的缩写，即脱氧核糖核酸，它控制着生物体的遗传性状。

核酸，是由许多核苷酸连接而成的生物大分子。它分两大类：其一是脱氧核糖核酸（DNA），为遗传信息的储存和携带者；其二是核糖核酸（RNA），主要参与遗传信息表达的全过程。

核苷酸，由含氮的碱基、核糖（戊糖）、磷酸组成。当核糖为脱氧核糖时，便称为 DNA。它有四种主要碱基：腺嘌呤（A）、鸟嘌呤（G）、胞嘧啶（C）、胸腺嘧啶（T）。组成的核苷酸分别叫腺嘌呤核苷酸、鸟嘌呤核苷酸、胞嘧啶核苷酸、胸腺嘧啶核苷酸。

染色体 DNA 和线粒体 DNA。人体细胞由细胞核、细胞质（包括很多细胞器，最显著的是线粒体、内质网、高尔基体、溶酶体）和细胞膜组成。DNA 存在于细胞核上和蛋白质组成染色体，称染色体 DNA。线粒体上也有少部分的 DNA（由母系遗传）存在，称为线粒体 DNA 或核外 DNA。

通常所讲的 DNA，是指染色体 DNA。

DNA 的一个特定生理功能片段称为基因。个体间的差异就是由这种基因构成多态性差异决定的。基因在染色体上所占据的位置称为“位点”。在一个配子细胞中（精细胞或卵细胞）所包含的全套基因称为基因组。

二、DNA 的结构和特性

DNA 的结构分不同层次，即一级结构、二级结构和三级结构。

一级结构是指大量的脱氧核苷酸通过磷酸二酯键这样的共价键连接起来的线性分子，也称为核苷酸序列或碱基序列，它决定 DNA 的特异性（见图 19—8）。

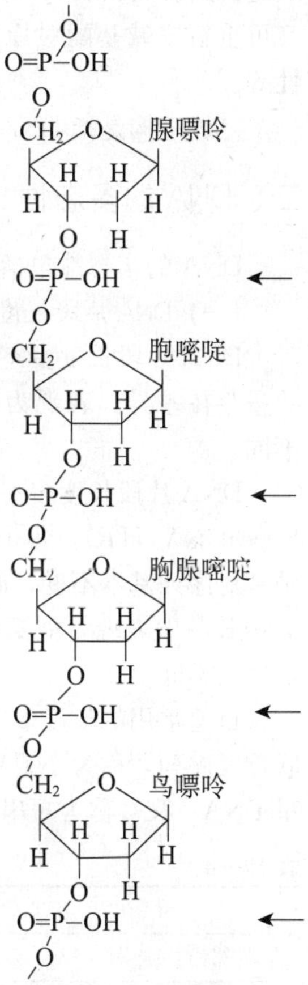

箭头指磷酸二酯键

图 19—8　核苷酸连接成核酸（片段）

二级结构是指 DNA 分子由二条反方向平行盘绕的多脱氧核苷酸链，也叫 DNA 双螺旋（见图 19—9）。二条链间的碱基以氢键结合。碱基的组成有如下的特性：

1. 二条链间氢键结合的碱基必须 A 和 T、G 和 C 配对，即互补规律。嘌呤的总数等于嘧啶的总数，即 A+G=C+T。

2. 碱基组成有种属特异性，即不同的生物有自己特有的碱基组成。同一种生物体，如人体，不同组织和器官的碱基组成是相同的，而每一个体碱基排列顺序是千变万化的，构成了个体差异。

3. 碱基的组成不受年龄、营养状态及环境变化的影响。

基于上述特征，用一些方法制作出的 DNA 指纹图具有高度的个体特异性（除同卵双生外）、同一个体不同组织间的一致性和遗传的稳定性（除癌变、基因突变外），为生物物证检验进入分子水平奠定了基础。

通常我们所讲的 DNA，都是指其二级结构。

DNA 除上述结构特征外，还有很多理化性质，如酸碱度改变、过热、有机溶剂存在时，二条链解开，氢键断裂，称为变性；多脱氧核苷酸链内共价键断裂则称为降解；当变性分开的二条单链经缓慢降温处理，又可重新按碱基配对原则恢复到原有的双螺旋结构，这个过程称为复性等。

三级结构是指 DNA 二级结构的进一步的折叠。

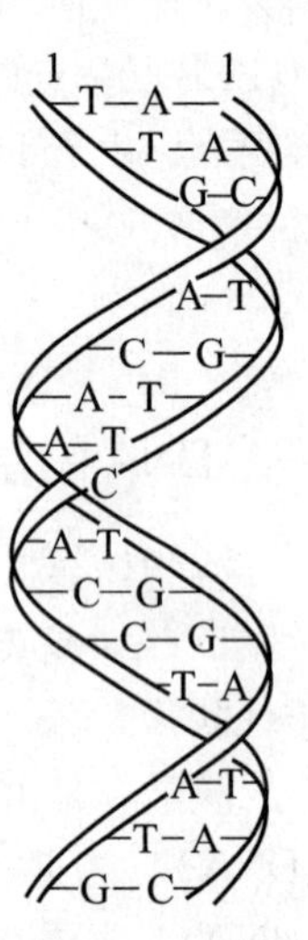

图 19—9 DNA 双螺旋结构

三、DNA 的多态性

DNA 的多态性包括长度多态性和序列多态性。

（一）DNA 片段长度多态性

DNA 片段长度多态性是指个体间同一等位基因位点等位基因碱基长度即核苷酸链排列数量存在差异。表现为等位基因大小不一，在电泳分离后，DNA 图谱的电泳迁移位置不同。

DNA 片段长度多态性表现为一种可变数目串联重复序列（Variable Number Tandem Repeat，VNTR）。每个特定的 VNTR 至少含有 1 个以上的重复单位，一般该重复单位的碱基对序列基本不变，而串联在一起的重复单位的数目是随机改变的。个体间同一位点的 VNTR 一般表现为重复单位相同，重复序列不同。不同位点的 VNTR 之间重复单位的碱基对序列不同。

目前常用的长度多态性标记是小卫星和微卫星。其中重复单位长度为 6bp～7bp 的串联重复序列，称为小卫星 DNA。串联重复单位的长度为 2bp～6bp 的重复序列被称为微卫星 DNA，又被称为短串联重复序列（short tandem repeats，STR）（见表 19—4）。

表 19—4　小卫星 DNA 和微卫星 DNA 的区别

	小卫星	微卫星
存在部位	染色体近端粒和着丝粒区	染色体任何部位
重复单位长度	6bp～7bp，常富含 GC	2bp～6bp
重复次数	几次至几百次	10 次～60 次
总序列长度	0.5kbp～30kbp	约 200bp
重复单位的差异	单位组成稍有差异， 如单个碱基置换	重复单位的变异性低， 可看成结构相同
存在数量	有限，有些染色体尚未见到	很多，整个人基因组 5 万～10 万

根据分析检测的方法不同，DNA 长度片段长度多态性又分为限制性内切酶片段长度多态性和扩增片段长度多态性。

（二）序列多态性

DNA 序列多态性表现为个体间单一位点的同一等位基因长度相同，序列不同（见图 19—10）：

个体 1	个体 2
——TACCGACGAATCGA——	——TACCAACGAATCGA——
——ATGGCTGCTTAGCT——	——ATGGTTGCTTAGCT——

图 19—10　DNA 的序列多态性

例如，HLA-DQA1 位点，21 种等位基因扩增产物长度为 242bp，21 种等位基因核苷酸排列顺序不同。

序列多态性又分为单核苷酸多态性和线粒体 DNA 多态性。

单核苷酸多态性（single nucleotide polymorphism，SNP）是指在两条同源染色体上，同源 DNA 序列长度相等，但特定核苷酸位置上存在两种不同的碱基。SNP 是由单个核苷酸替代、插入或缺失而形成，大都表现为一种二等位基因标记，即人群中只有二个等位基因和三种基因型。

SNP 广泛存在于基因组中，大约每 1 000bp 存在一个 SNP，在人基因组中大约有 300 万个 SNP，其数量要比 STR 基因座超出记忆数量级。SNP 在个体识别于亲子鉴定中具有巨大的潜力，其检测方法更适合自动化，被称为第三代遗传标记。

线粒体 DNA（mitochondrial DNA，mtDNA）是人类第二套基因组 DNA，也是人细胞中除核之外唯一含有 DNA 的细胞器。人类 mtDNA 基因组的序列共含有16 569个碱基对，为一条双链环状 DNA 分子。mtDNA 含有一个 D-环区（D-loop），mtDNA 的多态性主要表现为 D-loop 区域的碱基序列的差异性。目前最常用的检测 D-loop 多态性的方法是 mtDNA 的直接测序。

四、DNA 检验的基本方法

（一）限制性片段长度多态性（Restriction fragment length polymorphism，RFLP）分析技术

该技术的主要根据是限制性内切酶对 DNA 链特异性的切割。该酶是存在于细菌中的一种酶，具有高度的特异性和专一性。即每一种限制性内切酶能识别、并切割 DNA 分子的特异部分（序列）。人的 DNA 基因组非常巨大，对任何一种限制性内切酶来说其上有很多酶切点，但对同一种酶、不同个体基因组 DNA 来说，其酶切点的数目、位置不同，因此，切出的片段长度和数目会有差异。另一方面，同一个体、不同酶的切点位置和数目也不同，切割的结果也会有长短、数目的差异（见图 19—11）。这种现象叫限制性片段长度多态性。这种多态性是按孟德尔遗传定律遗传的。目前已在六百多种细菌和微生物中发现该酶，而常用的有数十种。

限制性内切酶的选择是根据实验的要求，使用探针的种类，观察多态性的程度，检测片段的大小而定的。

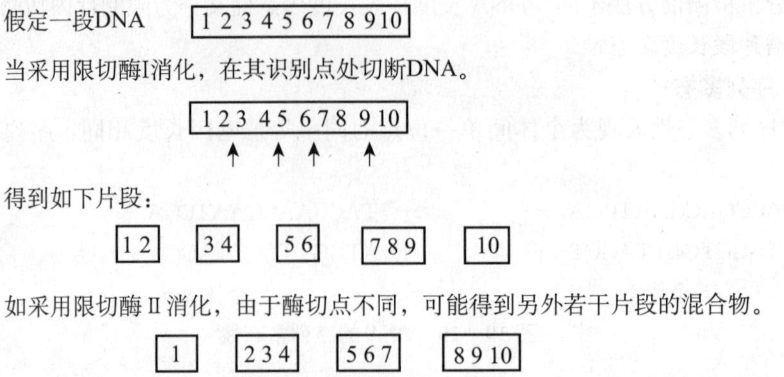

假定一段DNA [1 2 3 4 5 6 7 8 9 10]

当采用限切酶I消化，在其识别点处切断DNA。

[1 2 3 4 5 6 7 8 9 10]
↑ ↑ ↑ ↑

得到如下片段：

[1 2] [3 4] [5 6] [7 8 9] [10]

如采用限切酶Ⅱ消化，由于酶切点不同，可能得到另外若干片段的混合物。

[1] [2 3 4] [5 6 7] [8 9 10]

图 19—11 酶切示意图

（二）聚合酶链反应（Polymerase Chain Reaction，PCR）分析技术，亦称体外扩增技术

该技术是一种体外扩增目的 DNA 片段的新技术。在耐热 DNA 聚合酶作用下，以一对特异性序列 DNA 短片段作为引物，利用加热和冷却交替的循环程序，有选择地放大基因组内某一小区段，以提供足够量的靶 DNA 供各种方法分析使用。

（三）直接测序分析法，即对人类线粒体 DNA（mt DNA）进行序列分析

线粒体 DNA 分子呈双链环状，个体之间存在大量的序列差异。这些差异主要存在于线粒体 DNA 非编码区 D 环附近。

五、DNA 技术在办案中的应用

DNA 的多态性，具有遵守孟德尔遗传规律和终生不变两个特点。上述 DNA 分型技术能检测人类基因组的多态性，所以可在亲子鉴定和个人识别中应用。

RFLP 技术的特点是要求检材量大，并有高分子量的 DNA，如此方可获得个体特异的 DNA 指纹图，多用于亲子鉴定。而从现场上提取的检材，如精斑，用 RFLP 技术分析时，就要 0.5 毫微克，精液至少要 0.5 毫微升，2×10^5 个精子，若是混合斑需 1 平方厘米～2 平方厘米方能进行，这是很难达到的。加之技术复杂，检验周期长，对严重降解的 DNA 检材难以获得准确可靠的信息，所以尚未普及推广，但在我国一些有条件的物证鉴定机构中已开展了这方面的工作，并用于实际办案，取得了很好的社会效益。

PCR 恰好弥补了上述技术的不足，它对约含 10^2～10^5 模板 DNA 分子的微量、降解的检材也能进行简便快速的检验，而且灵敏度高，结果可靠。所以它是生物物证鉴定中的理想技术，已在侦查破案中得到广泛利用。如：某市郊外发现一具女尸，经辨认为某女，尸体已腐败，尸表检查无法查明其死亡原因，解剖后发现其腹内有一胎儿，决定利用胎儿通过亲子鉴定找出破案线索。胎儿尸表也已腐败，但利用其深层肌肉仍可进行 DNA 指纹检验。将胎儿 DNA 指纹图与死者生前关系暧昧的男友的 DNA 指纹图进行比较，确定胎儿与该男友有血缘关系，依此找到了杀人罪犯。图 19—12 为该案的 DNA 指纹图。

PCR 技术不仅可作个人识别和亲子鉴定，而且可作种属、性别鉴定。但它亦有不足之处。如果 DNA 标本中有抑制物存在时，PCR 检验就会失败。实验证明，土壤、纸张、深色染料、血红素的衍生物常含有抑制物。所以，以上述各类物质为载体的生物检材，运用扩增技术难以成功。此外，不论 RFLP，还是 PCR 技术，都需要检材中有细胞核存在。目前，线粒体DNA测序技术已较成熟，灵敏度也高，适合于无细胞核、角质化生物检材，如毛干、指甲等均可检验。但是，由于线粒体DNA为母系遗传，故对母系分支上的人，还无法鉴别。

六、对DNA鉴定技术的评断

DNA多态性按孟德尔遗传规律遗传。利用多位点可变数目的串联重复（Variable number of tandem repeat，VNTR）系统探针形成的DNA指纹图具有人各不同的特定性、同一个体不同组织的一致性和终生不变的稳定性等特点，已在亲子鉴定中得到应用。从理论上讲，子代的DNA指纹图中的谱带，不是来自生母，必然来自生父。但在实践中，偶然也确有“陌生带”出现的情况。这与检材情况复杂、操作烦琐、实验环节多、容易污染和技术不易掌握有关。加之，由于无法确定每条带的染色体定位及位点的独立性，其概率计算至今仍有争议。所以，“多位点VNTR系统”大有被已在全球应用的“单位点VNTR系统”所代替的趋势，因后者检测结果直观，谱带观察和交叉指数计算均可按一对共显性基因控制系统来判断，联合使用多个“单位点VNTR系统”，能达到高概率的肯定或否定。对个人识别来说，还能利用混合标本、部分降解检材进行检验，而且重复性好。

1　2　3

1. 死者（母）的DNA指纹图；2. 死者所怀胎儿的DNA指纹图；3. 死者男友的DNA指纹图。

图19—12

与DNA指纹图技术相比，应用PCR技术扩增短串联重复序列（Short Tandem Repeat，STR）特别适合检验降解、陈旧的生物检材，而且灵敏度高，结果易于分析。是个人识别和亲子鉴定技术发展的方向，被誉为第二代DNA指纹技术。

DNA分型技术的建立和应用只有大约三十年的历史，目前对之还在不断地探讨和研究，以求获得进一步的发展。DNA鉴定结论可靠与否，关键在于DNA相配概率的计算，检验技术的标准化和质量的控制。在这些关键性问题得到圆满解决之前，偶尔出现同一检材在不同实验室检验，或在同一实验室由不同人检验得出不同结论的情况是难免的。所以实验室的质量控制工作势在必行。毫无疑问，通过不断的研究、实践，DNA分型技术会更加完善，将逐渐代替蛋白质水平遗传标志的检验。该技术能鉴别除同卵双胞胎以外的不同个体，极大地提高了个体识别率，因而使生物物证检验实现了从过去只能排除到现在同一认定的飞跃，使检验手段从单一的血清学、生物化学发展到分子生物学，从而使检验的层次从蛋白质的表型发展到了核酸基因型。

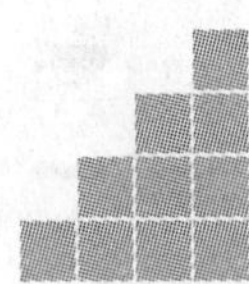

第二十章

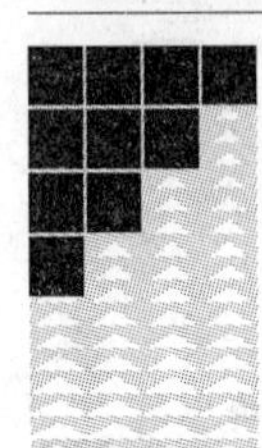

生物物证技术（三）：毛发、精斑、唾液斑及植物物证检验

第一节 精斑、唾液斑的检验

一、精斑的检验

精斑是强奸案件中的重要证据。在暗色织物上，浓厚的精斑呈灰白色糨糊状；稀薄的精斑在浅色织物上呈莞白色，边缘色稍深，手感发硬，新鲜精斑有特殊臭味。

（一）精斑的预实验

1. 紫外线检查

精斑中含有黄素，在紫外线照射下呈现银白色荧光，洗过的精斑亦能发出浅淡的荧光。但一些分泌液，如阴道液、唾液、鼻涕等以及含荧光素的各种载体也有类似的反应，故此方法不特异，阳性结果只表明可能是精斑；而过于陈旧以及被破坏的精斑又没有荧光反应，所以阴性结果不能轻易否定。

2. 酸性磷酸酶（ACP）检验

ACP是一类水解酶。人体脏器、体液、分泌液均有酸性磷酸酶存在，特别在精液的前列腺分泌液中含量最高，约是其他部位的100倍以上。在酸性环境中ACP能使无色的磷酸钙β—萘脂水解成β—萘酚，在遇到重氮盐后即呈现橙红色反应，以此鉴定精斑的存在。

ACP在精液中含量很高，所以，出现阳性反应快，但其他体液中也含有这种物质，只是因量少而出现结果慢，所以时间控制是本实验的关键。值得注意的是，阴道液及某些避孕药也呈弱阳性反应，所以实验时要作空白和阴性对照。另外，破坏了的精斑（如高温、腐败），由于酶活性丧失，而不呈阳性反应，故该实验只是精斑的定向实验。

3. 锌实验

锌分布在绝大多数哺乳类动物的各组织液和体液中，而精液中锌的含量最高，用化学的方法使锌显色以证明可能有精斑的存在，此方法能检验室温存放长达25年的精斑。

精斑的预实验法很多，如还有碘化碘钾结晶法、苦味酸结晶法、马铃薯凝集素凝集抑制法等。但只有酸性磷酸酶较灵敏，比较常用。

（二）精斑的确证实验

1. 精子检出法（显微镜检验）

精子是精液中的有形成分。成熟的精子分头、颈、尾三部分，全长为50微米～70微米，只要检出完整精子，便可确定精斑。陈旧的精斑，或由于检材剥离时处理粗暴，可将头、颈、尾弄断。但只要有精子头，也可确认，但必须与阴道滴虫、酵母菌及其他植物细胞区分开。精子头呈椭圆形，可用不同染液染成不同的颜色。如用苏木素伊红染色，精子头后半部呈蓝色，前半部无色，尾部呈红色。用酸性品红亚甲蓝染色，则头部呈红色，尾呈蓝色。

2. 抗人精环沉实验

该方法利用的是人精液免疫动物（家兔等）所得抗人精血清，与人精液蛋白成分起抗原—抗体反应形成白色沉淀物的原理。出现白沉淀环为阳性，确定为人精斑。

操作本实验时要有已知精斑及阴道分泌物、空白检材对照，以确定抗血清的特异性，避免误判。

3. 检测P30确定人精斑

P30是人精浆中特有的蛋白成分。由前列腺分泌的糖蛋白，由于分子量为30 000道尔顿，故称P30。该方法是当前检验精斑最有效的方法。主要原理为从人精浆中纯化出P30蛋白免疫豚鼠制得抗血清作为第一抗体，用ELISA、Dot—ELISA、琼脂扩散、电泳法等检验，其中ELISA法最灵敏，为64万倍。Dot—ELISA酶联免疫斑点法简单、快速、灵敏，已在办案中运用。现介绍如下。

将免疫豚鼠制得的抗P30血清，包被在硝酸纤维素膜（NCF）上，再加精斑浸泡液，其中精斑便与抗P30血清结合，然后再加用酶标记的单克隆抗P30血清也与结合在第一抗体上的精斑结合，形成双抗体夹心复合物。再加适当标酶的底物，便出现有色的斑点，证明有精斑存在。

（三）精斑的ABO血型检验

人体的血型物质，不仅存在于红细胞上，而且也广泛地存在于组织细胞上。这种血型物质可用乙醇提取，所以称醇溶性物质。但人群中一部分人除有醇溶性物质外，还有不溶于乙醇而易溶于水的水溶性血型物质，它们存在于人体的体液、分泌液以及其他组织细胞中。唾液是人体含血型物质最丰富、最容易得到的物质，所以根据人唾液中是否含有A、B、H型物质将人群分为“分泌型”和“非分泌型”二种。水溶性型物质的分泌是由一对等位基因Se和se控制的，Se为显性，se为隐性，纯合子SeSe及杂合子Sese的人为分泌型，而sese纯合子的人属于非分泌型。非分泌型的人约占24%。当然精液、阴道分泌液等也有分泌与非分泌之分。

凡是能检验血痕ABO血型的方法均适合精斑的检验。

精斑检验常用的方法有：热解离法和中和法。

热解离法的原理、操作均与血痕检验相同。只不过因精斑的血型物质较强，所以吸收后洗涤剩余血清的次数增加。该方法能检验非分泌型。

中和法的原理是血型抗原和相应的定量抗体结合，如有相应的抗原存在，其抗原和抗体结合后，必然使游离的抗体减少。通过检测剩余抗体的量（抗体效价）就可判定有无对应的抗原。

(四) 混合斑中精斑的ABO血型检验

顾名思义，混合斑即两种以上体液混合形成的斑迹。从生物物证角度来说，精液、血液、唾液、尿、汗、乳汁等均可相混形成各种混合斑。强奸案中主要是精液与阴道分泌物、血、尿等形成的各种混合斑，轮奸案中又增加了精斑的型别。因此混合斑的血型鉴定是一个非常复杂的问题，测定混合斑中精斑的血型，一直是生物物证研究的重要课题。

目前检验混合斑中精斑型的方法有以下几种：(1) 用解离实验检查混合斑存在的血型物质，和受害人的血型比对，除掉受害人的血型物质，来推断嫌疑人可能的精斑血型。该方法当受害人是AB型时就无法推断精斑型。(2) 用吸收法（中和实验）来检查混合斑中各种型物质分泌的程度，与受害人的血型比对，根据分泌级数的多少推断嫌疑人可能的精斑型。该方法当受害人是AB强分泌型时也无法推断精斑型。(3) 用电泳法分离精斑与阴道分泌液斑，以吸收法分别测其ABO血型。(4) 酶联免疫斑点法分离混合斑（Dot—ELISA)，然后用双抗体夹心法检其精斑的ABO血型。这是我国在1990年研制出来的方法。该方法的原理是在硝酸膜上包被上抗人精特异蛋白血清（Antihuman Seminal Peculiar Protein——ASPP)，ASPP是通过人精液经初步提纯后作抗原免疫家兔，得到粗抗人精血清、粗血清再用亲和层析法除掉与人血和人阴道分泌起反应的抗血清后纯化而得，再将混合斑浸泡液点在膜上，此时混合斑中的精浆蛋白（Seminal Protein——SP）特异地和ASPP结合，形成ASPP—SP复合物。经洗涤除掉未起反应的血、阴道分泌物等其他杂质。SP再与辣根过氧化物酶标记的单克隆抗体A、B、H（McAb A—E、B—E、H—E）起反应，形成ASPP—SP—McAb A—E（B—E、H—E）复合物，然后加入与辣根过氧化物酶起反应的底物——二氨基联苯胺（DAB)，经过酶放大作用将微量的精斑显现出用肉眼看到的褐色斑点而确定分泌型人精斑血型。

该方法的特点：简单快速（1小时左右)，不需要特殊仪器，灵敏度高（精液稀释200倍取1微升、一根0.5厘米的精斑纱线浸在15微升的浸液中取1微升，均能正确检出精斑型)，更重要的是精斑血型的检验与精子量无关，还可检出无精子及多年陈旧精斑血型。该方法已成为常规检验的方法，在办案中取得明显效果，但该方法不能检出非分泌型精斑血型。

(五) 精斑中酶型的检测

精液中除含有一些水溶性的A、B、H血型物质外，还存在一些在新陈代谢中起作用的酶类。其中有些酶具有多态性。这样的酶可分为二种：一种是既存在于红细胞中，也存在于精液中，它们的多态性一致，如：PGM_1、GLO Ⅰ、PePA、Fu、AK 等；另一种只存在于精液中，如 D_1A_3（黄递酶）、GGT（r—谷氨酸转肽酶），其虽然只存在于精液中作为混合斑检验时不受分泌物的影响，可直接判定嫌疑人的酶型。目前应用比较多的常规检验，是 PGM_1 检验。

PGM_1 在精斑中的分型检验与血痕相同，只是因为经常遇到的强奸案检材是与阴道分泌物的混合斑，所以分型受到干扰，只有当受害人是纯合子时，检验结果才有推断意义，如受害人是 $PGM_1$1－1型，而混合斑的谱带为 $PGM_1$2－1，那么嫌疑人可能是 $PGM_1$2－2或 $PGM_1$2－1，若当受害人为 $PGM_1$2－1 杂合子时，那就任何人也排除不掉，失去了检验的意义。值得注意的是，我国人群约有 50%的女性阴道分泌液检不出 PGM_1 的活性。

二、唾液斑的检验

唾液及其斑痕也是重要的生物物证之一。唾液中含有大量的有机物质，如黏蛋白、球蛋白、尿酸、酶和血型物质。另外还有些无机物，如钾、钠、钙、氯、氨等。除此之外还有口腔黏膜上皮细胞。其中血型物质、唾液淀粉酶和口腔上皮细胞对个人识别有重要意义。

（一）唾液（斑）的提取

唾液斑多遗留在烟头、果核、手帕、口罩等与口腔接触的物品上。斑痕较淡，在暗室用紫外灯照射可发现荧光借以定位，以便以后做定性实验。在强奸、杀人案件中，还要采集被害人和嫌疑对象的唾液，以便做血型对照，确定其是否分泌型。收集的唾液斑要分别妥善包装，放阴凉通风处，对新鲜的唾液要注意其中的血型水介酶会破坏血型物质，故要作煮沸处理或涂于纱布、纸上晾干保存。

（二）唾液斑的定性

唾液中的淀粉酶能分解淀粉变成糖，淀粉遇碘变蓝色，而糖遇碘无蓝色反应。因此，将已知淀粉溶液与检材提取液作用后，再加碘，若无蓝色反应，表示检材提取液已无淀粉存在，淀粉已被分解为糖，据此即可判断检材提取液中有唾液淀粉酶，为唾液斑。反之，就不是唾液斑。该实验灵敏，五年以上的斑痕亦可检出。在做此实验时，要做无唾液斑的空白对照实验。

（三）唾液斑的 ABO 血型检验

ABH 分泌型的人，唾液中分泌有与血液 ABO 血型一致的血型物质。而非分泌型，唾液中不分泌 ABH 血型物质。可利用吸收试验、热解离试验检测唾液的 ABO 血型。

第二节　毛发的检验

一、毛发的发现与提取

毛发是头发和体毛的统称。人体表面除手掌、脚趾外到处都生长有毛发。所以，在打架斗殴、凶杀、强奸、交通事故案件中，毛发是常见的物证。毛发由角蛋白组成，抗腐败，耐损伤，稳定性很强。尸体腐败后还可根据毛发鉴别尸体残骸的身源。

根据毛发的毛根，可以鉴定性别、酶型，一小段毛发可以作线粒体 DNA 的分析、元素分析等。有些古墓中的死者毛发还可以作 ABO 血型分析。在凶杀案件中，利用毛发损伤的情况可以判断罪犯所用的凶器或案件性质。

毛发外形纤细，难以寻找。现场勘查时，为了寻找毛发，首先应当明确重点。例如，强奸案中，毛发多存在于死者两腿之间和穿着的衣服上。如有暴力致死特征，还应注意检查死者手中是否有毛发。人体毛发经常脱落、替换，一般每人每天脱落毛发总数约 30 根～120 根。所以，在案发现场罪犯经过的地方，都可能有毛发脱落。

提取毛发时要非常细心，不能用手去抓，而要用小镊子小心夹取。提取的毛发装入信封或纸袋中，并编上号码。微细碎段应放在试管中。毛发上如有异物、污垢，应注意保存，防止脱落。在提取现场毛发的同时，还要注意从死者或嫌疑人身上提取少量毛发，供对照检验使用。

二、人的毛发与动物毛、纤维的鉴别

案发现场的毛发，可能和各种动物毛或纤维混杂在一起，所以，对于从现场提取的毛发，有时需要鉴别是人的毛发，还是动物毛。

毛发分毛根、毛干、毛尖三部分。露在皮肤外的部分为毛干，毛干是毛发的主要部分。毛干的游离末端渐细变尖部分称为毛尖。位于皮肤里面部位的是毛根。人的毛发与各种纤维的区别比较明显，一般肉眼可辨；人的毛发和动物毛有的用肉眼观察外表形态就可识别，有的外观相似，则要利用显微镜观察鉴别。

利用显微镜区别人的毛发和动物毛，主要是观察毛干的结构。毛干由毛小皮、皮质和髓质组成，从这三个方面来看，人毛与动物毛很容易区分。

1. 毛小皮。位于毛发的最外层，由无核、无色素的角质化的扁平细胞组成。这些细胞依次错位重叠呈鱼鳞状或屋瓦状向毛尖端排列，由于鳞片状的重叠位置、大小、形状不同，而形成了和毛轴垂直的冠状、刺状、鳞状三种不同花纹。人毛的毛小皮较薄，重叠不超过三层，呈细小屋瓦状花纹。动物的毛小皮较厚，有的毛重叠厚达 10 层～12 层，呈锯齿状。

2. 皮质。皮质在毛小皮的里面，受其保护，处于毛干中层，是由角质化的细长纤维状细胞向毛发的纵向排列组成，形成一纤维束状角化物质居于细胞内。残余的细胞成分集中于纤维素的间隙，包括大小不同的色素颗粒、气泡、蛋白质等。色素颗粒的形态与分布是人毛和动物毛区分的重要根据。人毛的色素颗粒多集中于皮质周围部分，而动物的多集中在皮质中心。人毛的皮质部分很发达，是毛干的主要组成部分。

3. 髓质。在毛发的中轴，由退化而形状不一的上皮细胞残渣组成，核已退化，排列松弛，有色素颗粒。人毛髓质多数不发达，较粗的毛有髓质，但往往是不连续的，而毛尖部无髓质。动物毛髓质一般很发达。毛小皮和髓质是毛的特有结构，纤维无此结构。

三、毛发的比较检验

在发现留下毛发的嫌疑人的情况下，必须对现场提取的毛发（多系头发和阴毛）与嫌疑人的毛发进行比较检验：

（一）肉眼观察

观察毛发的形态、长度、色泽及其附着物，判明是人体哪一部位的毛。头发多呈直线形，偶有小波浪形，上有发脂、染发剂；阴毛短粗而卷曲，有时有精液、尿液痕迹等。

（二）毛发的ABO血型检验

检验毛发的ABO血型通常利用热解离法，其原理与检验血痕相同。毛发上皮细胞膜上的血型物质能与相应的凝集素结合，形成抗原抗体复合物，在56℃的条件下复合物中的抗体又释放出来，用相应的指示细胞检测释放出来的抗体，便可测得毛发的血型。

每次实验时，应取相对应的毛做已知对照实验。

（三）毛根的酶型检验

从现场提取的毛发如有毛根存在，且拔下时间并不太长，则毛根可能有酶活性。此时，可检验酶型PGM、EsD，或再加GLO Ⅰ。检验和判断方法与血液的酶型检验相同。

（四）毛发的性别检验

如果强奸案现场提取的毛发，其血型与嫌疑人的相同，则需进一步作性别检验，如属男性毛发，很可能就是嫌疑人的毛发。

鉴别毛发性别的最好方法是检验毛发上的X染色体和Y染色体。根据毛根的皮质细胞中Y染色体和X染色体的检出率，可以确定毛发的性别。通常以检测Y染色体为主，因为Y染色体的检出率男女性有很明显的差别。无Y染色体者为女性，有一个Y，即为男性。检验方法：先用40%醋酸使附有毛囊的毛根软化，刮下毛囊，并用刀尖撕碎，分离毛囊上皮细胞，用甲醇固定三分钟，再用盐酸阿的平染色，在显微镜下观察，呈现一个荧光点即为Y染色体。

（五）毛发的微量元素分析

利用中子活化分析法测定毛发中某些微量元素，对于解决现场上毛发是否嫌疑人的毛发，有一定参考价值。然而毛发中的微量元素往往受时间、部位等因素的影响而不很稳定，而嫌疑人毛发样本的提取部位和提取时间往往与现场毛发的生长部位和脱落时间存在差异，所以，通过检验毛发的微量元素解决现场毛发与嫌疑人毛发样本是否同源，很困难。

（六）毛发的DNA分析

毛发如果有毛根，因有细胞核故可以进行染色体DNA分析；毛发如无毛根，只有毛干，不能进行染色体DNA分析，但可以进行线粒体DNA分析。一般只要有一个毛根或1厘米长的毛干，便可以进行DNA分析。但如果检材条件差，例如，毛根不是拔取，而是脱落下来的，而且时间长已经干瘪，或者毛干离根部较远（如阴毛尖部），就很难得到理想的结果。

第三节　植物物证

一、植物物证检验的任务和作用

在犯罪案件中，特别是暴力犯罪案件中，不仅有来自人体的生物物证，而且还常常遇到来自植物体的植物物证。如：叶片、花粉、种子、孢子等。

检验植物物证的任务，主要是解决种属认定的问题。所以，从事植物物证检验，应当了解植物的分类及其分布情况。

植物分类的主要等级是：界、门、纲、目、科、属、种，用以表示各植物类群亲缘关系的远近。

“种”是最基本单位，有其形态和生理特征，是有一定自然界分布区的一群个体。不同的种各有自己的特性。把具有相近关系的一些种，归在一起命名为“属”，同一属的种，又有共同特征，并以此与其他属相区分。依此类推，“界”是分类中的最高单位。

植物的名称非常复杂，不仅因语言和文字不同而不同，还有地区的差异。现在国际上提倡采用瑞典植物学家林奈的二名法给植物统一命名，规定植物名称由两个拉丁字母组成，第一个为隶属的属名，第二个是种加词，之后还要加上命名人的姓名。

自然界植物有的已灭种，不能按系统发育和植物类群间的亲缘关系分类，而只能根据分类工作者掌握的资料编制自然分类，所以各家不一。现介绍其一种。

植物有高等植物和低等植物之分。低等植物主要包括藻类、菌类、地衣类。这类植物结构简单，为单细胞、群体和多细胞的个体，无根、茎、叶之分，生殖不通过胚胎，由单细胞直接生成植物体，其中一部分称孢子植物，由孢子繁殖，不开花、不结果，故又称隐花植物。高等植物包括苔藓、蕨类、种子植物即裸子植物和被子植物。高等植物是由多细胞构成，有根、茎、叶之分，内部有维管束，生殖器为多细胞结构，发育经过胚的阶段。裸子植物，是低级的种子植物，已出现花粉，最后形成的种子无果皮包被。世界上大多已灭种，而我国还是种类最多的国家。被子植物是植物界最高级的一类。孢子体极发达，有木本、草本和藤本。维管束木质部有导管和管胞，韧皮部有筛管和伴胞。花已有花被、雄蕊、雌蕊之分，已出现花粉。最后发育成有果皮包被的种子。所以又叫种子植物、显花植物。被子植物种类繁多，又有单子叶和双子叶之分，分布广、适应性强，全世界约有25万种，我国占有1/10。可见被子植物在植物中是很重要的。

目前对被子植物分类系统常用的是恩格勒和哈钦松系统。我国多数地区的植物标本室和植物志采用的是恩格勒系统，而广东、广西、云南采用哈钦松系统。

常言道，一把钥匙开一把锁。打开植物界大门的钥匙就是“植物分类检索表”。它是根据二岐分类法的原理，以对比方式编排的。也就是说，把各种植物最有代表性的特征加以比较，按其不同点，把特征相同的归在一项下，其余的归在另一项下，在同一项下又以不同点再分，依此类推，直到区分出某种植物为止。植物界的主要等级均有检索表，最常用的是分科、分属、分种三种检索表。它又分定距和平行检索表二种形式。可见，为了正确地对植物物证进行种属认定，了解植物分类检索表是很重要的。

各种植物物证多有微观特点，它们飘在空气中，落在泥土里，可能黏附在罪犯的鞋子、衣服、凶器上，有的罪犯还可能利用树木枝条勒颈杀人，被害人尸体上也可能黏附植物物证。利用这些植物物证，可查明其植物种属，分析亲缘关系，了解分布地域以及生长季节，对判明案件性质，推断作案时间和地点，分析罪犯作案过程，都能提供重要依据。

二、植物叶片的检验

叶片是被子植物的一个组成部分，它变化较大，难以识别，尤其是一些残片，辨认起来就更加困难。一般采用比对法检验，即将采集的残片物证，经“植物分类检索表”查出为某种植物残片后，要采集相应的已知样本对照分析。

肉眼并借助放大镜观察，要从叶片、叶端、叶茎的形状，叶脉的走向，叶片边缘特征等方面观察（见图20—1）。

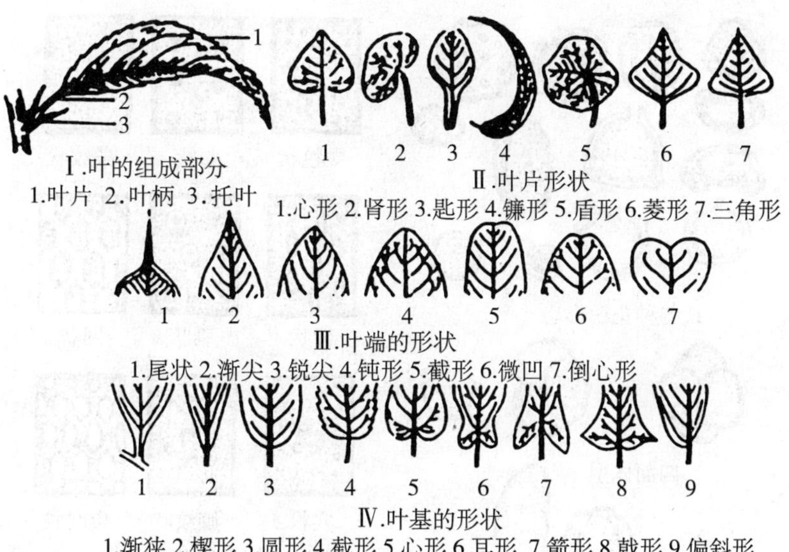

图 20—1 叶片的外形特征

仪器观察，主要是用显微镜观察叶片表皮形态、角质层等。而以叶片上的表皮细胞气孔的变化为鉴别的重要特征。日本京都大学广江美助教授将其表皮细胞称为“植纹”，以比拟人的指纹，说明叶表皮细胞形态和气孔的变化具有物种的特异性。

利用叶片特征可以为破案中分析罪犯作案时间提供依据。例如，某市发现一具腐烂女尸，面目全非，从尸体口中牙缝取到一细小植物碎片，分析为罪犯堵塞被害人嘴巴所用的草叶。经专家鉴定其显微特征，为禾本科鹅冠草植物叶表皮细胞特征。根据该植物的生长季节和生长地区推断出作案时间和地点，为审查嫌疑人提供了依据。

三、植物孢子、花粉的检验

植物孢子、花粉的特点是又轻又小，肉眼不易发现，因此要借助仪器分析、观察。主要是显微镜和扫描电镜观察。

将孢粉制成便于观察的标本片，观察它们的形态结构，因其种类繁多，形态各有不同，但多数有对称性和极性。要观察结构及纹饰（见图 20—2），从萌发器官观察是否有裂缝和孔，观察其对酸碱和腐蚀的耐受性，对高温、高压承受的能力，观察其是否有覆盖层形成的纹饰。因外壁由孢粉素组成，耐受力强，在泥土中保持的时间长，所以是检验的主要对象，根据它们具有的特异性确定其母体的种属。

四、植物种子的检验

种子是高等植物中的裸子植物和被子植物特有的，由胚珠受精后发育而成。种子由种皮、胚和胚乳三部分组成。有些植物种子无胚乳，故种子可分为有胚乳和无胚乳二类（见图 20—3）。

肉眼观察种子是否有果皮包被，可以确认是裸子植物还是被子植物。对种子内部特征可用偏光显微镜检验。检验中要注意淀粉粒的特征，以便确定种子的种类，为种属认定提供依据。

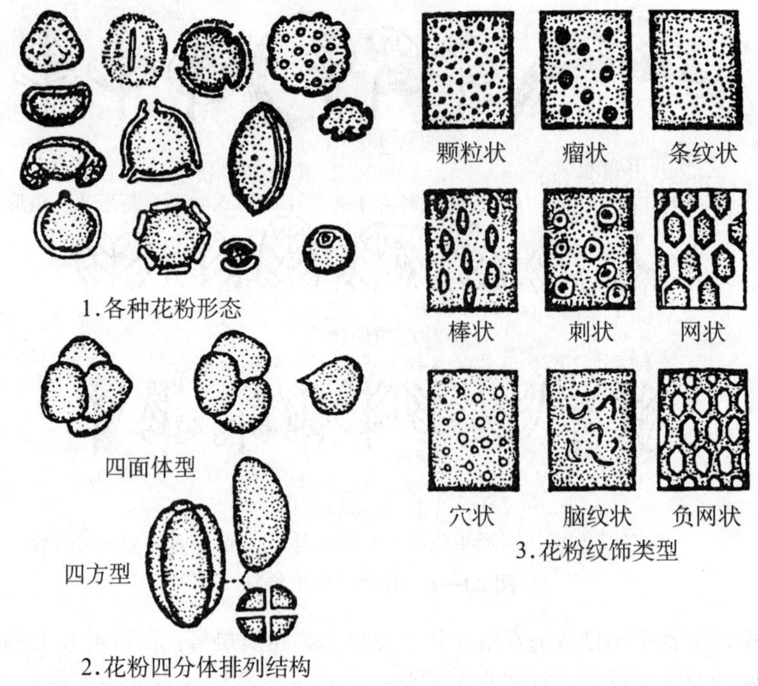

图 20—2 花粉的特征

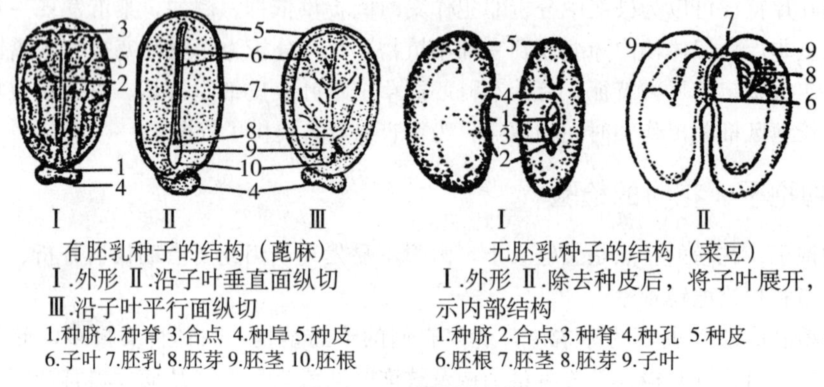

图 20—3 种子的结构

五、植物枝条的检验

植物体在地面以上部分的轴叫做茎。多呈圆柱形和三角柱形。生长有叶和芽的茎叫枝条，它具有节、节间、叶痕、维管束痕、托叶痕和皮孔等特征，常在鉴别植物时利用（见图 20—4）。

一些枝条的树皮厚薄、色泽、形状及开裂纹理等可用于树种的鉴别。不同树种枝条茎中间的髓粗细、形状也是鉴别枝条的根据（见图 20—5）。

利用现场发现的树枝物证可以为发现嫌疑人提供线索。例如，某军区女话务员被强奸杀害一案，现场勘查中发现罪犯潜入机房后，为防止他人进入，故意用小树枝将锁孔堵塞，施行犯罪后越窗而逃。根据上面调查分析确定了几个嫌疑对象，令他们各自写出案发

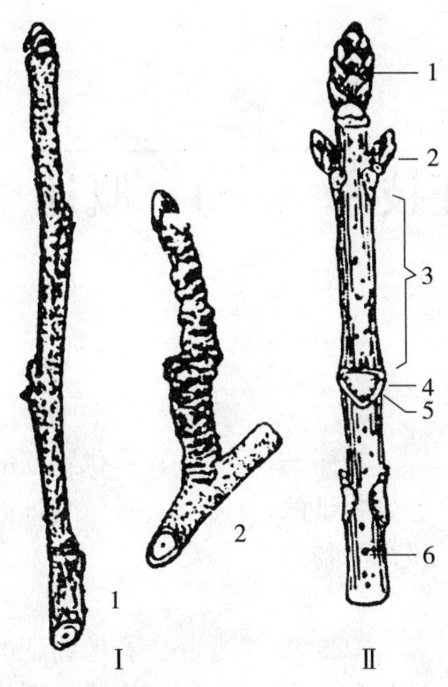

茎的外形（枝条）

Ⅰ. 苹果的长枝和短枝　1. 长枝　2. 短枝

Ⅱ. 白杨枝条　1. 顶芽　2. 腋芽　3. 节间　4. 叶痕　5. 维管束痕　6. 皮孔

图 20—4　茎的外形（枝条）

当晚的活动情况。后保卫科将塞在锁孔中的树枝送交鉴定，证明为“大叶黄杨”的枝条。对几个嫌疑对象多次所写的活动情况进行研究，发现其中有一个人先后书面材料很不一致，他先写路经的一段路，就有大叶黄杨树，但以后写的材料中又故意回避有黄杨树。因此，该人被确定为重点嫌疑对象。经进一步侦查，证明该嫌疑人就是强奸杀人罪犯。锁孔中的枝条为发现嫌疑人提供了线索。

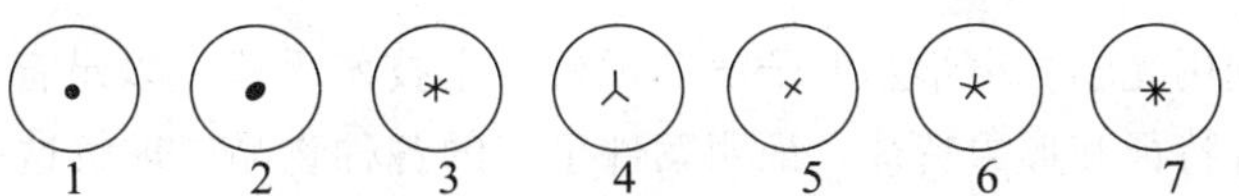

1. 圆形　2. 卵形　3. 星芒形　4. 三角形　5. 四角形　6. 五角形　7. 八角形

图 20—5　髓的形状

第二十一章 音像物证技术（一）：概述

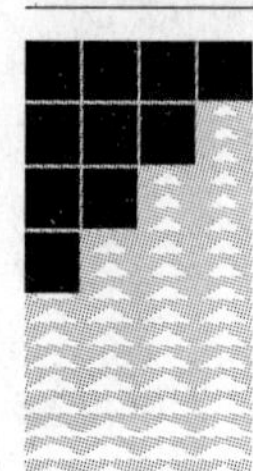

第一节 音像物证的概念和特点

一、音像物证的概念

音像物证是利用光学、声学、电子学等现代科学技术手段，以录音、录像、照相等方式记录并储存声音特征和形象特征，证明案件事实的各种物品。理解这一概念应明确以下几个问题。

首先，我国的三大诉讼法均将这类证据称为“视听资料”。然而，“视听资料”一词并不能准确地概括此类证据的特征。“视”和“听”是人们感知和认识客观事物的两种基本功能，人们对各种证据的认识几乎都离不开“视”和“听”，例如，一般要通过“视”才能认识案件中的各种物证和书证，要通过“听”，才能认识案件中的证人证言和当事人陈述。因此，“视听”二字不能准确地反映这种证据与其他证据的区别。而且，用“资料”二字作为证据种类概括录音带和录像带等物品也不够恰当。相反，“音像”二字比较准确地概括了这类证据通过记录下来的声音和图像反映案件事实的特点，故将其称为“音像证据”比较合适。而且，这一名称既与日常生活中的“音像制品”这一语言习惯相一致，也与学理上的术语“实物证据”、“文书证据”、“言词证据”等相一致。

其次，音像证据与其他物证一样，也是客观存在的、能够证明案件事实的物品。但它是一种特殊形式的物证，是以其记录和储存的有关客体的声音和图像信息来证明案件事实的。

再次，音像物证是以特殊形式记载客体特征的“特征反映体”。如本书前述，特征反映体是指能以一定方式反映客体特征并能被人感知和认识的实体。音像物证是以录音、录像、照相的方式、借助声、光、电、磁记载和反映客体特征的，所反映的主要是客体的声音特征和形象特征。

最后，音像物证所记录的客体包括与案件有关的人、物和场所。例如，遗嘱录音记录的是人的声音；交通违章录像中记录的是车辆的外观；现场勘查录像中记录的是场所的情况。不过，作为物证技术鉴定对象的音像物证，主要以人为客体。

二、音像物证的特点

音像物证除了具有一般物证所具有的客观实在性和不可替换性等特点之外，还具有以下特点：

（一）科学技术性

音像物证是科学技术发展到相当高水平的产物，它的生成和使用对科学技术手段有很强的依赖性。虽然人们可以直接感知客体的声音特征和形象特征，但是要想把这些信息记录并储存在有形的物质载体上，就必须依靠录音、照相、摄像等技术手段。另外，大多数音像物证的证明价值也只有通过一定的技术设备才能表现出来。例如，离开了录音、录像设备，人们就无法了解录音带和录像带中储存的与案件事实有关的信息内容。虽然许多其他物证在司法活动中的运用也与科学技术手段有关，但那些科学技术手段主要是用于对物证的检验。对某类物证进行检验的科学技术性并不等于该类物证本身就具有科学技术性。例如，对毛发和血液等生物物证进行检验可以采用很先进的科学技术手段，但是这并不等于说毛发和血液等生物物证本身就具有了科学技术性。然而，音像物证本身就具有很高的科学技术性。

（二）直观生动性

音像物证可以直观地展示与案件有关客体的声音特征和形象特征，可以生动地再现与案件有关的事件或活动的过程，使人们能够比较真实、全面地认识有关案件事实的情况和有关客体特征的情况。在描述客体的声音特征和形象特征时，人类语言具有很大的局限性。即使是训练有素的专业人员也难以把客体的声音特征和形象特征全面准确地表现出来。而音像物证在这一方面恰恰有很大的优势，它可以生动直观的形式使人产生亲闻其声、亲见其人、亲观其事、亲临其境的感觉，从而大大提高了证据的证明作用。

（三）便利高效性

音像物证具有本身体积小、储存信息量大、便于保存、便于检索、便于使用等特点。

第二节　音像物证的种类及音像物证检验的任务

一、音像物证的种类

音像物证可以从不同角度分类。

1. 根据音像物证所记录和储存的客体特征种类，可以分为声音物证、图像物证和音像混合物证。声音物证是指单独记录客体声音特征的物证，如录音带；图像物证是指单独记录客体形象特征的物证，如照片；音像混合物证是指同时记录着客体声音特征和形象特征的物证，如录像带。

2. 根据音像物证记录和储存客体特征的载体的种类，可以分为照片证据、电影胶片证据、录音带证据、录像带证据、计算机磁盘证据等。

3. 根据音像物证的来源，可以分为原始音像物证和复制音像物证。前者指直接依据客体的声音或图像制作的音像物证，如原声带和原像带等；后者指依据其他音像物证制作的音像物证，如复制的录音带和复制的录像带等。

4. 根据音像物证制作人的身份，可以分为当事人制作的音像物证和公安司法人员制作的音像物证。前者指当事人为了证明某些案件事实而制作的音像物证，如继承案中当事人制作的录音遗嘱；合同纠纷案中当事人制作的合同双方达成协议时的录音或录像等。后者指公安司法人员在调查或执法活动中制作的音像物证，如侦查人员制作的现场勘查照片和录像；审讯人员制作的口供录音和录像；公安人员对特殊场所或特殊人员进行监控时制作的录音录像等。

5. 根据音像物证的制作方式，可以分为公开制作的音像物证和秘密制作的音像物证。前者是在被录音或录像者知晓的情况下制作的音像物证，如合同签字仪式上公开拍摄的照片或录像；公安人员对被拘留或逮捕的犯罪嫌疑人公开拍摄的照片等。后者是在被录音或录像者不知晓的情况下制作的音像物证，如民事案件中一方当事人在另一方当事人不知晓的情况下制作的谈话录音；侦查人员利用秘密手段获得的录音、录像或照片等。但是，机场、海关、银行等机构在特定场所面对不特定人设置的监视仪器所制作的音像物证应该属于公开的音像物证。

6. 根据音像物证与案件事实之间的关系，可以分为作为案件事实要素的音像物证和作为案件证明手段的音像物证。前者是指音像物证本身就是案件事实的构成要素，如音像制品侵权案件中的盗版录音带和盗版录像带；贩卖淫秽物品案件中的淫秽录像带和淫秽影碟等。后者则指音像物证只是证明某些案件事实的手段，如记录某公司制作盗版录音带或录像带的照片；记录某人推销淫秽录像带或影碟的录像带等。

7. 根据被记录客体的动静状态，图像物证还可以进一步分为静态图像物证和动态图像物证。前者指记录客体在某一时刻内静止不动的形象特征的物证，如照片；后者指记录客体在一段时间内连续变化的形象特征的物证，如录像带。

二、音像物证检验的任务

音像物证检验是办案人员为了查明案件事实而委托有关专业人员对音像物证的材料、设备和记载内容进行分析研究并给出鉴定意见的专门活动。音像物证检验在刑事、民事、经济纠纷和行政诉讼案件的调查和审判中都可以发挥重要的作用。具体来说，音像物证检验在各类案件中的任务包括以下三个方面：

（一）解决案件中的同一认定问题

音像物证检验经常要解决的是人身同一认定的问题，如根据录音带上记录的声音对说话人进行同一认定等。在有些案件中，音像物证检验还可以解决与案件有关物体的同一认定问题和对录音录像设备的同一认定问题，如根据照片或录像对与案件有关的汽车进行同一认定；根据录音带或录像带所反映的录制特征对制作该录音带或录像带的录音机或录像机进行同一认定等。有时，则会解决与案件有关的场所的同一认定问题。

（二）解决案件中的种属认定问题

音像物证检验解决案件中的种属认定问题有三种情况：第一，对音像物证中记录的人或物进行种属认定。这一般都是因为音像物证中记录的客体声音特征或形象特征不够清晰，无法得出同一认定的结论，而只能作出种属认定的结论，或者是在调查伊始尚未发现嫌疑客体时作出种属认定以便为调查提供方向。第二，对音像材料进行种属认定。例如，通过检验录音带或录像带的材料，确定其属于哪一种录音带或录像带，或者确定其是否与案件中涉及的录音带或录像带属于同一种类，从而为查明案件中涉及的录音带或录像带的来源提供依据，或者为判定假冒伪劣音像制品提供依据。第三，对音像设备进行种属认定。例如，通过对录音带或录像带的检验，确定制作其所用的录音机或录像机的种类。

（三）解决案件中的其他技术问题

音像物证检验还可以解决其他技术问题，包括：第一，照片有无变造的问题，例如，有没有对照片上的人像或物像进行修版以改变其特征，有没有对照片上的人体或物体进行移花接木之类的处理等。第二，录音带和录像带的内容有无剪辑拼接和添加删减的问题，例如，有没有对录音带上的声音进行技术处理以改变某人的音频特征，有没有在录像带记录的内容中加上或删去某些图像以改变事件的性质或者人像的身份等。第三，有关设备的功能问题，例如，某录音机是否在录音时会产生某种噪音，某录像机是否能设置或改变录像带记录内容的某种音像同步现象，某计算机是否具备某种音像编辑的功能等。

三、音像物证检验时应注意的主要问题

1. 为了保证音像物证检验的科学性和可靠性，办案人员在提取音像物证时应该尽可能提取原始音像物证。在必须以复制方式提取音像物证时，复制人员应该全面复制，并注明复制的时间、地点、原因、方法、过程以及原始音像物证的情况。

2. 应严格、规范、科学、合理地收集、提取必要的音像比对样本。

3. 办案单位应该妥善保管收集的音像物证。为了避免在检验过程中多次使用造成音像失真，可以复制收集的音像物证，并在检验中使用复制品。但是要保存好原始件以备查对。除检验外，不得偷听偷看录音带或录像带的内容。对于涉及国家秘密、商业秘密或个人隐私的音像物证，应该保守秘密。

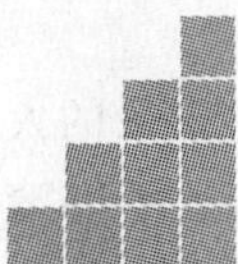

第二十二章

音像物证技术（二）：声音及其鉴定

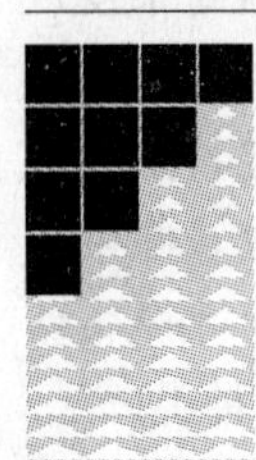

第一节　声音、语音、声（语）音辨识及声纹鉴定

一、声音与语音

（一）声音

声音是由物体的振动而产生的，振动发声的物体称为声源，振动产生的波叫声波。

声波只能在介质如气体、液体或固体中传播。声波是一种压力波，例如在空气中当声源振动时，会引起空气的分子有节奏地振动，使周围的空气分子密度产生变化，形成疏密相间的纵波，即声波。有声波传播的空间称为声场。

声音具有音高、音强、音色和音长四个基本特性。从物理角度而言，可用声波的频率或波长、声压（也称声强）和声压级等参量来描述声波。声音可作不同的分类，例如，以声源的不同，可以大致分为生物音（人声、动物声等，其中由人发出的声音又可称为“嗓音”）和非生物音（爆竹声、风雨声、乐器声等）；以声波的规律与否，又可分为准周期音（波形具有规律性，可以看出周期的重复性，人耳可以感觉其稳定音高的存在，例如单音弦乐器、人声等）和非周期音（波形不具规律性，看不出明显的周期，人耳无法感觉出稳定音高的存在，例如雷声、击掌声、锣鼓声等）。

（二）语音

语音是负载语言意义的声音，是语言的物质外壳，是人们语言交流的基础。语音尽管也是一种声音，但与一般的声音有着本质的区别，即语音承载着语言内容，且其振动发声的声源是人的发音器官，即肺和相关的呼吸肌，声带，喉腔、咽腔、口腔、唇腔和鼻腔，舌、唇、齿、软腭等。

因语音属于声音，故其也具有音高、音强、音色和音长四个基本特性，也可用频率和波长、速度、声压和声压级等物理参量来描述。

随着科学技术的发展，人们对声音及语音的认识日渐深入，最为突出的是，人们已在司法活动中充分利用声音、语音的特性，以公正处理案件。由于司法中通常利用的是人的语音之特性，且日常生活中声音又时常被用来指人的语音或嗓音，如“你的嗓音真好”、“你的声音真圆润”，故司法实践中，往往将“声音”混同于“语音”，如言及“声音鉴定”，通常是指“语音鉴定”。

二、声（语）音辨识与声纹鉴定：发展简史及相关概念

常识告诉我们，包括人类在内的一些动物通常可以在一定程度上辨识声音，即利用自身的器官如听力器官、大脑器官等分辨出所听到的声音是何种声音、源自何处。这种利用自身器官对所听到的声音之种类和来源作出决断的活动，即声音辨识。如果说，辨识者是人类，被辨识的声音是语音，辨识语音的目的有两个方面：一是识别说话的内容；二是判断说话人。在此我们关注的是说话人判别，一般称为听觉鉴别。

早期说话人鉴定完全依赖于人的听觉鉴别，纵观其三百多年的发展历史，听觉鉴别证据在被法庭采信的同时，一直伴随着不同观点的争论。

听觉鉴别最早的司法应用是17世纪英国的威廉姆·赫莱特（William Hulet）案。1642年英国爆发内战。1646年6月24日，以奥利弗·克伦威尔（Oliver Cromwell）等人为代表的议会派取得胜利，斯图亚特王朝被推翻。1649年1月30日，查理一世被送上断头台，成为英国历史上唯一一位被处死的国王。其儿子在流亡中于1651年加冕，称查理二世（King Charles II）。1660年复辟后，查理二世为替父报仇，在宣布大赦的同时，追究直接参与处死查理一世的有关人员。威廉姆·赫莱特被指控为杀害国王查理一世的刽子手。在审判当中，一位名叫里查德·吉腾斯（Richard Gittens）的证人因在刑场听见过蒙面刽子手的讲话而被要求出庭作证。庭审时，吉腾斯通过听辨，指认威廉姆·赫莱特就是那个行刑的刽子手。法庭采信了吉腾斯就语音所作的辨识结论，以重叛逆罪判处赫莱特死刑。

有趣的是该案也是一起声音鉴别的错案。在判决生效后、对赫莱特执行死刑前，发现凶手另为他人，是一名职业刽子手。该刽子手也供认不讳。法庭因此释放了赫莱特。

近代听觉鉴别最著名的案例是1934年美国霍玻特曼一案。1927年，美国著名飞行家

查尔斯·林德伯格（Charles Lindbergh）驾驶小型单引擎飞机从纽约长岛的罗斯福飞机场起飞，飞行33小时39分，在法国布尔盖机场降落，完成了世界上首次单人不着陆飞行横跨大西洋的壮举。他因此获得美国国家英雄称号。1932年3月1日，林德伯格刚满20个月的儿子在新泽西州霍普韦尔（Hopewell）的家中睡觉时被人翻窗盗走。绑匪随后写信索要5万美元赎金。按绑匪的要求，林德伯格由约翰·康顿医生（Dr. John F·Condon）陪同来到纽约布鲁克斯的圣雷蒙斯（St. Raymond' s）公墓交付赎金。绑匪不让林德伯格靠近，指定由约翰交钱，林德伯格则在约一百码外的车里等候。黑暗中，林德伯格听见绑匪喊："嗨，医生！来这里，来这里。"交付赎金以后，儿子还是没有回来。1932年5月12日，在距林德伯格家4英里外找到了被装在木箱中的孩子尸体。1934年9月，警方抓获了嫌疑人布鲁诺·理查德·霍玻特曼（Bruno Richard Hauptmann）。在随后的审判中，林德伯格对嫌疑人讲话进行了听觉鉴别。虽然距发案时间已近三年，他还是通过听觉认定霍玻特曼就是收赎金的人。法庭采信了林德伯格的鉴别结论，并结合其他证据，判处霍玻特曼死刑。霍玻特曼于1936年4月3日被执行死刑。

1937年心理学家麦克·格黑（F·Mc·Ghee）发表的研究报告《人类说话人鉴别的可靠性》（The Reliability of Identification of the Human Voice），是有关声音辨识的最早科研成果。20世纪40年代初，美国贝尔实验室出于教聋哑人看图识音的目的，发明了声谱仪。该仪器是一个动态声波分析仪，通过对语音信号的频率、强度和时间三种参数的实时分析，产生一个连续可视的语音频谱。当时在贝尔实验室工作的颇特（R. K. Potter）等人开始研究利用声谱仪来分析语音。1947年，颇特与库普（G. A. Kopp）和格林（H. C. Green）发表了《可见语音》（Visible Speech）一书，书中列出了各种语音的特征图谱，其目的是供聋人按图识音。该书后来成为语音研究不可缺少的一本声谱典。

第二次世界大战中，美国把利用声谱仪鉴别说话人的技术用于军事行动：军方对截获的无线电和电话通讯信号以及盟军特工获取的德军最高统帅部的录音资料进行分析，以准确掌握德方的军事部署以及德方高层人士对战局发展的不同观点。可以说，利用声谱仪鉴别说话人的技术在第二次世界大战中发挥了重要的作用，但战争结束后，该技术不再受军方重视，相关研究也停顿下来。

20世纪50年代后期，美国经济高速发展，电话通讯得以推广和普及，利用电话进行敲诈、恐吓的案件也数量剧增，其中以通过电话恐吓爆炸航班进行敲诈的案件最为突出，美国警方遂将此类案件统称为"电话犯罪"。"电话犯罪"留下的唯一线索是罪犯（即敲诈者、恐吓者）的电话录音。于是警方委托贝尔实验室开展研究。科斯塔（L. G. Kersta）承担了此研究任务，于1962年完成了相关研究并发表了名为《声纹鉴定》（Voiceprint Identification）的研究报告。报告对123名健康美国人的"I"、"You"、"It"等发音的25 000个声纹图进行了五万多项分析，给出了鉴定的方法，且实验准确率为99.65%。更为重要的是，科斯塔在此报告中首次提出了"声纹"（voiceprint）的概念，认为声纹可以与指纹（fingerprint）相比，是认定个体（即人身）同一的有效方法之一。自此，"声纹鉴定"一词也渐为人知。

1976年3月，美国联邦调查局（FBI）要求国家科学院进行有关利用语音声谱鉴定说话人的研究，国家科学院遂指定国家科学研究理事会之行为与社会科学联合会组建了声谱评价委员会，接受联邦调查局的委托进行嗓音鉴定研究。1979年，相关的研究得以完成，相关的研究报告《说话人鉴别的理论和实践》（Theory and Practice of Voice Identification）

也得以发表。该报告指出："从1966年首次说话人鉴定（证据）被法庭接纳的案例时起，如今已有一百多个类似的案例了。用视听方法进行说话人鉴别，在实验室条件下可以达到很高的精度，误差可低到1%～2%。说话人鉴别能够发展成为建立在科学认识上的一种成熟工作。"报告同时也指出了说话人鉴别存在的问题和今后的研究方向。

随后日本、罗马尼亚、联邦德国、苏联、印度、法国等国家先后开始进行说话人鉴定的研究并应用于司法实践。现今，已诞生了专门的以声学知识为基础、以语音为研究对象的"声纹鉴定"技术，而说话人鉴定则是声纹鉴定的重要内容之一。

所谓"声纹"，科斯塔的原意指由声谱仪等电声学仪器显示的携带有言语信息的各种声波图谱的统称。现意为说话人语音声学特征的总和。所谓"声纹鉴定"，狭义时单指说话人鉴定，是司法语音及声学检验技术的重要组成内容；广义时则泛指声纹鉴定技术。

我国的声纹鉴定技术，起步较晚，但发展并不慢。

1988年，国内声纹鉴定创始人岳俊发教授领导的中国刑警学院文检系引进美国的KAY Sona Groph 7800声谱仪，率先开展了声纹鉴定的研究、办案和教学工作。1989年，公安部物证鉴定中心（时为公安部第二研究所）引进了新型号的KAY Sona Groph 5500声谱仪，开展了声纹鉴定的科研和鉴定实践。1992年以来，最高人民检察院、司法部司法鉴定研究所、深圳市人民检察院、广州市公安局、广东省公安厅、深圳市公安局、辽宁省公安厅等多家单位也先后开展了声纹鉴定工作。目前，我国已有超过70个法庭科学实验开展了声纹鉴定工作。

1992年，公安部物证鉴定中心完成了其承担的公安部科研项目《5500声谱仪在声纹鉴定中的应用研究》，并通过了公安部的验收鉴定。这是国内第一个通过部级鉴定的声纹鉴定的系统研究项目，其实验准确率达到100%。通过对年龄、文化程度、出生地、长期生活地均高度相似的人群组的男女各30人的普通话正常语音深入全面的研究，统计出了个人语音特征稳定性及群体语音差异性的定量数据，确定了普通话正常语音声纹鉴定的程序和方法，标志着我国声纹鉴定的规范化起点，奠定了我国声纹鉴定的基础。

1996年，公安部物证鉴定中心承担了国家"九五"重点科技攻关项目《声纹鉴定关键技术及话者识别系统的研究》，通过研究因感冒引起的嗓音病理变化、不同录音器材、方言性伪装、耳语性伪装、模仿性伪装引起的语音变异规律，为声纹鉴定提供了实验依据，建立了相应的鉴定方法。该项研究一方面针对案件中说话人和检材、样本提取时普遍存在的实际问题，用定性检验和声学特征定量检测相结合的方法，研究相应的语音变异规律，得出判别的科学依据和鉴定方法，成功应用于实际检案；另一方面在对伪装语音中的研究中，确定了变化程度较小、相对稳定的声学特征，建立了此类伪装语音的说话人鉴定方法。该课题还研制出具有自主知识产权的VS99语音工作站，在功能和实用性方面远远超过当时国外同类产品。它不但具有声纹鉴定所需的各种语音测量和分析功能，还具备了语音处理功能，还可以对含有噪音的语音进行降噪处理，还可以对极其微弱的语音信号进行数字放大，使原来听不到的语音经处理后达到可听辨程度，而这些功能是当时国外同类设备所不具备的。VS99语音工作站的研制成功标志着我国声纹鉴定迈上了一个新台阶。

2006年，公安部物证鉴定中心包括声纹鉴定实验室整体通过中国合格评定国家认可委员会（CNAS）的认可。这也表明我国的声纹鉴定技术在方法和操作程序规范化等方面进一步缩小了与发达国家的差距。目前公安部物证鉴定中心声纹鉴定方法已授权给国内多家法庭科学实验室使用。

自2002年以来，公安部物证鉴定中心已经完成了超过1 500起声纹鉴定案件的检验，在刑事案件的侦破和民事经济案件的审判中发挥了极其重要的作用。

第二节 声纹鉴定的主要内容及说话人鉴定的理论依据

一、声纹鉴定的主要内容

前如所述，声纹鉴定从广义来理解，即是司法语音及声学检验。从这一视角看，声纹鉴定的主要内容在我国和国外分别是：

（一）我国声纹鉴定的主要内容

在我国，司法语音及声学检验统称为声纹鉴定，其主要内容有：

1. 司法语音学检验（forensic phonetics）。主要包括说话人鉴定、语音人身分析、语音内容辨识等。

（1）说话人鉴定：对检材（未知说话人或不确定说话人）的语音声学特征与样本（已知说话人）的语音声学特征进行综合分析比对，作出两者是否为同一人的鉴定。

（2）语音人身分析：通过检验，分析说话人的性别、年龄、方言口音、文化水平、职业特点等，为侦查等诉讼活动提供线索、指明方向。

（3）语音内容辨识：对听辨困难的录音内容进行辨识。

2. 司法声学检验（forensic acoustics）。主要包括录音的真实性检验、降噪音及信号增强、噪声分析、音源同一鉴定、录音器材鉴定等。

（1）录音的真实性检验：检验录音内容是否经过剪辑等变造形成。

（2）提高语音信噪比：对录音进行降低噪声、增强语音信号处理。

（3）噪声分析：对录音中的噪音进行分析，确定案件现场所处的环境或地点特征。

（4）音源同一鉴定：鉴别不同音像制品中内容相同的声信号是否出自同一音源。

（5）录音器材鉴定：鉴定某录音媒体是否由某特定的录音设备所录制。

（二）国外相关检验的主要内容

国外把声音司法检验鉴定称为司法语音及声学检验，主要内容为：

1. 音频分析（audio analysis），包括：（1）录音的真实性检验（authentication）；（2）语音增强处理（speech enhancement）；（3）有争议语音内容的检验（disputed utterance examination）；（4）非语音音频分析（analysis of non-speech events）。

2. 说话人鉴定（speaker identification）。

3. 司法语音人身分析（forensic linguistics/authorship identification）。

显然，我国声纹鉴定的主体内容与国外声纹鉴定的主体内容大致相同。

二、说话人鉴定的理论依据

之所以可根据语音鉴定说话人，是因为语音一旦形成，即具有独特的声学特征，虽然该声学特征在不同话次时可能表现出一定的变异，但总体而言是相对稳定的，其变异通常小于不同人在语音声学特征方面存在的差异，故还是可以被我们所认识，进而可借助现代分析仪器加以鉴别。

（一）语音的形成、声道的共鸣特性、语音四要素及声学特征

1. 语音的形成

语音的形成，可从以下几个方面来理解：（1）语音的发音机制。语音是人调节呼吸器官所产生的气流通过发音器官时所发出来的声音。气流通过时受到阻碍的部位不同、方式不同，形成的声音也就不同。人类的发音器官由主要动力器官（肺和相关呼吸肌）、振动器官（声带）、共鸣器官（喉腔、咽腔、口腔、唇腔和鼻腔）、构语器官（口腔、舌、唇、齿、软腭等）四部分组成。（2）语音产生的动力基础。人说话时的呼吸，在呼吸次数、呼气时间、呼吸量、肺气压和呼吸路径等方面与平静无语时的呼吸不同。正是这种不同于无语时的呼吸经肺的作用所形成的气流使得语音的产生有了足够的动力。（3）声带的振动机理。声带是一对唇形的韧带褶，位于由甲状软骨、环状软骨、杓状软骨以及与它们相连的肌群、韧带组成的喉腔内，边缘很薄，富有弹性。声带是语音的主要音源，平常呼吸时，声带呈倒“V”形，声带间的空隙是声门。发元音声时，杓状软骨靠拢，使得声带并合声门关闭，呼出的气流冲开声带，使声带振动产生声门波。辅音则是发音时，声门完全打开，气流在声道中受到阻塞而产生的噪音。声带振动的频率就是基频，主要由声带和喉部的生理结构及机能所决定，同时与声带质量、声带紧张度和声门下压力直接相关。声带与语音的高低关系密切，如汉语音调的高低升降就是由声带的绷紧或放松决定的。每个人声带的宽窄、厚薄、长短、韧度以及喉腔大小各不相同，因此说话声音的高低也就不同。儿童的声带短而薄、喉腔小，说话声音高而尖；成年男子的声带变厚变长，长度约为 14 毫米，喉腔比儿时增大一倍半左右，声音比原来降低约八度；成年女性声带长度约为男性的三分之二，喉腔比儿时增大约三分之一，声音比原来降低约三度；到了老年，声带和喉头肌肉变得松弛，声音较成年时期变粗变低。（4）语音共鸣腔。共鸣腔主要由喉腔、咽腔、口腔、鼻腔和唇腔组成，声门波通过这些共鸣腔的调节才可能成为语音。这些不同的共鸣腔又各自有着不同的功用，如：喉腔、咽腔的形状和大小可以随着舌头的动作、喉壁的缩张和喉头的升降而发生变化，从而影响声带音的共振。口腔中的唇、舌、软腭和小舌既可以活动以改变口腔的形态、容积和气流的通路，使声带音产生种种不同的共振；也可以与固定部位接触，形成种种不同的阻碍，使气流不能顺利通过，成为紊音和瞬音的声源。鼻腔虽是固定共振腔，异于可变的咽腔和口腔，但口腔中软腭和小舌下垂时，气流可以自由从鼻腔进出形成鼻音或鼻化音，唇或舌的调节也能有助于形成鼻音。在唇和齿之间形成的是唇腔，双唇的活动改变着唇腔的大小，进而使声音发生明显的变化。

了解、掌握有关语音形成的知识，有助于理解语音的特定性、稳定性和变异性。

2. 声道的共鸣特性

（1）共振峰

声道主要是由声门以上的喉腔、咽腔、口腔、鼻腔、唇腔组成。声道的传输特性是指声门波经过声道的共鸣、调制后，其频谱发生变化。发元音时，声门波通过声道并产生共鸣。声道共鸣使部分谐波增强，部分减弱，声源频谱发生了极大的变化。这时声音频谱的各谐波振幅的包络线，就是声道传输特性曲线。声道传输特性曲线中振幅加强了的相邻的谐波通称为共振峰（formant，表示为 F）。按照共振峰频率数值，由低到高分别称为第 1、2、3、…、n 阶共振峰，用 F_1、F_2、F_3、…、F_n 表示。共振峰的特征常用数量、频率、强度和带宽来表征。

图 22—1 中，横坐标为时间，纵坐标为频率，粗黑的横杠就是共振峰，其强度由灰度

值来表示。

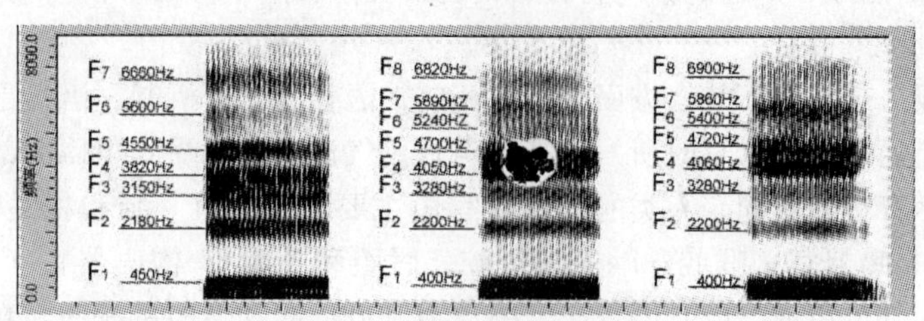

图 22—1 宽带语音三维谱图

发鼻音时，鼻腔成为声管分支，因此声道传输特性曲线上不但有共振峰，即极点，还有峰谷，即零点，也称为反共振峰。两者合称为"极—零对"。

声道的传输特性是由声道本身的形状、长度和声音在声道传输中的损耗决定的。口腔以及唇舌的灵活变位变形使声道成为各种不同形状的声管，形成不同的声道传输特性，使声音具有不同的音色，成为不同的语音。不同的人在发同一个音时，由于个人声道形状和长度等的差异，虽然听起来是同样的音，但在声道传输特性上有一定的差异，音色上也就有所不同。

(2) 共振峰的主要参量

共振峰有三个主要参量，分别是频率、强度和带宽。

1) 共振峰的频率。共振峰的频率是元音声学特征的重要表现，它表示共振峰在声道传输特性曲线上的位置，与声道形状、声道长度密切相关。图 22—2 是元音［e］、［i］、［a］、［u］的声道模型和它们的前三阶共振峰频率示意图。

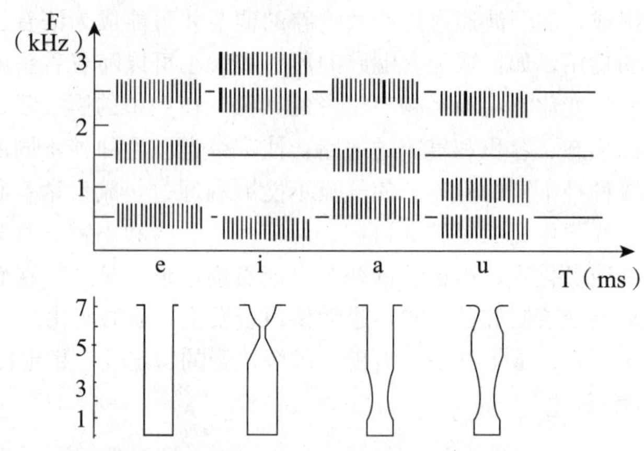

图 22—2 声道形状与共振峰频率关系示意图

A. 共振峰的频率与声道形状的关系。

如果把元音的语图模式和元音的发音机制联系起来比较，就会发现共鸣腔形状与共振峰频率密切关联，主要表现在以下三点：

——F_1 与舌位高低密切相关。舌位高，F_1 就低；舌位低，F_1 就高。

——F_2 与舌位前后密切相关。舌位靠前，F_2 就高；舌位靠后，F_2 就低。

——F_2 与嘴唇的圆展也有关系。圆唇作用可以使 F_2 降低一些。

从 F_2 与舌位前后的关系可以看出，F_2 的升降实际与前共振腔的大小有关。舌位后移，前共振腔体积变大，于是 F_2 降低；舌位前移，前共振腔体积变小，于是 F_2 升高。圆唇作用实际是把前共振腔向前延伸一些，因此 F_2 也略微降低。

——F_3 与元音舌位的关系并不十分密切，但是受舌尖活动的影响，当舌尖抬高卷起发音时，F_3 的频率就明显下降。

B. 共振峰的频率与声道长度的关系。

声道长度对共振峰频率的影响是：声道越短共振峰频率越高，声道越长共振峰频率越低。

语音学界对男、女、童的发音实验数据进行比较，发现普通话共振峰的频率值女性为男性的 1.25 倍，儿童为男性的 1.35 倍。这与他（她）的实际声道生理长度也相对应：男性声道最长（通常认为约 17.5 厘米左右），女性声道较短，儿童声道最短。表 22—1 是实验中男、女、童发元音［ə］时的数据：

表 22—1　　声道长度与共振峰频率关系的实验数据

声道长度（约）	F_1（Hz）	F_2（Hz）	F_3（Hz）
17.5cm（男）	500	1 500	2 500
14.75cm（女）	593	1 779	2 965
8.75cm（童）	1 000	3 000	5 000

2）共振峰的强度。强度（振幅）是共振峰的第二个主要参量，表示共鸣作用的强弱，与一个人发音时气流的强弱有直接关系。

3）共振峰的带宽。带宽是共振峰的第三个主要参量，表示共振峰尖锐程度，按峰值以下 3 分贝处的频率宽度而定，它的大小取决于声道内声波传输时的损耗，如：黏性损耗、腔壁振动损耗、唇端辐射损耗等，与一个人发音习惯有关。共振峰振幅和带宽密切相关，振幅大带宽小，振幅小带宽大（见图 22—3）。

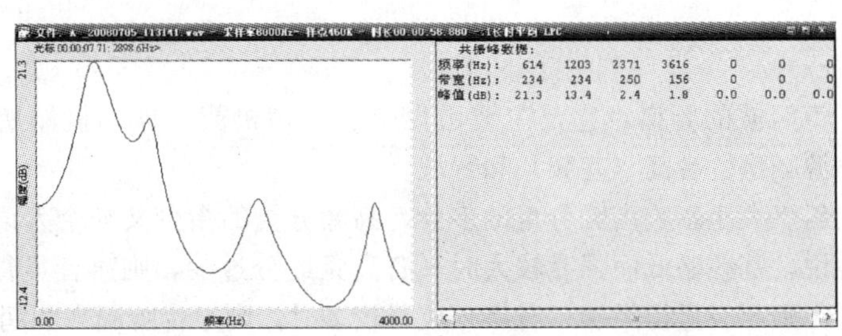

图 22—3　一位男性说话人［a］的共振峰数据

3. 语音四要素

从感知语音学来看，描述、区分语音，可从音高、音强、音色和音长四个方面入手。正是被称为语言四要素的这四个参量为人们提供了区别语音的最便捷方法。（1）音高是声音的高低，取决于发音体振动的频率，而频率又取决于声带的长短、松紧、厚薄，故音高与声带的状况密切相关：成年男性声带长、松、厚，因此语音比儿童和女性低。同一个人，声带的松紧决定音高的变化，声带越紧声音越高，反之越低。（2）音强是声音的强弱，取决于音波振幅的大小。推动发音体振动的外力大，音波的振幅就大，发出的声音就强；反之声音就弱。就人而言，说话时肺部的气流大小不同，发出的声波有大有小，故语音有轻重强弱之分。(3) 音色是指声音的本质，是某声音区别于其他声音的关键之处。形成语音的振动不同，便形成了不同音质的音。对于汉语来说，发音体的不同、发音部位的不同、阻碍气流的方式的不同、气流的强弱的不同、舌位的变动、圆唇否以及声带是否振动都是影响音质的重要因素。(4) 音长是声音的长短，取决于发音动作持续时间的长短。持续时间长，声音就长，反之则短。音长与人的发音习惯和心理因素直接相关。

音高、音强、音色、音长是四个主观参量，与听辨者本人的主观感觉密切相关。人们能够辨识声音通常是因为人们能够从音高、音强、音色、音长四个方面感受到某语音与其他语音之间的差异。

4. 语音的声学特征

声谱仪的诞生及物理学的深入发展使得我们能够认识到，语音为复音，由频谱组成并可从声学角度以客观物理量来描述，而感知语音学意义上的前述语音四要素相应也可用若干声学特征来具体表征。

从声学角度言，语音的不同是因为语音的频谱成分不同，但一些非频谱特征也有助于说话人形成独特的语音特征，故，在探讨语音的声学特征时，要从非频谱特征和频谱特征两方面入手。

(1) 非频谱特征

非频谱特征包括语音的清晰度、粗哑度、强度、韵律、方言口音以及地域性、行业性习惯用语、俚语等说话习惯特性以及错别字、赘语、言语缺陷（口吃）、发音器官缺陷（如大舌头）等，是可被感知的声学音征。如韵律特征，包括除了音色特征以外的音高、音强、音长等语音要素，还包括声调、轻重音和语调等。韵律特征可简单地理解为语音的抑扬顿挫、轻重缓急。

(2) 频谱特征

频谱特征主要包括声源特征（声道谱、声门波激励特征、基音）、共振峰特征、嗓音起始时间等。

1) 声源特征。

声源特征即声门波的频谱，它是主要由声带的生理机能和振动机制所决定的语音特性。主要包括声源频谱、音高（基频）和音域。

声源频谱的斜率大小影响高频分量的多少，高频分量的多少又与个人语音的音色有一定关系。一般地说，基频略低而强度较大时，若高频成分过少，则声音显得干瘪沙哑；若高频成分稍多时，则声音显得柔和；若高频成分较多时，则声音听起来圆润饱满。

语音学用复音中最小谐波的频率——基频来表征语音的音高。音节中音高随时间的变化形成该音节的声调。汉语音调是音节的重要组成部分，可以区分不同的音节。声调具有个人特性，可用于说话人的识别。另外，为了从总体上表征说话人的声音高低，可引入长时平均基频（也称长时平均音高）这个参量：它由相当长的一段时间内正常说话时基频的平均值来表示。

音域是音高的变化范围，与声带的解剖结构和情绪有关。说话时的音域又称为调域，正常说话时调域约为一个八度音。

2) 共振峰特征。

音色（音质）即声音的特色、本质，是语音最重要的属性，由语音频谱决定。元音的音色主要表现在共振峰特征上，不同人的元音音色的差异由声道传输特性来表征，表现在共振峰数量、各阶次共振峰频率及其相对强度上。

3）辅音特征。

辅音的音色由于辅音的发音方法和发音部位不同、声源和气流通道的不同，其音色主要表现在强频集中区及下限频率的位置、形态，以及鼻音共振峰特性、嗓音起始时间（VOT）和音渡（T）等声学特性上。

4）振幅特征。

单音节中，声母、韵头、韵腹和韵尾的强度关系，由振幅曲线表征。由于它们是在一个音节之中，时长短且联系紧密，虽然受语气、语速的影响，但相对来说还是比较稳定的，具有地域性和一定的个人特殊性。多音节和语句中各音节的强度关系，可和语调特征一起比对、分析。

（二）语音的特点

语音一旦形成，便具有稳定性、特殊性和变异性三大特点。

1. 语音的稳定性

语音的稳定性，即一个人的语音在较长时间内其本质特征保持不变的特性。

语音的稳定性首先源自发音器官结构及其机能的稳定性。人的发音器官并非一成不变，在儿童、青少年、成年和老年的过渡变更时期，特别是在声带的“变音”期，语音更会发生较大的变化。但在某个年龄段内，其发音器官的变化却是缓慢、渐行的，特别是在成年期，人的发音器官从生理上说已经成熟，如声带的长度、厚度、张力等生理结构及状态，声道的长度、截面积等生理结构及状态等，在相当长时间内不会发生显著变化。因此，个人语音在一段时间内稳定不变。

其次，语音的稳定性还取决于人的大脑、神经系统及发音系统的成熟及相互间形成的稳定的动力定型。人从“咿呀学语”开始，经过了无数次地“听—想—说”的学习、校练。即听觉系统、大脑及神经系统和发音系统经受言语信息的不断刺激和强化，逐渐形成了符合当地言语规范的可以交流的语言。大脑的发育除了生理性的成长以外，还伴随功能性的成熟，包括言语功能的成熟。在听、想、说的语言交流程式中，无论是听觉系统、发音系统还是大脑抽象思维功能都形成规则化、程序化的固定模式。言语的这种与个人的高级神经系统相关的抽象思维、条件反射模式，一旦形成则难以改变。包括说话时发音器官及其相应肌群的配合关系形成的生理动力定型，也决定了语音不会轻易改变。

最后，言语的社会性也使得语音具有稳定性。言语不仅是生理、心理行为，而且是一种社会行为，必然要受社会的影响和制约，带上社会的烙印。在言语形成的长期过程中，每个人都处在一定的生活、社会环境中，形成了符合当地（地域、社团或职业的）习惯的语音和言语规范。这样，便能在当地的地域、社团范围和相同职业的人群中互相听、说，自如交流。而这种当地口音、社团和职业的词汇、语法、表达方式等使用习惯一旦形成，也相当稳定。

2. 语音的特殊性

语音的特殊性，即每个人的语音其声学特性都独一无二，异于他人。语音是人的发音器官发出的声音，虽然人的发音器官在结构及机能方面总体上一样，但每个人的发音器官仍有细微的生理差异，如：肺和呼吸肌群的生理状况不同，声带的质量、长短、宽窄、薄厚不同，组成声道的咽腔、口腔、鼻腔的长度、大小、截面积不同，舌、齿、唇等调制语音器官生理状况不同等，故不同人发出相同音节的语音会有声学意义上的差异，反映到声纹，则会出现不同的声纹谱图。

此外，不同人在听觉、神经、大脑系统功能方面依然会有生理差异，在后天言语训练以及发音器官配合关系的动力定型方面也会各不相同，故不同人的语言能力也会不同，继而形成个人的言语特点。而个人生活的地域、所在的社团、从事的职业，及性别、年龄、文化水平等也会影响到语音的声学特性，使之具有特殊性。

3. 语音的变异性

虽然个人的语音在一段时间内保持稳定，但每个人的语音并非绝对不变。即使是同一人重复同一个音，其语音特征也不会绝对相同。故，语音在拥有稳定性的同时，还具有变异性。所谓语音的变异性，即同一说话人在不同次发音时，其语音声学特性参数之间存在的一些细微变化。它是语音动态特性的具体表现，符合“静止是相对的、运动是绝对的”哲学观。

个人的语音特征受年龄、生理和心理以及记录、传输器材等影响而发生的变化，称为个人语音特征的变异。该变异可分为以下两类。

(1) 不受控变异

不受控变异，即语音特征方面的变异并非是说话人故意改变发音方式和习惯引起的。最常见的有以下四种情况：1）言语环境、对象和语气引起的语音特征变异；2）情绪和生理状态引起的语音特征变异；3）病理引起的语音特征变异；4）语音在采集、传输过程中受器材、传输信道、噪音等的影响引起的变异。

(2) 受控变异

受控变异，即语音特征方面的变异源自说话人有意改变发音方式和发音习惯。实践中，受控变异语音通常即伪装语音。

个体语音的特殊性决定了不同说话人之间的语音特征必然存在不同，这种不同，称为说话人间的语音特征差异。同一说话人不同话次间存在的只是语音特征的变异（即非本质差异），不同说话人间存在的则是语音特征的差异（即本质差异），而通常言，个人语音的变异性小于不同说话人间语音特征的差异性，故依据语音自身的特殊性，借助语音在一定时段的稳定性，我们便能运用现代的检测仪器和方法，科学地鉴别说话者，即实现说话人鉴定。

第三节　说话人鉴定的主要仪器设备、方法和声纹谱

一、说话人鉴定的主要仪器设备

（一）早期设备——语图仪（sonograph/spectrograph）

语图仪是一种动态音频频谱分析仪，能把语音信号转变成可见的语图，早期即声纹。通过对声纹的分析、比对，即可对语声进行鉴别。早期我国声纹鉴定使用过的语图仪有两种：美国KAY公司生产的7800型语图仪和DSP5500型语图仪。以7800型语图仪为例，其构造分三部分：一是信号记录器。它相当于录音机，可以记录语音信号，能够循环放音，并把语音信号输送给信号分析器进行定性尤其是定量分析。二是信号分析器。它是语图仪的核心部分，能利用快速傅立叶变换（FFT）倒频谱和线型预测编码（LPC）技术，将时域的语音信号转变成频域信号，供分析鉴别使用。三是频谱显示器。它利用烧灼式打

印机打印出语音信号的频谱图，或者是与计算机连接以显示语音信号的频谱图。DSP5500是7800的升级产品。

（二）语音工作站（voice workstation）

语音工作站是20世纪90年代开发出来的基于PC计算机的语音信号分析系统。它是利用计算机发展而来的高新技术：在现代计算机上配以专门设计的语音分析软件系统，即可对语音进行定性、尤其是定量分析。语音工作站具有准确、方便、快速、灵活、便于升级等特点。

我国目前普遍使用的是VS99语音工作站。它是国家“九五”重点科技攻关成果，具有完全自主的知识产权，由公安部物证鉴定中心和北京阳宸电子技术公司联合研制。它不但具有声纹鉴定所需的各种语音测量和分析功能，还具备了说话人自动识别功能和语音处理功能，可以自动识别说话人，还可对含噪录音进行降噪处理、对极其微弱的语音信号进行数字放大，使原本听不到的语音经处理后达到可听辨的程度。系统以PC机为硬件平台，以专业级声卡为信号采集器，保证了硬件的可靠性和稳定性。使用标准的中文Windows平台，操作直观、易懂、容易掌握。该系统有8kHz～44kHz的采样率，可随意调整；可实施宽带语图、窄带语图、波形图及各种频谱曲线的动态实时采集分析。

（三）说话人自动识别系统

说话人识别，即说话人鉴定。说话人识别不同于语音识别，其区别在于，前者不注重包含在语音信号中的文字符号以及语义内容信息，而是着眼于包含在语音信号中的个人特征，提取说话人的这些个人信息特征，达到识别说话人的目的，即解决“他是谁”的问题。后者则要注重说话人在语音信号中的文字符号、语调以及语义内容信息，达到解决“说什么”的问题。

说话人自动识别系统按识别方法可以分为“说话人确认”（Speaker Verification，ASV）和“说话人辨认”（Speaker Identification，ASI）两类。从本质上说，它们都是利用说话人的语音，并从中提取与说话人个人特征有关的信息，再与系统存储的参数模型比较，最后作出正确的判断。但两者还是有较大的区别：

说话人确认是确认一个人的身份，是“一对一”的判定过程，它只是一个特定的参考模型和待识别模式之间的比较，系统只需作出“是”或“不是”的二元判断。

说话人辨认则要求系统必须辨认出待识别的语音是来自系统存储的参数模型N个人中的哪一个（闭集），还要对这N个人以外的语音作出拒绝的判别（开集）。

说话人辨认需要进行N次比较和判断，所以它的误识率要大于说话人确认，并且随着N的增加，其性能将会逐渐下降。

说话人自动识别系统按识别用的语音内容来分，可分为三类：（1）与文本无关（text-independent）。即识别时不限定所用的语言及内容。（2）与文本有关（text-dependent）。即系统存储特定语句的参数模型，识别时必须用这些相同发音和内容的语句进行识别。（3）文本指定型（text-depend）。系统事先存储说话人一些语句的参数模型，在每一次识别时必须先由识别装置向说话人指定需发音的文本内容，只有在系统确认说话人对指定文本内容正确发音时才可以被接受。

二、说话人鉴定的主要方法

（一）语音学分析法

语音学分析法是司法领域说话人鉴定的最主要方法，它是在L.G.科斯塔发明的声谱图比对法的基础上发展起来的。单纯的声谱图比对法现在已被淘汰。

语音学分析法是通过分析说话人的语音声学特征，如声源特征、发音时的声道形状特征、发音时的口腔及双唇特征以及语音信号时变频谱特征等对说话人进行鉴定。

语音学分析法的准确率很高，其鉴定结论已被多国法庭所采纳。我国也普遍采用此方法，这其中，又以公安部物证鉴定中心为代表。

语音学分析法的基本程序为：听觉鉴别、视谱比较、定量比对。

1. 听觉鉴别

辨听检材和样本中说话人的非频谱特征。重点是从音高、嗓音特征、鼻音特征、方言口音、口头语、言语速率、节奏、清晰度、流畅度以及发音器官和言语功能的缺陷等入手。同时对检材或样本是否有伪装进行初步的评价。

听觉鉴别时，还要听辨检材和样本的语义、词汇、语法及其表达方式的差异，最后作出相似或差异程度的评价。

2. 视谱比较

观察分析检材和样本中说话人的频谱特征。仔细观察、分析检材和样本中相同和相近的音素、音节、语词、短语谱图的语音声学特性和声学模式，包括共振峰特性（共振峰阶数、频率、强度）、共振峰动态特征、音节内过渡特征（前音渡、后音渡）、音节间过渡特征、辅音 VOT、过零率曲线和辅音浊化现象、协同发音现象、音强曲线、基频曲线（调值、调域、趋向）等，最后作出相似或差异程度的评价。

视谱比较要与听觉鉴别结合进行，重点选取相同的音素、音节（字）、语词、语句及相同的上下文。

3. 定量比对

对检材和样本中相同或相近的音素、音节、词语、短语声学特征参量（包括共振峰、音强、基频、时长、功率谱、长时平均基频等）进行多参量的统计比对，进行同一性的定量评价。

（二）语音信号处理法

近年来随着信号处理技术的发展，应用语音信号处理进行说话人鉴定的方法应运而生。

语音信号处理法的基本原理是，对语音中说话人特征参数进行分离提取和线性或非线性处理，建立语音模型，进行模式匹配，确定与其最接近的一个已知说话人的语音模型。它还可细分为说话人辨认系统和说话人确认系统。

我国近年来也在积极探索用于鉴定的说话人自动识别系统的研制。目前已出现了由公安部物证鉴定中心、南京市公安局、北京市公安局、广东省公安厅、中国刑警学院、公安部第三研究所等单位与社会科研单位、高校合作研制出的基于语音信号处理方法的识别系统。如 2007 年 12 月，公安部物证鉴定中心承担的公安部科研项目《司法语音及声学与自动识别技术研究》通过验收，课题创新之处在于，将说话人自动识别技术与语音工作站有机地结合，使鉴定人可以将采用语音学和声学方法进行鉴定的结论与采用信号处理技术得到的结论相互认证，进一步提高了结论的准确率，为声纹鉴定提供了一个实用的系统。该系统还可用于侦查中大量嫌疑人的排查，可以有效地缩小侦查范围，大大提高工作效率。同时由于它具有语图的实时显示功能，也适用于公安系统的行动技术中语音信号的采集。

（三）语音信号处理与语音学分析结合法

语音信号处理与语音学分析结合法是近年来司法语音及声学研究的一个方向，也称为半自动识别系统（semiautomatic speaker identification）。该法将语音信号处理与语音学分析相结合，由专家设定特征提取条件，再由系统完成判别。

公安部物证鉴定中心和深圳市人民检察院、中山大学于 2003 年共同完成了深圳市重点科研项目《广州话司法语音及声学方法的研究》。该项目首次应用马氏距离判别法识别男性说话人；应用模糊数学的隶属度推广了费歇（Fisher）判别法，以识别女性；设计出界面友好、操作简单的 GTS1.0 软件系统，提高了结果判定的客观性，具有较强的创新意义。

三、声纹谱简介

声纹谱反映了语音的各种声学特征及动态参数，形态多种多样，主要有带状谱（宽带谱、窄带谱）、曲线谱、线状谱和连续谱等。了解、认识了这些声纹谱，即可利用语音工作站进行相应的检验鉴定。

（一）波形谱（waveform）

波形谱是语音振幅（强度）随时间的动态变化谱（见图 22—4）。它主要有元音形成的周期波和辅音形成的非周期波。横坐标表示时间，纵坐标表示振幅（强度）。发音用力越大，气流越强，振幅越强。

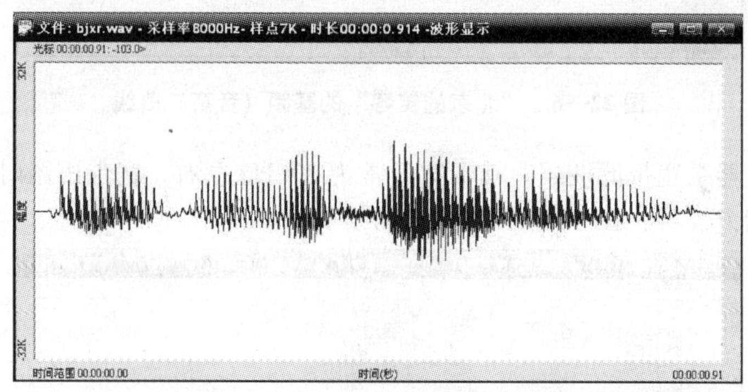

图 22—4　“北京的笑容”的波形谱

（二）振幅谱（amplitude curve）

振幅谱是语音波的振幅包络。高低起伏的线条表示语音强弱随时间的动态变化。横坐标表示时间，纵坐标表示振幅强度（见图 22—5）。

（三）基频谱（foundational frequency/pitch）

基频谱也是声调谱。表示语音的基频随时间的动态变化。横坐标表示时间，纵坐标表示频率（见图 22—6）。

（四）宽带三维语图（broadband spectrogram）

三维语音图表征声音的频率、强度和时间关系，简记为 t—f—a。也是声谱仪描绘的最基本声谱图。横坐标表示时间，纵坐标表示频率，灰度等级表示振幅强弱，故称为三维语图（见图 22—7）。

三维语图根据分析滤波器带宽可以分为宽带图和窄带图。所谓“宽带”是指在分析时

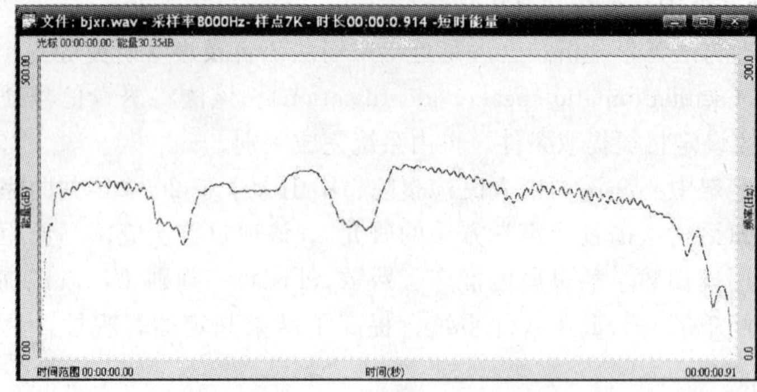

图 22—5 “北京的笑容”的振幅谱

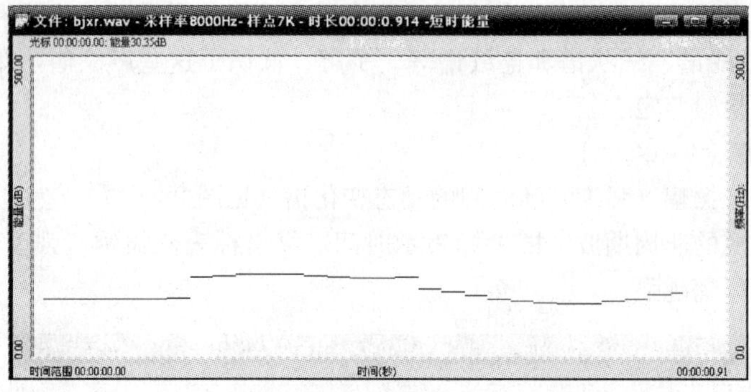

图 22—6 “北京的笑容”的基频（音高）曲线

所用的带通滤波器系宽带滤波器，其带宽通常为 300Hz 左右。宽带语图时间分辨能力较强、频率分辨能力较弱，适用于检测共振峰的频率特性。

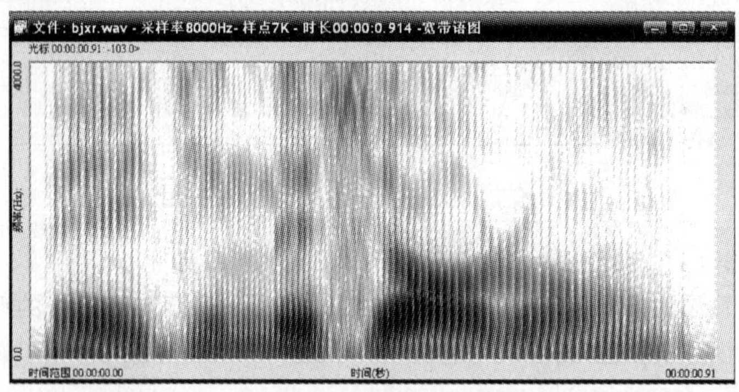

图 22—7 “北京的笑容”的宽带三维语图

（五）窄带三维语图（narrowband spectrogram）

所谓“窄带”三维语图是指在分析时所用的带通滤波器系窄带滤波器，一般采用 45Hz 左右的带宽。与三维宽带声谱图一样，它同样表示语音频率、强度、时间的关系（见图 22—8）。窄带语谱频率分辨能力较强，时间分辨能力较弱，适用于表现和检测基频与谐波的形态与频率值。

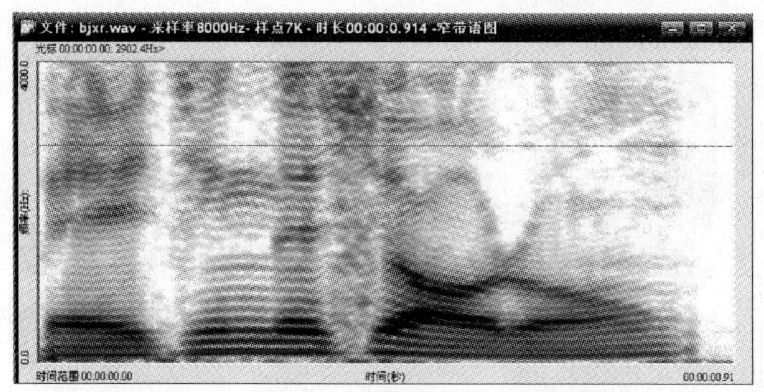

图 22—8　“北京的笑容”的窄带三维语图

以上各种谱图都是在时间域内实现的。语音振幅随时间的变化形成时域谱，对其分析称为时域谱分析。语音振幅随频率变化形成频谱，对其分析称为频谱分析。时域信号经傅立叶变换可以得到频域谱。

（六）LPC 谱

LPC 即线性预测编码（Linear Predictive Coding），是一种类似于人类语音产生方式的、采用周期性的脉冲激活过滤器的语音编码方案。该编码之所以是可预测性的，原因在于其采用过去的数据信息（由向量所代表的），以一种向前反馈的方式预测未来的值。它既是一种语音分析技术又是一种以低的比特率对高质量的语音进行编码的方法。它提供了语音参数的精确评估，而且估算起来相对有效。

常见的 LPC 谱主要包括实时 LPC 谱、平均 LPC 谱、长时平均 LPC 谱三种。

1. 实时 LPC 谱

实时 LPC 谱是语音某一时刻的 LPC 谱，显示语音某一时刻各个谐波的频率和振幅的数值。可用于共振峰频率和振幅的检测。图的横坐标表示共振峰频率，纵坐标表示振幅强度（见图 22—9）。

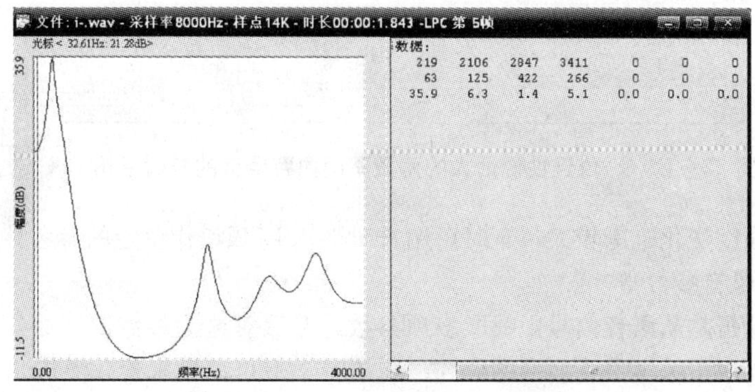

图 22—9　[i] 的实时 LPC 谱

2. 平均 LPC 谱

平均 LPC 谱是指一个时间段内语音的平均强度按频率分布图（见图 22—10）。图的横坐标表示频率，纵坐标表示强度。适用于某个音段元音共振峰、辅音强频区的频率和振幅数值的检测。

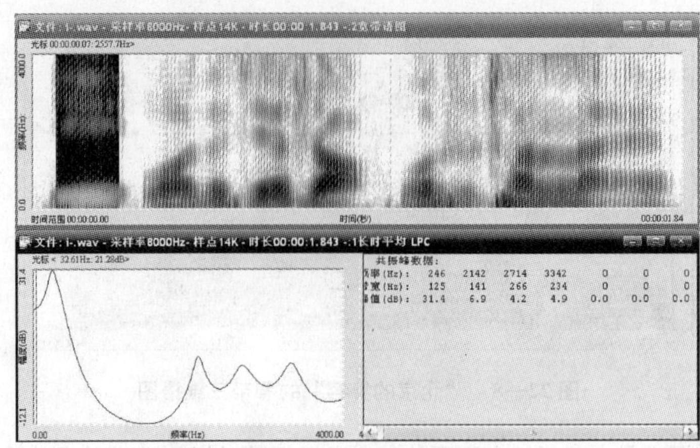

图 22—10 [i] 的平均 LPC 谱

3. 长时平均 LPC 谱

长时平均 LPC 谱是通过计算 30 秒以上的语音的平均 LPC 值，分析语音平均强度按频率的分布规律，反映说话人的语音综合特征，在一定意义上与语音内容、语种等无关。下面是一位男性说话人的两段不同内容语音的长时平均 LPC 谱（见图 22—11）。

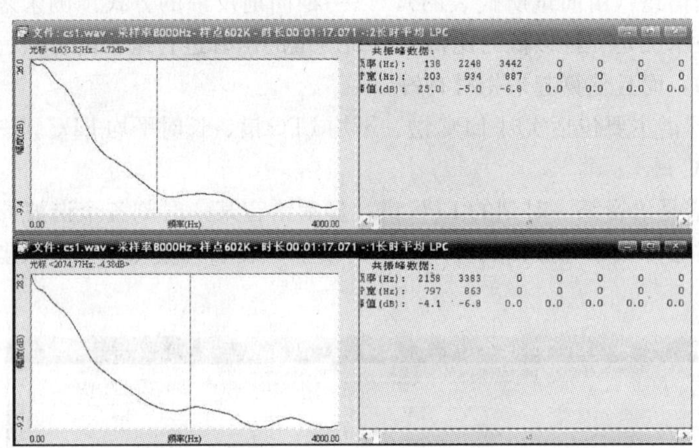

图 22—11 一位男性说话人的两段不同内容语音的长时平均 LPC 谱

由于语音强度变化范围较大，有时可用长时平均 LPC 谱作鉴定的参考性指标。

（七）多维嗓音参数谱

多维嗓音分析是从语音信号中提取多项参数，然后对这些参数进行综合分析。多维嗓音分析最初主要用于医学嗓音病变的研究。在语音学上可以用来量化不同人的嗓音，其中有些参数对建立模型十分有用。例如，研究发现，随着基频的提高，频率抖动慢慢降低。另外，随着基频的提高，振幅抖动体现出较为复杂的情况。多维嗓音参数之间有的关系比较简单，而有的关系却很复杂（见图 22—12）。常用的多维嗓音分析参数有六大类三十多项。

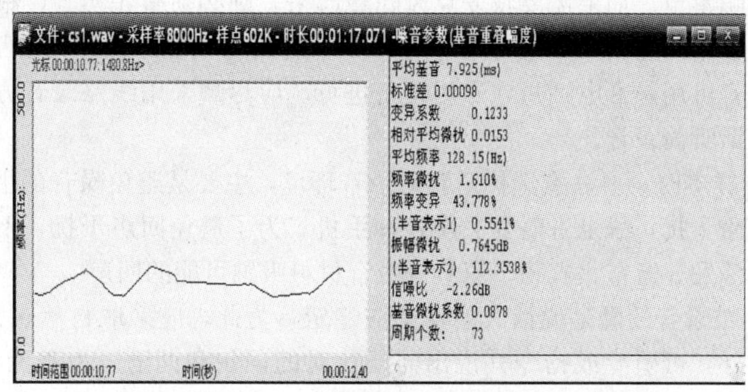

图 22—12　一位男性说话人的多维噪音参数图

第四节　声纹鉴定的样本提取及说话人鉴定的结论种类

一、提取声纹鉴定的样本时应注意的主要问题

用于声纹鉴定的检材和样本，显然是承载有供认识、分析声纹用的语音的材料。通常而言，我们无法选择检材的“好坏”，如犯罪分子绑架勒索讨要赎金时的电话录音、银行实时监控装置录制下的录像带中的声音等，是案件或事件发生时“自然”生成的语音材料，无论其质量是“好”还是“坏”，其均可能成为声纹鉴定的检材。但是，当需要启动鉴定时，我们却可以尽可能按照一定要求获得有较好质量、可用于比较分析的样本（即疑是说话人的语音材料），故应该了解提取声纹鉴定的语音样本时应注意的一些主要问题。

1. 一般而言，应要求委托鉴定的机构在委托鉴定并提交检材语音材料时，同时提交检材内容的文字记录，这样不仅方便鉴定时对检材的检验（因为有时有一些方言不是鉴定人员能听懂的），更重要的是，便于提取有相关语音内容的样本语音材料。

2. 作为用于鉴定时比对使用的语音材料，即样本，要具备一定的录音质量。即录制的语音清楚可辨，环境噪声低、图谱清晰，录音时失真度小，主要语音一般应具备 3 条以上有效共振峰。

3. 疑是说话人的语音样本要含有自述语音，即：今天是×年×月×日，我叫×××。还应有疑是说话人的自由语音样本。语音的时长应为 3 分钟以上，并要有一定的与检材中内容相同的语句或语词。

4. 疑是说话人的语音样本应与检材一样，通常是原始的录音材料。

5. 录制语音样本时，应尽量使用与录制检材相同的录音设备。如果无法得到录制检材的录音设备时，应选用性能更优的录音器材。

如果用微型录音机录音，带速要选择每秒 2.4 厘米，不能选择每秒 1.2 厘米。要用新磁带和新电池，录音后把磁带的防误抹挡片撬掉。磁带避免潮湿、灰尘、高温、强磁、直射阳光和化学试剂的污染。

如果用数码录音笔或手机录音，不要选择长时录音模式（即 LP 模式），防止因采样率过低而引起的高频特征缺失。

6. 录制语音样本时，麦克风的距离要适当，要避免麦克风被遮盖，否则语音高频衰减得非常厉害，影响鉴定。如果需要将麦克风隐藏起来，则必须事先实验，根据麦克风的性能，通过语音工作站的监测（如果有条件的话），调整好方向和距离，再录制。

录制电话语音可用录音电话机或专用设备进行。应尽量采用线路录音方式，不要用麦克风直接对着电话听筒录音。

7. 录制语音样本时，要注意选择适宜的录音环境，主要是避免噪音的干扰，特别要注意移动电话的电磁干扰，故录音时要关闭各种手机。为了避免回声干扰，不能在空旷的房间录音，而应有沙发、窗帘、衣物、家具等吸音材料吸纳可能的回声。

8. 录音时，被录音的疑是说话人的情绪应稳定，为此，应采取自然正常的说话状态。除一般讯问谈话外，可引导或指令其说出需要比对的词句和词语。为避免其改变、掩饰、伪装个人的口音和说话习惯，要求其重复3至5次。如果检材或样本有伪装，重复的次数更要增加。

9. 语音样本提取完成后，要对语音的录音人、录音器材、录音环境、录音方式、样本数量等情况进行详细记录，供送检时使用。

二、说话人鉴定的结论种类

从理论上说，就说话人是谁而进行鉴定，其结论无外乎两种，即“认定同一”或“否定同一”。但因检材录音材料录制的环境千差万别、录制设备各不相同等，检材录音材料不一定均有可供鉴定的较好质量；同时，样本录音材料也会因各种各样的原因而有可能无法满足比对的需要。因此，实践中的说话人鉴定，其结论不只前述两种。而且，不同国家，受具体司法制度的影响，相应的鉴定结论之种类也有差异，与技术水平无关。

（一）我国说话人鉴定的结论种类

目前，我国说话人鉴定的结论分为五种：

1. 认定同一；
2. 倾向认定同一；
3. 无结论；
4. 倾向否定同一；
5. 否定同一。

（二）美国说话人鉴定的结论种类

目前，美国说话人鉴定的结论一般分为七种：

1. 确认相同（identification）；
2. 很可能相同（probable identification）；
3. 可能相同（possible identification）；
4. 无法判断（inconclusive）；
5. 可能不同（possible elimination）；
6. 很可能不同（probable elimination）；
7. 确定不同（elimination）。

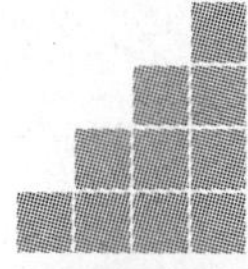

第二十三章

音像物证技术（三）：图像物证及其检验

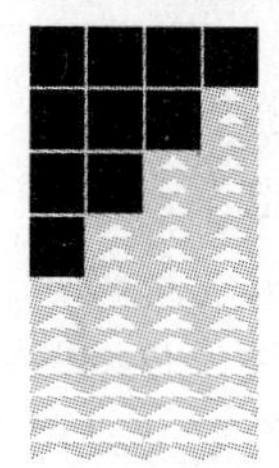

第一节 图像概述	一、图像的概念 二、图像的数字化 三、静态图像的形成 四、静态图像的后期制作 五、动态图像的形成与编辑
第二节 人像照片检验	一、人像面部特征 二、人像面部特征的特定性和相对稳定性 三、人像照片检验的步骤和方法
第三节 变造、伪造图像的检验	一、变造、伪造图像的概念 二、手工制作变造、伪造图像的鉴别 三、计算机制作变造、伪造图像的鉴别
第四节 模糊图像处理与图像测量	一、数字图像的清晰度 二、模糊图像的种类与处理 三、图像测量
第五节 动态图像摄录设备的检验	一、摄录设备性能及状态的检验 二、摄录设备的带机同一性检验
第六节 动态图像内容的检验	一、动态图像连续性检验 二、动态图像真实性检验

第一节　图像概述

一、图像的概念

所谓图像，是指客观世界的物体及其周围景物发出或反射的光线，经光学器件的折射或反射，在光化学或光电材料上形成的影像。人们日常见到的照片、幻灯片和电影、电视图像，就是常见的图像显示形式。图像能够记录和再现物体的形态及其所处环境，是物质空间的客观反映。图像有静态和动态之分。以固定不变的一幅影像记录或再现某一时刻客观事物状态的图像，称为静态图像，如照片、幻灯片等；以连续变化的多幅影像记录或再现一段时间内客观事物变化状态的图像，称为动态图像，如电影、电视屏幕上播放的画面。

二、图像的数字化

物体通过光学器件形成的光信号影像经过光电转换可以转化为电信号图像。由连续电信号组成的图像为模拟图像，由点阵电信号（即数字信号）组成的图像为数字图像。将模拟图像转化为数字信号，供计算机系统存储、处理、显示和输出的过程就是图像的数字化。图像数字化的设备主要包括数码相机、数码摄像机、扫描仪、图像采集卡等。以数码相机为例，物体通过镜头在感光介质上成像，光信号转化为模拟电信号，通过对模拟信号的采样、量化和编码，就形成图像的数字信号。

数字化图像包括位图和矢量图两大类。当我们在计算机显示器上把一张数字图像放大到一定程度时，就会看到这张图是由一个个方块组成的，每一个方块就是一个像素，这种由像素形式构成的图就是位图，其清晰度与像素的多少有关，通常来说像素越多，图像越清晰。由于位图包含的信息量非常丰富，所以多数复杂的图像都用位图表示。矢量图是计算机对图像进行的描述，如构成该图形的所有点、直线、圆、弧、矩形、曲线等图元的位置、色彩和形状等，显示矢量图要有专门的软件，图像放大后看不到像素，对矢量图局部放大很多倍以后仍然跟原图一样清晰。但矢量图包含的信息量少，复杂的图像无法用矢量图来表示。

对数字图像的处理包括增强、去除噪声、嵌拼、融合、复原、分割、提取特征等。诉讼活动中通常会遇到模糊图像处理、图像测量、伪造图像鉴别等方面的技术问题。

三、静态图像的形成

静态图像是诉讼活动中经常遇到的视听资料之一。了解并分析静态图像的形成过程，有助于正确认识静态图像的客观真实性，有助于正确运用图像证据。本章所述的静态图像，是指成像光线的波长在可见光范围内形成的图像。静态图像的形成主要包括成像、记录存储和再现三个过程。

（一）成像

成像是指光学器件（通常为镜头）将三维空间的景物在某一固定平面形成影像的过程。经光学器件形成的影像是自然界客观存在的事实，与采用何种感光材料接收、记录和存储影像以及影像是否可见无关。采用不同的光学器件，将在不同的空间位置得到不同大小、形态和质量的影像，如利用针孔可以形成倒立的实像；利用凸透镜既可以得到放大的虚像，也可以得到放大或缩小的实像；利用平面反射镜可以得到原大的虚像；利用非平面反射镜（哈哈镜）可以得到变形的虚像；等等。成像质量与其采用的原理和使用光学器件密切相关，成像清晰，记录下来的图像才能清晰，如果成像不清晰就不可能得到清晰的图像。成像可分为一次成像和扫描成像，一次成像是通过光学器件一次性得到由所有像素点形成影像；扫描成像就是通过点、线、面分别多次形成的像素，按顺序组合形成的影像。

（二）记录、存储

静态图像的记录、存储是将光学器件形成的影像以物质的形式固定下来的过程。记录和存储影像的物质称为感光材料。被感光材料记录或存储的影像，只能是由光学器件形成的实像。以这种传统方式记录的影像信息量最丰富，形成图像的信息损失最小。记录、存储影像的感光材料主要包括光化学材料和光电、电磁材料两大类。常见的照相底片、电影胶片以及磁带、磁盘、光盘等都可以用来记录、存储静态图像。光化学材料记录、存储影像，是通过化学试剂与被感光和未被感光的光化学物质间的相互化学作用，将经光学器件在光化学材料上形成的不可见潜影转换为可见的牢固影像的过程；而光电、电磁材料记录、存储影像，是由置于光学器件成像面的电子感光器件如光电耦合器件，将成像光线转换为不同大小、频率的电信号，再经电磁转换和固定算法，将各个成像位置的电信号转换为以模拟电信号记录的模拟图像信息或数字电信号记录的数字图像信息，并用电磁、光盘等记录介质进行存储的过程。光电材料主要包括 CCD、CMOS 和 LiveMOS 等。以模拟电信号方式记录的图像信息通常采用磁带存储，其信号量较大，损失相对较小；以数字信号方式记录的图像信息通常采用磁盘、光盘等介质存储，其采样过程使图像信息离散化，量化和编码过程对图像信息进行了压缩，往往会造成较大的、不可逆的信息损失。用光电、电磁材料记录、存储影像的过程免去了光化学材料记录、存储影像时需要在暗室冲洗、印放的麻烦，所记录的影像可以方便地任意删除和多次重复记录。

（三）再现

静态图像的再现是将被感光材料记录和存储的影像，转换为能够被人眼清晰、完整地观察到的图像的过程。再现主要有印放照片、屏幕显像、打印成像和制版印刷等多种方式。

用不同的再现方式，可得到不同形式的静态图像，但各再现方式之间并非完全独立。现代科学技术的发展，利用翻拍、扫描、转印、输出显示及印制等转换技术，已经能够完全实现各种静态图像记录、存储、再现方式间的相互转换。以一种方式记录、存储的图像，可以十分方便地任意转换成任何其他形式的记录、存储的影像。但在转换过程中，会造成图像信息的损失，如在屏幕显示看到的图像，在打印时会因打印机的清晰度不够而造成图像质量损失，在印放照片时会因为机器柔化处理或感光不均匀造成图像质量损失，在印刷时会因为制版、油墨、纸张等因素造成图像信息损失。认识并了解这种情况，对静态图像的检验和视听资料的运用意义重大。

此外，用一次成像照相机得到的一次成像照片属特殊情况：没有感光胶片，不需要暗房加工，直接得到照片。所以，其本身既是影像的记录、存储形式，也是再现的形式。

四、静态图像的后期制作

静态图像形成后，为了弥补静态图像在形成时客观条件和技术条件造成的图像质量的不足，或为了达到某些特殊的图像效果，可以通过专门的技术方法，对静态图像作后期加工。目前，静态图像的后期加工制作手法主要有手工加工制作和计算机图像处理。

(一) 暗房加工制作

暗房加工制作是指利用某些化学试剂和特殊的工具及方法，通过手工操作的方式，对载有静态图像的感光胶片的技术处理和对其再现过程的干预。暗房加工制作的方法和手段很多，既可以改变静态图像的内容，又可以改变静态图像的质量和效果，主要包括减薄或加厚、底片整修、照片整修、拼接印放、叠加印放等。它们不仅可以分别单独使用，而且可以综合运用于对同一张底片或照片的技术处理，这就使得静态图像的再现，有了更宽范围的选择和变化。

(二) 计算机图像处理

计算机图像处理是利用各种计算机图像处理软件提供的不同工具（如 PHOTOSHOP)，对经过数字化处理的照片或其他形式的静态图像，进行图像分解，图像区域缩放、旋转与移动，图像区域删除、填补和置换，色调处理，色彩处理，图像合成等综合处理，以获得特定效果的静态图像。就静态图像后期加工制作的速度和质量而言，计算机图像处理技术不仅简便快捷，质量更加完美，而且能够获得用普通暗房技术不能达到的效果。计算机图像处理技术主要包括数字图像的获取、技术处理和重现及转换等过程。利用计算机图像处理技术，我们几乎能实现各种特殊图像效果，例如：让图像中一块荒芜的场地变成长满茂盛青草的草地；让一个普通人与早已不在人世的领袖握手；让不在现场的人出现在现场照片中；等等。即使客观世界不存在的景物，也可以从源图像库中提取素材，在一张空白的图像中编辑制作出来。可见计算机图像处理软件功能之强大，已经打破和超越了人们对静态图像是客观景物的真实记录的基本认识。

五、动态图像的形成与编辑

(一) 动态图像的形成及特点

与静态图像的形成原理和过程一样，动态图像的形成也包括了成像、记录存储和再现三个过程，分别通过摄像、录像和播放三个步骤加以实现。如以光化学材料记录、存储的电影图像是将摄影机镜头拍摄的景物，通过光化学转换成像于电影胶片上，经过化学处理生成固定影像，再用光学放大的方式将胶片上的影像投射到电影银幕上供人观看；以光电、电磁材料记录、存储的电视图像，则是将摄像机镜头形成的影像，通过光电转换将光信号转换为电信号，记录在磁介质或光盘等特殊材料上，再经过电磁转换或光电转换，将影像在电视机或监视器的荧光屏上还原为图像。实际上，动态图像是一个个单幅、完整的静态图像，按相关先后顺序和一定速度连续播放形成的。

动态图像区别于静态图像的显著特点有：(1) 动态图像能够客观反映出一段时间内事物运动变化的全过程，静态图像则只能反映某一时刻客观事物的状态；(2) 动态图像在记录存储和再现影像时，能够客观地同时记录存储声音，一次形成音像合一的记录，并在再现影像时同时再现声音；静态图像除极少数数码相机外多数情况下只能记录和再现影像，无法记录和再现同期声音；(3) 动态图像经过编辑加工不仅能改变影像的相互空间位置和内容，还能在形式上改变事物运动变化的先后顺序和相互时间关系；静态图像的后期处理则只能改变影像的相互空间位置和内容。作为视听资料的一种主要形式，动态图像的这些特点，在其检验中具有特别重要的意义。

（二）动态图像的编辑

诉讼中的动态图像编辑制作，是指在拍摄和记录存储完成后，根据案件需要和主观意图对所摄取的图像素材资料重新进行的加工整理和编排组合。受客观条件和案件进程的限制，摄取的动态图像资料往往杂乱无序：某些画面对案件意义不大或效果不理想，某些画面则内容重复。而分析研究案件、汇报案件或向法庭出示证据时又有不同的要求，如在分析研究案件时需按照案件事实的发生、发现过程显示动态图像，在法庭审判时则要按照举证人出示证据的顺序显示动态图像。因此，必须根据具体的需要按时间、空间顺序对摄取的动态图像资料进行剪辑、插接和组合。同时，从审查证据、判断动态图像客观真实性的角度，了解并掌握动态图像资料的编辑制作方法和技术也十分必要。目前，动态图像的编辑制作一般采取手控编辑、电子编辑和计算机编辑三种方式。

1. 手控编辑

手控编辑是采用无电子编辑功能的设备，通过手工控制实现对动态图像的编辑操作。电影胶片的人工剪辑就是一种简单的手控编辑，将冲洗好的电影胶片，按剧本要求和导演的创意，用剪刀把多余不用的画面剪掉，然后将其余部分重新连接制作成新的拷贝，就完成了电影图像的编辑制作。电视录像资料的手控编辑，可以采用一台普通摄像机和一台普通录像机或者采用两台普通录像机（需具有相同制式）及一台或两台电视机或监视器构成手控编辑系统。编辑时，类似于录像带的复制，用摄像机或一台录像机作放机，用另一台录像机作录机，使用射频线或视频、音频线将两机相互连接，先由人工在放机中选定图像资料的起终点，再通过手工对暂停键的控制，将放机中的图像资料分段复制到录机的录像带中，得到按放机播放顺序排列的动态图像。这种编辑制作方法采用的设备简单，操作容易，但编辑出的图像质量不高，在被编辑的各段图像画面间存在明显的切换点或空磁现象（俗称“黑场”），并由于录机中总消磁头的作用，使音视频信号不能分别同步编辑。

2. 电子编辑

电子编辑也称为自动编辑，一般由两台以上具有相同制式和编辑功能的录像机、电子控制器、监视器（电视机）和相应的连接电缆组成，也可以采用专用的电子编辑系统配制。与手控编辑系统相比，电子编辑系统具备以下主要条件：一是录机具有旋转消磁头和同步锁相功能；二是录放机均具有预卷和搜索功能；三是录放机具有编前预演和编后演示效果的专用功能；四是具有计时、计帧显示器。电子编辑系统通过开关控制组合键，能够分别或同时控制放机和录机的倒带、快进、暂停、放像、录像、插入和正反向搜索等动作，以实现编辑。采用组合编辑方式时，只要通过搜索选定编辑段，准确设定编入点和编出点，启动自动编辑键，编辑动作就可自动将分别选定的各段图像资料精确地顺序编入录像带中。采用插入编辑方式时，总消磁头不工作，视频通道与音频声道 1、声道 2 相互独立，根据编辑者的主观意图和可编辑的磁带长度，可分别修改、调换动态图像中某一段的画面或声音内容，其精度可达到一帧画面，而对动态图像整体没有任何影响。此外，在电子编辑系统中加入特技、字幕和语音设备，还可以对动态图像进行特技制作、叠加字幕及配音处理。电子编辑方式的突出特点，一是能够不受限制地对动态图像在任意位置和任意长度上进行修改替换；二是编入、编出点前后的图像质量能够得到保证，肉眼观察再现图像时无法发现编辑痕迹；三是能够分别对音视频信号进行编辑，即能够实现改变相同画面的声音和改变相同声音的画面。但电子编辑方式只能对整段或整幅图像进行处理，不能对一幅画面中的内容和质量进行修改、调换或插入。

3. 计算机动态图像编辑

计算机动态图像编辑是运用计算机多媒体技术和图像处理技术，对记录存储在磁盘或光盘中的动态图像信息进行的处理。处理的对象已经不再是图像和伴音的模拟电信号，而是经过模数转换的数字信号，因而处理的方式是运用计算机语言编制的各种程序直接调整图像和伴音的数据信息。在形式上主要采用复制、移动、剪切、粘贴、插入等方式，调用存储的数据生成全新顺序的一段图像和音响。其生成过程只是各部分数据资料的重新连接组合，而没有任何机械动作。同时还能够运用计算机图像处理技术，对动态图像进行逐帧，甚至逐个像素的处理（详见本节中的相关内容），并可以方便地实现特技制作、叠加字幕及配音处理。经计算机编辑处理的数据图像及伴音，仍然可以转换为模拟信号再现或还原到录像磁带上，其图像及伴音质量不会有明显降低。计算机动态图像编辑方式具有高质量、高精度，编辑点没有任何痕迹等特点，能任意修改和编排组合图像及伴音数据，并能实现对一帧画面内容和质量的增、删、改处理。

第二节 人像照片检验

人像照片检验是利用人体头、面部生理解剖特征，通过对送检两张（或两张以上）人像照片中所反映出的人的面部外貌静态特征的检验，确定送检人像照片中所反映的人身是否同一的一项专门检验技术。

一、人像面部特征

人像照片检验的主要依据是人体头、面部生理特点所反映出的外貌静态特征，如头部外形特征，头发特征，脸型特征，五官形态特征（包括眼、眉、鼻、口、耳的形状和位置特征），生理、病理、伤痕特征和其他特征（包括胡须、皱纹、颈、喉结的形态特征），等等。

二、人像面部特征的特定性和相对稳定性

人像面部特征的特定性，是指一个人与所有其他任何人相区别的各种面部外貌特征的总和，它反映了人与人之间面部外貌特征的不可重复性。人像面部特征的特定性，是以人的骨骼、软组织及其他生理状况为基础的，它既包括了性别、遗传等先天因素，也包括了生长发育、生活环境及从事职业等后天因素，这些因素使人的面部外貌特征多种多样，具有各自的特殊性。任何两个人，面部外貌特征完全相同是不可能的，即使是具有血缘关系的人，哪怕是孪生兄弟或姐妹之间，虽然其面貌极其相似，但仔细分辨他们的全部面部外貌特征，还是互有区别的。

人像面部特征的稳定性，是指一个人特定的面部外貌特征，在其一生中具有相对不变的特性。构成人的面部外貌特征基础的骨骼、软组织及其他生理特征，并非终生不变，而是伴随着人的生长发育逐步改变。同时，疾病、外伤、生活环境等客观条件的改变和美容、整形等的影响，都可能使人的面部外貌特征发生局部变化。因此，人的面部外貌特征只是在一定时期内保持不变，其稳定性是相对的。

除了生长发育、伤病以及美容、整形引起的面部外貌特征的变化外，人像照片的形成过程中，拍照时的姿势、角度、表情、配光、透视、拍照后感光胶片的后期处理以及尸体照片中尸体面部器官的变形等因素，也会造成面部外貌特征不同程度的变化，这些变化将

给人像照片的检验带来直接的影响。

三、人像照片检验的步骤和方法

(一) 检验前的准备工作

检验人像照片前，应了解案件的一般情况，特别是要了解被鉴定人生活环境、伤病史、整容史等个人情况。围绕检材照片，还应着重了解其形成条件，如拍摄检材照片时被鉴定人的年龄，是摆拍、抓拍、还是偷拍，等等。必要时，应收集被鉴定人不同年龄段的照片作为比对样本。

检验前，可利用上一节介绍的暗房技术或计算机图像处理技术，对检验条件较差的送检照片的复制件进行技术处理，如整复破损照片，使模糊照片清晰化，清洗污损照片，从色调上调整陈旧老化的照片等，但所有的处理都不能使检材照片中的人像面部外貌特征发生任何改变。

用作比对样本的照片，最好是那些与检材照片在拍照年龄段及拍照条件（主要是拍摄角度）等方面相同或相近的照片，并能与检材照片制成同倍的大小。制作时，正面照片可以两瞳孔间距为基准，侧面照片则可以瞳孔或发际线至下颌边缘间距为基准。

(二) 分别检验与比较检验

分别检验是对检材照片与样本照片中反映出的人像面部外貌特征的类型、基本形态、数量、分布情况及相互关系分别予以确认，并就这些特征的总和各自能否构成人像的特定性作出初步判断。在此基础上，再将检材照片与样本照片进行比较检验。比较检验一般采取特征对照法，也可辅之以画线比较法；若检材与样本照片的条件一致，还可以进行几何测量、拼接比对，或重叠比较。比较检验能发现检材照片与样本照片在人像面部外貌特征方面所存在的符合点及差异点。

(三) 综合评断

人像照片检验是以比较检验为基础的定性检验法，所以应对比较检验中发现的检材照片与样本照片在人像面部外貌特征方面存在的符合点及差异点的性质从质和量两方面进行综合评断。对差异点的形成，应结合影响人像面部外貌特征的各种变化因素进行分析。当两者符合点较多，且质量较高，而差异点的形成又得到了理由充分的解释，可以作出肯定同一的结论；当两者差异点较多，且又无法得到合理解释时，则可以作出否定同一的结论。

近年来，随着数码相机和计算机图像处理技术的普及和发展，各种计算机人像识别系统也得到越来越多的应用。旋转平移、平面立体转换、镜像反转等图像处理技术和等高线、灰度值计算等特征提取识别技术的研究发展，极大地丰富了人像照片检验的方法与手段，由这些技术形成的应用系统，使得将普通传统照片转换为数字图像文件存储，并从海量存储的人像资料中，自动筛查出具有相似人像面部特征的嫌疑对象成为可能，取得了一定成果。但因技术上的成熟度尚不足，还不能取代人工比对，进而直接认定人身同一。

第三节　变造、伪造图像的检验

一、变造、伪造图像的概念

如前所述，图像能够记录和再现物体的形态及其所处环境，并以其所记录的画面内容反映客观物质世界。但图像的画面内容却可以变造或伪造。利用图像后期加工制作技术，便可以改变图像的画面内容，所形成的，即是变造、伪造图像。变造、伪造图像是变造、伪造者按照自己的意图生成的图像，不具有客观真实性。变造、伪造图像的出现，障碍了诉讼的公正处理，因此应得到及时、准确地识别。

变造图像是指将图像局部画面内容进行消除、删除、添加、替换、缩放、移位等而形成的假图像。如果整幅图像“无中生有”，乃人工合成而成，则该图像被称为伪造图像。

二、手工制作变造、伪造图像的鉴别

手工制作的变造或伪造图像是利用各种暗房技术，通过局部改变曝光量、改变显影时间或温度、用工具修整底片或照片、滤光、拼接、叠加等方法，直接对原始图像进行后期加工制作而实现的。这种变造或伪造图像与正常图像相比，质量差、局部图像边缘过渡不自然、违背成像透视规律、背景不均匀、留有修描痕迹和无原始底片等特征。

检验手工制作的变造或伪造图像的主要方法有：

1. 图像质量的一般检验。主要观察图像的清晰度、反差大小、色调连续性、非正常斑块的有无，并分析其成因。

2. 显微放大观察。对图像中可能变造区域的边缘，在显微镜下，采用适当的放大倍率观察，查看其有无缝隙、成像不实等非连续变化特征；并借助侧光，观察可能的变造区域边缘及内部，确认有无修描痕迹的反映。

3. 成像关系检验。根据局部图像在成像光轴所处的位置，比较图像中各个成像物的大小和清晰程度之间的关系，确定有无违背成像透视规律的现象存在。

4. 原底片的检验。在条件允许的情况下，均应调取送检图像的原始底片进行检验，以确定其是否经过暗房技术处理、是否经过剪裁。

5. 实地对照。若已知送检图像的实际拍摄地点及场景，则可在拍摄实地分析确定送检图像的实拍位置和角度，直接将实地景物与送检图像的画面内容进行比较，以确定相关部分画面内容的客观真实性。

三、计算机制作变造、伪造图像的鉴别

计算机制作的变造或伪造图像是利用计算机图像处理技术，对数字图像进行编辑制作后生成的图像。计算机图像处理软件功能全面，操作方便、精确度高，变造或伪造的图像中很难出现“制作的痕迹”。但是，操作者水平、经验和细心程度的差异，以及操作者占有图像资料的丰富程度，使得我们仍然可以从静态图像是否符合成像规律的角度来判断其客观真实性。一般可从以下几方面考虑：

1. 光线角度的一致性。在同一幅图像中，主光源的方向和位置是确定的，如室外的太阳、室内的闪光灯。因此，被摄物凹凸部位的明暗变化和阴影的长短及方向应具有一致性，有时通过室外阴影的长短和方向，甚至可以推算出拍摄的时间。当图像中的某一景物出现无法解释的明暗变化或阴影时，则图像即有变造或伪造的可能。

2. 虚实变化的合理性。图像中景物影像的清晰程度与拍摄时调焦对准平面的位置及景深的大小有关。对于静止物体，当图像中景深范围以外的某一景物的清晰度超过景深范围内景物的清晰度时，应属添加、替换或合成的变造图像，但应排除操作不当造成的虚实变化非合理性。而当有运动物体时，图像中静止物体的清晰程度应高于运动物体的清晰程

度，但如采用追随法拍摄，则运动物体的清晰程度可高于静止物体的清晰程度。

3. 主体与背景的相关性。主体与背景在许多情况下具有必然的联系，如主体人物的衣着应与背景环境所反映的季节相一致，背景场地、器材及运动员的服装应与其参与的运动项目相一致，现场中死者的位置、姿势应与血迹的分布、流向相一致等。图像中的这种主体与背景之间的必然联系一旦被破坏，图像本身的真实性也就不复存在。在排除了原始景物的客观性之后，变造、伪造图像就成为图像内容不真实的必然结果。

4. 透视关系的比例性。透视关系是三维立体空间的景物在二维平面中的形状和位置关系。当观察或拍摄的视点和视向确定之后，图像中的透视关系将固定不变。因此，当图像中出现画面局部影像违反透视关系时，如远大近小或线条流向改变等，应考虑变造的可能。

除以上对经计算机制作生成的画面内容进行的鉴别外，计算机制作之变造、伪造图像的检验还包括对计算机图像数据文件内容的检验。可参见本教材电子物证技术的相关章节。

第四节　模糊图像处理与图像测量

目前，城市交通、公共场所的管理中已大量使用监控录像，在很多案件中，这类视听资料越来越多地成为案件的主要线索来源和关键性证据。由于这类录像布点范围、数量较大，为降低费用，多数摄像头的清晰度较低；同时，录制的数据量极为庞大，为了能在有限的硬盘空间内存储更多的数据，都采用了很大的压缩比，导致图像的清晰度下降。为使图像画面中的标志、文字、号码、人像、物体等与案件有关的要素能够清晰地显示出来，并有效地解决画面中目标物的长度、高度、运动速度等问题，往往需要进行模糊图像处理和图像测量，以便获得侦查线索或取得证据。

一、数字图像的清晰度

传统图像的清晰度跟镜头的成像质量、感光材料的颗粒度、光线角度、曝光的准确度等有关。数字图像除了受上述因素的影响外，还要受采样、量化和编码的影响。

将传统图像放大就可以看到，无论是灰度还是色彩的变化都是连续的；而放大后的数字图像都是一个个的方格子，一个格子到另一个格子有明显的边界，其灰度或色彩发生的变化不是连续的，而是是一种突变（见图 23—1）。这是因为在图像数字化过程中，把原来连续变化的一幅图像分割成一个个小的区域，并把每个区域都用固定的数值来表示，把完整图像分割成一个个区域的过程就是采样的过程，把每个区域内原本由不同灰度和色彩连续变化的数值按事先预定的算法统一为一个不变的数值的过程就是量化的过程。

图 23—1　左图的空间坐标和灰度值是连续的，右图都是整数值

图像在数字化过程中，采样间隔越大，所得图像像素数越少，空间分辨率越低，图像的清晰度就越差；采样间隔越小，所得图像像素数越多，空间分辨率越高，图像的清晰度就越好。量化的等级越多，灰度的级数越多，灰度分辨率越高，图像的层次越丰富，图像的清晰度就越好；量化等级越少，灰度的级数越少，灰度分辨率越低，图像的清晰度就越差，而且会出现假轮廓现象。

但在某些特定的情况下，减少灰度级会增加图像的对比度，反而有可能改善图像的质量，使图片中某些局部更加清晰。

此外，数字图像的存储格式对图像质量的影响也非常大，这是因为不同的图像格式对经采样和量化后的数字图像文件的压缩程度不同，压缩得越小，图像清晰度就越差。静态图像通常的存储格式中，BMP、TIF格式不压缩或采取无损压缩的方式，图像清晰度较高；JPG格式是最常用的压缩格式，其压缩比一般在10∶1到40∶1之间，压缩比大的情况下，图像清晰度显著下降；GIF格式图像的像素资料不会丢失，色彩丢失严重，最多只能储存256色，通常用来显示简单图形及文字，常用于制作动画；PNG格式是一种新兴的网络图像格式，是目前保证最不失真的格式，它汲取了GIF和JPG二者的优点，采用无损压缩方式来减少文件的大小，能把图像文件压缩到极限以利于网络传输。

动态图像的格式主要有MPEG系列标准和H.261-H.264系列标准，前者主要应用于视频存储（DVD）、广播电视、网络流媒体等，后者主要应用于实时视频通信领域，如会议电视。这两个系列标准分别由ISO/IEC与ITU-T国际组织制定，H.262标准等同于MPEG-2的视频编码标准，H.264标准被纳入MPEG-4的第10部分。

二、模糊图像的种类与处理

造成图像模糊的原因有很多，主要包括环境光线、镜头质量、焦距的调整、镜头的抖动、物体的运动以及压缩方式等。模糊的类型包括形状畸变、颜色失真、抖动模糊、散焦模糊、运动模糊、压缩模糊、奇偶场不同步等。

形状畸变主要是镜头的原因造成的，就是我们常说的图像变形，广角镜头一般都会或多或少地出现图像畸变，最极端的情况是鱼眼镜头的畸变，形成极度夸张的效果，把现实世界中的直线变成图像中的曲线，改变景物之间的大小比例等。在银行自动取款机、商场等场所获取的视频录像中，经常会遇到变形的人像、夸张的比例关系等，给检验和测量工作带来麻烦。由镜头畸变引起的图像畸变可以通过专用的软件工具进行矫正。

抖动模糊是拍摄时镜头抖动造成的图像模糊，具有不均匀的方向性，可出现叠影现象，在移动录像过程中比较常见，现在监控视频中比较少见。抖动模糊与高斯模糊有一定的相似性，因此，可以用一些软件中去除高斯模糊的功能在一定程度上消除抖动模糊。

散焦模糊是由于焦距不准造成的图像模糊，一般较均匀，没有方向性。多数图像处理软件都有专门针对散焦模糊图像的处理工具。

运动模糊是由于被摄物体运动造成的图像模糊，在快门曝光时间较长，物体移动速度较快的情况下，容易出现运动模糊。这种模糊具有方向性，虽然被拍摄的运动物体模糊，但静止的背景通常比较清楚。一般图像处理软件中都具有去除运动模糊的功能。

压缩模糊是由于图像文件在压缩过程中画面信息丢失造成的模糊，具有不规则的块效应，可通过观察放大图像的边缘进行判断。因有损压缩模式压缩的图像模糊通常是不可逆的，只能利用一些软件工具尽可能进行调整，在一定程度上改善图像的清晰度。

奇偶场不同步模糊是视频图像特有的现象，在隔行扫描的视频图像中，奇数场和偶数场图像交替出现，两者之间存在时间差，如果图像中没有任何运动的物体，奇数场和偶数场图像就没有任何区别，图像看上去就像一张比较清晰的静态图像，如果出现运动物体，奇数场和偶数场图像就会出现差别，这种差别就会造成图像的模糊。在一些软件中，这种模糊也可以用专用工具进行处理。

一般情况下，由常见的单一、固定因素造成的有规律的图像模糊，或由多个不同的单一、固定因素在同一幅图像中造成的图像模糊，都可以通过各种专用软件的相关功能一次或分别使用不同功能多次处理改善图像的质量，而由随机、不可知因素造成的无规律的图像模糊，图像处理的效果则十分有限。模糊图像处理通常都只针对静态图像进行处理，动态图像都需要通过软件截取成为静态图像后进行处理。由于动态图像存储格式种类繁多，不同厂家的产品相互之间多数不能兼容，需要使用各自专用的播放器才能播放。模糊的动态图像经过处理后可以再以序列的方式生成较为清晰的动态图像。

三、图像测量

诉讼活动中涉及图像包含的信息十分丰富，对于这些信息进行处理可以得出非常有用的结果，甚至起到关键作用，图像测量就是对这些信息的一种利用。图像测量运用了灰度色彩理论、平面几何、立体几何的原理和地理信息系统的技术，对目标物体或区域的大小、参数、相互位置关系、运动速度等进行的相对测量和估算，得出贴近事实的结论。

常见的图像测量主要用于：目标尺寸测量，如犯罪嫌疑人的身高，涉案物证的长度、面积、体积、轴距等；目标的参数测量，如目标物的曲率或曲率半径、长宽比，花纹特征，灰度值，色彩特征等；空间关系测量，如刹车痕迹的距离，物体之间的相对位置和角度等。此外，在监控录像中，由于每秒钟图像的帧数是固定的，通常为 18、25 或 30 帧/秒，通过图像测量可以得出同一目标物在不同画面中位置移动的距离，根据被测物起终点间的帧数可以得出物体移动的时间，这样就可以推算出物体运动的速度。

第五节 动态图像摄录设备的检验

拍摄、记录、再现动态图像的设备主要包括电影摄影机、放映机、电视摄像机和录像机。电影摄影机和放映机需要由专门技术人员在专门的工作环境下操作，在诉讼中较为少见。摄像机和录像机较为普及。摄像机的主要功能是使空间景物形成影像，并将成像光线转换为动态图像的电信号，经技术处理后以视频信号或全电视信号的形式输出。录像机的主要功能是以电磁、磁电交替转换的方式，将视频信号或全电视信号转换为磁信号进行存储，或将记录存储的磁信号转换为电信号使图像重放。随着数字摄像技术的发展，集摄像、光电转换、模数转换和电磁记录功能为一体的数字摄像设备，正得到越来越广泛的普及应用。摄录设备的检验是动态图像检验的重要内容。

一、摄录设备性能及状态的检验

凡是能够提取到嫌疑摄录设备的，都应直接检验摄录设备。检验前，应当准备彩色信号发生器、录像机及编辑系统、彩色监视器、示波器、计算机数字图谱分析系统、数字计频器、频率特征扫描仪等设备和张力表、千分表、转矩计、调节板等张力、转矩测试器材等。

（一）摄录设备性能及状态的检验内容

摄录设备的主要作用是对空间动态景物成像，摄像系统以视频信号或全电视信号的方式输出给录像系统，经电磁转换将影像信号记录到录像磁带上，录像系统还可以将录像磁带上记录的图像信号，经磁电转换重现在屏幕上。摄录设备一般都是由光学系统、光电与电磁转换系统、图像信号处理系统和机械系统等部分组成的。检验的主要内容为：

1. 外观检测。检验摄录设备的机身，观察机身外壳及各操作按钮有无擦蹭、磕碰、破损等机械性损伤，机体有无变形。

2. 光学系统检测。主要是对镜头变焦、调焦、光澜孔径等性能的检测，对色温滤镜、中性滤镜、分色棱镜等光学器件特性效果的检测。

3. 光电转换系统检测。实现光电转换的器件是摄像管或电子耦合器件，应分别或同时调整光路和电路，在巡像器和监视器中观察有无图像及缺陷，检测靶面是否存在损伤，各处接点是否牢靠，能否正常输出视频信号、全电视信号或数字电视信号。

4. 电磁、磁电转换系统检测。实现电磁、磁电转换的核心器件是磁头，摄录设备中安装有总消磁头、抹音磁头、录放音磁头、视频录像与抹像磁头、控制磁头、时码录放磁头等多组磁头，应对各相关磁头的安装位置、输入与输出信号的接点及其表面清洁状态分别进行检验。

5. 图像信号处理系统检测。从光信号转换为电信号之后到电信号转换为磁信号之前，摄录设备中大量设置了各种不同的电路，如前置放大电路、增益调整电路、校正电路、矩阵编码电路、调制与解调电路、亮度与色度调整电路等，这些相互连接在一起的电路不断改变、恢复和调整电信号的强度、频率或位相，起到消除干扰、纠正偏差和调制信号的作用，另外还设有保持电信号正常传递和监测、维持摄录系统正常工作的控制电路，由各个分离或集成电路构成的图像信号处理系统决定并影响着摄录设备的性能及状态，应当个别或分块对其效能进行检测。

6. 音频系统检测。主要包括对音频信号的拾取、转换、传递、调制与解调、音像同步合成与分离、信噪比、失真度、连续性等方面的检测。

7. 机械系统检测。主要包括电机、磁鼓的转速及稳定性，传动皮带的弹性，穿带动作的准确性，走带时磁带的张力，收带盘与引带导柱的高度，压带轮的压力，收带盘和供带盘的转矩等。

检验摄录设备性能及状态的目的，是确定摄录设备送检时的性能及状态，发现摄录设备的本机故障，并分析故障的种类、部位及原因，进而找出故障或缺陷与像质改变的关系，为以试验的方式进行验证确立基础。嫌疑摄录设备本机存在的故障与缺陷，就构成了该摄录设备的“特征”反映。

（二）摄录设备性能及状态的检验方法

1. 操作性检验。先选取标准图像和声音（如带有伴音的测试卡），正常操作摄录设备进行拍摄和记录；再改变拍摄对象的条件，分别调整所有外部人为可控机械开关或电动按钮，改变拍摄状态，在巡像器和监视器中观察、监听图像及伴音的动态变化，检查可控操作部分有无失控、失效、接触不良等情况，同时注意可运动部分是否全部正常动作。检验时应分别采用手动和自动方式进行调试。要记录检验中发现的摄录设备的故障及缺陷。

2. 比较性检验。选用一套性能状态良好、无任何故障的同型号摄录设备，与嫌疑摄录设备一起，用相同的操作方式，分别或共同对相同条件的空间景物和声响进行拍摄和记录，通过比较两者在拍摄过程和记录结果中存在的直观明显的差异，在排除系统误差后，发现并记录嫌疑摄录设备中存在的缺陷。

3. 分离式检验。摄录设备是由摄像和录像两部分组成的，为区分摄录设备故障或缺陷存在的部位及原因，可对摄录设备进行分离式检验。在已发现嫌疑摄录设备的动态缺陷，又不能准确判定其所在部位时，可用性能状态良好的同型号摄像机与嫌疑摄像机在同条件下进行拍摄，而选用已确认无故障录像机进行记录，比较两者结果；或选用已确认无故障录像机与嫌疑录像机分别对嫌疑摄像机拍摄的图像进行记录，再比较结果。对摄录一体机，可将摄像机输出的视频信号取出进行分离式检验。同理，对已确认摄录设备的图像信号处理系统存在故障，又不能判别故障的具体电路时，也可以采用分离式方法进行测试性检验。

4. 测试性检验。采用专门的仪器或工具，对摄录设备各部分可能存在的故障进行测试，以判定故障的类型、部位及原因。

其一，对机械及传动系统的故障，可分别使用张力表测试正常走带时磁带的张力，用千分表配合调节板测试收带盘和引带导柱的高度，用张力计测试压带轮的压力，用转矩计测试收带盘和供带盘的转矩等。

其二，对音视频电信号处理系统的故障，可分别测试分离出的、起不同作用的各部分电路。如在发现图像信噪比超限，增益和白平衡调整无效果，图像出现阴影、色斑、虚像、光晕、亮度失真等现象时，一般可初步判定为图像信号处理系统有不正常情况，对分离元件电路，可采用彩色信号发生器与示波器相配合，根据电路图，分别对各部分电路的输入输出值进行具体测试；对集成电路，可采用专门的测试仪器和工具，分别对可分离的每一块集成线路板或集成块元件直接进行测试，直至确定故障源。

其三，对镜头、摄像管、录音头、抹音头、录像头、消磁头、电子耦合等元器件的缺陷，可采用生产制造过程中使用的专用检测仪器测试。

二、摄录设备的带机同一性检验

摄录设备的带机同一性检验的目的，是确定记录材料中记载的能起证据作用的动态图像是否为特定摄像机拍摄录制或特定录像机复制。如记录案件真实情况的录像带是否为某一台摄录设备拍摄记录，淫秽录像带是否为某一台摄录设备拍摄或复制等。检验的对象可以是检材录像带和嫌疑摄录设备，也可能是检材录像带和用嫌疑摄录设备制作的样本带。此类问题的检验，主要依据摄录设备在生产制造和使用过程中形成的差异以及摄录设备的机械部分、光学器件和电器、电路存在的故障或缺陷在记录材料上反映。为此，检验前需要全面了解检材录像带形成的时间与环境条件，掌握摄录设备的使用、维修及保管等情况。

（一）检材录像带的检验

对送检的检材录像带，首先应作外观检查，包括带盒是否完整，有无破损、松动；带盘的松紧程度；磁带表面是否光滑平整，有无皱折、变形、磁粉脱落或粘接，带宽两端缠绕是否齐整；结合检材录像带的外部形态、带盒结构及表面商标印记，还要判定其类别、规格、制式和新旧程度。然后，选择制式与规格相同的、无故障缺陷的录像机和监视器，对检材录像带进行重放检验。重放检验中，应随时监测图像和声音的质量变化，对重放中出现的质量缺陷，按时间码或计数器显示的位置或区域，逐条予以记录，并初步进行故障分析。一般较典型的故障特征及原因主要有：

1. 重放时图像出现缓慢的周期性跳动，多为录制机阻尼轮沾有污物。

2. 图像整个画面模糊不清，一般为摄像头散焦，录制机磁头磨损或沾有污物。

3. 图像正常，伴音音量小或音量时大时小，多为录制机音频磁头方位角不正、松动或沾有污物。

4. 图像从左向右抖动，原因之一是磁带质量差与磁鼓摩擦产生波纹，原因之二是录制机导带轴、传动胶轮等相关部件被磨损、有松动或存有污物。

5. 图像在暂停或慢放时上下抖动，多为录制机走带系统磨损或松动引起的垂直同步信号包络失落。

6. 画面出现2厘米～5厘米的固定噪声带，主要是磁带与磁鼓的相对位置不对引起的图像跟踪失调。

7. 图像出现白色粗糙交叉条纹，可能是录制机更换过磁鼓，且更换后与原组件不一致引起的彩色电流失调。

8. 图像下部有雪花噪声干扰，多为录制机的磁头开关有故障。

9. 图像下部有固定窄条噪声带，录制机声道1、声道2磁头位置不准。

10. 图像出现白点噪声（小鱼噪声），多因录制机磁鼓组件接地不良。

11. 图像出现固定横条噪声，多因录制机走带导柱、音频控制磁头部件有划痕或污物。

12. 图像全画面出现雪花噪声，多因录制机视频磁头严重磨损。

（二）样本带检验

1. 样本带制作。选择类别、规格、制式、型号与检材录像带完全相同、且质量可靠的新录像带，用嫌疑摄录设备拍摄或复制动态图像。拍摄或复制的条件应尽量与检材录像带的相接近，并应同时记录拍摄或复制的条件和过程。样本带一般应制作三盘以上。当检材录像带拍摄或复制的时间较长时，也可选择嫌疑摄录设备同期拍摄或复制的录像带若干盘作为样本带。

2. 样本带检验。采用与检材录像带检验相同的设备和方法对样本带的内容进行重放检验，对重放中的图像或音质缺陷逐一进行记录，并通过各盘样本带的多次反复重放检验，结合拍摄或复制的条件和过程，分析摄录设备存在的故障或缺陷的原因及稳定性。

（三）嫌疑摄录设备检验

对检材录像带检验和样本录像带检验中发现和分析出的摄录设备存在的故障或缺陷的原因和部位，运用各种摄录设备的性能及状态，有针对地对嫌疑摄录设备进行检验。根据重放中的图像或音质缺陷的分析，验证摄录设备中相应部位存在的故障，通过确认其因果关系，找出嫌疑摄录设备的稳定“特征”。

（四）摄录设备本底噪声检验

本底噪声是指由摄录设备本身产生的噪声信号，主要表现为在外界无声光信号输入时，录像带中记录的杂散声光信号。产生本底噪声的原因较多，主要有：摄录设备电路和元器件中产生的感应噪声、耦合噪声、接点噪声、自激噪声等各种电子噪声，机械部件运动时产生的振动噪声，录像带表面磁性体涂布不均匀或消磁不彻底以及磁头被直流磁化所产生的磁带噪声，外界电流电压波动、环境温度变化、电磁辐射等偶然因素产生的随机噪声，等等。不同摄录设备的光机电系统的状态不同，其本底噪声也各不相同，这是反映不同摄录设备自身固有特性的客观依据。一般本底噪声可分为摄录设备自身固有的系统噪声和外界偶然因素引起的随机噪声两类，其中前者对摄录设备的检验和认定具有特别重要的价值。本底噪声检验的方法是采用语图仪或计算机图谱分析技术，将检材录像带和样本录像带上记录存储的散在本底噪声音频信号转换为频谱分布，通过对其本底噪声中系统噪声出现的位置、宽度及形态进行反复对比分析，确定摄制或复制检材录像带的摄录设备。

（五）综合分析判断

摄录设备的保管、使用和维修情况对摄录设备的性能状态影响极大。因此，在摄录设备的带机同一性检验时，不能单纯依赖上述某一检验结果：(1) 应当全面了解、掌握嫌疑摄录设备从拍摄或复制检材录像带到送检时的保管、使用和维修情况，包括是否出现过故障、何时出现的故障、出现过何种故障、是否经过维修、如何维修、维修后情况如何等。(2) 还应了解检材录像带形成的时间、过程及拍摄时的环境条件或复制时使用的设备、复制的次数等。在此基础上，对检材录像带和样本带检验中发现的共同像质缺陷，应认真分析产生的原因，并通过摄录设备性能及状态的检验得到确认。(3) 同时，本底噪声的检验在排除偶然随机噪声后也获得相同的结果，才能作出认定检材录像带是嫌疑摄录设备拍摄或复制的结论。否则，各项检验中出现任何一个不能解释的差异，如检材录像带与样本带的像质缺陷不同、共同像质缺陷在摄录设备检验中不能得到证实、本底噪声检验中的固有系统噪声频谱不同等，都不能作出认定的结论。如检材录像带经过编排制作，只在其中某一段有相同的检验结果，结论也就只能认定检材录像带中的某一段内容是嫌疑摄录设备拍摄或复制。

第六节　动态图像内容的检验

诉讼中，能够证明案件真实情况的动态图像主要来源于两个方面，一是在案发前后由个人或其单位，或与其相关及无关人员有意或无意拍摄的、独立于诉讼之外形成的、记录案件真实情况的动态图像，如宾馆、饭店、银行等公共场所电视监控设备中记录的某人在其范围内的活动情况。二是在案发后，司法机关的办案人员在诉讼中形成的，依法拍摄司法机关收集、获取案件有关证据过程和记录案件真实情况的动态图像，如记录犯罪嫌疑人供述或证人口述证言的动态图像。在对案件有关证据进行审查的过程中，当对作为案件视听资料的有关动态图像的内容有疑义时，就需检验其内容。动态图像由声音和图像两部分组成，并以连续的场面和语言反映案件的客观情况。动态图像内容的检验主要包括对其所记载的声音、图像信号及其连续性等方面的检验。

一、动态图像连续性检验

动态图像以其在现场客观拍摄的图像和同期记录的声音证明案件真实情况。利用普通摄录设备、电子编辑系统和计算机编辑系统都能够十分方便地对动态图像的图像或声音进行插入、删除或改变。一旦动态图像遭此破坏，就失去了其本身的证据意义。因此，动态图像连续性检验的目的就是确认动态图像记录的内容是否进行过编辑加工处理以及对证明案件客观真实情况的影响。

（一）音频信号连续性检验

动态图像记录载体能够同时记录视频和音频信号，所记录的音频信号能够从动态图像的记录载体中单独分离出来。现代录音设备、音响编辑技术和音像合成系统能够十分方便地对音频信号进行插接、删除、合成等处理。因此，动态图像中人物语言表达的内容，是否说话人当时真实的意思表示，是否可靠可信，就需从该段音频信号的连续性角度来进行检验。检验内容主要包括直接辨听、检测画面环境回声、检测画面背景噪声、检测本底噪声和检测编辑点等方面。检验方法可参见声纹检验的相关内容。

（二）视频信号连续性检验

动态图像记录载体中的视频信号是画面内容的客观记录。对视频信号的技术处理，同样能够改变动态图像的顺序和状态，从而改变事件的发生和发展过程。因此，对作为证据的动态图像需要进行视频信号连续性的检验。

1. 重放观察。使用编辑机或具备搜索功能的录像机重放动态图像，必要时可以逐帧重放，注意从以下几个方面观察：

第一，重放过程中出现明显的闪烁跳动，在排除摄录设备故障和记录材料质量原因后，可判断为有镜头插接。

第二，每一台摄录设备的技术指标都是固定的，高级的摄录设备不可能拍摄出低质量的图像，低档次的摄录设备也不可能拍摄出高画质的图像。重放中如动态图像的像质出现明显的差异，可确定为不同档次摄录设备拍摄的图像。

第三，一组连续的镜头与拍摄时的视点、视向直接相关，不论如何调整复位都不能使不同时间拍摄动态图像的机位完全一致。重放中如镜头慢速推拉时出现明显跳跃，被摄主体或背景中的固定参照物出现微小的角度或位置变化，周围光线的角度（包括阴影方向、大小）、强度、色温以及透视效果发生明显的改变等现象，均应确定为同一场景不同时间或不同机位拍摄的结果。

第四，使用自动调焦拍摄时，镜头调焦的速度应略滞后于镜头的快速移动，需要一个短暂的过程。当镜头快速移动时，调焦的过程没有从模糊到清晰的变化过程，则可考虑此处可能经过编辑处理。

2. 音频检验。一般除银行、宾馆、饭店、机场、码头、车站、公路、超级市场等公共场所的监控系统外，摄录设备在记录动态图像的视频信号过程中，都能够记录同期音频信号。即使没有使用外界音频信号输入设备或虽使用了外界音频信号输入设备而没有音频信号输入的情况下，只要摄录设备打开了音频信号记录开关，记录载体中都应有背景噪声或摄录设备的本底噪声记录。因此，对于同期录有视频和音频信号的动态图像记录，可以借助音频信号连续性检验的结果，间接地判断视频信号的连续性。

3. 带机同一性检验。一组客观真实的镜头，应当由一部摄录设备一次拍摄记录完成。如一组连续镜头中出现多部摄录设备的拍摄记录，则必然反映出视频信号的非连续性，存在插接或删改的情况。检验中可选择可能影响视频信号连续性的不同区间的动态图像，参照本章中有关摄录设备性能及状态的检验内容与方法，进行摄录设备带机同一性检验，以确定视频信号的连续性。

（三）音像同步检验

动态图像中的音、视频信号应当是同期原始记录，才具有证据效力。现有技术方法完全能够将音、视频信号相互分离，分别进行技术处理，再将经技术处理后的音、视频信号进行音像合成。音像同步检验的目的，就是要区分动态图像中的音、视频信号是同期原始记录，还是后期的加工合成。

1. 检验语音与口型是否一致。对于画面中有说话人正面面部图像并伴有实时语音的动态图像，可以直接对画面中说话人的语音与口型是否一致进行比对，简称对口型。检验中主要根据画面中说话人口型的动作变化与表达语言内容的语音相对比，看口型动作与语音有无不一致或滞后现象，画面中人物的行为动作和面部表情与语音、语意是否一致，再结合音频连续性检验的方法和结果，以确定动态图像中的音、视频信号是否同期一次形成。

2. 检验背景噪声与画面音像是否一致。对于说话人始终处于画面之外或说话人在说某一段、某一句话时处于画面之外以及不能正面观察或不能清晰地观察说话人口型动作的动态图像，尽管表面上音像是同步的，但仍应当通过检验画面背景噪声与画面音像是否一致，判断音像是否实际同步。检验时，应当将录有语音部分与空白处的背景噪声通过直接辨听和图谱分析的方法进行比较，如发现背景噪声不同或不连续，则在排除摄录时使用定向话筒后，可以认定画面外的语音为非同期录音。

3. 检验各声道背景噪声和本底噪声是否一致。一般除家用低档摄像机外，摄录设备都可以在磁带的两条声道上记录音频信号，并可以分别输出，而一般同期录音只录制在一条声道上。检验时应根据摄录设备的性能和录制时实际使用话筒的情况，对两条声道上的背景噪声和本底噪声加以比较，区分不同声道上的语音音频信号。对于原版带采用首次使用的空白带录制的动态图像，画面中的对话同时记录在一条声道上，则两条声道的背景噪声和本底噪声应当完全不同，且空闲声道因未被使用应当没有任何音频信号。对于一部摄录设备同时将对话双方的音频信号分别记录在两条声道上的动态图像，则两条声道上的背景噪声和本底噪声应当基本相同，如果出现不同，则应考虑是事后加工合成的结果。

二、动态图像真实性检验

现代电子技术不仅能够通过插接、删除等方式改变动态图像的连续性，而且可以利用修改画面内容、特技合成等技术方法改变动态图像的真实性。动态图像真实性的检验主要包括图像画面中人物的识别、语音的识别以及人物与背景空间关系的识别。

（一）画面人物识别

诉讼中涉及的动态图像，往往都记录了与案件有关的人员。受摄录设备、现场条件、拍摄角度、记录载体保存条件及时间等客观因素的限制，动态图像中的人物不能得到清晰、完整的反映，故需要鉴别画面中的人物是否是案件中涉及的特定人。如在外币兑换处进行“切汇”的犯罪嫌疑人是否是该案的被告人。此类问题可以通过技术检验与辨认相结合的办法加以解决。对于有画面中人物正面面部头像的动态图像，可以将其转化为一帧静态图像，再采用人像照片检验的技术法进行检验。对于动态图像中没有反映人物头面部画面的情况，由于动态图像能够连续地记录有关人物的行为举止、习惯性动作、走路的姿态等运动状态和过程，因此，可以采用辨认的方式加以识别。也可同时采用这两种方式相互印证。

（二）画面语音识别

动态图像同期录制了语音。有时提出的问题是，画面中人物或画面外某特定人的语音是否为该特定人的语音，此时就需要进行声纹鉴定：将动态图像中的音频信号分离出来，再就音频信号作声纹鉴定。

（三）人景空间关系识别

人们的所有一切活动都是在特定的场合或环境中进行的，作为证据的动态图像都应当是在真实的现场环境中摄制形成的，违背这一基本原则，动态图像就失去了证据意义。然而现代动态图像的后期编辑加工手段，完全能够将不在同一场合或环境中的人物合成在一起，或者将某一特定场合或环境中的人物去除，通过改变人物与背景的空间关系的方式，实现更换人物的背景或对同一背景更换人物，甚至更换人头像，形成非客观真实的动态图像。例如：每天电视节目中的天气预报，就都是将动态变化的天气图像与播音员的播报过程合成在同一画面之中，实际上播音员身后的屏幕上并没有动态变化的天气图像。

改变人景空间关系的途径和手段很多，归纳起来主要有：(1) 将两段不同的人物与背景图像资料合成为一段动态图像；(2) 对动态图像进行逐帧修改画面内容。

不论改变人景空间关系的手段多么先进，其技术处理的前提都是，在编辑加工之前，一定需要掌握、占有人物和背景的图像资料，或者收集、调取以往的图像资料，或者重新拍摄，这往往需要图像涉及的相关人员本人的配合，否则无法实现。

对于逐帧修改画面内容的编辑方式，其基础是利用静态图像编辑处理的各种方式，因此可以用有关静态图像的各种检验方法加以识别。

对于人景合成的编辑方式，则可以用动态图像连续性检验的多种方法加以识别。

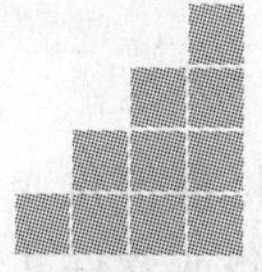

第二十四章 电子物证技术

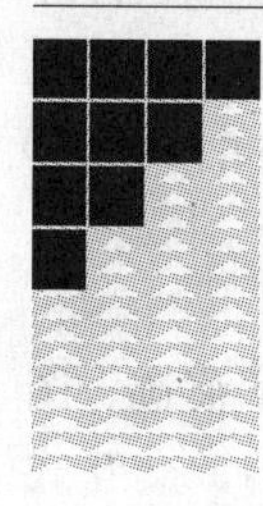

第一节　电子物证的概念、特征与分类

一、电子物证的概念与特征

电子物证是以其内在属性、存在状况等客观存在的特征证明案件事实的电子信息或痕迹。它涵盖了计算机设备、通信设备、网络设备、数控设备、视听设备与广电设备等各种存储介质及所承载的电子数据等信息。同传统证据相比，它具有如下特点：

（一）高科技依赖性

电子物证的生成、传输、存储、使用等各个环节都要依赖于高科技设备，电子物证的提取和识别也要依赖于高科技设备。其一，电子物证的产生必须借助于电子技术，脱离了具有高科技含量的技术设备，电子物证将无从产生。其二，电子物证的传输和存储必须利用高科技设备。电子物证的传输必须利用相应的电子设备，而其存储载体如磁介质、电介质、光介质等也是高科技条件下的产物。其三，电子物证的提取离不开高科技设备。不具备特定的系统环境和相应的高科技设备，并由专业技术人员按照科学规范操作，将无法正常地提取电子物证。其四，电子物证的识别和再现也必须依赖相应的电子设备，必要时还需由技术专家就该电子物证进行解释和说明。

(二) 非直观性

电子物证都是以电、磁、光等信号的方式记录和存储的，所蕴涵的信息都被模拟化或数字化。这些信息无法用肉眼直接识别，即使是技术专家也必须借助特定的设备或软件才能显现其内容。而且，不同的电子物证有不同的信息处理方法。如果不按其本来的技术规则进行解读，就不能得到正确的显现结果。例如，将一个JPG图片文件当作一个WORD文档处理，就不能正常读取其真正的信息内容。

(三) 多态性

传统证据的表现形式往往比较单一。电子物证则更为复杂，它几乎涵盖了痕迹、图文、动画、音频、视频等各种信息形式。它既可能是静态的，也可能是动态的、交互式的；既可能是明文的，也可能是压缩的、加密的；既可能是正常存在的，也可能是删除的、破坏的。与传统物证相比，它能够更加直观、清晰、生动、完整地反映待证事实及其形成过程。

(四) 系统性

电子证据是系统证据，不是简单的、孤立的证据。电子证据的载体不仅记录了涉案的电子文件，还记录了电子文件的运行痕迹及所处的环境数据。它们共同构成了一个系统的、完整的“数据现场”——它如实描述了涉案电子文件的存在形态及所处的系统环境。这个“数据现场”是计算机系统（其他信息系统也可参照适用）运行的结果，其间具有极强的规律性。电子证据的“数据现场”及计算机系统的运行规律为我们审查判断电子证据的真实性提供了重要的素材和依据。这是电子证据的重要特征，与传统证据是完全不同的。

电子物证所具有的高科技依赖性、非直观性、多态性、系统性等特征使得缺少专业技术知识的法官很难就电子物证的真伪等问题作出直接的判断，而往往要借助于司法鉴定专家的技术力量。因此，司法鉴定在电子物证的运用中显现出十分重要的地位和价值。

二、电子物证的分类

(一) 数据电文证据、附属信息证据和系统信息证据

根据所蕴涵的内容和所起的作用不同，可以将电子物证分为数据电文证据、附属信息证据和系统信息证据。所谓数据电文证据，是指数据电文之正文本身，即记载法律关系发生、变更与灭失的数据，如E-mail、EDI（电子数据交换）的正文。所谓附属信息证据，是指在数据电文生成、存储、传递、修改、增删时发生的记录，如电子系统的日志记录、电子文件的属性信息等，其作用主要在于，证明电子数据的来源和形成过程，即证明某一电子数据是何时由哪一计算机系统生成的、在何时由哪一计算机系统存储在何种介质上、在何时由哪一计算机系统或IP地址发送的，以及后来又经过哪一计算机系统或IP地址发出的指令而修改或增删过等。所谓系统信息证据，是指反映数据生成、存储、传递、修改、增删数据电文所处环境的信息，包括硬件环境信息和软件环境信息。系统信息证据对于判定电子数据的真实性具有辅助作用。

(二) 自动生成的电子物证、人工生成的电子物证和混合生成的电子物证

自动生成的电子物证是指由计算机等信息处理系统自动运算而生成的电子数据。人工生成的电子物证是指由人工录入、编辑等行为而生成的电子数据。混合生成的电子物证是

指由人工录入、编辑等行为和计算机自动处理交互形成的电子数据。

（三）单机电子物证和网络电子物证

根据所处环境的不同，电子物证还可以分为单机电子物证和网络电子物证。前者是由某一台计算机生成和存储的，所处的是一个封闭的系统；后者是由若干计算机构成的网络生成和存储的，所处的是一个开放性网络。在封闭系统中，电子数据的来源比较单一，主要集中于单机的硬盘、光盘、软盘乃至内存等存储介质中；而在网络系统中，电子数据的来源相对不确定，可能分散于网络空间的各个角落。

正确认识电子物证的分类有利于把握电子物证的证明价值和证明目的，有利于进一步明确电子物证收集、鉴定的主要任务和具体策略。

第二节　电子物证的发现与提取

一、发现与提取电子物证的基本原则

发现和提取电子物证是开展电子物证鉴定的前奏，直接关系到鉴定工作的质量。司法实践中，一般应遵守以下原则：

（一）合法性原则

合法性原则是一项基本要求，主要体现在收集主体和收集程序方面。前者主要是指收集电子物证的主体应当取得相应的法律权力（利），它既可以是法律授予的权力（职权），也可以是自身拥有的权利。后者主要是指收集程序应当符合法律规定，如要求必要的见证人、使用法律认可的取证工具；而如果是刑事诉讼，则可能还需有搜查证并办理相应的扣押手续，等等。

（二）及时、全面原则

收集电子物证要及时。一旦案件中出现有关电子物证的线索，当事人或办案单位应尽快赶赴相关地点，及时采取保护措施，并立即着手处置现场。一旦错过时机，电子物证就可能不复存在。

收集电子物证要全面。也就是既要收集存在于计算机软硬件上的电子物证，也要收集其他相关外围设备中的电子物证；既要收集文本，也要收集图形、图像、动画、音频、视频等各种信息。

（三）专业人士取证或协助的原则

即取证人员必须掌握计算机与网络的专门知识和技能。遇到高难度的取证问题时，应聘请技术专家协助。实践表明，技术专家可在下列几方面起到帮助作用：(1) 分析获取某一电子物证的困难程度、预测最终的可能结果，从而给出是否提取该电子物证的建议；(2) 制定提取某一电子物证的方案、步骤，以及相应的提取要领；(3) 协助搜查、扣押计算机硬件，寻找潜在的电子物证并依法定的程序提取，从技术的角度确保证据的原始性、真实性和完整性；(4) 恢复被删除的某一电子物证所蕴涵的信息；(5) 协助保管某一电子物证，确保其不遭改动；(6) 作为专家证人出庭作证，介绍收集、保全电子物证时技术过程的可靠性，解决相关技术问题，并接受对方当事人和律师的质询等；(7) 对有关电子物证的专门问题作出鉴定结论。

(四) 潜在证人协助的原则

电子物证的潜在证人是指虽然对案件事实不能起到证明作用，但是可以对电子物证的真实性及内容起到一定证明作用的人。潜在证人一般包括：用计算机及外设记录其营业管理活动状况的人，监视数据输入的管理人，对计算机及外设的硬件和程序编制的负责人。在收集电子物证的过程中，办案人员必须取得这些潜在证人的协助。

(五) 利用专门技术工具取证的原则

传统取证技术工具在收集电子物证中已不适用。电子物证必须依托于计算机技术、微存储技术、网络技术而存在，是以数字化信息编码的形式出现的。它的产生、储存和传输的每一过程，都必须借助高新技术。在没有外界蓄意篡改或差错影响的情况下，电子物证一般能够准确储存并反映有关案件的真实情况。正是有这种高新技术为依托，它很少受主观因素的影响，其精确性决定了电子物证具有较强的证明力。因此，为了保证电子物证的证明力，在收集电子物证时应使用专门的技术工具，而且这种技术常常是尖端的科学技术。

二、发现与提取电子物证的基本程序

发现和提取电子物证的措施很多，具体因案而异。常见的有搜查与扣押、技术侦查以及责令提交等。无论采用哪一措施，调查人员都必须遵守如下基本程序：

(一) 现场保护和记录

一旦发生涉及电子物证的案件，调查人员应当尽快保护现场。主要是封闭现场，进行人、机、物的隔离。同时，要采取措施，防止突然断电导致系统运行中的各种数据结果丢失；看管现场上以及现场周围的各种电信终端设施（例如传真机、调制解调器等），检查现场及周围有没有强磁场和可以产生强磁场的物品，妥善保管各种磁介质，避免被各种磁场消磁；采用现场照相、笔录、绘图、摄像等方式将主要案件事实连同显示器、现场各种仪器设备的连接、配置状况和运行状态，各种电缆线的布线方式（串、并联方式，有无破损断裂），各种插头、插座、开关的工作状态等情况一一如实记录下来。

(二) 备份与分析

调查人员要分析计算机的类型，分析采用的操作系统是否为多操作系统或有隐藏的分区；有无可疑外设；有无远程控制及当前计算机系统的环境。特别注意开机、关机环节，避免正在运行的数据丢失或存在不可逆转的删除程序。视上述具体情况，调查人员应分别利用同规格的软盘、硬盘、光盘、MO盘等介质对系统中的相关数据、系统日志文件等复制备份。原则上应备份两份。备份时应注意的是：按照其物理存放格式，全盘复制磁介质中的所有数据，而不是简单地拷贝文件。

在能够制作复制件的情况下，应当在复制件上进行分析。在某些特殊情形下，如涉案数据是动态数据或网络数据，则可以选择在涉案计算机上直接分析，但应进行必要的摄像、拍照。

(三) 提取、封存与保管

对于涉案的电子数据或相关设备，应采取必要手段维持其现有状态，并进行提取和封存。提取和封存的对象主要包括：涉案数据、计算机软/硬件、各种可能涉及的磁介质、上机记录、命令记录、内部人员使用的工作记录、现场上的各种打印输出结果、传真打印件，等等。提取和封存时，要注意固定关机后可能丢失的各种重要数据和系统参数，还要注意校准计算机时钟与真实时间的差异。

电子物证的保管也极为重要。除了做好保管记录工作以外，还要特别注意特殊的保管环境。通常，电子物证的存储介质要注意避免静电干扰、电磁辐射，要注意防潮、防热、防磁、防尘等。电子物证的特殊性决定了任何操作不当都可能改变其原始内容。

第三节　电子物证的鉴定

一、电子物证鉴定的常见类型

电子物证的高科技依赖性、非直观性、多态性、系统性等特点，使得电子物证鉴定[①]的类型具有多样性的特点。根据不同的标准，电子物证鉴定可以划分为不同的类型。

(一) 计算机鉴定、手机鉴定和其他电子设备鉴定

这是根据电子物证鉴定检材的不同而进行的分类。所谓检材，是指对某项内容持有异议需要进行鉴定的材料或物品。目前电子物证鉴定中的检材大体上可以分为计算机类检材、手机类检材及其他电子设备检材。

计算机鉴定，包括对台式机硬盘、笔记本硬盘、移动硬盘、服务器硬盘及相关设备进行鉴定。虽然以上各种硬盘其型号、容量可能不尽相同，但是它们的存储原理基本上都是相同的。大多数情况下，硬盘都是采用 FAT、NTFS 这两种主流文件系统。有些 Linux 服务器也会采用 EXT2 、EXT3 等文件系统。

手机鉴定，包括对手机机身、SIM 卡及存储卡进行鉴定。手机鉴定一般是利用专业设备对手机机身、SIM 卡及存储卡中的数据信息进行提取与恢复，以获得手机、SIM 卡的基本信息以及用户的通话记录、短信记录、上网记录、通讯录、照片、音视频文件等资料。手机鉴定，尤其是手机机身的鉴定，一般需要在信号屏蔽的环境下进行，以免手机接收到新的数据从而导致原始数据被覆盖。随着无线通信及智能终端技术的不断发展，手机终端与计算机终端在功能上不断趋同，手机正在“微型计算机化”。

其他电子设备鉴定，包括对 U 盘、MP3 播放器、软盘、光盘、打印机、扫描仪、数码相机、摄像机等在内的其他各种电子设备的鉴定。随着电子技术的不断发展，数码产品的种类将会越来越丰富，电子物证的检材类型也将多样化。

(二) 注册表鉴定、软件功能鉴定、数据库鉴定、电子文档鉴定、电子邮件鉴定、聊天记录鉴定、操作痕迹鉴定及代码片段鉴定等

这是根据电子物证鉴定的数据对象不同而进行的分类。在计算机系统中数据的类型是丰富多样的，不同类型的数据具有不同的功能。注册表是 Windows 系统中用于存储操作系统和应用程序的各种设置信息的系统数据库。通过检验注册表的信息可以发现计算机配置信息及曾经发生的计算机行为。应用软件是能够实现各种特别功能的程序集合。由于计算机程序是由处理数据的指令构成，因而一般应用软件并不记录数据的实体信息。数据库是根据某种数据结构组织起来用于集中存储数据的集合。数据库一般记录了与案件直接相关的实体信息。电子文档是记录文字、图片等信息的电子文件。常见的电子文档如 Office 文档、WPS 文档、PDF 文档、JPG 图片等。电子邮件是通过网络实现发送和接收文字、图

---

① 电子物证鉴定，既包括仅对电子物证进行检验，如恢复被删改的数据等，也包括在电子物证检验后进行分析判断得出技术性结论的过程。因此，本章统一采用“电子物证鉴定”一词。

像、声音等信息的电子信件。电子文档和电子邮件记录了大量的实体信息，它直接体现了使用者的意思表示，具有十分重要的证据价值。聊天记录是即时通讯软件（如MSN、QQ、Skype）所记录的双方或多方通信的具体内容。这些通信内容往往直接或间接反映了通信双方的主观意思和客观行为。操作痕迹是计算机用户使用操作系统和应用软件所遗留的各种记录，如操作系统的日志信息、安全审计信息；网页的缓存文件、Office文档的临时文件；虚拟内存和休眠文件中的数据记录。这些记录常常是重组和判断计算机行为的重要依据。代码片段是各种电子文件在被删除、破坏后遗留的残余数据。通过分析代码片段可以一定程度上还原原有文件或计算机行为。

在司法实践中，案件的具体情况不同，决定了可能需要对计算机系统中的一种或几种数据对象进行鉴定。将电子物证鉴定划分为注册表鉴定、软件功能鉴定、数据库鉴定、电子文档鉴定、电子邮件鉴定、聊天记录鉴定、操作痕迹鉴定及代码片段鉴定等，有利于明确鉴定的具体任务。

电子文档和电子邮件是人们最为常用的电子工具，广泛应用于人们的生活交流、商务洽谈等社会活动，它们是司法实践中最为常见的电子物证。此处，进一步阐述如何对Office文档和电子邮件进行鉴定。

1. Office文档的鉴定

就Office文档而言，诉讼中质疑颇多的是时间信息是否遭到篡改。在文档内容、作者信息等其他方面存疑的，也有存在。

鉴定Office文档是否遭到篡改，可以着重分析时间上的逻辑关系，同时兼顾内容等方面的关联关系。具体而言，Office文档的鉴定可以从以下三个方面进行分析：

（1）分析Office文档本身

Office文档本身的分析，包括：1）对文档的文本内容进行分析；2）对文档的摘要信息等内置信息进行分析；3）对文档文件的创建时间、修改时间、访问时间等文件属性进行分析；4）对前述信息之间的逻辑关系进行分析。必要时，还可以分析文档文件的数据组织结构。

其中，要着重分析Office文档内置的摘要信息与文件系统管理的文件属性之间的逻辑关系（如图24—1所示）。

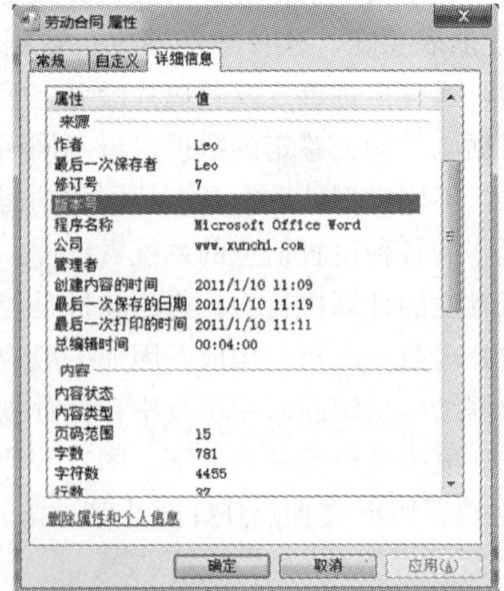

图24—1 文件属性与摘要信息

图 24—1 中，左图是 Office 文档作为一个电子文件由文件系统管理的文件属性；右图是 Office 文档本身记录的该文档内容首次创建、最后一次保存、最后一次打印及文档作者、修订次数等信息。

通过分析上述信息，可以初步判断该文档的来源及形成过程。

(2) 分析 Office 文档的关联数据

Office 文档的关联数据分析，包括：1）对 Office 文档的旧版本文件进行分析；2）对 Office 文档的临时文件分析；3）对其他可能的关联数据及操作痕迹进行分析；4）对前述信息之间的逻辑关系进行分析（如图 24—2、图 24—3、图 24—4 所示）。

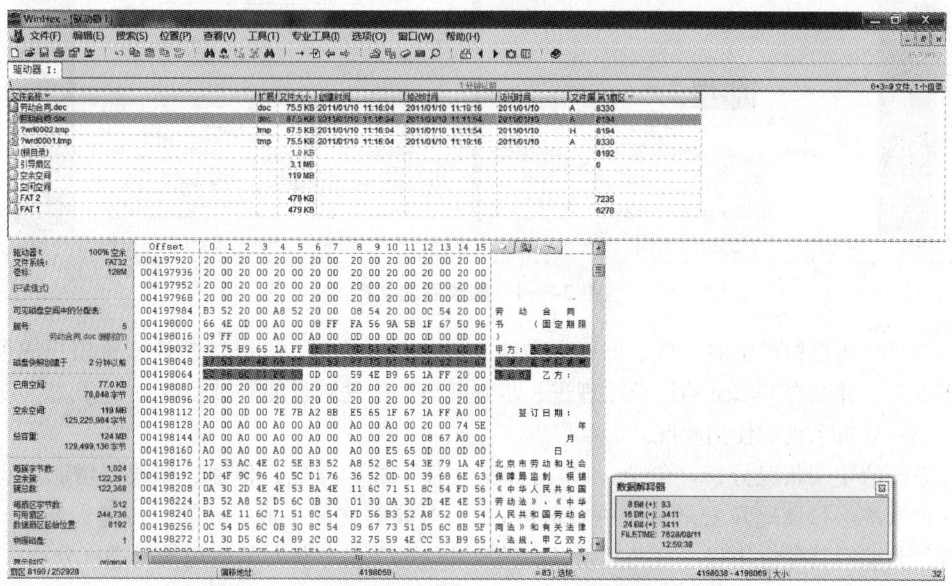

图 24—2　篡改时遗留的旧版本文件（即篡改前文档）

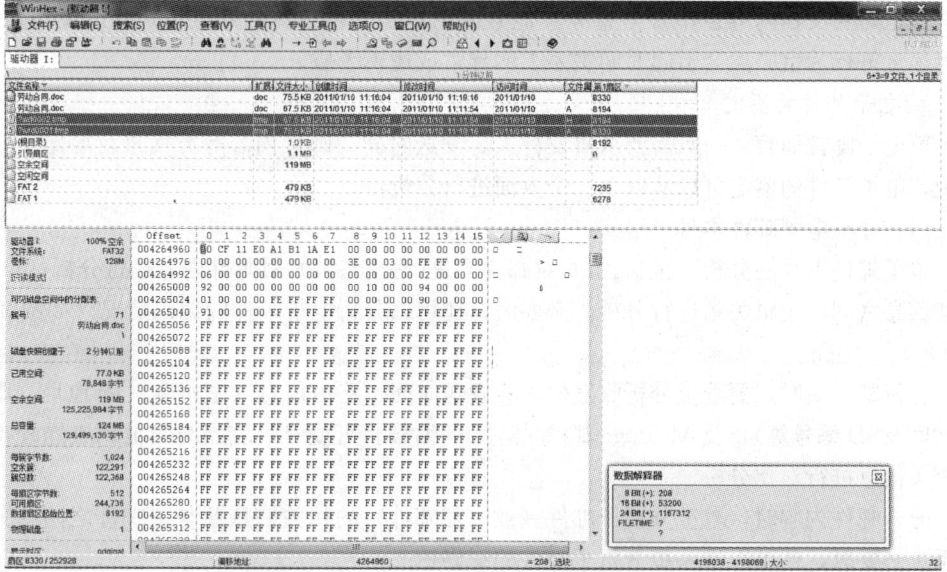

图 24—3　篡改时遗留的临时文件

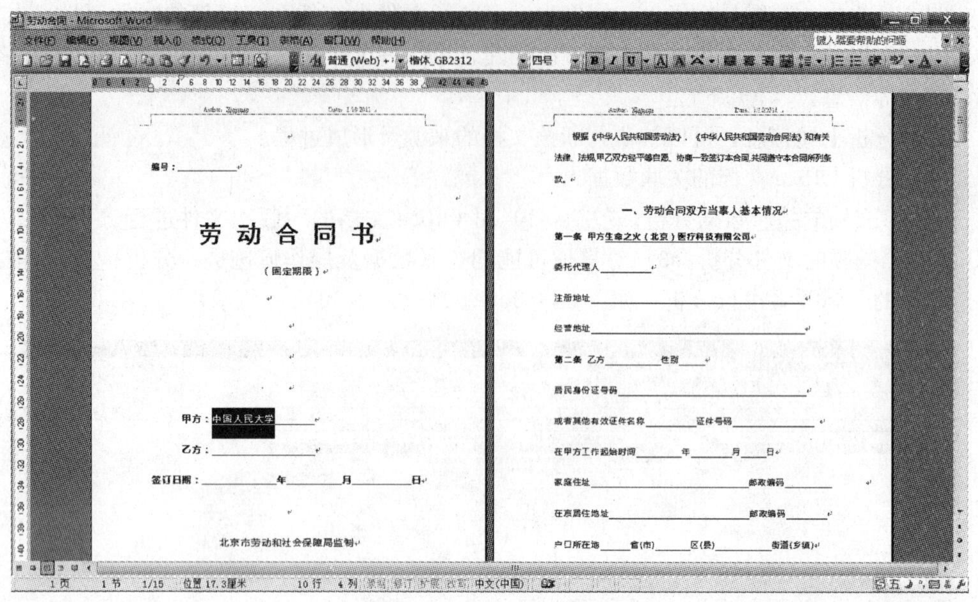

图 24—4 篡改后的文档

通过分析遗留的临时文件、旧版本文件及各种关联数据，可以判断计算机用户的可能操作行为，并结合 Office 的运行原理进一步判断该文档是否可能经过篡改。

(3) 分析系统的使用状况

系统的使用状况分析，包括：1）对涉案文件生成、存储、传递、修改、增删等行为期间的系统运行情况及安全情况进行分析；2）对涉案文件生成、存储、传递、修改、增删等行为期间其他应用程序（尤其是具有篡改功能的工具软件）的使用情况进行分析。

通过综合分析整个系统的使用状况，可以进一步核实该文档是否可能经过篡改。

值得注意的是，电子文档的鉴定本身是一个综合分析的过程。时间信息的鉴定，一定意义上也是对文档内容、作者信息等其他方面的鉴定。在计算机系统中，篡改文档内容、作者信息等行为也必然会引起时间关系上的异常或逻辑矛盾。

2. 电子邮件的鉴定

就电子邮件而言，一般需要从收发件人、发送时间、邮件内容等方面进行鉴定。一般来说，电子邮件的鉴定可以从以下三个方面进行分析：

(1) 分析电子邮件本身

电子邮件本身的分析，包括：1）对邮件头进行分析；2）对邮件内容进行分析；3）对前述信息之间的逻辑关系进行分析。必要时，还可以分析电子邮件的编码情况（如图 24—5 所示）。

分析邮件头时，要着重分析收发件人、发送时间、路由信息（主机名、IP 地址、服务器时间及 ID 编号等），及 Message-ID 等邮件 ID 编号。可能时，应当与其他调查途径得来的相关信息进行对比分析。

分析邮件内容时，着重分析子邮件（被回复邮件）的相关信息及与主邮件之间的关联关系。必要时，还可以进一步分析子邮件的编码情况。

通过分析上述信息，可以初步判断电子邮件的来源及形成过程。

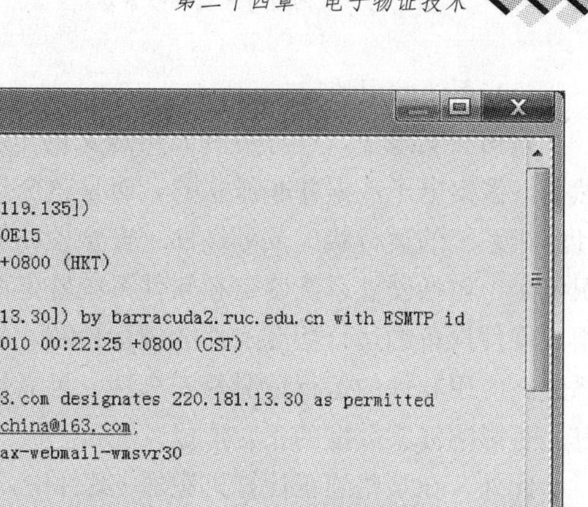

```
原始信息
X-Uidl: 1.4936406&&ruc.edu.cn
Return-Path: <leograntchina@163.com>
Received: from barracuda2.ruc.edu.cn (unknown [202.112.119.135])
    by mail1.ruc.edu.cn (Postfix) with ESMTP id 04429150E15
    for <leoruc@ruc.edu.cn>; Fri, 31 Dec 2010 00:22:26 +0800 (HKT)
X-ASG-Debug-ID: 1293726145-27f964780001-7Qkkb6
Received: from m13-30.163.com (m13-30.163.com [220.181.13.30]) by barracuda2.ruc.edu.cn with ESMTP id
2SdkD1ka9iMC9C66 for <leoruc@ruc.edu.cn>; Fri, 31 Dec 2010 00:22:25 +0800 (CST)
X-Barracuda-Envelope-From: leograntchina@163.com
Received-SPF: pass (barracuda2.ruc.edu.cn: domain of 163.com designates 220.181.13.30 as permitted
sender) client-ip=220.181.13.30; envelope-from=leograntchina@163.com;
Received: from leograntchina ( [114.247.10.124] ) by ajax-webmail-wmsvr30
 (Coremail) ; Fri, 31 Dec 2010 00:22:24 +0800 (CST)
Date: Fri, 31 Dec 2010 00:22:24 +0800 (CST)
From: leograntchina <leograntchina@163.com>
To: leoruc@ruc.edu.cn
Message-ID: <15ad3bee.18b78.12d38165960.Coremail.leograntchina@163.com>
In-Reply-To: <201012310019407990758@ruc.edu.cn>
References: <201012310019407990758@ruc.edu.cn>
X-ASG-Orig-Subj: =?GBK?B?UmU6leLKx9K7uPay4srU08q8/g==?=
Subject: =?GBK?B?UmU6leLKx9K7uPay4srU08q8/g==?=
MIME-Version: 1.0
Content-Type: multipart/alternative;
    boundary="----=_Part_263896_1583502240.1293726144864"
X-Originating-IP: [114.247.10.124]
X-Priority: 3
X-Mailer: Coremail Webmail Server Version SP_ntes V3.5 build
 101029(12229.3533.3507) Copyright (c) 2002-2010 www.mailtech.cn 163com
```

图 24—5 电子邮件的邮件头信息

(2) 分析电子邮件的关联数据

电子邮件的关联数据分析，包括：1）分析是否存在关联邮件（被回复邮件或回复邮件）；2）分析是否存在相关的收发日志；3）对其他可能的关联数据及操作痕迹进行分析；4）对前述信息之间的逻辑关系进行分析。必要时，还可以进一步分析前后相邻时间邮件的收发情况。

通过分析上述信息，可以判断计算机用户的可能操作行为，结合电子邮件协议及客户端软件的运行原理可以进一步判断该邮件是否可能经过篡改。

(3) 分析系统的使用状况

系统的使用状况分析，包括：1）对涉案邮件收发期间系统运行情况及安全情况进行分析；2）对邮件收发期间其他应用程序（尤其是具有篡改功能的工具软件）的使用情况进行分析。

通过综合分析整个系统的使用状况，可以进一步核实该邮件是否可能经过篡改。

(三) 情况型鉴定、同一型鉴定和溯源性鉴定

这是根据电子物证鉴定的基本原理不同而进行的分类。在司法实践中，电子物证鉴定所要解决性的专门性问题要比传统鉴定多得多。从鉴定的基本原理上看，它们大体上可以划分为情况型鉴定、同一型鉴定和溯源性鉴定。

1. 情况型鉴定

情况型鉴定是指对计算机系统的情况进行检验分析，判断其中是否存在与案件相关的信息。它既包括对计算机系统的整体状况进行鉴定，也包括对计算机系统中的数据情况进行鉴定。

（1）系统状况鉴定

在司法实践中，具有实质证明意义的电子物证往往是载体中的电子文件或数据内容。然而，涉案电子数据并非孤立的，而是整个计算机系统的有机组成。因此，在司法实践中计算机系统的运行状况及可靠性、安全性往往是证明电子物证真实性的前提条件。系统状况鉴定，包括硬件系统鉴定和软件系统鉴定两个部分。硬件系统鉴定，即对计算机系统的组成硬件设备的运行情况及性能进行检测。软件系统鉴定，即对计算机系统中安装的操作系统、应用软件的运行情况及安全性、可靠性进行评测。如，软件系统是否存在缺陷以及其是否影响涉案数据的正常形成。

此外，在某些纯正计算机犯罪[①]案件中，计算机系统本身是作为受侵害的对象而存在，因此还要对计算机行为及计算机系统受破坏的程度进行鉴定。

（2）数据情况鉴定

电子物证的不直观性及载体的海量存储特点，使得涉案数据往往夹杂于大量无关数据之中而不能被人们直接察别。在涉案数据尚不明晰的情况下，通常需要委托鉴定机构鉴定存储介质中是否存在相关的涉案数据。在某些数据被破坏、被加密等情况下，也须求诸鉴定来解决。

总的来说，实践中对数据情况进行鉴定大体上有两种：1）鉴定存储介质中存在哪些电子数据，这些电子数据是否与案件相关；2）对存储介质中可能涉案的已删除数据、加密数据、数据库等进行分析与恢复。

2. 同一型鉴定

电子物证鉴定中常见的同一型认定主要有：对电子数据或其内容是否相同（或相似）作出认定，对应用软件或程序的源代码是否相同（或相似）作出认定。

（1）数据一致性认定

数据一致性认定，一般是通过计算并比较检材和样本的哈希值[②]，从而得出检材与样本在数据上是否一致的结论。数据一致性认定的对象可以是整个硬盘数据，也可以是某个文件数据，甚至可以是某个片段数据。其共同特征是，检材的数据长度与样本的数据长度必须完全相同，否则不具有比较意义。注意，这里的数据并不是指人眼所识别的数据内容，而是指存储形态下的二进制数据。如“中国”两个字在人眼识别都是相同的，但在硬盘存储形态下既可能是二进制数据D6D0B9FA（Ansi编码）也可能是二进制数据2D4EFD56（Unicode编码），还可能是其他二进制数据（根据存储规则和编码规则的不同）。

电子物证鉴定中经常使用哈希值比对的方法判断电子文件是否一致、系统数据是否完整，这实质上都是属于数据一致性认定。

（2）内容一致性认定

内容一致性认定，是指通过解析、比较检材和样本所反映的数据内容，从而得出检材与样本在内容上是否相同或相似的结论。内容一致性认定常常运用在知识产权领域。

---

① 在纯正计算机犯罪中，既以计算机或计算机网络为工具，又以计算机或计算机网络为破坏对象，如黑客攻击等。非纯正计算机犯罪中，一般仅以计算机或计算机网络为工具，不以破坏计算机或计算机网络为目的，而以实施其他犯罪为目的，如网络诈骗。

② 通过哈希算法（目前常用的哈希算法有MD5、SHA等）可以将任意长度的二进制值映射为固定长度的较小二进制值，这个小的二进制值称为哈希值。哈希值是一段数据唯一且极其紧凑的数值表示形式。

如，侵权人在对网络作品进行转载时可能会经过编码转换，甚至改变文件形态（如将文本形式的文字作品改成图片形式的材料）。此时，通过比较数据一致性显然是不能作出正确认定的，必须通过解析编码数据所反映的真正内容，对其进行内容上的一致性认定。

（3）软件一致性认定

软件一致性认定大多出现在软件盗版侵权案件中。比如，侵权人在使用盗版软件时一般需要对相关参数进行重新设置或者对部分代码进行修改。因此，就要对软件或程序的源代码是否相同或相似作出判断。必要时，还要对源代码所反映的软件界面、软件功能等各个方面做进一步分析、比较。

具体而言，这类案件一般可以分为两个步骤：首先是鉴定计算机系统中是否安装了涉嫌盗版的软件，其具体功能是什么。其次是鉴定涉嫌盗版的软件与正版软件在源代码设计、软件功能等方面是否相同或相似。

3. 溯源型鉴定

溯源型鉴定，即电子文件的形成过程鉴定，是指通过分析涉案文件及与其相关的痕迹，重组并再现涉案文件的形成过程。电子物证与传统证据不同，在电子物证的存储介质中不仅存在涉案文件本身，还存在大量与其相关的“电子痕迹”，以至整个“数据现场”。通过分析涉案文件与其相关数据的关系，可以重构涉案文件的形成过程，甚至追溯到涉案文件的来源。

溯源性鉴定是电子物证真实性鉴定的重要方法。电子物证鉴定中一般不存在传统“同一认定”所需的比对样本，这使得传统“同一认定”在电子物证的真实性鉴定中很难实现。然而，计算机系统是一个具有极强规律性的整体，这种规律性主要体现在计算机各层次内部具有严格的运行规则，各层次之间具有极高的协同性（见图24—6）。这些运行规则为开展电子物证的溯源性鉴定提供了重要的依据。

如下图所示，计算机系统大体上可以分为六个层次，即网络层、应用层、操作系统层、文件系统层、磁盘编码层、磁信息层。

从理论上讲，任何网络传来的电子证据在上述六层之中均有分布，本机上产生的电子证据则至少在应用层、操作系统层、文件系统层、磁盘编码层、磁信息层均有分布。但是，从人们可认识的角度来看，鉴定人所能了解的主要是网络层、应用层、操作系统层、文件系统层。

上述各个层次内部都要遵循特定的规则。如，网络传输要符合网络传输协议及进程协调机制；应用程序具有特定的数据处理流程及文件数据结构；操作系统具有特定的事件处理机制和数据运算规则；文件系统具有特定的空间分配规则和文件管理规则。此外，各种操作行为本身还应符合应用功能上的可操作性及用户操作习惯。

除了各个层次内部具有严格的规则约束之外，各个层次之间还必须保持协同运作。上一层的正常运行倚赖于下一层的正常运行，下一层出错会导致上一层运行失败。总的来说，各个层次之间具有一定的关联性。这些关联性，有的体现在时间顺序上，有的体现在具体内容上，有的体现在存储位置上。

总的来说，虽然电子物证鉴定所能解决的专门性问题多种多样，但是仅从诉讼价值而言，其核心任务仍然是解决电子物证的真实性问题。鉴定电子物证的真实性，其基本方法是通过分析涉案文件及与其相关的各种痕迹，并结合本系统的运行情况、数据情况以及系统外的其他相关信息，判断电子物证是否符合在相应计算机系统中的形成规律。

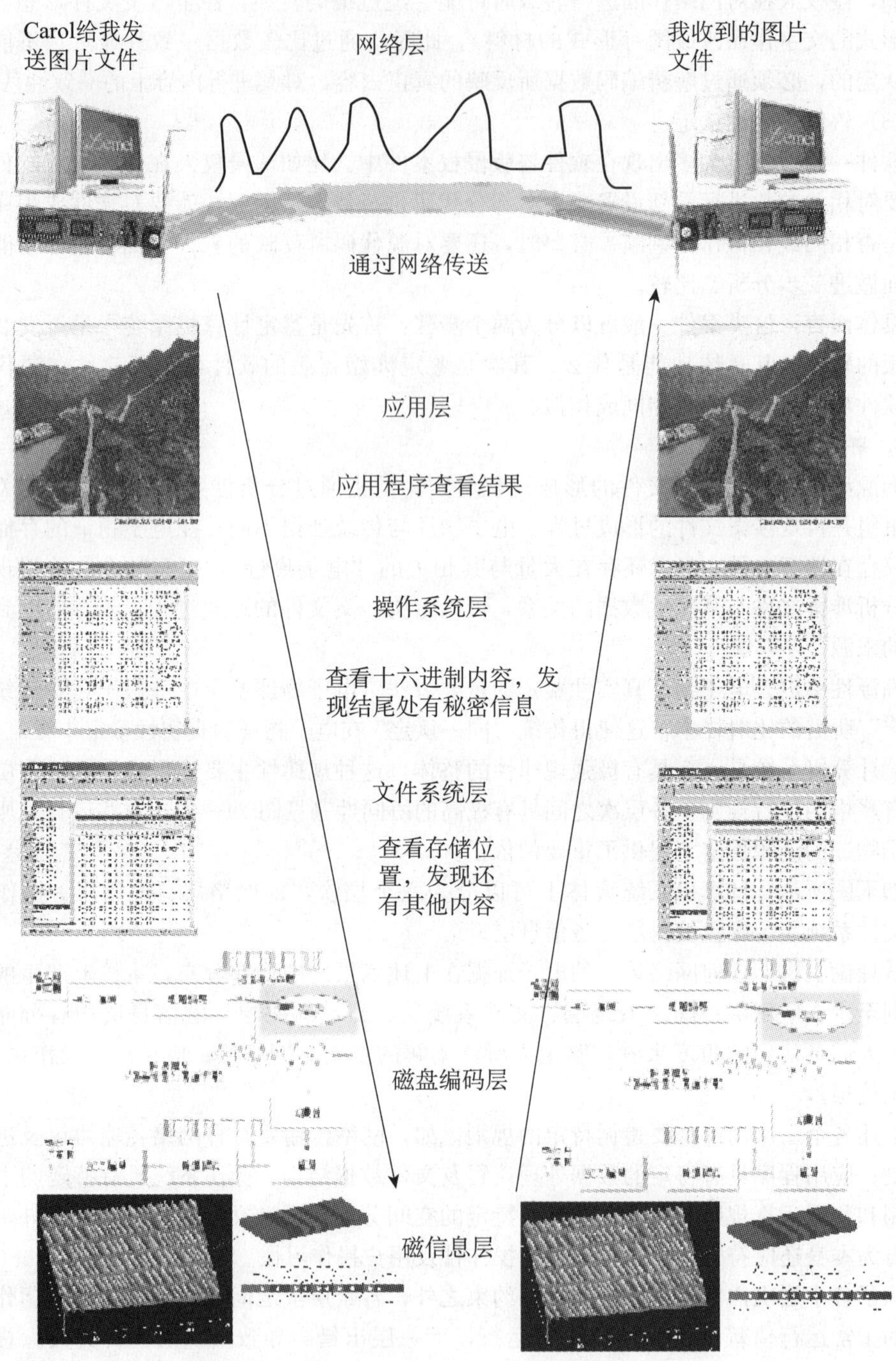

图 24—6 计算机系统分层模型

值得注意的是，本章所讨论的电子物证主要是针对静态电子数据而言的。在电子物证鉴定实践中，有些情况下委托人还会要求鉴定人到现场对动态数据或网络数据进行获取。

二、电子物证鉴定的常用技术

虽然电子物证鉴定的各种技术及相应的软硬件工具多种多样，然而它们的功能却相对确定。常用的电子物证鉴定技术及其功能如下：

(一) 数据擦除技术

数据擦除技术是指利用数据擦除设备或软件，对存储介质按位写入“1”或“0”操作，以清除原有的数据，得到一个干净的存储介质。

数据擦除的原理是相同的，但具体实现的方法有两种：一种是利用专用设备所带的擦除功能对存储介质进行擦除。如，各种型号的拷贝机一般都兼有数据擦除功能。另一种是利用工具软件所带有的写数据功能对存储介质进行擦除。

在镜像复制之前，我们一般需要利用数据擦除技术得到一个干净的存储介质，随后以它作为目标盘制作检材的镜像复制件。

(二) 镜像复制技术

镜像复制是一种精确复制，它是指在只读条件下使用专用设备或软件，利用位对位单向复制的原理，对检材中的数据进行全面、无损地复制。镜像复制技术能够在原始数据不发生改变的情况下，确保镜像复制件中的数据与原始硬盘中的数据是完全一致的（如图24—7所示）。

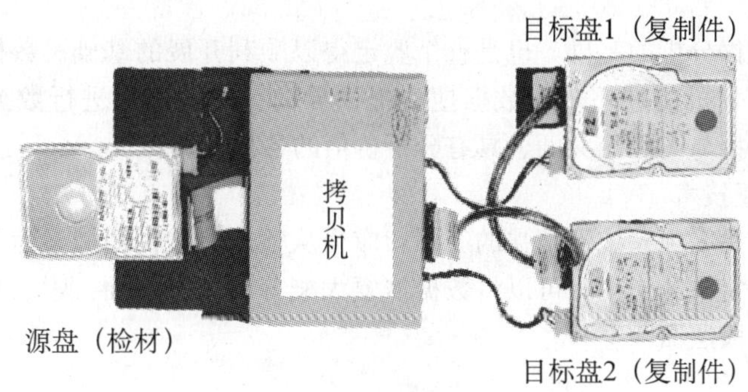

图 24—7 镜像复制示意图

镜像复制时，一般还要同时进行数据校验，即通过计算、比对检材和复制件的哈希值来确认两者是否完全一致。哈希值，俗称数字指纹，具有极低的重复概率，并且任一比特位的数据变化都会引起哈希值的极大变化。因此，带哈希值校验的镜像复制具有两个功能：(1) 固定硬盘中的全部数据；(2) 比较复制件中的数据与检材中的数据是否完全一致。

镜像复制的原理是相同的，具体实现的方法有两种：一种是利用镜像复制设备（俗称“拷贝机”）所带的获取（capture）功能制作镜像复制件。另一种是利用 Encase、FTK、X-way 等司法分析软件所带的获取（capture）功能制作镜像复制件。镜像复制件通常有镜像硬盘（Image Disk）和镜像文件（Image File）两种表现形式，其中镜像文件又有 e01 格式、DD 格式 IMG 格式等。

(三) 条件搜索技术

数据搜索的目的是在海量存储的数据中找到相关的涉案数据，包括涉案的电子文件以及其他各种记录与痕迹。数据搜索可以根据调查目的不同，采取各种不同的方法。既可以采取直接浏览、Windows 搜索、条件搜索等方法，也可以利用专门性工具进行搜索，例如专门的注册表分析软件、日志分析软件。

条件搜索是电子物证鉴定中最为常用的搜索方法。它是指通过设定文件类型、时间范围、关键字词等搜索条件，查找并定位符合条件的数据内容。在条件搜索中，关键字词选择及编码设置尤为重要，应当特别注意。

1. 关键字词的选择与组合

（1）要尽量选择与涉案文件内容关联性强的关键字词。如果关键字词与涉案文件内容的关联性不强，就很可能因为不能被搜索命中而导致某些涉案文件（数据）被疏忽、遗漏。

（2）要尽量选择重复率低的关键字词。为了提高后续分析的效率，在选择关键字词时应当尽量选择在涉案硬盘中重复率低的关键字词。如果选择人们或硬盘使用者经常使用的关键字词，将会导致涉案数据被淹没在大量的、与案件不相关的命中数据里面。

（3）充分考虑关键字词的组合。根据具体案情及硬盘使用者的文字习惯，充分考虑涉案数据内容的可能表达方式，本着宁多勿缺的原则进行组合。

2. 关键字词的编码设置

关键字词的编码设置也直接关系到我们所关心的涉案数据能否被搜索命中。关键字词的编码设置，一般要考虑操作系统的区域语言、应用软件的编码规则、文件系统的存储规则等。对于一些非公开编码、复合编码、加密编码等特殊情形，还要进行人工的编码计算、换算。

数据搜索是数据分析的基础，也是整个鉴定得以顺利开展的基础。数据搜索为检验分析提供素材，检验分析又进一步为数据搜索提供导向。通过交互进行数据搜索与检验分析，可以全面地挖掘与案件相关的、具有分析价值的各种数据。

（四）数据恢复技术

数据恢复工作是一项系统性很强的工作，应当从整体上进行把握。为了充分认识数据恢复在电子物证鉴定中的作用，可以将数据恢复大概分为三个层面：索引目录层面、文件数据层面、代码片段层面。

1. 索引目录层面

索引目录层面的数据恢复主要是针对文件系统中的引导记录、索引记录及目录项记录而进行的。如，硬盘的主引导记录MBR，FAT分区的DBR、FAT及DIR（FDT），NTFS分区的DBR、MFT及系统文件。它们并不是文件内容本身，而是用于引导系统、索引文件、管理文件的相关记录。

2. 文件数据层面

文件数据层面的数据恢复主要是针对电子文件的数据区而进行的，如FAT、NTFS文件系统中的DATA区。数据区是存储文件具体内容的区域，涉案文件的具体内容大多数都是记录在该区域之中。

3. 代码片段层面

代码片段层面的数据恢复主要是针对无法还原文件结构的碎片数据、残余数据、痕迹数据等代码片段而进行的。虽然这些数据并不是完整的文件，但是解析其信息内容对于判断计算机行为、分析文件的形成过程仍具有十分重要的意义。

（五）密码破解技术

密码破解是指通过破解或移除加密文件的口令或密钥，以获得加密文件的密码或内容的过程。

司法实践中，较为常见的加密文件有：Word、Excel、PowerPoint 文档文件，WinRAR、WinZIP 压缩文件，PDF 文件，等等。此外，还有 Windows 操作系统密码。

常用的密码破解软件有："美亚网警"文档解密系统软件、彩虹表（Rainbow tables）、PRTK（Password Recovery Toolkit）、PARABEN Decyption Collection、ELCOMSOFT 密码破解工具集、DNA（Distributed Network Attack）分布式密码破解软件等。

(六) 系统仿真技术

系统仿真是指利用虚拟机原理，在不需要原计算机硬件设备的情况下完全仿真运行涉案硬盘中的操作系统（如图 24—8 所示）。

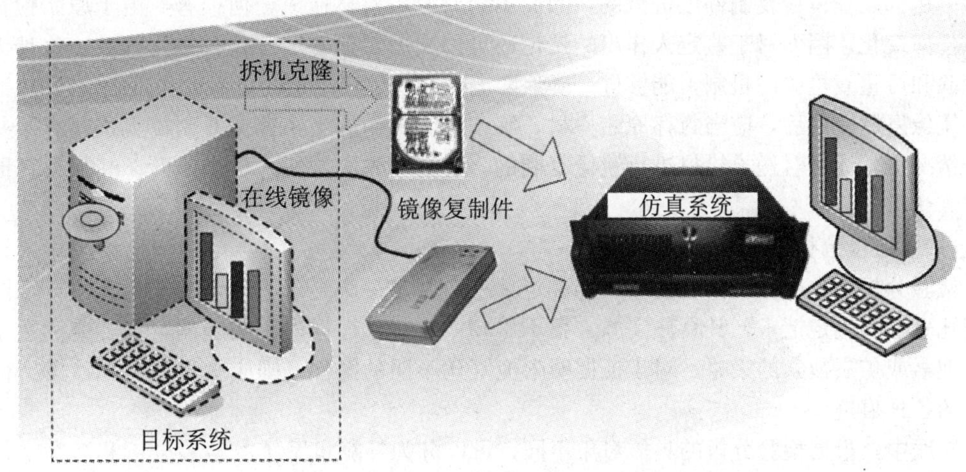

图 24—8 系统仿真示意图

系统仿真的核心价值在于提供了一个与目标计算机系统完全相同的虚拟系统环境。有了仿真的"数据现场"，电子物证的实验分析、动态数据调查及案件事实重演等方法才能得以顺利地开展下去。

三、电子物证鉴定的基本流程

(一) 送检与委托

委托人送检时既可以是原始存储媒介也可以是原始存储媒介的镜像复制件。已经对原始存储媒介或其镜像复制件进行数据完整性校验的，应当提供相应的校验信息。委托人还应如实说明送检检材的名称、数量、特征及来源等信息。

委托人应当明确委托鉴定的具体请求与事项，并介绍必要的案情。委托鉴定事项属于重新鉴定的，应当在委托书中注明。

(二) 受理与预检

受理时，应当审查委托主体和有关手续是否符合要求。不符合要求，应当要求其补充或者不予受理，并说明理由。受理时，应当详细审查送检的检材，如硬盘的品牌、型号、容量、序列号等参数，其他相关硬件设备（如 CPU、主板、显卡、网卡）的品牌、型号等参数。受理时，还应当进行必要的预检，判断有无鉴定的条件。在只读的状态下，排查送检检材是否存在物理故障。若存在物理故障，能否修复。

受理时，应当以鉴定请求为核心进一步了解案情，明确电子物证鉴定的任务。如了解计算机硬盘的使用者或持有人，及其操作水平；了解计算机的原始工作状态及网络环境；了解计算机的提取过程及保管过程；了解鉴定请求及其与诉争焦点的关系；了解是否属于重新鉴定等情况。

（三）镜像复制

送检检材是原始硬盘的，必须进行镜像复制。送检检材是镜像复制件的，一般也应对送检介质进行镜像复制。有些情况下，委托方提供了固定原始硬盘数据时所生成的哈希值，则还要对系统数据的完整性进行校验。

镜像复制的目的是保护原始检材，从而实现无损检验和可重复检验的目的。由于后续检验分析都是在镜像复制件上进行的，因而不会对原始检材造成任何损害。由于原始检材没有任何变化，因而对于鉴定人作出的结论还可以交由其他鉴定人进行重复检验。这种无损检验和可重复检验的机制，能够进一步保障电子物证鉴定结论的可靠性和正确性。

镜像复制完成后，应当封存原始检材，后续鉴定工作应当在镜像复制件上进行。某些特殊情况下，无法对送检检材进行镜像复制的，应当事先向委托人告知风险，并征得其同意或者认可。

（四）检验分析

检验分析首先应当根据委托事项和鉴定请求，制定一个合理、科学的实施方案。不同的委托事项和鉴定请求，其具体实施方案不尽相同。对于证据尚不明晰的案件，应侧重于制定搜索或扩展搜索的策略。对于证据明晰但真伪不明的案件，则应侧重分析与涉案文件相关的各种痕迹。

实践中，根据检验分析的具体对象不同，可以分为计算机系统的检验分析和涉案文件的检验分析。

1. 计算机系统的检验分析

计算机系统的检验分析是指对电子物证所依赖的计算机系统的运行状况及安全性、可靠性进行评估。它包括硬件系统分析和软件系统分析两个方面：

（1）硬件系统分析

硬件系统分析首先是对硬件设备本身进行检查。如，对硬盘固件中记录的相关参数与硬盘表面印刷的相关参数进行比较，检查硬盘是否可能被“调包”。再如，对软件系统中记录的硬件设备信息与实际硬件设备信息进行比较、分析。其次是对计算机系统的组成硬件设备的运行情况及性能进行检测。

（2）软件系统分析

分析软件系统的运行状况，包括软件系统的基本信息及使用情况。前者如，所安装操作系统的版本信息、所安装的各种应用软件、计算机系统的网络环境信息、计算机本地用户信息及使用习惯等。后者如，计算机系统的安装时间、日常使用时间、最后写入时间及最后开关机时间等。

分析软件系统的安全性及可靠性，包括是否安装杀毒软件或防火墙软件，是否及时更新；事件日志中是否有异常情况，或系统崩溃的记录；是否存在其他影响系统安全的因素，如系统软件或应用软件漏洞、大规模网络攻击等。

2. 涉案文件的检验分析

涉案文件的检验分析是为了解决送检检材中是否存在涉案文件、涉案文件如何形成及涉案文件是否真实等问题而进行分析与推理。具体而言，是否存在涉案文件一般属于数据搜索的工作，仅当相关文件被破坏、被加密等特殊情况下需要进行文件（数据）分析。涉案文件如何形成及是否真实则是系统分析与文件分析、本系统分析与系统外分析、计算机行为分析与案件事实分析的综合过程，它是检验分析的中心任务。

分析电子物证的形成过程及真伪的主要方法是溯源性分析。此外，还经常用到对比分析法、实验分析法等。

（1）溯源性分析

分析文件的形成过程，大体上要经过以下几个步骤：

1）明确各个嫌疑文件的现存状态，包括名称、类型、大小、具体内容、存储位置、分布特征及各种附属信息等。

2）从内容上和技术上分析嫌疑文件与嫌疑文件之间、嫌疑文件与其他正常文件之间的关联关系。这种关联关系是否符合计算机系统的管理规则，是否符合计算机用户的操作习惯等。

3）从技术细节上进一步分析各个嫌疑文件的现存状态与相关的日志、痕迹之间的关联关系。这种关联关系是否符合操作系统的事件处理机制、应用软件的数据处理规则、文件系统的数据存储规则等。是否存在形成机理上不可解释的冲突性矛盾及相关篡改、伪造的异常痕迹。

4）着重分析并记录各个计算机事件在时间上的逻辑顺序。计算机系统是一个十分注重时间逻辑关系的系统。目前最为流行的FAT文件系统和NTFS文件系统都有标准的时间属性定义。绝大多数的文件类型也都有关于时间属性的定义项。这些时间属性及其间的逻辑关系为电子物证鉴定提供了十分重要的切入点。

5）以时间为主线重组计算机事件，从而再现电子文件的形成过程。同时，通过揭示时间上的逻辑矛盾也能发现篡改、伪造等行为。

（2）对比分析法

在电子物证鉴定中，还经常使用对比分析的方法。具体地说，通过对比分析电子物证所反映的信息与其他来源的相应信息（尤其是同一时期的信息）之间的一致性，可以判断电子物证是否存在篡改、伪造等情形。这里的“其他来源的相应信息”包括：

1）同一硬盘中其他文件所反映的相应信息。

2）其他计算机硬盘中相关文件所反映的相应信息。

3）其他调查途径所得的相应信息。

以电子邮件为例，发件人IP地址可以与同一硬盘中其他相同来源的邮件（尤其是同一时期的邮件）的发件人IP地址进行比较，可以与其他计算机硬盘中相同来源的邮件（尤其是同一时期的邮件）的发件人IP地址进行比较，还可以与发件人或运营商提供的该时期IP地址进行比较。

（3）实验分析法

实验分析法是指将案件中的数据现存状态与重复实验所得的数据状态从时间关系、具体内容、存储特征等各个角度进行比较，从而得出案件中的数据现存状态是否存在异常的结论。

除此之外，由于电子物证的高科技、多态性等特征，鉴定人员不可能了解所有软件的运行规则和原理，因此很多时候也要通过反复实验以确定相关软件以至整个系统的运行规律。

（五）出具意见

鉴定完毕后，鉴定人应当制作鉴定意见书。鉴定意见书应当如实描述所使用的设备和方法、分析论证的过程以及最终意见。鉴定意见书还应当包括委托人、送检时间、案由、鉴定请求、检材清单及必要的附件材料。鉴定通常由两名鉴定人完成，相应地，鉴定意见书也应由该两名鉴定人签名，并加盖鉴定专用章。

图书在版编目（CIP）数据

物证技术学/徐立根主编. 4版. —北京：中国人民大学出版社，2011. 8
高等学校文科教材 21世纪法学系列教材/曾宪义，王利明总主编
ISBN 978-7-300-14255-5

Ⅰ. ①物… Ⅱ. ①徐… Ⅲ. ①物证-司法鉴定-高等学校-教材 Ⅳ. ①D919. 2

中国版本图书馆CIP数据核字（2011）第178558号

高等学校文科教材
21世纪法学系列教材
总主编 曾宪义 王利明
物证技术学（第四版）
主 编 徐立根
执行主编 李学军 刘晓丹
Wuzheng Jishu Xue

出版发行	中国人民大学出版社		
社　　址	北京中关村大街31号	**邮政编码**	100080
电　　话	010－62511242（总编室）		010－62511770（质管部）
	010－82501766（邮购部）		010－62514148（门市部）
	010－62515195（发行公司）		010－62515275（盗版举报）
网　　址	http://www.crup.com.cn http://www.ttrnet.com(人大教研网)		
经　　销	新华书店		
印　　刷	北京宏伟双华印刷有限公司	**版　　次**	1990年5月第1版
规　　格	185 mm×260 mm 16开本		2011年9月第4版
印　　张	21.75 插页1	**印　　次**	2020年6月第10次印刷
字　　数	521 000	**定　　价**	39.00元

《　　　　　　》※任课教师调查问卷

为了能更好地为您提供优秀的教材及良好的服务，也为了进一步提高我社法学教材出版的质量，希望您能协助我们完成本次小问卷，完成后您可以在我社网站中选择与您教学相关的1本教材作为今后的备选教材，我们会及时为您邮寄送达！如果您不方便邮寄，也可以申请加入我社的**法学教师QQ群：83961183（申请时请注明法学教师）**，然后下载本问卷填写，并发往我们指定的邮箱（cruplaw@163.com）。

邮寄地址：北京市海淀区中关村大街31号中国人民大学出版社411室收

邮　　编：100080

再次感谢您在百忙中抽出时间为我们填写这份调查问卷，您的举手之劳，将使我们获益匪浅！

基本信息及联系方式：※

姓名：________ 性别：________ 课程：________

任教学校：________ 院系（所）：________

邮寄地址：________ 邮编：________

电话（办公）：________ 手机：________ 电子邮件：________

调查问卷：※

1. 您认为图书的哪类特性对您选用教材最有影响力？（　　）（可多选，按重要性排序）

   A. 各级规划教材、获奖教材　　B. 知名作者教材

   C. 完善的配套资源　　D. 自编教材

   E. 行政命令

2. 在教材配套资源中，您最需要哪些？（　　）（可多选，按重要性排序）

   A. 电子教案　　B. 教学案例

   C. 教学视频　　D. 配套习题、模拟试卷

3. 您对于本书的评价如何？（　　）

   A. 该书目前仍符合教学要求，表现不错将继续采用

   B. 该书的配套资源需要改进，才会继续使用

   C. 该书需要在内容或实例更新再版后才能满足我的教学，才会继续使用

   D. 该书与同类教材差距很大，不准备继续采用了

4. 从您的教学出发，谈谈对本书的改进建议：________

选题征集：如果您有好的选题或出版需求，欢迎您联系我们：

联系人：黄　强　联系电话：010-62515955/65

索取样书：书名：________

书号：________

备注：※ 为必填项。